LE LIVRE D'OR DES

HISTOIRE

DES

HOTELLERIES, CABARETS,

HOTELS GARNIS,

RESTAURANTS ET CAFÉS,

ET DES ANCIENNES COMMUNAUTÉS ET CONFRÉRIES

D'HOTELIERS, DE MARCHANDS DE VINS, DE RESTAURATEURS,

DE LIMONADIERS, ETC., ETC.,

PAR

FRANCISQUE MICHEL,

Docteur ès-lettres, associé correspondant de l'Académie impériale de Vienne,
de l'Académie royale des sciences de Turin,
des Sociétés des antiquaires de Londres et d'Ecosse, auteur de l'*Histoire des races maudites de la France et de l'Espagne*,
couronnée par l'Institut de France (2e prix Gobert), des *Études de philologie comparée sur les divers Argots*,
également couronnées par l'Institut (*prix Volney*), etc., etc.,

ET PAR

ÉDOUARD FOURNIER.

« Il y aurait à faire un travail intéressant et des recherches instructives
sur les Corporations et leurs Statuts. C'est, on peut le dire, une législation
toute particulière, la législation du peuple de cette époque : sous ce rapport, elle est digne des investigations des érudits et de la curiosité des
lecteurs. »

(De Pastoret, membre de l'Institut, Préamb. des
Ordonnances royales, t. xx.)

« L'esprit de charité, répandu sur la terre par le christianisme, donnait
aux anciennes Confréries un caractère moral et sacré... »

(Le Roux de Lincy, t. vii de la *Soc. des Antiq. de France*.)

TOME PREMIER.

PARIS — 1851,

LIBRAIRIE HISTORIQUE, ARCHÉOLOGIQUE ET SCIENTIFIQUE DE SERÉ,

5, RUE DU PONT-DE-LODI.

HISTOIRE

DES

HOTELLERIES, CABARETS, HOTELS GARNIS,

RESTAURANTS ET CAFÉS,

ET DES

HOTELIERS, MARCHANDS DE VINS, RESTAURATEURS,

LIMONADIERS, ETC., ETC.

Paris. — Imprimerie de L. MARTINET, 2, rue Mignon.

HISTOIRE

DES

HOTELLERIES, CABARETS, HOTELS GARNIS,

RESTAURANTS ET CAFÉS,

ET DES

HOTELIERS, MARCHANDS DE VINS, RESTAURATEURS,

LIMONADIERS, ETC., ETC.

HISTOIRE

DES

HOTELLERIES, CABARETS, HOTELS GARNIS,

RESTAURANTS ET CAFÉS,

ET DES

HOTELIERS, MARCHANDS DE VINS, RESTAURATEURS,

LIMONADIERS, ETC., ETC.

———◦◦———

CHAPITRE PREMIER.

L'ORIENT.

(TEMPS ANCIENS.)

JUDÉE, ÉGYPTE, INDE, PERSE, ETC.

——— ———

SOMMAIRE.— L'hospitalité, chez les anciens, fait concurrence aux hôtelleries, et empêche qu'elles soient nombreuses.— Ce sont des lieux honnis.— Comment, chez les Hébreux, *lupanar* et *hôtellerie* sont mots synonymes.— Querelle des Septante et des rabbins à ce propos.— Auberges des grandes routes en Égypte.— Ce qu'on y trouve, et ce qu'on n'y trouve pas.— Les fils de Jacob et Moïse à l'hôtellerie.— Campement des étrangers sur les places publiques des villes juives. — Le lévite d'Éphraïm à Gabaa.— Si les anciens Hébreux ne connaissaient pas les caravansérais. — Qu'était-ce que l'hôtellerie de Bethléem où naquit Jésus-Christ?— S'il y eut des tavernes en Judée.— Les vins juifs.— Les festins sous la treille.— Les repas du vin.— Défense de boire du vin sans eau, et de s'enivrer le matin.— Les chansons de buveurs chez les Hébreux.— Les vendanges.— Maisons de vigne, pressoirs, etc.— Vins d'Égypte.— Boissons du petit peuple, et boissons des grands. — Ce que c'est que le vin maréotique.— Femmes ivrognes.— Combats sanglants après boire.— Le vin du marché chez les Phéniciens.— Origine de la chopine.— Vins factices. — Bières égyptiennes. — Le *zythus*, le *britum*.— Le *schékhar* juif, la *sicera*.— D'où vient notre mot *bière*.— L'*arack* des Indiens.— Comment *punch* est un mot de la langue des Indous.— Ce qu'il veut dire.— Le *boule ponge*.— Son histoire abrégée depuis les Indiens jusqu'en 1789.— Le *sorbet* ou *scherbet* des Orientaux.— Cérémonial pour le servir. — La glace à Bagdad, etc.— Quand les glacières furent connues en France.— Le vin à Bagdad du temps des califes.— Supplice des ivrognes à Candahar. — Vins de riz à Bagdad et chez les Chinois.— Le *fikaa*.— Comment les marchands qui en vendent sont de vrais cabaretiers.— Les nouvellistes chez eux.— Les marchands de dragées.— Le prince Breddedin, le visir et le calender, chez le marchand de *fikaa*.— Quand les cafés commencent à s'établir en Orient.— Ce qu'ils sont.— Coup d'œil par anticipation sur ceux de Damas : le *café des Roses*, le *café du Fleuve*, le *café de la Porte-du-Salut*, etc.— Nous y reviendrons.

uelles sont les hôtelleries, dans l'antiquité, chez les Hébreux, chez les Grecs, à Rome? Fleury va vous le dire, dans une seule phrase, que nous n'aurons plus qu'à appuyer de faits faciles à trouver : « Chez les Grecs et les Romains, dit-il, les hôtelleries publiques n'étoient guère fréquentées par les honnêtes gens. » Et, pour parler ainsi, il s'autorise de l'usage de l'hospitalité si perdu aujourd'hui, si ordinaire dans les temps antiques, « même entre les païens. » Il nous montre ces honnêtes gens dont il nous parlait tout à l'heure, se détournant de la porte des hôtelleries, parce que, « dans les villes où ils pouvoient avoir affaire, ils avoient des amis qui les recevoient, et qui, réciproquement, logeoient chez eux quand ils venoient à leur ville. » Et il ajoute : « Ce droit se perpétuoit dans les familles : c'étoit un des principaux liens d'amitié entre les villes de Grèce et d'Italie, et il s'étendit depuis par tout l'empire romain. Ils regardoient ce droit comme une partie de leur religion: Jupiter, disait-on, y présidoit; la personne de l'hôte, et la table où l'on mangeoit avec lui, étaient sacrées. Les Juifs, de leur côté, l'observoient comme une bonne œuvre, pratiquée de tout temps par les saints; et ils l'observent encore entre eux. »

Il ne faudrait pourtant pas croire, d'après ces derniers mots de Fleury, que, cette généreuse et gratuite hospitalité défrayant ainsi tous les voyageurs, même le premier venu, il ne se trouvait pas d'hôtelleries chez les Hébreux. Il y avait toujours eu, même chez ces peuples primitifs, si bien portés à la vie de famille, assez de gens sans feu ni lieu, toujours nomades, étrangers partout, pour rendre nécessaire l'établissement de ces gîtes publics; mais ici, comme on va le voir, les honnêtes gens devaient s'en détourner plus volontiers encore que des hôtelleries grecques ou romaines.

Les Hébreux, d'après certains commentaires, n'avaient qu'un même mot זונה pour désigner l'hôtesse et la courtisane : c'était donc une même chose, ou tout au moins deux choses se ressemblant fort. Quand le mot écrit tout à l'heure se rencontre dans le texte de l'Écriture, il y a toujours dispute entre les rabbins et les Septante. Les rabbins traduisent bravement par *meretrix* (femme de mauvaise vie), les Septante, plus timorés, par *caupona*, cabaretière : ce qui prouverait, répétons-le, que les deux métiers avaient déjà toute sorte de droits à la plus complète synonymie. Nous ne renouvellerons donc pas le débat, et, pour nous, cette Rahab, chez laquelle vont loger les espions que Josué envoie à Jéricho, sera une cabaretière, quoi qu'en disent les rabbins, et en même temps une courtisane, quoi qu'en disent les Septante. Nous dirons la même chose de la femme chez

laquelle Samson alla loger à Gaza, et au sujet de laquelle le même débat s'est
élevé dans le monde hébraïsant. Nous ne voyons pas de raison, quoi qu'en disent
les Septante, pour que le robuste amant de Dalila, étranger dans la ville des
Philistins, se soit détourné du lupanar; mais, dans le passage de la Genèse
où il est parlé des fils de Jacob revenant d'Égypte, et s'arrêtant dans une hôtellerie avec leurs ânes chargés de blé, nous ne verrons pas d'amphibologie
possible. Ce sera là pour nous une véritable auberge à loger bêtes et gens, telle
qu'il devait s'en trouver dans l'Égypte civilisée des Pharaons. Ne lit-on pas, en
effet, dans Diodore de Sicile, ce curieux passage qui peut, à lui seul, nous
prouver l'existence de ces logis de passage chez les Égyptiens? «Tous ces peuples,
regardant la durée de la vie comme un temps très-court et de peu d'importance,
font, au contraire, beaucoup d'attention à la longue mémoire que la vertu laisse
après elle. C'est pourquoi ils appellent les maisons des vivants des hôtelleries
par lesquelles on ne fait que passer; mais ils donnent le nom de demeures
éternelles aux tombeaux des morts d'où l'on ne sort plus. Ainsi les rois ont été
comme indifférents sur la construction de leurs palais, et ils se sont épuisés
dans la construction de leurs tombeaux. »

Le lieu où Moïse s'arrêta avec Séphora, sa femme, et où le Seigneur fut
sur le point de le frapper de mort, pourrait bien aussi avoir été une de ces
hôtelleries nombreuses qui se rencontraient sur le chemin de l'Égypte et de la
Palestine. On y trouvait le gîte pour soi et pour ses montures; mais voilà
tout, et l'on était obligé d'y pourvoir au reste. On portait donc en voyage
tout ce qu'il fallait pour se nourrir. Les fils de Jacob reçurent de Joseph, par
ordre de Pharaon, d'abondantes provisions pour leur route, et dix ânesses pour
porter à dos leur blé, leur fourrage et leur pain. C'est même en ouvrant dans
l'hôtellerie l'un de ces sacs de fourrage pour donner à manger aux bêtes de
somme, que l'un des frères trouva l'argent que Joseph lui avait secrètement
rendu.

Muni de ces provisions, quand on arrivait dans une ville de Judée, et qu'on y
était étranger au point de ne pouvoir y trouver un hôte qui vous offrît un gîte,
on s'en allait avec ses ânesses et ses chameaux camper, en véritable Arabe,
sur la place publique : ce qui serait une preuve dernière que, dans les villes
d'Israël, on ne trouvait guère pour s'abriter que quelques uns de ces logis mal
famés où nous avons vu entrer Samson, ainsi que les espions de Josué, et
destinés seulement aux étrangers marchant sans équipage ; mais que, quant aux
hôtelleries semblables à celles que nous avons vues ouvertes pour les voyageurs
sur le chemin d'Égypte, elles y manquaient complétement, au moins dans les
premiers siècles.

Les anges, arrivant à Sodome, veulent ainsi aller camper sur la place, malgré
les instances de Loth, qui, ardent à l'hospitalité, comme le sont encore les

Orientaux, se tient aux portes de la ville, en attendant les voyageurs fatigués de la route, et, quand ils se présentent, les supplie de devenir ses hôtes.

Le lévite d'Éphraïm, étranger dans Gabaa, ville de la tribu de Benjamin, prend aussi pour campement la place publique; et il y est déjà installé avec sa femme, son valet (*puer*), ses servantes, ses bêtes de somme chargées de fourrage, de pain et d'outres pleines de vin, quand un vieillard, natif, comme lui, d'Éphraïm, vient lui offrir, dans sa maison, une hospitalité qu'il accepte à titre de compatriote.

On a voulu voir dans ces places des cités juives où les étrangers vont ainsi dresser leurs tentes, ces espèces de kans où les caravanes de l'Orient trouvent encore un abri. Nous le croirions volontiers, et alors nous serions aussi portés à considérer comme des caravansérais les auberges où les fils de Jacob venaient chercher un refuge. Les kans, en effet, suivant la description qu'en donnent tous les voyageurs en Orient, sont les refuges ouverts aux étrangers dans l'intérieur des villes, tandis que les caravansérais sont les vastes asiles bâtis sur les bords du chemin conduisant d'une ville à l'autre. « On les a placés sur les routes fréquentées, à la distance de cinq, six, sept ou huit lieues, dit le voyageur Olivier, parlant des caravansérais si nombreux en Perse; et, ajoute-t-il, on a choisi, autant qu'il était possible, les endroits qui sont à portée de la bonne eau. » Voilà bien les abris qui devaient se trouver, au temps de Jacob, sur les routes d'Égypte et de Syrie, et que les versions latines de la Bible désignent par le terme impropre de *diversorium* (hôtellerie). Les caravansérais de la Perse et de l'Égypte moderne ont d'ailleurs le même aspect que devaient présenter ces refuges des temps primitifs : longues galeries s'étendant autour de cette vaste cour en parallélogramme qui serait ce que l'Écriture appelle la place (*platea*); cellules de douze à quinze pieds en carré, ouvertes sur ces galeries, et assises sur une terrasse de sept ou huit pieds; dans ces cellules, absence complète de meubles et d'ustensiles, pas un tapis pour reposer sa tête, pas le plus petit plat pour faire sa cuisine. On n'a qu'à voir cette nudité des caravansérais et des kans orientaux, pour comprendre l'utilité des équipages que les fils de Jacob et le lévite d'Éphraïm traînaient après eux; elle vous prouve aussi, de reste, que le voyageur ne devait se confiner dans ces misérables gîtes qu'à la dernière extrémité, et seulement lorsque, nouveau venu dans une ville, il s'y trouvait, comme le lévite à Gabaa, tout à fait étranger, sans ami et sans hôte.

Nous irons plus loin. L'hôtellerie de Bethléem, où Joseph s'en vient frapper avec Marie près de devenir mère, et dans laquelle la foule des voyageurs accourus pour se faire inscrire sur les registres de recensement n'avait pas laissé la plus petite place pour le divin ménage, sera, selon nous, un de ces kans, caravansérais urbains ouverts déjà dans les cités juives, comme aujourd'hui encore dans les villes d'Orient; car nous ne voulons point faire à saint Joseph et à la Vierge l'injure de les envoyer heurter à un de ces logis décriés où nous avons, non sans honte, suivi Samson et les espions de Josué, et dont le plus honnête, s'il en était, semblable à ces *menzils* ottomans assez mal famés eux-mêmes, aurait toujours été un asile indigne du divin charpentier, et dangereux pour sa virginale épouse.

Rien, dans le peu que nous savons sur le lieu où naquit le Christ, ne vient contredire notre opinion. C'était un *diversorium*, dit le traducteur latin de saint Luc, et ce mot, selon nous, doit se traduire par *kan*. Toutes les cellules y étaient prises, et Joseph et Marie durent aller se mettre à couvert dans une étable ou crèche, *in præsepio*. Ce détail, comme on va le voir, est loin de nous démentir. Dans chaque kan ou caravanséraï, selon Olivier, se trouvent des écuries placées derrière les chambres, c'est-à-dire à la partie extérieure du bâtiment; des fenêtres très-petites et fort hautes les éclairent, tandis que les chambres ne reçoivent du jour que par la porte d'entrée. Les voyageurs, en hiver surtout, préfèrent souvent le séjour de ces étables à celui des cellules extérieures. Ils se placent sur une estrade large de cinq ou six pieds régnant dans toute la longueur du mur intérieur, et au devant de laquelle sont attachés les chevaux. N'est-ce pas là vraiment l'étable où durent se réfugier Joseph et Marie? Et cette estrade ne vous semble-t-elle pas être l'humble crèche dans laquelle, vers minuit, la Vierge mit au monde l'enfant Dieu, entre le bœuf et l'ànon?

Si, d'après la disposition de l'église souterraine de Bethléem, qui occupe, comme on sait, l'emplacement de l'étable et de la crèche, on vient à nous dire que notre opinion se trouve démentie par cette situation même de la crèche, qui aurait ainsi été creusée dans une grotte souterraine, tandis que les étables des kans se trouvent au contraire de plain-pied avec les cellules et au niveau du sol, nous répondrons que, dans les caravanséraïs et les kans, rien n'est plus commun que ces chambres et étables souterraines. Il n'est pas un caravanséraï turc ou persan qui ne possède son *zir-zémyn*, sorte de caveau maçonné, auquel vous conduit un escalier dont la cage fait saillie au milieu de la cour principale. C'est là que les voyageurs se retirent pour passer au frais les heures les plus brûlantes de la journée. Pourquoi le jour où Joseph et Marie vinrent y chercher un refuge, n'aurait-on pas transformé en étable le *zir-zémyn* du caravanséraï encombré de Bethléem, et n'y aurait-on pas entassé pêle-mêle les voyageurs et le bétail attardés?

Nous ne poursuivrons pas plus longtemps ce parallèle entre l'hôtellerie de Bethléem et les kans orientaux. Il nous suffira d'avoir montré qu'on peut l'établir, et, grâce au hasard singulier qui fait du Christ l'un de nos premiers hôtes, d'avoir prouvé en même temps que rien de ce qui touche aux choses les plus intéressantes de l'histoire humaine, rien de ce qui se rattache à cette grande chronique du monde, toute semée de contrastes, toute bigarrée des plus étranges disparates, ne doit se tenir en dehors de l'immense sphère dans laquelle le lecteur vient d'entrer avec nous.

Si les hôtelleries étaient peu nombreuses dans le pays des Hébreux, les tavernes y étaient plus rares encore. Nous avons eu beau feuilleter toute la Bible, et la relire verset par verset, nous n'avons pu y rien découvrir qui nous mît sur la trace d'un cabaret. Ce n'est pas pourtant que le vin manquât dans cet heureux pays. Le fruit de la vigne était l'une des richesses de la terre promise, et l'on se rappelle l'énorme raisin (charge accablante pour les deux hommes qui le portaient sur leurs épaules) que les éclaireurs de Josué rapportèrent de leurs premières excursions sur la terre de Chanaan, comme un échantillon de la fécondité de ses treilles. Partout même abondance dans le pays d'Israël, mêmes vignes fécondes, épandant leurs pampres dorés et les promesses d'une riche et exquise vendange sur les pentes vertes du Carmel, du Gelboé et du Liban. Le vin récolté sur le versant de cette dernière montagne était renommé entre tous, surtout s'il venait des vignes voisines de Damas. On avait encore en Judée les vins fameux de la vallée de Sorec, cités dans la Genèse, vantés par Jérémie, et avec lesquels Dalila, qui était née dans ce riche vignoble, dut certainement enivrer le voluptueux Samson ; puis, les vins d'Engaddi, récoltés près de Bethléem. Chacun, dans le pays d'Israël, avait son figuier et sa vigne, chacun était heureux de les cultiver et d'en recueillir les fruits de ses propres mains : « Allons, dit la Sunamite au bien-aimé, allons, mon bien-aimé, dans la campagne, établissons-nous dans les villages ; levons-nous de bonne heure pour aller aux vignes, voyons si la vigne fleurit, si la tendre grappe est formée, et si la grenade est en bouton. »

C'est à l'ombre de la vigne qu'on faisait fête à ses amis : « Ils mangeoient volontiers dans des jardins, sous des arbres et des treilles, dit Fleury ; car il est naturel, dans les pays chauds, de chercher l'air et le frais. Aussi, quand l'Écriture veut marquer un temps de prospérité, elle dit que chacun buvoit et mangeoit sous sa vigne et sous son figuier. »

Dans ces festins faits sous la treille, le vin aurait dû, de nécessité, être la première chose servie. Il n'arrivait pourtant qu'à la fin du repas, parfois même le festin s'achevait sans qu'on eût vidé une seule coupe. On le réservait, comme boisson de cérémonie, pour ces banquets d'apparat, tels que celui qu'Esther fit préparer pour Assuérus et Aman, et qu'on appelait *festins du vin*. Alors on parfumait le vin, en y mêlant des sucs odoriférants, comme celui que la Sunamite offre au bien-aimé dans une coupe où elle a exprimé le jus de ses grenades ; mais le plus souvent, c'est l'eau qu'on mêlait au vin, à proportion presque égale : la force de ces nectars juifs et la chaleur du climat faisaient de cet usage une loi hygiénique assez régulièrement suivie. Le Thalmud en fait une prescription formelle. Il y est dit que dans la terre sainte, où le vin est extrèmement fort, on ne devait bénir la coupe du repas qu'après y avoir mèlé de l'eau pour la rendre potable ; mais pour prévenir toute profanation du vin, qui, après tout, est un don du Seigneur, le code hébraïque ajoute prudemment : « Si la quantité d'eau est telle que le vin en reste trop affaibli, on ne peut plus bénir la coupe, parce qu'alors ce n'est plus du vin qu'on bénirait. »

En dépit de ces préceptes rigoureux et de l'obéissance passive avec laquelle on était accoutumé de s'y soumettre, il y avait en Judée d'intrépides buveurs, ivrognant le jour, la nuit, le matin même : ce qui était une plus grande infraction aux lois, une ivresse moins orthodoxe encore que les autres. C'est contre ces buveurs, ivres dès le matin, que le prophète Isaïe fulmine ses plus terribles invectives ; et Céphas, accusé d'être pris de vin, s'indigne d'autant plus de l'accusation, que la troisième heure n'a pas encore sonné, et qu'en s'enivrant à cette heure matinale, il n'aurait pas seulement péché contre la sobriété, mais aussi contre la loi de Moïse.

Ces buveurs, du reste, parmi lesquels saint Pierre se défend si fort d'être compris, et qui restaient toujours si altérés de la veille, qu'il leur fallait s'enivrer dès la première heure du jour suivant, n'enfreignaient ainsi un précepte de la loi sainte que pour mieux suivre quelques autres de ses maximes ; celle-ci, par exemple, qui dit en ces termes formels : « Le vin réjouit le cœur de l'homme ; » et cette autre, plus souriante encore au buveur qui, tout en satisfaisant sa soif, veut rester agréable au Seigneur : « Le vin réjouit Dieu et les hommes. »

Ces buveurs du pays d'Israël, pour lesquels le Bacchus indien eût été une divinité plus favorable que le sévère Jéhovah, se rencontraient surtout dans la tribu de Juda ; car c'était là que se trouvaient les villes les plus opulentes, c'est-à-dire les plus peuplées d'oisifs et de débauchés, et en même temps, comme nous l'avons déjà montré, les vignes les plus exquises et les plus fécondes. Écoutez plutôt ce que dit la Genèse de cette heureuse tribu : « Elle attache le petit de son ânesse à un cep excellent, elle lave son manteau dans le sang des grappes, et l'abondance de cette liqueur lui rend les yeux vermeils. » Après boire, les chansons. Or, si l'on en croit David, les ivrognes d'Israël ne se faisaient point faute de ces hymnes avinés, et ne l'épargnaient pas lui-même dans leurs strophes satiriques.

Et ce n'étaient point là les seuls chants dont le vin fût l'inspiration et le prétexte ; on avait encore, dans tout le pays d'Israël, les joyeuses chansons des vendanges, gai prélude de l'ivresse, qu'entonnait à pleine voix le vendangeur foulant sous ses pieds, dans le pressoir, les grappes ruisselantes.

Nous savons comment se faisaient ces récoltes vermeilles ; comment, dans une maisonnette bâtie au milieu des vignes, se dressait la cuve de pierre où s'entassait et fermentait le raisin vendangé ; comment le vin en découlait à flots écumeux dans de larges jarres, pour être transvasé ensuite dans les outres qui servaient à le transporter jusqu'aux villes les plus éloignées de la terre d'Israël, et même jusque dans les pays étrangers. Le prophète Jérémie, dans une admirable allégorie, où le peuple moabite est comparé par lui à un vin longtemps gardé dans le cellier, puis transvasé, transporté de ville en ville, et gâté par ces longs voyages, nous initie vaguement à ces manipulations et à ce commerce des vins en Judée : « Moab, dit-il, a été à l'aise depuis sa jeunesse, on ne l'a pas transvasé de vaisseau en vaisseau, on ne l'a pas transporté avec violence : c'est pourquoi il a conservé sa saveur, il n'a pas perdu son bouquet ; mais le jour de sa calamité approche ; les vaisseaux seront rompus, les outres déchirées, et jamais plus il ne redeviendra un peuple. »

C'est d'Égypte que les Hébreux avaient apporté l'usage de transvaser le vin pour le mieux garder. Selon Strabon, on ne procédait pas autrement, quand on voulait laisser vieillir le vin maréotique et celui qu'on récoltait dans la banlieue d'Alexandrie : « Il y vient de bon vin, dit-il, et le maréotique, quand il est transvasé, se garde même très-longtemps. » Si les Israélites, pour faire le vin, se contentaient de fouler aux pieds les grappes dans des cuves de pierre, c'est encore de l'Égypte qu'ils avaient rapporté ce procédé simple et primitif ; mais les Égyptiens, chez lesquels les vendanges étaient plus abondantes encore qu'en Judée, ne s'en tenaient point toujours à ce pressoir naturel et peu expéditif. J.-G. Wilkinson nous a transmis, d'après les bas-reliefs, plusieurs machines ingénieuses destinées à presser la grappe, et à en exprimer jusqu'aux dernières gouttes de la liqueur vineuse. Il en est une qui nous a surtout semblé aussi simple qu'habilement imaginée. Elle consiste en une nasse d'osier, au centre de laquelle est enfermé le raisin, et que trois hommes tordent de toutes leurs forces, en faisant couler à flots le vin dans un vase placé au-dessous.

Par les rudes étreintes de ces ingénieuses machines passaient tous ces vins exquis qui ont été, au temps des Ptolémées surtout, l'une des richesses, l'une des gloires de la sensuelle Égypte. Athénée nous fait connaître les meilleurs, en détaillant les différences de leurs couleurs et de leur goût : « Il y en a, dit-il, de beaucoup de sortes distinctes par le goût et la couleur... Celui de Coptos, dans la Thébaïde, est si léger et si digestif, qu'on le permet même aux fiévreux. Le maréotique est un vin blanc excellent, d'un bouquet suave, diurétique, et ne troublant point la tête. On le nomme aussi l'*alexandrin;* mais celui qui croît sur la langue de terre entre la mer et le lac, et qu'on nomme le *tœniotique*, est encore d'une qualité supérieure ; il est d'un jaune foncé. » Athénée, tout fin gourmet qu'il paraisse être, et savamment initié aux trésors des vignobles d'Égypte, omet pourtant nombre de crus dignes de mémoire. Ce n'est pas que nous lui reprochions d'avoir oublié le vin libyque, détestable piquette dont le petit peuple d'Alexandrie se fit un affreux breuvage, quand il eut le droit de boire autre chose que de l'eau et de la bière. « Il est si mauvais, dit Strabon, qu'on met dans les tonneaux plus d'eau de mer que de vin; c'est, conjointement avec la bière, la boisson du bas peuple d'Alexandrie. » Mais l'élégant et docte gastronome, l'architriclin érudit des Deipnosophistes, n'aurait pas dû omettre ces vins *sebennytiques*, mélange de trois raisins différents, dont les cépages venaient tous trois de Grèce, et que les gourmets de Rome recherchaient si avidement. « Le sebennytique, dit Pline, vient de trois espèces de raisins, nommées la *Thasia*, l'*œthalus* et la *peuce*. » Il eût été juste aussi qu'Athénée parlât du vin qui abondait dans le nome Arsinoïte, et même dans les oasis, selon Strabon, que M. Letronne a voulu contredire, mais que Malte-Brun a soutenu plus victorieusement. Enfin Athénée, dressant la liste des vins d'Égypte, se devait à lui-même de ne point passer sous silence ce vin de Méroë, que l'on confondrait encore avec le maréotique, son pâle rival, si Lucain ne nous avait montré en vers éloquents et pompeux quelle différence un gourmet doit établir entre ces deux nectars. C'est dans sa description du festin de César et de Cléopâtre qu'il nous a donné ce détail si précieux pour l'œnologie égyptienne : « On leur sert dans des plats d'or tous les dieux de l'Égypte, tant quadrupèdes que volatiles; on leur verse dans des coupes ornées de pierreries, non pas le vin maréotique, mais ce vin généreux que Méroë voit vieillir en peu d'années sous un soleil assez brûlant pour faire tourner même le falerne. »

Il ne fallait rien moins que cette abondance de vins à saveurs exquises et diverses, pour satisfaire la soif immodérée des buveurs de l'Égypte et l'ivrognerie effrénée de leurs femmes. On trouve, jusque sur les bas-reliefs, la preuve de ces orgies coutumières, même chez les matrones de Memphis et d'Alexandrie. Sur l'un, c'est une dame égyptienne appelant sa servante pour la soutenir dans son ivresse, et n'attendant pas, pour soulager son estomac noyé de vin, le vase que cette servante lui apporte. Sur un autre, ce sont des valets qui rapportent d'un festin leur maître ivre-mort. Aussi Josèphe a-t-il raison d'appeler les Égyptiens le peuple le plus débauché de la terre; et ne trouvons-nous rien d'hyperbolique dans le tableau que Juvénal nous fait en vers énergiques et violents, d'un banquet à **Tentyre** ou à **Canope**, et des rixes qui en étaient la suite inévitable, surtout quand les habitants de villes ennemies s'y trouvaient en présence :

« Un jour que les habitants d'Ombe célébraient une fête, les nobles et les chefs de Tentyra résolurent d'en troubler la joie, de les surprendre au milieu de leurs festins, à ces tables dressées dans les temples, dans les places, et autour desquelles la septième aurore a coutume de les retrouver étendus sur leurs lits. Tout sauvage qu'il est, ce canton d'Égypte, ainsi que je l'ai remarqué moi-même, ne le cède point en volupté à l'infâme Canope. Ajoute qu'il est aisé de vaincre des ennemis enivrés, bégayants et chancelants ; figure-toi d'un côté les Ombes couronnés de fleurs, dégouttants de parfums quels qu'ils fussent, et dansant au son d'un noir flûteur ; de l'autre, figure-toi la haine à jeun. On prélude par des injures, c'est le signal du combat ; on s'entrechoque en poussant des cris, et le bras tout nu tient lieu de javelot. Déjà peu de mâchoires sont exemptes de blessures ; à peine un nez reste-t-il entier. Ce ne sont de toutes parts que des faces tronquées, des figures méconnaissables, des crânes entr'ouverts, et des poings souillés du sang des yeux crevés. Ce conflit néanmoins ne leur paraît qu'un jeu d'enfant, parce qu'ils ne foulent point encore de cadavres aux pieds. En effet, pourquoi tant de combattants s'il n'en succombe aucun ? L'acharnement redouble : chacun, s'inclinant vers la terre, ramasse et fait voler des pierres, armes des séditieux, non pas de telles qu'en lançait un Turnus, un Ajax ou bien un Diomède quand il fracassa la cuisse d'Énée, mais des pierres proportionnées aux bras de nos contemporains, bien différents des bras nerveux de ces héros antiques dont l'espèce baissait déjà du temps d'Homère. »

Le vin, toutefois, n'intervenait pas dans les habitudes de ces peuples orientaux, chez les Égyptiens, les Phéniciens et les Juifs seulement, pour y soulever de telles rixes et amener de tels carnages ; c'était aussi la grande ressource des accommodements, le nerf des marchés à conclure. S'il en faut croire une étymologie partout accréditée, chez les Romains aussi bien que chez nos aïeux du moyen âge, on ne terminait aucune affaire sans boire, comme font encore nos artisans, le *pot-de-vin* du marché, pot de vin véritable, servi bel et bien en nature, versé à pleins verres et non à pleins sacs d'espèces, comme pour les gros marchés de corruption ministérielle ; enfin, une affaire n'était pas réellement faite si le petit verre de vin choisi, ou de fine liqueur, n'était venu en arroser les conclusions et faire dire : C'est arrêté, que la chose soit ratifiée, *rata fiat*, d'où un mot que vous connaissez tous, et qui, sous la forme latine, est d'un usage si français. Eh bien, il en était de même chez les Phéniciens, et par conséquent chez les Hébreux, qui apportaient dans leur commerce les mêmes habitudes que les gens de Tyr et de Sidon. Quand un marché était en bon train d'arrangement et même conclu pour ainsi dire, on se frappait dans la main (*chopen*), puis on allait boire ce qu'on appelait le *chopen*, c'est-à-dire le vin de la main, par métaphore, pour dire le vin du marché. Notre mot *chopine* viendrait, dit-on, de là. La chose n'est pas impossible ; mais pourtant c'est bien ingénieux pour être vrai.

Chez tous ces peuples orientaux, chez les Égyptiens et les Juifs surtout, le vin naturel ne suffisait pas, quelque abondantes que fussent les vendanges ; on y fabriquait des vins artificiels.

En Égypte, par exemple, on faisait déjà une sorte de vin doux, et pourtant spiritueux, avec le *mixa* ou fruit du sébestier, arbuste tropical aux feuilles dures, épaisses et d'un vert sombre, aux fleurs roses et blanches disposées en corolles tubulées au sommet des tiges. En outre de cette boisson, encore en usage chez les *fellahs* du Fayoum, surtout chez ceux du Delta, qui n'ont pas, comme les premiers, la ressource de faire encore un peu de vin, on y connaissait aussi la bière, dont nous avons déjà parlé d'après Strabon, et qui était, selon lui, la boisson du petit peuple d'Alexandrie. Diodore nous dit aussi quelques mots de cette forte bière, inventée, dit-il, par Osiris, faite d'orge, d'un usage commun partout où en Égypte la vigne n'était pas cultivée, et ne le cédant au vin ni pour la vertu chaleureuse ni pour les vapeurs capiteuses. « Quand, dans une contrée, le sol n'était pas propre à la culture de la vigne, il (Osiris) montra aux habitants comment avec l'orge on pouvait faire une boisson égale au vin pour la force et pour la vertu. »

Cette boisson, sur laquelle on a longuement disserté, était-elle la même que le *zythus* employé plus tard en Grèce? Un autre passage de Diodore semble nous le dire positivement. Était-ce aussi la même chose que le *brytum*, bière faite également avec de l'orge, et qui, suivant Athénée, aurait eu quelque ressemblance avec le *zythum*? Nous le croyons moins volontiers, et nous dirons pourquoi tout à l'heure. Nous verrons plutôt dans la bière d'Égypte une liqueur pareille à celle que les Hébreux appelaient *schékhar*, et qui réunissait si bien toutes les vertus enivrantes de la bière égyptienne décrite par Diodore, que, de son nom, on avait fait le mot *schicharon* pour désigner l'ivresse. La recette qu'Isidore de Séville nous a donnée pour la fabrication de cette bière hébraïque est loin de démentir ce que nous avançons ici. On y voit en effet qu'on fabriquait cette boisson liquoreuse, sorte d'eau-de-vie de fruits, en mêlant, avec le suc de froment, des baies de palmier pressurées, et en faisant épaissir sur le feu tout le mélange : « On fait une liqueur en exprimant le suc du froment et des pommes et les fruits des palmiers; on fait bouillir le tout dans l'eau qui s'épaissit par la cuisson, et la boisson qu'on obtient s'appelle *sicera*. »

Ce mot de *sicera*, évidemment dérivé, et presque sans altération visible, du *schékhar* des Hébreux, était le nom que, chez les Grecs et chez les Romains, on donnait aussi à une sorte de bière très-spiritueuse qui n'avait rien de commun avec le *brytum* ou *brithum*, nommé tout à l'heure d'après Athénée. Celle-ci était une boisson toute scythique, froide et sans fumet, en usage dans la brumeuse Germanie, aussi bien que dans quelques parties de la Gaule et de l'Espagne, où les Celtes l'avaient importée, et qui, par son mode de fabrication, dont Orose nous a transmis le détail, rappelait d'une manière frappante la façon dont se brassent encore aujourd'hui les bières de l'Alsace; tandis que son nom était lui-même, selon quelques érudits, la racine de notre mot *bière*.

Le *brytum* pouvait bien ressembler en quelque chose à une autre boisson celtique nommée *cousmos*, faite aussi d'orge fermentée, et dans laquelle les érudits ont voulu retrouver l'*ale* anglaise; mais il ne devait avoir, nous le répétons, aucun rapport avec le *xythum*, le *dixyphum* ou double *xyphum*, dont il
est parlé, comme d'une potion très-violente, dans la neuvième épigramme du
livre Ier de l'*Anthologie*, et surtout avec la *sicera*.

Celle-ci, bien différente de ces boissons du Nord, était une liqueur essentiel-
lement méridionale, gardant toute la séve chaleureuse, tous les sucs enivrants
des plantes orientales qui la composaient; car on n'ignore pas le nom des herbes
aux vertus énergiques qui y mariaient leurs essences. On sait, grâce à un
précieux passage de Columelle, comment, avec le *siser* d'Assyrie mêlé dans une
infusion à la racine de lupin coupée en morceaux, on obtenait cette liqueur,
autrement appelée *zythum* de Péluse : « Sêmez le chervis et cette racine provenant d'une graine d'Assyrie, et qui, coupée par tranches, s'unit aux lupins
bouillis pour donner un fumet excitant à la bière de Péluse. »

Enfin, dirons-nous pour nous résumer, le *britum* scythique et les autres boissons qui lui ressemblaient et que nous avons nommées étaient, selon nous, de
véritables bières, tandis que le *schékhar* des Hébreux, le *xythum* et le *dixyphum*
des Grecs, et la *sicera*, étaient plutôt une sorte d'eau-de-vie.

Quant à la force de ces dernières liqueurs, que nous croyons toutes des com-
positions à peu près identiques, distillées au même degré, on en jugera par les
défenses qui sont faites d'en boire, et qui égalent, en rigueur, les prohibitions
lancées contre le vin. Chez les Juifs, le *schékhar* est expressément interdit comme
boisson du matin. Toujours il est compris parmi les breuvages qui peuvent
causer une ivresse dangereuse, et, comme tel, défendu aux prêtres et aux Na-
zaréens sous peine de mort. L'ange du Seigneur avait défendu que Samson
en bût de sa vie, et bien plus, un ordre pareil avait été donné à sa mère tant
qu'elle porterait dans son sein l'enfant prédestiné. Même défense pour Jean
le précurseur, fils de Zacharie. Le vin et le *schékhar* étaient donc comme un
poison pour tous ces enfants choisis par Dieu, dont la première vertu devait
être la tempérance. Ce que nous savons du *dixyphum*, le *schékhar* des Grecs, ce
que l'épigramme de l'*Anthologie* déjà mentionnée nous dit de sa force, prouve
combien étaient sages ces défenses de l'Écriture, cet interdit qu'elle lance contre
le fatal breuvage. Il était, en effet, assez énergique pour dompter une fièvre
quarte dont tout l'art des médecins n'avait pu maîtriser les accès; l'épigramme
de Pallade le dit positivement : « Ce n'est pas en vain que je déclarais que le
dixyphum avait en soi quelque chose de sacré; c'est par le secours de ce savant maître que je me suis guéri d'une violente fièvre quarte qui depuis longtemps me dévorait, et contre laquelle il eut tout d'un coup plus de force que
n'en aurait eu certainement le *croton* lui-même. »

Tout cela posé, une seule boisson semble nous rappeler complétement le *schékhar*, la *sicera*, le *dixyphum* : c'est l'arack des Indiens. Voyez en effet, d'après ce que nous dit Bernier de cette eau-de-vie de l'Hindoustan, de sa force enivrante, de sa violence si active sur les nerfs, si ce n'est pas là la liqueur qu'on prohibait prudemment chez les Hébreux, et qui était, chez les Grecs, un fébrifuge si efficace : « Elle est brûlante et âcre, dit Bernier, comme cette eau-de-vie qu'on fait de bled en Pologne ; elle attaque même tellement les nerfs, qu'elle rend souvent les mains tremblotantes de ceux qui en boivent un peu trop, et les jette dans des maladies incurables. » L'arack le plus énergique est celui qu'on distille avec les fleurs du *mowah* ou *bosia butyracea*. Elles lui donnent une grande force, et on le nomme à cause d'elles *mowali-arack*. Cette liqueur, qu'une raison d'hygiène faisait sagement défendre aux Européens du temps de Bernier, était pourtant une des boissons préférées des Indiens. Elle devenait même pour eux un breuvage sacré lorsqu'en y mêlant quatre autres ingrédients, c'est-à-dire du jus de limon, de l'eau, du sucre, un peu de muscade, ils en avaient fait un *punch*, ou boisson des *cinq essences*; car on sait que, chez les Indiens, ce mot *punch* veut dire *cinq*, et que ce nombre est regardé comme saint par les Brames.

Quand Bernier fit son voyage, les Hollandais se donnaient fort à la boisson du *boule-ponge*, comme il écrit, d'après le nom moitié indou, moitié européen, que les Anglais avaient déjà donné au punch; et, d'après ce qu'il nous apprend, ils s'en trouvaient fort mal. Il impute même à l'usage immodéré de cette liqueur les pertes considérables d'hommes qu'ils éprouvaient alors dans les ports du Bengale : « Le *boule-ponge*, dit-il, est un certain breuvage composé d'arac, c'est-à-dire d'*eau-de-vie de sucre noir*, avec du jus de limon, de l'eau, et un peu de muscade par-dessus; il est assez agréable au goût, mais c'est la perte du corps et de la santé. »

Cette boisson, si fatale aux étrangers dans l'Inde, n'en était pas moins pour les buveurs indigènes la liqueur de choix et d'apparat, le breuvage d'hospitalité. Bernardin de Saint-Pierre a donc raison d'en faire présenter une pleine calebasse, par le paria de sa *Chaumière indienne*, à ce docteur anglais qui lui a demandé asile : « Il fit un signe à sa femme, qui apporta sur la natte deux tasses de coco et une grande calebasse pleine de punch qu'elle avait préparé, pendant le souper, avec de l'eau, de l'arack, du jus de citron, et du jus de cannes à sucre. »

Au commencement du xviiie siècle, le punch, tout dangereux qu'il fût, était déjà naturalisé en Europe, et y faisait les délices des tables, en compagnie du café, du chocolat et du thé, comme lui d'importation récente. Il est vrai qu'il s'était modifié, et que, grâce à la nature moins énergique des ingrédients dont on le composait, il était devenu plus bénin. C'est l'arack qui lui communiquait tous ces dangers : or notre eau-de-vie européenne, véritable eau de fontaine à côté de cet alcool indien, ne lui en avait laissé, pour ainsi dire, aucun, si ce n'est celui d'une facile ivresse pour ceux qui en usaient sans tempérance.

Voici comment le Dictionnaire de Furetière nous donne la recette de la boisson exotique, au mot *boule-ponge* ou *bonne-ponge* : « S. f. Boisson angloise. On met une chopine d'eau-de-vie sur une pinte de limonade, avec de la muscade et un peu de biscuit de mer grillé et pilé, et l'on bat le tout ensemble jusqu'à ce que les liqueurs soient bien mêlées. — Ce mot vient de ces deux mots anglois *bowl-punch*, qui veulent dire une tasse de punch. »

Cette recette du *punch*, écrite en 1701 dans un livre français, prouve qu'on a eu tort de dire en plusieurs endroits que le punch anglais n'avait été connu en France qu'en 1764. A cette époque il était non-seulement en grande vogue chez nous, mais encore en Russie. C'est d'une ivresse de punch que le czar Pierre III était mort dans sa prison, en 1762. Voltaire le déclare positivement : « Il (Pierre III) avait dit un jour, étant ivre, au régiment Préobasinski, à la parade, qu'il le battrait avec cinquante Prussiens. Ce fut ce régiment qui prévint tous ses desseins et qui le détrôna. Les soldats et le peuple se déclarèrent contre lui (28 juillet). Il fut poursuivi, pris et mis dans une prison, où il ne se consola qu'en buvant du punch pendant huit jours de suite, au bout desquels il mourut. » Nous croyons fort, toutefois, que ce punch de Pierre III, préparé par quelque affidé de Catherine, était plus vénéneux encore que le punch des Indiens, et que son seul danger n'était pas la grossière ivresse qu'y cherchait le malheureux czar.

Mais avant cette mort fatale du mari de Catherine, dont il fut le complice, le punch avait fait bien autrement merveille à Lisbonne, dans cette grande fête que l'amiral Russell avait donnée à tous les équipages de la flotte anglaise, le 25 octobre 1694. On a déjà parlé mille fois du punch gigantesque, historique, qui fut servi ce jour-là ; nous ne pouvons pourtant nous dispenser d'en parler encore et d'en répéter les fabuleux détails. Un bassin de marbre, construit exprès au milieu d'un jardin de citronniers, servait de *bowl*. On y versa à flots six cents bouteilles d'eau-de-vie, six cents bouteilles de rhum, douze cents de vin de Malaga, quatre cents litres d'eau bouillante; on y jeta par brassées six cents livres du meilleur sucre, deux cents de noix de muscade en poudre, et l'on y pressura le jus de deux mille six cents citrons. Quand tout fut prêt, on lança sur cette mer de punch, digne d'être la Méditerranée du pays de Cocagne et de l'*île des Plaisirs*, sur cet océan sucré, savoureux et tiède à point comme il convenait qu'il fût pour être bon à boire suivant les mœurs gastronomiques de ce temps-là ; on lança, disons-nous, sur la tiède et savoureuse surface, un élégant batelet d'acajou portant le plus joli mousse de la flotte, équipé en Ganymède. Il vogua à pleines rames sur le *bowl* immense ; puis, côtoyant les bords, il se mit à servir tous les convives qui se tenaient là au nombre de plus de six cents, rangés sur des bancs en amphithéâtre, en attendant qu'on leur donnât cette mer à boire.

Le seul pays où le punch ne fût pas parvenu, c'est-à-dire où il ne fût connu que de nom à la fin du XVIIIe siècle, était peut-être la Sicile. Du moins, l'aventure qui arriva en 1777, à un dîner chez l'évêque d'Agrigente, et que l'Anglais Brydone, de qui nous la tenons, va vous raconter, le prouverait volontiers :

« La compagnie, écrit M. Brydone, était fort riante. Les Agrigentins ne démentent point leur ancien caractère ; car la plupart étaient ivres avant de sortir de table. Ils nous prièrent de leur faire du punch, liqueur dont ils avaient souvent entendu parler, mais qu'ils ne connaissaient point. Ils en burent tant que je m'attendais à les voir tomber par terre. Ils l'appelaient *pontio* ; ils barbouillaient d'un ton de voix fort haut des éloges en son honneur, et ils disaient, en faisant allusion à Ponce-Pilate, que *pontio* était un bien meilleur homme qu'ils ne l'avaient cru. Un d'entre eux, un chanoine respectable, fut très-malade ; et, pendant qu'il vomissait, il tourna vers moi des yeux mourants, et, en branlant la tête, il me dit avec un soupir : « Ah ! seigneur capitaine, je savais bien que *pontio* était un grand traître. »

Le punch n'est pas la seule chose d'exquise importation que les gourmets de nos salons et de nos cafés doivent à l'antique Orient. C'est de là que nous est encore venu le sorbet tout parfumé, tout glacé, et déjà aussi tout baptisé ; car son nom, comme on l'a écrit dans la plupart des dictionnaires étymologiques, ne dérive ni du latin ni de l'italien, *sorbere*, boire ; sa racine est tout orientale, c'est le mot *scherbet*, qui, chez les Arabes, signifie *boisson*.

Dans le Levant, voici comment se compose et se sert le sorbet. On le fait de jus de citron ou autres fruits, de sucre, et d'eau dans laquelle on fait dissoudre quelques pâtes parfumées ; quelquefois aussi c'est tout simplement un citron ou un limon confit dans le sucre qu'on a délayé dans l'eau. Le tout est glacé avec de la neige, conservée tout l'été par des moyens que Belon trouva merveilleux lors de son séjour à Constantinople, en 1553, et qu'il s'étonna si fort de ne pas voir en usage en France. C'était tout simplement à l'aide d'une cave à glace ou glacière.

Quand le sorbet est préparé, on le maintient au frais jusqu'à ce qu'il vous vienne une visite d'importance, quelque ami digne de prendre sa part de la délicieuse friandise.

Le Français du Loir, qui parcourut tout le Levant depuis Constantinople jusqu'à Bagdad dans l'année 1639, nous raconte ainsi de quelle manière les Turcs font à leurs amis les honneurs du chèrbet (il écrit de cette manière en changeant, selon sa prononciation, le *schiin* des Turcs et Arabes en *ch*) :

« Jamais, dit-il, les Turcs ne se promènent dans les chambres, et si la visite est de cérémonie, un peu de temps après qu'on est assis, le maître de la maison fait apporter une cassolette auprès de son ami, et deux valets lui couvrent la tête d'une *tarayole*, afin que la fumée du parfum ne s'échappe pas ; on lui sert après, dessus une soucoupe de bois peinte en feuillage à la persane, une grande tasse de porcelaine pleine de chêrbet, qui est un suc de limon et de citron confit dans le sucre et qu'on délaye dans l'eau. » Du Loir revient encore dans un autre endroit sur ce cérémonial de la présentation du sorbet, et se montre tout fier de ce qu'un Turc de bonne maison lui en ait fait les honneurs, à lui et à un de ses amis : « Il nous fit boire du cahué et du chêrbet, dit-il, et il nous fit parfumer sous une *tarayole*, que deux valets tenoient étendus sur notre tête. »

Le sorbet, comme le punch, le café, le thé, et autres boissons orientales qui sont toutes de luxe chez nous, ont leur véritable utilité chez les peuples d'Orient. Là, en effet, le vin est tout à fait défendu, ou bien, si, comme à Bagdad, au temps d'Haroun-al-Raschid, il est permis aux musulmans d'en boire, c'est seulement quand le soir est venu : « Tous ceux qui en usent autrement, lisons-nous dans le conte du *Dormeur éveillé*, sont regardés comme des débauchés, et ils n'osent se montrer de jour. Cette coutume est d'autant plus louable, qu'on a besoin de tout son bon sens dans la journée pour vaquer aux affaires, et que par là, comme on ne boit du vin que le soir, on ne voit pas d'ivrogne en plein jour causer du désordre dans les rues de la ville. » A Candahar, l'ivresse est même regardée comme chose si immonde, que l'homme qu'on trouve pris de vin est placé à rebours sur un âne, puis promené ainsi par toute la ville au son d'un petit tambour.

C'est donc, nous le répétons, pour suppléer au vin dont on ne peut boire qu'à certaines heures, et toujours avec la plus sévère tempérance, que les Orientaux d'autrefois, comme ceux d'aujourd'hui, se donnent tout à la boisson du sorbet, du punch, etc. Ils ont de plus, pour se dédommager du vin de la vigne, une sorte de vin de riz dont l'usage leur est permis sans restriction. C'est une boisson délicieuse, selon Petis de la Croix, et qui rappelle certains vins d'Espagne par son goût et sa couleur ambrée.

Marco Polo en but dans ses voyages et il n'en parle qu'avec éloge, ainsi que de l'*arac* (*sic*) ou vin de sucre. Il en fut aussi servi à Rubruquis lors de son séjour chez les Tartares : « En hiver, dit-il, ils composent une très bonne boisson de ris, de mil et de miel, qui est claire comme du vin... » Plus loin il dit encore : « Plusieurs cependant venoient visiter notre guide, et luy apportoient à boire d'un breuvage fait de ris qu'ils metoient dans de grandes et longues bouteilles, et ce breuvage estoit tel, que je ne l'eusse jamais sceu discerner d'avec le meilleur vin d'Auxerre, sinon qu'il n'en avoit pas la couleur. » En Chine, c'est aussi ce *vin* ou plutôt cette *bière de riz* qui est surtout recherchée des buveurs ; ils la préfèrent même au fameux *vin de mandarins*, même au *tarassun*, ignoble eau-de-vie des Tartares, même au vin d'Espagne, que les empereurs commencèrent vers 1720 à faire importer pour leur usage. Cette bière est pourtant plus détestable en Chine que partout ailleurs. « Car elle n'est point brassée, dit de Paw, mais comme distillée grossièrement de riz, et a tout au moins à Canton le goût de la plus mauvaise eau-de-vie de grain qu'on fasse en Europe. Les Chinois boivent cette liqueur chaude, comme toutes celles dont ils usent; et on peut dire en cela qu'ils sont uniques. »

Du temps des charmants conteurs à qui nous devons les *Mille et une nuits* et les *Mille et un jours*, une liqueur était peut-être préférée à toutes celles-là dans les villes d'Orient : c'est le *fyquaa*, boisson bien simple pourtant; car, selon Petis, elle se compose, comme la plus médiocre bière, d'orge, d'eau, et, pour relever le goût, d'une espèce de raisin de passe.

Au xive siècle, ce sont les marchands de *fyquaa* qui sont les véritables cabaretiers ou pour mieux dire les limonadiers des villes de l'Orient. Leurs boutiques sont de véritables cafés. Elles sont placées dans les *asouques* ou rues marchandes toujours fréquentées par le plus beau monde, toujours égayées par les danses des *tchenguis*. Elles sont comme le relais nécessaire des gens du bel air allant à la promenade. C'est chez le marchand de *fyquaa* qu'on s'arrête, qu'on va prendre les nouvelles, qu'on s'assemble enfin pour causer d'affaires, et en cela ils font grande concurrence aux *hamman* ou bains publics, qui sont aussi des lieux de réunion. Pendant que l'on devise, de petits marchands viennent vous offrir des pommes, des dragées au baume ou à la rose, des parfums, etc. Toute la boutique, assez vaste salle, est du reste garnie de tables sur lesquelles viennent s'accouder, des journées entières, les oisifs qui se sont faits les habitués, les piliers de ces lieux publics. Pour qu'on ne croie pas que nous outrons ces détails, et que nous exagérons les points de ressemblance entre ces tavernes de *fyquaa* et nos cabarets ou nos cafés, nous allons reproduire, d'après la traduction de Petis de la Croix, un passage intéressant de l'histoire de Breddedin-Lolo, dans lequel l'établissement d'un de ces taverniers orientaux se trouve décrit au naturel avec ses commensaux. Breddedin dit au vizir et au calender : « Allons passer le reste de la journée chez un marchand de fyquaa. Ils y allèrent et y trouvèrent un assez grand nombre de personnes qui avaient coutume de s'y assembler tous les jours, et ils s'assirent tous trois à une table. »

C'est bien là, sauf le luxe et moins le café, l'opium et le tabac qu'on y consomme aujourd'hui à la place du simple *fyquaa*; c'est bien là, disons-nous, l'un de ces centres d'oisiveté où les désœuvrés des villes d'Orient, ces flâneurs muets et graves qui n'ont de longs entretiens qu'avec leur narguilé, leur tasse de liqueur amère et leur soucoupe de hatchich, viennent du matin au soir abriter leur sensualité paresseuse.

Nous reviendrons plus tard à ces cafés du Levant; nous vous ferons connaître les plus merveilleux, ceux d'Ispaham et de Tehran, ceux de Surate, où Bernardin de Saint-Pierre, l'aimable conteur, nous servira de guide; ceux surtout de Damas, les plus somptueux peut-être, et les plus enchantés. Nous ne vous mènerons pas à ses cent cinquante cafés; mais nous vous ferons voir les plus renommés, le café du Fleuve, le café des Roses, le café de la Porte-du-Salut avec ses sycomores, ses rideaux de peupliers, de saules et de platanes, ses cascades murmurantes, ses nattes suspendues sur les bords toujours frais du triple Barrady, et sa foule d'oisifs assidus, venant chaque jour reprendre, dans la même coupe et dans le même narguilé, son ivresse méditative de la veille. Aujourd'hui nous n'avons voulu que vous montrer comment l'Orient antique, sensuel comme l'Orient moderne, mais moins prodigue de luxe dans ses plaisirs quotidiens, avait préparé tous ces enchantements.

CHAPITRE II.

HOTELLERIES ET CABARETS CHEZ LES GRECS.

———

SOMMAIRE. Si les Lydiens, comme le veut Hérodote, ont ouvert les premiers cabarets, les premières hôtelleries.—Pourquoi on peut leur attribuer cette invention, selon Polydore Virgile. — Comment le même mot grec veut dire cabaretier, marchand et voleur. — Les Grecs ont-ils connu de bonne heure les hôtelleries?—Ce qui les rendit longtemps inutiles.—L'hospitalité dans les temps héroïques.—Héros d'Homère qui se fait aubergiste sur le grand chemin. — Décadence de l'hospitalité. — Les *tessères*, passe-port des hôtes. — Scène de Plaute. — L'appartement des étrangers dans une maison athénienne. — Les *Xénia*. — Orgueil de ceux qui logent beaucoup d'étrangers. — L'hôte du joueur de flûte Stratonique. — L'*andreion* et le *koimétérion* des Crétois. — Hôtelleries près des temples. — Celle de Platée. — Les instituteurs du temple de la déesse Syrienne. — Les *Proxènes*. — Comment leurs fonctions ressemblent à celles de nos consuls. — Hôtelleries pour les matelots au Pirée. — Les *Angaroi* Persans. — *Stathmoi* ou hôtelleries royales en Perse. — Auberge de Phrygie où couchèrent Alexandre, puis Mithridate. — Les *Hémérodromes*. — Le coureur d'Alexandre. — Un mot anticipé sur les *allagés*, ou relais de poste du Bas-Empire. — Si l'auteur des *Antiquités grecques* se trompe quand il dit qu'il n'y eut pas d'hôtelleries publiques en Grèce. — Les auberges d'Athènes. — Les ambassadeurs à l'hôtellerie.—Auberges à Mégare, en Argolide, etc.—Corneille, l'hôtelière de Chéronée. — Ce qui lui arrive avec les Déliens. —Si les hôtelleries grecques étaient des cavaransérais.— Un *kani* de l'*Hellade*. — Vie en commun dans les auberges grecques.—L'hôtellerie sur le théâtre.—Sa description.—Le métier d'aubergiste infâme devant la loi.—Les filles de Thrace, servantes d'auberge et courtisanes.—Leurs stations sur la voie publique. —Ce que dit Plutarque des amitiés d'hôtellerie.—Platon exclut les aubergistes de sa république.—Portrait d'un hôtelier. — Le cabaretier grec —Démosthène au cabaret.—Quelles gens hantent la taverne. — Déjeuner de Diogène. — *Tapis francs* à Athènes. — Le chef de

bande.—La dîme.—Une nuit dans un cabaret.—Les courtisanes ivrognes.—Voleries des
taverniers. — Comment boire un *cotyle* équivaut à boire un *canon*, etc. — Escroqueries
des cabaretiers.—Vins frelatés.—Les fausses mesures.—Diverses mesures en Grèce.—
—Ce que coûtait le vin.—Les gens qui boivent sans payer.—Querelles chez les baigneurs
et les cabaretiers.—Comment il est déshonorant, même pour un valet, de fréquenter les
cabarets.—Les philosophes y abondent.—Lois sur les tavernes —Pourquoi Xérès ordonne,
sous peine de mort, aux Babyloniens, de les fréquenter.— Les inspecteurs des vins.— Le
Gyneconomus.— L'administrateur général des vins.—L'*opsonome*.—Restaurants athéniens.
—Repas des sacrifices.—Regrets de Mercure.—Étalage des restaurateurs grecs.—Gourmandise du poëte Philoxène.—Une gargote grecque au dépourvu.—Charcutiers ambulants.—Ce qu'ils vendent.—Le *plum-pouding* à Athènes.—Marchands de gâteaux dans les
rues.—Dans les spectacles.—Comment on juge à Athènes du mérite d'une pièce, suivant
Aristote.—Rassemblement chez les barbiers et les parfumeurs.—Dans les moulins.—
Quelles gens on trouve chez les barbiers.—Quelles gens on n'y trouve pas.—Les *Thermopolies*.—La doctrine du docteur Sangrado en Grèce.—Vins mélangés d'eau.—Comment
s'obtient une température mixte pour la boisson.—Si les héros d'Homère buvaient leur vin
pur.—Qui trouva le secret de faire de l'*abondance*.—Statue qu'on élève à ce grand homme.
—Vins et piquettes grecs.— Chio île bachique.— Les marchands de vin économes.—
Ivrognes célèbres de la Grèce.—Comment les tyrans et les philosophes sont tous de grands
buveurs.—Anacharsis chez Périandre.—Diotime l'*entonnoir*.— La garde scythe dans les
cabarets d'Athènes.—Les Tapyriens.—Byzance, ville de prostituées et de tavernes. —
—Comment les Byzantins louent leurs maisons et leurs femmes.—Cabarets sur les remparts
pendant le siége.—Figures représentées sur les médailles, dignes enseignes des tavernes.
—Ruse de Cléarque pour prendre la ville. — Les chefs byzantins tués au cabaret. —
Pourquoi cette histoire clôt ce chapitre. — Et comment les auteurs de ce livre ont été les
premiers à parler de toutes ces choses.—Prière au lecteur pour qu'il pardonne les fautes
des auteurs.—Et pourquoi il doit être indulgent.

A. RACINET. D.

Hérodote, qui veut trouver une origine à tout, et qui fait volontiers les honneurs de l'invention d'une chose au peuple chez lequel il la rencontre pour la première fois, attribue aux Lydiens l'établissement des premières hôtelleries, des premiers cabarets. La vérité étant impossible à démêler du mensonge, dans ces temps primitifs, nous ne le contredirons pas : nous douterons fort, voilà tout, et nous demanderons seulement pourquoi aux Lydiens et non à un autre peuple cette première idée des cabarets et des hôtelleries? A cela, Polydore Virgile va nous répondre avec une bonhomie singulière que la chose est toute naturelle, que les Lydiens, ayant inventé les jeux, devaient aussi être les premiers à ouvrir les cabarets, « lieux où, comme on sait, le jeu fut toujours en grande faveur : » *quippe tale opus in cauponis maxime semper fervet.*

Larcher y met moins de complaisance. Il ne veut point prendre dans le sens d'hôtelier et de cabaretier le mot *capélos*, employé par Hérodote, et làdessus il fait une grande querelle à tous les traducteurs latins qui, interprétant ainsi, ont donné pour équivalent au mot grec le mot latin *caupona*. Selon lui, le mot d'Hérodote doit se prendre dans le sens de *revendeur, marchand regrattier*, et en aucune façon se comprendre autrement. Il s'appuie sur bon nombre de passages où *capélos*, en effet, est employé avec cette dernière acception, notamment sur une phrase de Platon où il est dit que « tout commerce qui se fait dans les villes autrement que par échange est appelé *capélique;* » mais, avec tout son étalage de raisonnements et de citations grecques, il ne nous a pas convaincus. Sans pouvoir parvenir à donner au passage d'Hérodote un

autre sens que celui consacré par les versions latines, par Polydore Virgile et
par Goguet, il n'a fait que nous apprendre ce qu'il ne voulait pas prouver et
ce que nous savions déjà, c'est-à-dire que, grâce au double sens de ce mot
CAPÉLOS, *marchand* et *cabaretier* étaient homonymes chez les Grecs. Avouons
que cette synonymie devait être assez embarrassante, surtout pour l'étranger
cherchant dans une ville grecque un *cabaretier* et non un *revendeur*. L'habitude de frauder, de tout temps commune et pour ainsi dire inhérente aux deux
métiers, avait d'ailleurs fait encore compliquer l'affaire : pour être juste, on
avait été obligé de donner au mot *capélos* une troisième acception, celle de
voleur, et au verbe *capéleuein* le sens de tromper; mais, malgré toutes ces
complications de sens, malgré tout ce dédale de significations, quiconque savait
bien sa langue grecque pouvait encore se retrouver. Voulait-il du vin : éludant
le fâcheux homonyme, il demandait où se trouvait un *oinopolès;* avait-il
besoin d'un gîte, il cherchait un *pandokos;* mais en dépit de ses précautions,
comme nous le ferons voir, il trouvait toujours par surcroît, avec l'un et avec
l'autre, l'inévitable *capélos*, c'est le voleur que nous voulons dire.

Les Grecs des temps héroïques paraissent n'avoir connu qu'assez tard ce
fléau des hôtelleries publiques. Alors, en effet, il n'y avait pas d'hospitalité mercenaire. Tout étranger avait droit à un asile, tout passant était un hôte que
vous envoyait Jupiter Xenios. Après le festin, vous répandiez une libation sur
la table hospitalière en l'honneur de ce dieu protecteur des étrangers, et vous
étiez quitte envers celui qui vous avait reçu. Qu'on arrivât en grande pompe,
avec un grand équipage de mulets et d'esclaves portant votre bagage, ou
simplement, comme l'Oreste des *Coéphores*, avec un léger paquet et un bâton à
la main, on recevait le même accueil. C'était le droit du voyageur. « A la
voix d'un étranger, dit éloquemment Barthélemy, toutes les portes s'ouvraient,
tous les soins étaient prodigués; et, pour rendre à l'humanité le plus beau des
hommages, on ne s'informait de son état et de sa naissance qu'après avoir prévenu ses besoins. » Ce dernier détail, qui met l'hospitalité des Grecs bien
au-dessus de celle pratiquée chez les Juifs, hospitalité exclusive, privilégiée,
réservée aux seuls amis ou aux compatriotes, nous est confirmé par plusieurs
passages des poëmes d'Homère. Au chant premier de l'*Odyssée*, Télémaque
se plaint de ce qu'on fait attendre Pallas à la porte du palais, et cela sous prétexte qu'elle n'est pas connue. Au troisième chant du même poëme, quand
Pallas et Télémaque s'en vont chez Nestor et y reçoivent l'hospitalité, c'est
seulement à la fin du repas qu'on leur demande leur nom. Athénée a cru devoir
plaisanter sur cet usage, qui voulait que l'hôte ne dît son nom qu'après boire :
« On le reçoit, on l'enivre, puis on l'interroge, et, l'ivresse aidant à la sincérité, on sait mieux ce qu'on voulait savoir. » Voilà ce que dit le spirituel épicurien ; mais il a beau faire : cette confiance libérale, cette hospitalité ou-

verte à tous, la maison du père de famille se faisant un asile, une hôtellerie
pour le passant qu'on ne connaît pas, comme pour le parent et pour l'ami, c'est
là certainement l'un des plus beaux côtés de la civilisation des âges héroïques,
leur titre le plus sérieux à l'admiration des siècles.

Quelques hommes plus ardents dans leur humanité, et à cette époque païenne
devançant d'un élan plus prompt les bienfaits de la charité évangélique, avaient
su mieux remplir encore ce devoir de l'hospitalité pour tous; ainsi, cet Axilos,
fils de Theutranus, natif d'Arisbé en Troade, et qui fut tué par Diomède :

« Il avait ouvert sur la voie publique, nous dit Homère, une maison dans
laquelle il donnait asile à tous les passants. »

Nous nous bornerons à cet exemple des pratiques hospitalières et de leurs
bienfaits dans les âges héroïques; aussi bien ce n'est qu'un point détourné de
notre sujet, et, comme l'a fort justement dit M. Pouqueville, « il faudrait
citer toute l'antiquité pour faire connaître l'importance qu'on attachait dans ce
temps-là à l'hospitalité. »

Il ne faudrait pourtant pas croire que cette grande ardeur d'hospitalité ne
s'attiédit jamais, et qu'elle ne cessa pas d'être ainsi toute à tous. Quand on ne
fut plus au temps de la guerre de Troie, de la Toison-d'or et de Thésée, en
plein âge héroïque enfin, ce beau zèle commença à se relâcher bien fort. Le
lien de fraternité qui semblait unir tous les hommes et n'en faire qu'une famille,
cette chaîne fraternelle, disons-nous, sembla se détendre et peu à peu se rompre.
Tous les bras ne furent plus ouverts à l'étranger, les portes se fermèrent au
passant. Nous entrons dans cette époque moins primitive et plus défiante où
l'hospitalité déserte les villes pour se réfugier dans les campagnes; où Jupiter
et Mercure, repoussés par toute une population dure et hautaine, ne trouvent
un asile que dans la cabane de Philémon et Baucis. Ce n'est pas qu'on ait tout
à fait rompu avec la tradition antique, mais on ne veut plus voir un hôte dans
le premier venu. L'hospitalité a ses préférences et fait ses réserves. On reste
fidèle au culte de Jupiter Xenios, mais seulement en faveur de ses amis, de
leurs proches et des gens qu'ils vous adressent. Pour que l'hospitalité ne se
fourvoie pas et ne soit réellement accordée qu'à ceux qui ont le droit de la
recevoir, on imagine des signes particuliers auxquels se reconnaissent les gens
qui, par amitié et en prenant à témoins Jupiter et tous les dieux hospitaliers,
ont contracté l'obligation respective d'être reçus, logés et nourris gratuitement
les uns chez les autres. Les *tesseræ hospitalitatis*, dont Tomassin nous a transmis
quelques figures, sont au nombre de ces signes, de ces passeports d'hospitalité. Quelquefois ces gages de la convention sacrée sont des plus simples;
c'est, par exemple, une pièce d'or, d'argent ou de cuivre que l'on rompt, et
dont chaque moitié appartient à l'une des deux familles qui a contracté le droit
d'hospitalité. C'est encore un morceau d'ivoire et de bois scié en deux mor-

ceaux, mais de façon qu'en se rejoignant ils semblent n'en avoir jamais formé qu'un. Ces *tessères*, devant lesquelles s'ouvraient si largement les portes hospitalières, pouvaient se prêter aux amis et leur procurer des titres au même accueil ; mais elles se donnaient surtout aux descendants comme un héritage, et, transmis ainsi de père en fils, le droit qu'elles consacraient pouvait durer des siècles. Dans le *Pœnulus* de Plaute, le Carthaginois dit à Agoratoclès : « Donc ton père Antidamas fut mon hôte ; cette tessère hospitalière nous fut commune ; » et l'autre répond aussitôt : « Eh bien ! tu recevras chez moi l'hospitalité. »

Quand l'étranger, muni de sa tessère, était arrivé, on préparait au plus vite l'appartement aux hôtes seul destiné, ce que les habitants de nos provinces les plus hospitalières appellent encore des *chambres de réserve* ; on se ruait en cuisine, en un mot, on lui faisait fête par tous les moyens les plus empressés et les plus délicats. Vitruve, dans son livre de l'*Architecture*, ayant à nous parler de ces chambres spéciales qu'un propriétaire de bonne maison tenait toujours prêtes pour l'hôte que Jupiter lui enverrait, nous a décrit curieusement l'une de ces réceptions.

« Il y a encore à droite et à gauche, dit-il, de petits appartements avec des portes particulières..., des chambres commodes destinées à recevoir les étrangers, qu'on ne met point dans les appartements qui ont des péristyles. Les Grecs, si délicats et si somptueux, faisaient préparer à l'arrivée de leurs hôtes des salles à manger, des salles à coucher, un office bien approvisionné. Le premier jour, ils les invitaient à leur table, et les jours suivants, ils leur envoyaient des poulets, des œufs, des légumes, des fruits et toutes les autres choses qu'ils reçoivent de la campagne. Voilà pourquoi les peintres ont appelé *xenia* les peintures qui représentent ces présents qu'on envoyait à ses hôtes. Ainsi les pères de famille ne se sentaient pas étrangers sous le toit hospitalier, jouissant dans ces appartements de la même liberté qu'ils auraient eue chez eux. »

On comprend qu'un hôte devait être fier quand il avait fait ainsi à un étranger les honneurs de sa maison, et qu'il avait si cordialement fêté sa bienvenue. Aussi Théophraste fait-il de la vanité que donnait à un maître de maison le grand nombre des hôtes qu'il recevait à table ouverte, l'un des traits de son caractère de l'*Ostentation*. « Enfin, dit-il de l'homme possédé de ce travers, s'il habite une maison dont il paie le loyer, il dit hardiment à quelqu'un qui l'ignore que c'est une maison de famille et qu'il a héritée de son père, mais qu'il veut s'en défaire, seulement parce qu'elle est trop petite pour le grand nombre d'étrangers qu'il retire chez lui. »

Les habitudes, si louables pourtant de l'hospitalité, n'entraînaient pas avec elles que ce seul ridicule chez les Grecs. Théophraste nous montre encore son homme incommode « qui, ne sachant que dire, apprend que... sa maison est ouverte à tout le monde comme une hôtellerie. » Ainsi, l'oubli des mœurs antiques en était arrivé là au temps de Théophraste ; se montrer trop hospitalier, c'était déjà être ridicule !

Les gens qu'on recevait, du reste, aimaient assez eux-mêmes que la maison dans laquelle on leur faisait accueil ne fût pas trop encombrée d'hôtes, et ils auraient volontiers dit de l'hospitalité ce que Molière dit de l'estime :

> Sur quelque préférence une estime se fonde.

A ce propos, nous allons laisser Élien vous raconter certaine historiette touchant le joueur de flûte Stratonique, hôte dédaigneux de ces maisons trop libéralement ouvertes : « Le joueur de flûte Stratonique, ayant été bien accueilli dans une maison où on l'avait invité à entrer, fut d'autant plus flatté de cet empressement qu'il se trouvait dans un pays étranger, où il n'avait nulle liaison d'hospitalité. Il fit donc de grands remerciements à celui qui le recevait de si bonne grâce ; mais, voyant arriver un nouvel hôte et s'apercevant enfin que cette maison était ouverte à tous ceux qui voulaient y loger :—« Sortons d'ici, dit-il » à son esclave ; nous avons pris un ramier pour une colombe ; ce que nous » avons pris pour une maison d'hospitalité est une hôtellerie. »

Mais encore fallait-il que tous les étrangers exclus de l'hospitalité par ce dédain des anciennes mœurs et par ces préférences des citoyens refusant désormais de voir un hôte dans l'homme qui ne leur présentait pas la tessère de l'amitié ; il fallait, disons-nous, que tous les voyageurs, même nouveau-venus dans une ville grecque, et ne pouvant y invoquer aucune liaison d'amitié, pussent cependant y trouver un gîte. On y pourvut. On ne les envoya pas, comme dans les cités juives, camper sur la place publique ; on fit mieux. Dans quelques pays, tels que la Crète, il y eut, pour les étrangers, un certain nombre de maisons toujours ouvertes, et des tables toujours dressées. « Il y a, dans toutes les habitations de l'île de Crète, dit Athénée, deux maisons destinées aux *syssities*, l'une se nomme *andreion*, l'autre *koimêtérion*, parce que c'est là que couchent les étrangers. On dresse, dans la maison destinée aux repas communs, deux tables qu'on appelle *hospitalières*, et les étrangers y ont la première place, les autres se rangent ensuite par ordre. »

En d'autres parties de la Grèce on construisit, tout près des temples des grands dieux, de vastes demeures, véritables hôtelleries gratuites, où les voyageurs trouvaient non seulement un abri, mais encore des lits consacrés d'ordinaire au dieu qu'on adorait dans le temple voisin. L'hôtellerie que les Lacédémoniens bâtirent tout près du temple de Junon, sur les ruines de Platée, nous semble avoir été un asile de cette espèce. Le passage de Thucydide, où il en est parlé, est trop curieux pour que nous ne le reproduisions pas ici ; c'est d'ailleurs le seul passage d'un historien où se trouvent quelques détails sur les hôtelleries à cette époque, sur leur configuration et leurs ameublements : « Ils la rasèrent jusque dans ses fondements, dit-il, parlant des Lacédémoniens qui venaient de prendre Platée, et ils construisirent, près du temple de Junon, une hôtellerie de deux cents pieds de longueur, ayant tout autour des appartements hauts et bas; ils se servirent, pour cette construction, des toits et des battants de porte de Platée. Du reste des meubles qui étaient dans la ville, on employa le fer et l'airain à des lits qu'ils consacrèrent à Junon, et on éleva en l'honneur de cette déesse un temple de pierre de cent pieds de long. »

Ce pieux usage d'établir ainsi, pour les voyageurs, des asiles auprès des temples, nous semble être un débris des mœurs dévotes et hospitalières de l'Orient. Nous trouvons en effet quelque chose qui le rappelle dans ce passage du traité de Lucien sur *la déesse Syrienne*, où il est parlé de l'hospitalité à laquelle avait droit tout étranger venant adorer la déesse. « Quand il est arrivé à Hiérapolis, dit Lucien, il loge chez un hôte qu'il ne connaît pas, il y a même des hôtes publics, institués pour chaque ville, et l'on y est reçu suivant sa patrie. Les Assyriens les appellent instituteurs, parce que ce sont eux qui donnent aux voyageurs les *instructions* nécessaires. » Les *proxènes* athéniens, dont nous avons à parler maintenant, ne sont pas non plus autre chose que ces instituteurs des hôtes en Syrie.

Quelquefois on appelait *proxène* tout habitant d'Athènes en liaison d'hospitalité et de commerce avec les marchands des autres villes grecques; mais le plus souvent, ils ont un caractère public qu'ils tiennent de la ville ou de la nation qui les a choisis par décret spécial pour être ses agents, et surtout pour donner l'hospitalité à ceux de ses citoyens qui seraient en passage ou voudraient séjourner à Athènes. Quand, par exemple, arrivent les députés de Mégare et de Corinthe, le proxène nommé par ces villes les loge dans sa maison, les guide partout, les sert de son crédit dans leurs négociations; en un mot, comme l'a fait bien remarquer M. Artaud dans une note de la comédie des *Oiseaux* d'Aristophane, il remplit tout à fait, à l'égard des voyageurs et des députés venus des cités alliées, les fonctions de nos consuls européens envers leurs nationaux, mais avec l'hospitalité de plus, le premier et le plus impérieux des devoirs du *proxène*.

L'institution si libérale de ces agents, hôtes, avocats consultants et *ciceroni* officiels des citoyens d'une ville, en passage et en affaires dans une autre, ne suffisait pas encore à l'idée généreuse et étendue que Xénophon se faisait des devoirs de l'hospitalité athénienne. Il eût voulu que tout matelot étranger débarquant à Athènes, y trouvât un gîte gratuit, et qu'un étranger, de quelque pays qu'il fût, grec ou barbare, fût toujours certain d'y avoir un asile dans une hôtellerie publique. Pour cela, dans son traité sur les *Causes du revenu*, il demande la levée d'un impôt spécial avec l'argent duquel on fera bâtir près des ports, des hôtelleries pour les pilotes, « en outre de celles qui s'y trouvent déjà; » puis enfin des auberges publiques, pour tous ceux qui viennent à Athènes.

Ce que Xénophon avait vu pratiquer en Perse, où le système des hôtelleries, des postes, enfin, de tout ce qui est nécessaire aux gens en voyage, était fort bien organisé, lui avait sans doute inspiré l'idée de ces demandes. Nous croirions même volontiers que ce qu'il dit, touchant ces matières, dans sa *Cyropédie*, livre écrit pour un prince des Perses, mais à l'intention visible de l'amusement et de l'instruction des jeunes Athéniens, est moins une description qu'il veut faire des choses de l'Asie, qu'un conseil qu'il veut donner, un exemple à suivre qu'il veut soumettre à ses concitoyens. Il a vu en activité, chez les Perses, le service si utile des courriers et des relais; et vite il en décrit tout le système, afin d'aiguillonner l'esprit des Grecs, d'ailleurs si inventif et pourtant en cela si arriéré et si loin de ce qu'avaient accompli les barbares. « Je lisois, dit Montaigne traduisant ici Xénophon et voulant sans doute lui-même, par cet exemple des courriers persans, donner quelque émulation à nos messageries si lentes du xvi° siècle, je lisois à cette heure, que le roy Cyrus, pour recevoir plus facilement nouvelles de tous les costez de son empire qui estoit d'une fort grande étendue, feit regarder combien un cheval pouvoit faire de chemin en un jour tout d'une traicte; et, à cette distance, il establit des hommes qui avoient charge de tenir des chevaulx pretz, pour en fournir à ceulx qui viendroient vers lui; et disent aulcuns, que cette vistesse d'aller revient à la mesure du vol des grues. »

Hérodote, avant Xénophon, s'était émerveillé de cette organisation des postes persanes, et l'avait brièvement décrite. Il avait nombré les *angaroi* (courriers) du roi Xercès, aussi nombreux qu'il y avait de journées de marche d'un lieu à un autre. « Le premier courrier rend ses ordres au second, dit-il, le second au troisième, et ils passent ainsi de suite de l'un à l'autre, de même que chez les Grecs, le flambeau passe de main en main dans les fêtes de Vulcain. Cette course à cheval s'appelle en langue perse *angareïon*. » En plusieurs autres passages de son histoire, Hérodote nous parle encore de ces postes établies dans les États du grand roi; et il revient de préférence sur un détail à peine indiqué par Xénophon, c'est-à-dire sur l'hôtellerie attenante à chaque relai. Il ne nomme même jamais l'un sans l'autre. Henri Étienne l'a bien remarqué; voulant montrer quelle était la distance de la mer grecque à Suze, capitale du grand roi, il se contente de dire qu'il y avait dans cet espace cent et onze relais ou gîtes royaux. Et, à ce propos, il parle des hôtelleries plus somptueuses, où le grand roi s'arrêtait dans ses voyages, immenses et magnifiques *caravanseraïs* auxquels Élien fait lui-même allusion dans une de ses historiettes. On en trouvait partout dans l'empire, aussi bien dans les provinces de l'Asie-Mineure que dans la Suziane, et dans la Médie. Alexandre, commençant sa marche contre Darius, fit halte, à son entrée en Phrygie, dans l'un de ces fastueux *stathmoï basilicoï*; et Mithridate, qui vint s'y arrêter lui-même après avoir conquis les États de Nicomède, se souvenant du séjour qu'y avait fait Alexandre vainqueur prédestiné de l'Asie, en tira pour lui-même un favorable augure.

Les Grecs ne mirent point à profit ce que leur apprenaient les récits d'Hérodote et de Xénophon sur les postes rapides et les riches hôtelleries des Perses. Bien plus, ils ne virent dans cette manière d'organiser des courriers, et de faire de tout habitant des provinces de l'empire un porteur de nouvelles forcé de courir sous peine de la vie, ils ne virent là, disons-nous, qu'un nouveau genre d'oppression bien digne du roi des barbares. Du nom *angaroï*, donné aux coureurs persans, ils firent donc le mot *angareïon* désignant l'oppression, ou plutôt tout service imposé par la force. Ainsi les descriptions émerveillées des historiens ne profitèrent qu'au dictionnaire, doté par là d'un terme nouveau; mais le système des messageries grecques ne s'en améliora pas, nous le répétons, soit que le défaut d'unité, le morcellement des pays en petits États, dont quelques uns n'avaient pas plus de trois à quatre étapes d'étendue, rendît impossible en Grèce ce qui s'exécutait et marchait si bien dans les provinces du roi de Perse, sous la puissance d'un seul gouvernement; soit plutôt encore que la haine qu'on portait aux Perses rendît dédaigneux pour toutes les choses qui venaient d'eux. On s'en tint toujours à ces coureurs à pied nommés *hémérodromes* dont chacun devait courir tout un jour au bout duquel il donnait ses dépêches à un autre qui, frais et dispos, continuait sa route, de sorte qu'il n'y avait jamais aucun retard pour cause de lassitude. Du temps d'Alexandre, le service des messageries ne se faisait pas encore autrement. Les dépêches du conquérant n'étaient pas portées avec plus de célérité que ne l'avaient été celles d'Agamemnon. Lors du siège d'Athènes par Philippe, l'ennemi des Romains, le système n'avait pas changé; Tite-Live, qui nous l'apprend, nous donne même à penser que les *hémérodromes* faisaient, en outre de leur service de messager, celui d'éclaireur et d'espion, et étaient ainsi très-utiles aux armées.

C'est seulement sous l'empire romain, et à l'époque surtout du bas-empire, que, dans les pays grecs devenus plus voisins du centre du gouvernement transféré à Constantinople, tout se trouva forcément modifié. Alors, ainsi que nous le verrons plus tard, il y eut en Grèce, comme dans tout l'empire, de grandes routes à relais, et à chaque relai, une hôtellerie où les courriers prenaient de nouveaux chevaux, et où les voyageurs pouvaient aussi s'arrêter. Le tout était compris sous le nom collectif d'*allagé*. Eustathe nous le dit positivement, en faisant de ce mot un synonyme de *stathmos*, « par lequel, écrit-il non moins formellement, on désignait non seulement une écurie et une étable, mais aussi des lieux propres à faire halte, des *stations* où ceux qui voyagent s'arrêtent pour se reposer. » Voilà bien, si nous ne nous trompons, les auberges de nos grandes routes avec toutes leurs dépendances. L'inévitable maître de poste n'y manque même pas.

Quant au mot *angareion*, il ne se perdit pas : nous le retrouverons dans le latin *angariare*, et dans notre mot français *hangar*, qui eût bien désigné sans doute les abris ouverts du *stathmos* persan, et de l'*allagé* du bas-empire.

De ce que nous trouvons seulement sous les empereurs l'auberge complète chez les Grecs, l'hôtellerie, maison de poste où on *loge à pied et à cheval*, faut-il croire pour cela qu'en des temps plus anciens, ils n'avaient en aucune façon connu ces gîtes publics des grandes routes; faut-il intrépidement répéter, avec M. Robinson dans son livre, estimable d'ailleurs, des *Antiquités grecques* : « les anciens Grecs n'avaient pas d'hôtelleries publiques? » Nous ne le pensons pas. En effet, quand bien même ce que nous avons dit de la prompte décadence de l'hospitalité, dont l'institution des *proxènes* et les hospices de pèlerins près des temples, ne continuèrent qu'insuffisamment les bienfaits, ne viendrait pas vous prouver que chez les Grecs l'établissement des auberges dût être une nécessité ressentie de bonne heure par ceux qui voyageaient ; les mots nombreux que nous trouvons dans la langue grecque pour désigner une hôtellerie, les passages fréquents des auteurs, irrécusables quoique vagues et obscurs quelquefois, nous attesteraient cette existence, sans contestation possible.

Un vers de l'*Inachus* de Sophocle, cité et commenté par Pollux, nous est une preuve qu'au vᵉ siècle avant notre ère, les hôtelleries étaient déjà connues en Grèce. On nommait *pandokos xenostasis* celles qui ne servaient qu'à loger les hommes; mais le *phatné*, aussi bien que le *stathmo*, était une auberge plus vaste où bêtes et gens pouvaient trouver un gîte. « Il y avait, lit-on dans le *Peltate* d'Epphippe cité par Athénée, des étables pour les bêtes de somme, des écuries pour les chevaux, et des salles pour manger (*gleumata*). »

C'est là que devaient loger les voyageurs à grands équipages, par exemple les envoyés des villes allant en ambassade vers une puissance voisine. Car les diplomates de ces temps-là n'y mettaient pas plus de façon, et se trouvaient fort heureux de l'hospitalité maigre, quoique chèrement payée, que leur offrait la moindre auberge borgne de la Béotie et de la Phocide. Nous le savons, grâce à un précieux passage d'Eschine, dans lequel l'orateur grec nous parle des ambassadeurs d'Athènes s'éloignant d'un de leurs compagnons qu'ils soupçonnent de trahison, et entre autres signes de mépris, refusant de loger et de manger avec lui dans les mêmes auberges. Le *catagogion* était une hôtellerie plus simple et plus commune, ainsi que la *catalusis*. Il s'en trouvait de cette sorte à Athènes, selon Pollux, et aussi, dans toute la Grèce, comme on le voit en plusieurs passages des écrivains grecs. C'est dans une de ces auberges que l'un des deux amis dont Cicéron nous conte l'aventure s'en alla loger à Mégare, tandis que l'autre se retirait dans la maison d'un hôte. Le bonhomme Secaldus et le vieillard d'Orée se rencontrèrent aussi dans une semblable hôtellerie située en Argolide, et c'est là qu'ils se firent ce mutuel récit de leurs malheurs qui nous a été transmis par Plutarque. Les gens qui s'en allaient consulter l'oracle, les dévots de la Pythie et d'Apollon qui partaient pour Delphes ou pour Tégyre, lieu de la naissance du Dieu, logeaient aussi volontiers dans les hôtelleries ; et, comme vous allez voir par une anecdote que nous conte aussi Plutarque dans son traité *sur les oracles qui ont cessé*, bien il en prit à certains Déliens qui revenaient de Delphes. S'ils n'eussent pas écouté les paroles d'une hôtelière, tous leurs pas étaient perdus, et ils n'eussent pas pu retourner dans leur patrie. « Durant la guerre Péloponésiaque, les Déliens ayant été chassés de leur île, il leur fut rapporté un oracle de Delphes par lequel il leur étoit mandé de chercher et trouver le lieu où Appolo avoit été né, et là y faire quelques certains sacrifices : De quoy eux, s'émer_veillant et demandant si Appolo étoit né ailleurs que chez eux, la prophétesse Pythie leur dit davantage que une corneille leur diroit l'endroit. Ces députés des Déliens, en s'en retournant passèrent d'aventure par la ville de Chéronnée, là où ils oyrent l'hostellière devisant, avec quelques étrangers passans, de l'oracle de Tégyre, auquel ils vouloient aller, et leurs propos finis, entendirent, comme ces estrangers prenant congé, luy disoyent : « Adieu, dame Corneille : » Et ainsi, comprenant ce que vouloit dire la réponse de la prophétesse Pythie, et ayant fait leur sacrifice à Tégyre, eurent la grâce d'être bientôt après remis et restituez en leur pays. »

Mais quelles étaient ces hôtelleries, ces *pandokeia* grecs, aussi bien ceux qu'on trouvait dans les villes, que ceux qui se voyaient disséminés sur les grands chemins? Comment étaient-ils distribués, quelle était leur étendue, les conditions de leur confortable, leur prix? C'est ce que nous ne pouvons savoir. Moins heureux en cela que pour l'hospice-hôtellerie de Platée dont nous avons donné la description presque complète d'après Thucydide, nous n'avons rien trouvé dans les anciens auteurs qui nous apprît ces détails. Étaient-ce de simples *caravanseraïs*, comme le pense Pouqueville, et faut-il établir quelque ressemblance entre un *pandokeïon* de la Grèce antique, et l'un de ces *khani* de la Grèce moderne, vaste et misérable hangar où bêtes et gens s'entassent pêle-mêle, et dont Buchon nous a fait une si piteuse description. Nous le croirions avec d'autant plus de raison, qu'un passage de Plutarque vient nous montrer que dans ces hôtelleries de la Grèce, comme aujourd'hui dans les *khani* de l'Hellade, la vie des voyageurs était pour ainsi dire en commun, que « tout enfin se faisait en présence de tous », suivant l'expression de Buchon.

Commandant de faire ce qui est utile à la santé, de chanter et de déclamer s'il le faut, de se promener s'il convient de long en large dans une chambre, Plutarque conseille de ne point se préoccuper si l'on est ou non dans une hôtellerie, en présence d'étrangers, « et pour ce, dit-il par l'organe de son naïf traducteur, ne faut-il prendre pour couleur et pour excuse de se taire ni la navigation, quand on est avec plusieurs autres passagers dans un vaisseau sur la mer, ni le logis, quand on est en l'hostellerie, encore que les assistants s'en dussent rire et moquer, pour ce que là où il n'est point déshonnête de manger, là n'est-il pas déshonnête aussi d'exerciter sa personne. » Chaque voyageur n'avait donc pas sa chambre particulière, et le *pandokeïon* était donc à la fois réfectoire et dortoir commun. S'ensuit-il qu'on y trouvait le même pêle-mêle que dans les *khani*, et que les hommes et leurs chevaux couchaient sous le même abri ? Nous ne le pensons pas.

Nous nous fondons sur le passage d'Epphippe cité tout à l'heure, et sur un autre non moins curieux de Pollux. Dans son précieux chapitre sur la mise en scène et les décorations des théâtres grecs, il nous dit que d'ordinaire s'ouvraient sur le *proscenium*, trois portes, dont celle du milieu pouvait être tour à tour soit un palais, soit une caverne, soit une maison de noble personnage, mais qu'au second plan, à gauche, se trouvait invariablement une hôtellerie, tandis que la droite était occupée par un temple en ruine, ou bien restait vide. Dans les tragédies, au contraire, l'hôtellerie, ou *porte des étrangers*, selon son expression même, était à droite, et la prison se trouvait à gauche. Ces détails, déjà si intéressants, puisqu'ils nous prouvent que la vie d'hôtellerie entrait déjà si bien dans les coutumes journalières des Grecs, qu'on croyait pouvoir en faire un moyen dramatique ordinaire, un sujet de décoration toujours de mise, ces détails, dis-je, gagnent encore en curiosité par ce que Pollux ajoute : « dans les comédies, nous dit-il, une tente figurée par des tapis, était toujours dressée près de l'hôtellerie, sans doute pour que les voyageurs y passassent plus au frais les heures brûlantes de la journée, puis on voyait l'étable pour les bêtes de somme et de trait, avec les grandes portes nommées portes *clisiades* par les Grecs, et qui étaient propres à laisser entrer les chars. » Ainsi nous voilà tout à fait édifiés sur ce point de la distribution d'une hôtellerie grecque, à savoir qu'on y trouvait à part une ou plusieurs grandes salles pour les voyageurs, puis auprès, des écuries pour leurs bêtes, et des remises à portes cochères pour leurs voitures. Mais là s'arrête tout ce que nous avons appris, tout ce que nous pouvons vous apprendre.

Pour ce qui concerne les maîtres de ces auberges, nous ne sommes guère plus instruits, les renseignements même sont encore moins abondants s'il est possible. Nous savons seulement que, de même que le cabaretier, le *pandokeus* ou hôtelier était mis au rang des hommes exerçant un métier infâme. Pollux, qui nous a donné toute la catégorie de gens tarés et marqués d'infamie, n'a garde de l'oublier dans le nombre ; et nous avons de bonnes raisons pour croire que le législateur avait très sagement agi en mettant ainsi, au ban de la morale publique, tous ces *logeurs à la nuit*, tous ces hôteliers des villes, ou des grandes routes de la Grèce.

Leurs femmes, pour la plupart, étaient des prostituées du plus bas étage. Nous n'aurons pas besoin, pour le prouver, de recourir à ce curieux passage du code théodosien que nous donnerons tout entier plus tard, et dans lequel il est dit que toute maîtresse ou servante d'hôtellerie sera dispensée des peines portées contre les femmes adultères, tant il est vrai que la prostitution était une conséquence immonde de leur hideux métier; quelques phrases de Théophraste, dans son chapitre de la *Médisance*, nous suffiront ici. Il nous parle de ces filles Thraces, si nombreuses à Athènes, où elles se disaient presque toutes nobles, quoique esclaves pour la plupart, marchandes de rubans, cabaretières, et en même temps courtisanes, et, nous montrant son médisant qui lance ses épigrammes contre le fils d'une de ces femmes perdues, et qui transperce du même trait le fils et la mère : « Elle est, lui fait-il dire, de ces femmes qui épient, sur les grands chemins, les jeunes gens au passage, et qui, pour ainsi dire, les enlèvent et les ravissent. » Or, d'après une note de La Bruyère, que n'a pas démentie le savant Coray : « Elles tenaient hôtellerie sur les chemins publics, où elles se mêlaient d'infâmes commerces. » Il paraîtrait donc que le métier d'hôtelière, ici comme chez les Juifs, était le couvert sous lequel la plus vile prostitution se livrait le plus aisément à ses trafics. Nous ne nous étonnerons pas, après cela, qu'il y eût fort mauvaise compagnie dans les bouges décorés en Grèce du nom d'auberge, et nous trouvons Plutarque d'autant plus sensé quand, défendant à tout homme bien né les amitiés de cabaret et d'hôtellerie, il leur dit de : « non pas faire comme plusieurs, qui appellent ami pour avoir beu seulement une fois ensemble, ou avoir joué à la paulme ou aux dez, ou avoir logé en un même logis, amassant ainsi des amitiez des hôtelleries ou des jeux de luicte ou des promenemens par les places des villes. » Enfin, nous approuvons fort Platon lorsque, ne voulant admettre dans sa république modèle aucun des abus et des désordres de la république d'Athènes, il commence par en éloigner les hôteliers et leur suite. Dans un autre endroit, au livre VIII de son *Traité sur les lois*, poursuivant la même utopie, il se félicite encore de ce que, d'après son nouveau système de gouvernement, « les Grecs ne tirant plus leur nourriture de la terre et de la mer, mais bien de la terre seule, on n'aura plus besoin chez eux de cet attirail de lois, concernant les traficants, les marchands, les douanes, les hôtelleries. »

Si les maîtresses d'auberges étaient avant tout d'effrontées libertines, les hôteliers étaient de même d'impudents voleurs, âpres au gain illicite, toujours ardents à prendre, mais aussi, regimbant toujours quand il fallait donner; arrogants, insolents, disputeurs, regardant, du haut de leur mépris, l'étranger qui faisait chétive dépense, et faisant la même querelle à celui qui payait peu qu'à celui qui ne payait pas; de francs coquins en un mot, dignes, à cent titres divers, d'être confondus avec le marchand et le cabaretier, sous l'infamie collective du nom de *capélos*.

Tout homme qui tenait cabaret passait pourtant encore, si c'est possible, pour un plus effronté coquin que l'hôtelier. C'était toujours une honte de fréquenter son bouge, et à moins d'être un homme tout à fait sans pudeur et ayant toute honte bue, on rougissait d'y être vu attablé. Un certain Démosthènes, non pas certes l'orateur, car celui-ci était buveur d'eau, fut un jour aperçu par Diogène le Cynique, « pendant qu'il ivrognait dedans une taverne, dont il eut honte, dit Plutarque, et se voulut retirer au dedans, et Diogène lui dit : Tant plus tu recules en arrière, tant plus avant tu entres dans la taverne, » c'est-à-dire dans l'infamie. Diogène, du reste, quoique parlant ainsi, ne hantait pas moins, en vrai cynique, ces buvettes honnies. Avant d'aller s'accroupir à perpétuité dans la vaste amphore rapiécée qu'il avait trouvée à Metroé, il avait passé sa vie dans le cabaret. C'est même là qu'il prenait ses repas. Un matin qu'il y déjeunait au milieu de gens du peuple, il aperçut, par l'huis toujours ouvert, Démosthènes, cette fois c'est l'orateur, qui passait dans la rue. Il l'appela; et comme l'autre, faisant fi de l'invitation, continuait à marcher, et détournait la tête : eh quoi! lui cria le cynique, aurais-tu honte d'approcher d'un lieu où ton maître ne dédaigne pas d'approcher tous les jours? « Il voulait, dit Élien, qui nous a transmis l'anecdote, parler du peuple en général, et de chaque citoyen en particulier; et c'était lui dire que les orateurs, ainsi que tous ceux qui par état haranguent le peuple, sont les esclaves de la multitude. »

Il n'y avait donc dans les tavernes d'Athènes que des gens sortis de la plus vile populace; les matelots et les portefaix (*pronneïkoi*) du Pirée; et ces mauvais garnements que Suidas et Harpocration comprennent sous le nom de *peristatoi*, oisifs turbulents de l'*agora*, où ils trouvaient surtout à cabareter avec des femmes perdues; auditeurs braillards des démagogues du Pnyx, où Démosthènes lui-même, quoiqu'il les dédaignât d'une façon si hautaine quand il les rencontrait ailleurs, était toujours ardent à briguer, toujours fier d'obtenir leurs applaudissements.

Ce n'étaient pas encore là les gueux les plus vils qu'on rencontrât, dans les cabarets. La tourbe des impudents vauriens, dont Théophraste nous a fait le portrait au chapitre VI de ses *Caractères*, y pullulait à toute heure, et ces bouges ou plutôt ces repaires devenaient ainsi non seulement infâmes, mais dangereux à fréquenter. Cette vile canaille avait d'ordinaire un chef, le plus hardi, le plus effronté de la bande, et celui qui faisait à chacun des affiliés de petites avances d'argent nécessaires pour entamer quelque petite affaire bien infâme, pour dresser des pièges aux dupes, pour payer le vin dont on grisait le pauvre homme qui, ivre une fois, était plumé jusqu'aux os. Mais c'est à gros intérêts que le chef prêtait à chacun des siens cet argent si bon pour l'amorce ; tous les jours il fallait lui en rendre compte, et avant tout acquitter la dette de l'usure. Aussi, Théophraste nous le montre-t-il courant chaque matin par la ville, et faisant sa ronde des cabarets, des gargotes, des lieux où l'on vend le poisson frais pour se faire payer sans retard de ses suppôts et créanciers. C'est pendant la nuit que ces garnements faisaient leurs coups. Les cabarets restaient toujours ouverts, et les filous, attendant leurs dupes, s'y tenaient aux aguets comme l'oiseleur auprès de ses piéges. Souvent la courtisane du Céramique y venait à bas bruit en s'éclairant, par les rues sombres, de la lampe fumeuse qui servait d'enseigne à son bouge, et lui faisait donner à elle-même le surnom dégradant de *torche*. Elle prenait place dans le *tapis franc* athénien, pêle-mêle de filous et de dupes, de voleurs et de volés ; demandait effrontément à boire en criant d'une voix enrouée à l'hôte, *crasi, crasi* ; s'enivrait largement, en digne Athénienne ; et, la tête échauffée, mais l'esprit toujours présent pour le bon coup à faire, prêtait main forte à ses dignes acolytes pour dépouiller au vif la malheureuse proie, ou le plus souvent encore, l'aide de ses dégoûtantes séductions, s'il ne s'agissait que de l'enivrer et de l'endormir. Le coup fait, elle prenait sa part du vol et disparaissait. Le matin était venu, et c'était alors le chef de la bande qu'on voyait arriver, et qui, lui aussi, demandait, comme nous l'avons vu, sa dîme du butin.

Mais la pauvre dupe ne tardait pas à être vengée ; ce n'était pas la police d'Athènes, assez peu nombreuse, assez peu active, et n'ayant pas retrouvé, comme la nôtre, les cent yeux du mythologique Argus, c'était le cabaretier lui-même qui se chargeait de la vengeance ; c'est par la peine du talion, impitoyablement appliquée aux voleurs par ce fripon passé maître, que la justice se faisait sans désemparer, sans cesse ni relâche. Notre homme rançonnait si bien la bande des détrousseurs, leur faisait payer si chèrement la plus petite place dans son taudis plein de punaises, la moindre assiette de *cycéon*, le plus petit *cotyle* de vin frelaté, nectar de bonne source comme l'on pouvait dire, car le jus de raisin n'y entrait pour rien le plus souvent, et les eaux de la citerne, au contraire, y étaient pour la meilleure part ; notre madré tavernier, en un mot, voleur et empoisonneur tout ensemble, les pillait, les écorchait si bien de toutes les manières, que peu à peu, et sans douleur, il leur faisait rendre gorge, et qu'on pouvait dire que l'argent volé n'avait fait que passer par la main du filou pour entrer et rester dans la sienne.

Le cabaretier n'était jamais en défaut d'expédients pour lutter d'escroquerie avec ses dignes pratiques ; d'abord, il avait sa grande ressource, le fond du métier, l'art de mêler et de frelater les vins. Par malheur, rien n'a transpiré des ruses secrètes employées alors pour travestir la divine liqueur, et nous ne pouvons vous indiquer le moindre des ingrédients perfides qui tenaient lieu du raisin, et qui donnaient au nectar de contrebande le goût et la couleur. Peut-être le tavernier grec faisait-il pour le vin de Crète et de Chypre, ce que le cabaretier parisien du xvi⁰ siècle faisait pour le malvoisie, vin du même cru, comme on sait, et comme le dit Beaujeu; ou bien, ce que les marchands du xviii⁰ siècle faisaient non moins effrontément pour le muscat. Dans ce cas, suivant la recette, laissée par Olivier de Serres, ils auraient mêlé ensemble de l'eau, du miel, du jus d'orvale, et de la lie de bière, en remuant bien ensuite l'affreux mélange. Mais, encore une fois, ce n'est là qu'une supposition. Une manœuvre des cabaretiers grecs qui ne nous a pas échappé, grâce à une indiscrétion de Plutarque, c'est celle qui consistait à étourdir d'abord sa pratique avec du vin potable, puis une fois qu'elle était suffisamment égayée, et que ce commencement d'ivresse lui avait émoussé le goût, à lui servir la plus détestable piquette, un vrai vinaigre (*oxos*). Le cabaretier larron avait encore la ressource des fausses mesures, expédient éternel que les vendeurs de toutes choses savent d'instinct, et que l'antiquité pouvait se passer de leur apprendre : « Heu! s'écrie Blepsidème dans le *Plutus* d'Aristophane, n'est-ce pas cette cabaretière d'ici près, qui me trompe toujours avec ses fausses mesures? » Cette fraude, contre laquelle le brave Athénien s'emporte ici, était une altération plus ou moins audacieuse de la mesure publique, de la mesure type ou étalon que le gouvernement d'Athènes avait établi, pour que tout vendeur de liquide s'y conformât, en donnant aux vases qu'il employait, la capacité légale. « Il est vrai, dit Plutarque dans ce curieux passage de ses *symposiaques*, où il veut prouver que, si l'on achète son vin selon la mesure publique, qui est commune pour tous, on doit le boire selon la mesure de son ventre qui est toute spéciale et particulière à la personne ; il est vrai que nous allons tous à la taverne acheter le vin à une même mesure et égale, qui est la publique, mais à la table, chacun y apporte son estomac, lequel se remplit non de ce qui est égal à tous, mais de ce qui suffit à chacun. »

Ces mesures pour le vin étaient en outre du *cotyle*, dont nous avons parlé, le *métrète* ou *kéramion*, qui équivalait à deux amphores, ou à dix *chus*, ou bien encore à cent quarante-quatre *cotyles*, et qui aurait contenu environ trente-neuf de nos litres, ou, selon Paucton et Girod du Saugey, trente-cinq de nos pintes françaises. Quand on sait ce que coûtait une pareille mesure de vin, et que du temps de Polybe, par exemple, elle valait quatre as à peine comme le *métrète* d'orge, ce qui fait que pour trente centimes environ, selon l'estimation de Boeckh, on avait trente-neuf litres de vin, on s'étonne des ruses employées par les marchands, des falsifications et des fausses mesures mises ainsi en usage, bien que le bon marché eût dû les rendre inutiles. C'est à croire que même s'ils devaient donner leur marchandise pour rien, les cabaretiers tromperaient, frelateraient et feraient encore faux poids, tant est grande la force du naturel. Un certain cabaretier athénien nommé Canthare avait surtout excellé dans

ces ruses des vins frelatés et des mauvaises mesures. Il en était resté le proverbe : « rusé comme Canthare, » qui se retrouve dans un passage du *Trésor*
de Menandre cité par Stobée.

Le plus souvent, grâce à la qualité des pratiques qui affluaient chez eux
et qui se faisaient les piliers de leurs bouges, les cabaretiers athéniens, tout
habiles qu'ils fussent, trouvaient pourtant à qui parler. C'était toujours à
trompeur, trompeur et demi. Comme le cabaretier devait servir le vin avant de
recevoir l'argent, souvent l'hôte buvait, puis partait sans payer.

Ces tours de villonie grecque se renouvelaient dans les étuves du *cyno-sarge*,
refuge ordinaire des cyniques, des plus viles prostituées appelées *merlans*, et
des parasites à jeun ; chauffoirs publics du petit peuple pendant l'hiver. C'était
de même encore chez le baigneur public où les mauvais chalands usaient de
l'eau, comme du vin chez le cabaretier, c'est-à-dire sans débourser une obole :
« Il ne fait aucune difficulté d'entrer dans un bain public, dit Théophraste de
son vaurien ; le baigneur a beau crier, il s'approche de la première chaudière
qu'il y trouve, y plonge un vase, le répand sur son corps, et s'en va en lui
disant : me voilà lavé, et cela sans avoir la moindre obligation. » De là de
belles querelles, comme vous le pensez bien, de là de continuelles esclandres
dans lesquelles dominait toujours, en aigre fausset, la voix de la cabaretière,
criant bien fort qu'on l'assomme avant qu'on l'ait seulement touchée : « Pour
qui donc me prenez-vous ? dit, dans le *Plutus* d'Aristophane, la Pauvreté que
Blepsidème menace de frapper ; pour une cabaretière ou une marchande d'œufs,
répond Chrémile : car autrement tu ne crierais pas si fort avant qu'on t'ait fait
le moindre mal. » De pareilles disputes étaient une honte pour ceux qui s'y
livraient. Aristophane dit positivement qu'il est infâme de prendre querelle
avec une courtisane, un baigneur, un cabaretier, un marchand de marée ; et
Théophraste en fait le dernier degré de l'effronterie.

Du reste, comme nous l'avons déjà dit, une simple station à la taverne suffisait, même sans aucune de ces querelles, grandes joies des badauds Athéniens,
pour déshonorer un homme de bonnes mœurs, voire un valet sachant vivre.
Cymilque, dans Athénée, reproche amèrement à Myrtille de passer sa vie dans
les cabarets et dans les gargotes : « Tu sais cependant, lui dit-il, ce qu'Isocrate
a écrit dans son Aréopagitique : Un valet qui savait se respecter n'aurait osé ni
boire ni manger dans un cabaret, car alors on était jaloux d'une bonne réputation, bien loin de s'abandonner à des bouffonneries et à la crapule. » Hypéride,
ajoute Athénée, dit aussi, dans son discours contre Patrocle, si toutefois il est
de lui : « Les membres de l'aréopage refusaient d'admettre parmi eux un
homme qui avait dîné dans un cabaret. Mais toi, Sophiste, tu es toujours dans
ces lieux honnis, non pas avec des amis, mais mêlé avec la tourbe des filles
publiques, menant partout avec toi des croupières, et muni des ouvrages

qu'Aristophane, Apollodore, Ammonius, Antiphane et Gorgias ont faits sur les courtisanes de cette ville. Quelle charmante érudition ! »

Ainsi la morale publique décrétant d'infamie, non seulement l'habitué des tavernes, mais l'homme qui ne faisait que s'y arrêter une fois, semblait implicitement réserver les hantises de ces bouges à qui de droit, aux courtisanes, aux vauriens, aux cyniques, comme Diogène, aux sophistes, comme Myrtille. La loi laissait à ces arrêts du bon sens du peuple, le soin de ces flétrissures, et nous ne voyons pas qu'elle se soit en aucune sorte préoccupée, à Athènes, des tavernes, de leurs maîtres et de leurs habitués. Nous ne trouvons mentionnée chez les auteurs grecs qu'une seule loi concernant les cabarets, encore n'est-ce pas une loi grecque. C'est cet étrange édit de Xercès qui, furieux de la défection et des révoltes des Babyloniens, leur défendit l'usage des armes, dit Plutarque, et leur ordonna, sous peine des châtiments les plus sévères, de passer leur vie dans les cabarets et autres lieux de débauche, bien sûr qu'ainsi énervés ils n'auraient ni la pensée ni la force de tenter de nouvelles rébellions.

La seule chose qui prouve que la police athénienne ne fut pas indifférente aux excès de l'ivresse et à leurs suites funestes pour la tranquillité publique, c'est l'institution des *œnoptes* ou *inspecteurs des vins* dont il est ainsi parlé dans Athénée : « Les anciens affectaient tant de luxe et de grandeur, que non seulement ils avaient des échansons à table, mais même des inspecteurs des vins. » Athènes avait fait une charge publique de cette inspection. Eupolis en parle dans ce passage de ses villes :

« Nous nous voyons actuellement commandés par ceux que vous n'auriez pas daigné nommer *inspecteurs des vins*. O ville, ô Athènes, oui, tu es plus heureuse que sage ! »

Mais ces *œnoptes*, comme on le voit par le chapitre suivant d'Athénée, n'avaient pas la police des tavernes dans le ressort de leurs attributions. Comme le *gynœconomus*, magistrat qui veillait à ce que les repas ne réunissent pas plus de trente convives, et ne devinssent pas, sous prétexte de *pic-nics*, des banquets politiques, des rassemblements séditieux, l'*œnopte* n'étendait son inspection que sur les repas particuliers, il était surtout chargé d'examiner aux festins si les convives buvaient également. « Or, dit encore Athénée, d'après l'orateur Philius dans la cause des Crocanides, cette fonction était assez médiocre. Les *œnoptes* étaient au nombre de trois, et c'étaient eux qui fournissaient aux convives les lumières nécessaires pendant le souper. Aussi quelques uns leur donnaient-ils le nom d'*yeux*. »

Peut-être y avait-il, au-dessus de ces *œnoptes*, un officier supérieur, administrateur général des vins, se chargeant de tout ce qui concernait les boissons, des impôts qui les frappaient, mais surtout de leur vente publique, et par conséquent des tavernes. Un passage de Platon, malheureusement unique et incomplet, puisque nous ne le connaissons que par la citation qu'en fait Pollux, nous porterait à le croire volontiers. Il est parlé d'un certain Strabon que Platon veut louer pour sa bonne gestion dans l'administration des vins, et que, pour cela, il appelle tavernier. Singulier éloge, il faut l'avouer, et qu'il serait facile de prendre pour une épigramme.

Le cabaretier athénien ne devait pas relever seulement de l'administrateur général des vins, il devait être encore soumis à l'inspection de l'*opsonome*, ou magistrat faisant observer les lois touchant les vivres, et ayant pour principale attribution d'empêcher les marchands de denrée de surfaire à l'aide du mensonge. Dans les cabarets, en effet, on ne faisait pas seulement commerce de boisson, mais aussi de nourriture. Comme dans nos tavernes parisiennes, on y donnait à boire et à manger. Les repas qu'on y faisait étaient même souvent des plus délicats et des plus abondants en mets choisis. C'était là, suivant une coutume que nous retrouverons à Rome, que l'on faisait porter, après un sacrifice, les chairs saignantes de la victime, et que l'on en faisait régal avec ses amis, lorsque l'art du maître-queux, du chef de la taverne, leur avait donné l'assaisonnement gastronomique. Les plus grands regrets de Mercure, descendu sur la terre et devenu pauvre mortel, sont pour ces mets exquis, pour ces libations, pour ces friandises des repas de sacrifices dans les tavernes d'Athènes :

« Autrefois dans les cabarets, s'écrie-t-il, je recevais dès le matin toutes sortes de mets délicats, gâteaux au vin, miel, figues, enfin tout ce dont on peut régaler Mercure. Maintenant je meurs de faim, et je reste couché les jambes croisées.

» CARION. Ne le mérites-tu pas, toi qui souvent n'épargnais pas les maux aux gens qui te traitaient si bien?

» MERCURE. O doux gâteaux que l'on pétrissait pour moi le quatrième jour du mois !

» CARION. Cet heureux temps n'est plus, en vain tu le rappelles.

» MERCURE. O gigot que je dévorais !

» CARION. Eh bien, gigotte ici en plein air.

» MERCURE. Entrailles toutes chaudes que je dévorais !

» CARION. Il paraît que c'est une colique d'entrailles qui te tourmente.

» MERCURE. O coupe, où le vin et l'eau étaient mélangés par portions égales ! »

Ces restaurants grecs avaient sur la rue un huis, toujours béant, d'où s'exhalait, jusqu'aux passants affriandés, le fumet de leurs plats succulents ; et, comme on pouvait acheter et faire emporter chez soi les mets aux émanations tentatrices, plus d'un ne s'éloignait pas sans avoir envoyé chercher par son esclave le délicat morceau. C'est ce qui arriva un jour à Philoxène, gourmand comme un poète, et toujours ardent à satisfaire ses appétits, sitôt qu'ils étaient éveillés.

Il passait devant la boutique d'un *capélos* renommé, lorsque le parfum d'un ragoût qu'on y fait cuire lui monte au nez et lui va jusqu'à l'âme. « Cours m'acheter ce plat, dit-il à son esclave d'une voix émue par la convoitise.— Mais il sera trop cher, répond l'esclave qui a jugé du prix par la saveur de l'arome.— Eh bien, tant mieux, réplique Philoxène, il en sera meilleur. » Exclamation digne de Brillat-Savarin !

Toutes ces cuisines de cabaret ne se valaient pas ; et, si l'on ne s'adressait pas aux plus renommées, comme l'était par exemple celle de Strarambos qu'Athénée se plaît à citer au double titre de cuisinier et de marchand de vin, on courait risque de ne rencontrer qu'un gargotier maladroit, toujours au dépourvu devant ses fourneaux éteints. Certain Laconien, inexpert de toute chose concernant les tavernes et les hôtelleries, comme il convenait de l'être à un vrai Lacédémonien, s'adressa un jour à l'un de ces cabaretiers dénués, mais il s'en tira en homme d'esprit. « Et certes, dit Plutarque, de qui nous tenons l'anecdote, le Laconien jadis respondit gentilement qui, ayant achetté en une taverne un poisson, le bailla au tavernier pour le luy accoustrer. Et comme le tavernier luy demandoit du vinaigre, du fromage et de l'huile pour ce faire.— Si j'eusse, dit-il, eu ce que vous me demandez, je n'eusse point achetté de poisson. »

En pareil cas, mieux valait s'adresser encore à ces charcutiers qui se promenaient par les rues d'Athènes, principalement dans l'*Agora*, et qui vendaient aux passants les mets grossiers cuits à petit feu sur leur étal ambulant. Avec ces cuisiniers en plein air, on était sûr d'être trompé, c'est vrai, car ils étaient les plus rusés de tous, plus même que les marchands d'étoupes et que les maquignons, nous dit Aristophane, qui pour cela fait de l'un d'eux le successeur désigné du corroyeur Cléon dans le gouvernement d'Athènes ; mais au moins était-on certain aussi de trouver à point, sur leurs fourneaux portatifs, ce qu'on ne rencontrait pas toujours dans les cuisines plus amples des cabaretiers. De bons gros boudins au poivre, du *cycéon* et surtout du *thrion*, ce *plum-pouding* primitif dont les Athéniens se repaissaient déjà avec un appétit digne d'un gourmet de Londres, et dont nos notes donneront la recette. Si l'on était friand, et d'un goût trop délicat pour s'accommoder sans dégoût de ces mets de matelots, on avait pour dernière ressource les petits gâteaux, les confitures, le blanc-manger, complaisamment étagés sur la corbeille de jonc odorante et propre de ces petits pâtissiers qui, à la façon de nos marchands de gaufres et d'oublies, couraient les rues d'Athènes et les spectacles. Aristote, qu'on ne s'attendait pas à trouver en cette affaire, nous les montre égayant de leurs cris les entr'actes des représentations scéniques, et se glissant, de degrés en degrés, jusqu'aux derniers bancs de l'amphithéâtre, afin d'offrir aux spectateurs leurs menues marchandises. Suivant le grave philosophe, le succès d'une pièce, tragédie ou comédie, était toujours en raison inverse de celui qu'obtenaient ces petits marchands avec leurs friandises. Si la pièce était mauvaise, les petits gâteaux avaient beau jeu, c'est à qui en croquerait pour se dédommager par les jouissances de l'appétit des déceptions de la curiosité. Mais jouait-on au contraire une pièce excellente, *OEdipe roi*, par exemple, malheur au pâtissier, son mérite pâlissait devant le génie du poëte, les petits gâteaux étaient dédaignés. Il serait curieux de dresser chez nous une pareille statistique, et de savoir, par le plus ou moins de débit des pommes et des sucres d'orge à l'Ambigu ou à la Gaieté, le plus ou le moins de succès de certains gros mélodrames. On aurait ainsi, de par Aristote, un thermomètre exact des plaisirs du peuple de Paris, et les marchands qui vivent des gourmandises de l'entr'acte sauraient à qui s'en prendre les jours où ils ne vendent rien.

Ces petits commerces de friandises furent toujours très florissants à Athènes, mais à Athènes seulement, qu'on le sache bien ; dans toute autre ville grecque, même celles où ils auraient dû avoir chance de prospérer, ils étaient peu lucratifs et même impossibles. Nous ne parlons pas de Sparte, où la gourmandise était un crime, et d'où l'on chassait comme empoisonneurs tous les cuisiniers, même les meilleurs, même ceux qui venaient de Sicile ; nous voulons parler de Corinthe, ville de luxe et de plaisir pourtant, mais où l'on n'appréciait en aucune façon les jouissances de la table, les voluptés du cabaret. Aussi l'un des personnages de la comédie du *Marchand* de Diphile s'est-il bien gardé de s'y arrêter par égard pour ses penchants gastronomiques. « Si l'on y voit quelqu'un tenant une table splendide, dit-il avec indignation, les magistrats l'interrogent sur sa manière de vivre et l'emploi de son temps ; ils s'informent si ses revenus sont assez considérables pour fournir à ce luxe. S'il dépense plus que ses facultés ne le lui permettent, on lui défend de continuer, et on lui inflige une amende. S'il arrive qu'il n'ait aucun bien au soleil et qu'il continue ce train de vie, il est livré à l'exécuteur de la justice, qui lui fait subir une peine infamante. » Voilà comment on entendait la répression du luxe dans une des républiques les plus voluptueuses de la Grèce !

Alciphron parle de Corinthe de la même manière ; seulement il impute à l'avarice des riches ce que Diphile impute à la sévérité des lois, et il est amené à faire ainsi le plus repoussant tableau de la misère dans laquelle le petit peuple y croupissait : « Il ne faut qu'approcher de cette ville, dit-il, pour connaître la mesquinerie des riches et la misère des pauvres. Il était midi, on sortait du bain ; j'ai remarqué un grand nombre de jeunes gens d'une jolie figure, d'une physionomie gaie et spirituelle ; aucun d'eux n'a pris le chemin des maisons les plus opulentes, tous se sont dirigés vers le Cranion, où se tiennent les marchands de vin et de fruits. Je les ai vus les yeux baissés vers la terre ; les uns ramassaient des gousses de pois, les autres des coquilles de noix, cherchant avec attention s'ils n'y trouveraient rien à mettre sous la dent. Ils raclaient avec leurs ongles les écorces des grenades; les plus petits morceaux de pain, quoiqu'ils eussent été foulés aux pieds, ne leur échappaient pas, et ils les mangeaient. »

Au milieu d'une pareille population de riches toujours arrêtés dans leurs dépenses gastronomiques par la rigueur des lois somptuaires, et de pauvres toujours réduits à une disette forcée, les cabarets ne devaient pas faire fortune. C'est à peine s'ils étaient visités par quelques rares chalands venant, non pas s'y attabler comme à Athènes, mais y acheter simplement au détail leur provision de vin quotidienne; et cela seul, tant le nombre de ces pratiques de cabarets corinthiens était clair-semé, suffisait pour vous faire montrer au doigt. Quand Denis le tyran, chassé de Syracuse, se fut retiré à Corinthe où il vécut, on le sait, comme le plus misérable des portefaix du port, ce qu'on remarqua surtout, selon Plutarque, c'est qu'il allait acheter lui-même son vin chez le cabaretier, et ce fut pour tous la preuve la plus évidente de l'ignominie où il était tombé.

Qu'il en était bien autrement dans cette bonne et joyeuse Athènes! Là, toujours des cabarets pleins le jour et la nuit; toujours des restes de sacrifices joyeusement mangés à la taverne ou chez soi; toujours dans les salles publiques quelques-uns de ces repas de confrérie que nous retrouverons à Rome, et que se donnaient à frais communs les membres de l'une des trente curies de la ville, ou des cent soixante-quatorze bourgades de l'Attique, heureux d'échapper, dans ces repas permis par la loi, à la défense du *gyreconomus*. A Athènes, enfin, non-seulement on ne regarde pas comme honteux d'aller acheter chaque jour son vin au cabaret, mais les riches ne rougissent pas d'en vendre eux-mêmes. Selon un usage qui fut longtemps en vigueur en France, où les abbés des monastères, les hauts magistrats, les rois même vendirent au détail le produit de leurs vendanges, et qui se conserve encore en Italie, surtout à Naples et à Florence, les propriétaires des vignes de l'Attique faisaient débiter par leurs esclaves, dans leur propre maison de ville, le vin qu'ils avaient récolté. Il n'y avait de honte que pour celui qui, comme l'homme au *gain sordide* de Théophraste, trempait d'eau ce vin, « même pour ses amis, » et se rabaissait ainsi au rang des cabaretiers.

Ne cherchait-on plus dans cette ville si bien ouverte au plaisir un lieu où l'on pût manger et boire, mais seulement un endroit où l'on pût se trouver en bonne compagnie, sans aucun mélange crapuleux, comme dans les tavernes, et où il fût loisible d'apprendre les nouvelles et d'en causer, il fallait aller dans les boutiques des parfumeurs et des barbiers, rendez-vous convenu de tous les désœuvrés de distinction.

Pendant que les femmes, à qui était interdit tout lieu de réunion où elles eussent pu se trouver mêlées aux hommes, les cabarets surtout, s'en allaient

jaser dans les moulins, et y chanter l'*epimulie* ou *epauté*, les hommes s'assemblaient dans ces boutiques bien famées, principalement dans celles des barbiers,
prédestinées, depuis Midas, à avoir pour maîtres d'intrépides bavards, et, depuis
Théophraste et Aristophane, à être le centre de tous les commérages, le quartier général des nouvellistes qui décrètent la paix ou la guerre, et font ou défont
les destins de l'État, en face du plan chimérique qu'ils ont charbonné sur le mur.
Aristophane veut-il nous apprendre que tout Athènes s'émeut de la fortune
subite de Chremile, il se contente de nous dire qu'on en cause beaucoup chez
les barbiers. En plusieurs endroits, il nous parle aussi d'un certain Cosmos, parfumeur, chez lequel on s'assemblait pour médire de Cléon, et de la tourbe dé-
magogique qui s'agitait et faisait tapage autour du tribun **corro**yeur. On pouvait en toute sûreté se livrer à ces médisances chez les parfumeurs et les barbiers, les démagogues socialistes de ce temps-là étaient déjà trop conséquents
avec eux-mêmes pour fourvoyer leur rudesse et leur malpropreté dans ces réduits élégants et parfumés. Ils y eussent compromis leur cynisme et leurs haillons. Démosthènes le dit vertement à Aristogiton, qui, pour mieux se poser en
tribun et en ami du peuple, affecte, dit-il, de ne se faire voir ni chez le parfumeur,
ni chez le barbier. Le seul homme mal famé que nous voyons s'y faufiler parmi
les riches oisifs, les gens désoccupés qui s'y rassemblent, c'est l'impudent de
Théophraste; encore ne fait-il que s'arrêter à la porte pour crier bien haut qu'il
va faire un grand repas et s'enivrer.

En outre des cabarets où l'on vendait du vin, des boutiques de barbiers et des
parfumeries où l'on faisait commerce de commérages, plus que de toute autre
chose, peut-être y avait-il encore en Grèce, à Athènes surtout, quelques unes
de ces *thermopolies* ou *cabaret d'eau chaude* que nous retrouverons plus tard si
nombreux et si fréquentés à Rome. Le mot de *thermopole* ou *vendeur d'eau
chaude*, si bien grec par ses racines, et, de plus, un passage formel de Pollux,
semblent nous le prouver.

On sait combien, dans l'antiquité, l'eau chaude paraissait délectable à boire,
et quelles vertus hygiéniques on s'accordait à lui trouver. Plutarque, dans son
traité sur la *Conservation de la santé*, dit qu'elle se boit sans soif, qu'elle
délasse le corps, soutient les forces, etc.; et Timée n'en parle pas avec moins
de faveur, devançant ainsi, sans s'en douter, les exclamations enthousiastes du
docteur Sangrado en l'honneur des buveurs d'eau chaude. « Mille fois, s'écrie
le maître de Gil Blas dans un passage trop bien en rapport avec la matière
traitée ici, pour que nous ne le citions pas tout entier, mille et mille fois plus
estimable et plus innocent que les cabarets de nos jours, ces thermopoles des
siècles passés, où l'on n'allait pas honteusement prostituer son bien et sa vie en
se gorgeant de vin, mais où l'on s'assemblait pour s'amuser honnêtement et
sans risque à boire de l'eau chaude! On ne peut trop admirer la prévoyance

de ces anciens maîtres de la vie civile, qui avaient établi des lieux publics où l'on donnait de l'eau à boire à tout venant, et qui renfermaient le vin dans les boutiques d'apothicaires, pour n'en permettre l'usage que par ordonnance des médecins. Quel trait de sagesse ! C'est sans doute, ajoute-t-il, par un ancien reste de cette frugalité digne du siècle d'or, qu'il se trouve, encore aujourd'hui, des personnes qui, comme toi et moi, ne boivent que de l'eau, et qui croient se préserver ou se guérir de tous maux en buvant de l'eau chaude qui n'a pas bouilli. Car j'ai observé que l'eau, quand elle a bouilli, est plus pesante et moins commode à l'estomac. »

Si le docteur aux doctrines aquatiques eût su à quel bas prix se dispensait l'eau chaude chez les thermopoles grecs, même lorsqu'on y infusait des plantes rares ; s'il eût appris que pour trois demi-oboles, par exemple, selon le poëte comique Philémon, on en avait une pleine tasse, ce qui faisait de cette boisson souveraine une potion vraiment populaire, un plaisir fait pour tous, quelle n'eût pas été sa joie ! Mais ce qui l'eût peut-être un peu troublé dans ce triomphe, c'eût été d'apprendre que chez les vrais gourmets, cette eau ne se prenait pas pure, et que même on ne l'y admettait qu'à la condition de la mêler à une portion égale de vin, en tenant l'une à un degré de chaleur extrême, tandis que l'autre était tenue glacée. De cette façon, par ce mélange proportionné des deux extrêmes, d'une partie bouillante et d'une partie glacée s'équilibrant entre elles, on obtenait une température mixte qui pouvait en effet être salutaire pour la boisson dans ces pays méridionaux, où boire trop chaud est insupportable, et trop glacé dangereux. Un passage fort intéressant des lettres d'Aristenète, que nous reproduirons d'après la version trop peu connue du vieux Cyre Foucault, va nous apprendre comment on s'y prenait pour mélanger ensemble l'eau froide et le vin chaud : « Et tout exprès l'échanson, bien sage et avisé, avoit fait chauffer le vin plus que de raison, puis meslé aussi avec de l'eau chaude, à la proportion de ce qu'il pouvoit juger que la froideur de l'eau pourroit bien refroidir le vin, afin que l'excessive chaleur estant amodérée par une extrême froideur, leur breuvage fût assaisonné d'un gracieux tempérament. »

Souvent, par les grandes chaleurs, on y mettait moins de prudence, et l'on se contentait de boire son vin à la glace. Gnathène la courtisane donnait un jour à souper au poëte comique Diphile, et comme elle lui présentait une coupe pleine de vin à la neige : « De par tous les dieux ! s'écria-t-il, votre puits est une vraie glacière ! — Que cela ne vous étonne pas, Diphile, répondit la spirituelle Athénienne avec cet esprit de la réplique que les courtisanes grecques avaient plus que personne, j'ai soin d'y jeter quand il le faut les prologues de vos comédies. »

Du reste, il est temps, pour la glorification de la sobriété grecque, et pour donner un démenti à la médisance latine qui fit du mot *pergræcari* le synonyme d'*ebriare*, ivrogner, il est temps de dire que dans les villes de la Grèce on buvait très-rarement le vin, quel qu'il fût, sans le mélanger d'eau. Même aux époques héroïques, quand on aurait pu croire toute la Grèce barbare plongée dans une continuelle ivresse, et puisant d'insatiables délices dans les vins exquis de ses terroirs, il en était déjà ainsi. Déjà on préconisait partout le nom de celui qui avait trouvé le bienfaisant secret de mêler l'eau avec le vin, et même on lui avait élevé une statue. Dans les festins homériques, ce mélange du vin et de l'eau était l'un des premiers apprêts. On le faisait dans de larges amphores où l'on puisait ensuite pour remplir les coupes offertes aux conviés; encore ne leur en donnait-on qu'une mesure raisonnable, et ne les laissait-on pas maîtres de boire autant qu'il leur plairait. Pourquoi cette sobriété continuelle, cette haine du vin pur et cette constante intervention de l'eau, qui peut-être était utile et bonne quand il s'agissait des âcres piquettes de l'Arcadie, du vin d'Hérée qui rendait les hommes hébétés, et du *ceramia* qui faisait avorter les femmes, ou bien encore lorsque, s'attaquant aux vins épais et presque solides de la Laconie, à ceux encore de la Béotie et de la Phocide, infectés par une infusion de pommes de pin, on cherchait à donner plus de légèreté à la liqueur, et à corriger la force du poison; mais usage coupable certainement, dirait un fin gourmet, lorsqu'il s'agissait des meilleurs vins de la Grèce, du *pramnium* de Smyrne, récolté à l'ombre du temple de la mère des dieux, du *polios* de Syracuse, des vins de Lesbos et de Thasos, si brillants dans la coupe d'or avec leur couleur d'un jaune pâle, si exquis au goût avec leur fumet généreux et doux, auquel l'âge donnait peu à peu l'agréable parfum de la pomme? Pourquoi donc aussi altérer par un odieux mélange le vin délicieux de Chio? Pourquoi, comme eussent dit les Latins, mêler une eau adultère à ce roi des vins de la mer Égée, si rare et si cher, qu'à Rome, lorsqu'il y fut introduit pour la première fois, on n'en versait qu'une coupe à chacun des convives, même dans les festins les plus somptueux; si bien regardé comme la richesse et la gloire de l'île où on le récoltait, que Chio avait voulu pour seuls symboles à graver sur ses médailles, d'un côté un sphinx couronné de raisin, et de l'autre une amphore; enfin si précieux pour ceux même qui le vendaient, qu'on en vit se sevrer à plaisir de cette rare ambroisie pour s'abreuver de piquette, préférant à la jouissance qu'ils y eussent trouvée le gain qu'ils pouvaient en retirer? Goguet donne pour raison de cette préférence qu'on avait en Grèce pour l'eau mêlée au vin, et de la reconnaissance conçue à l'égard de celui qui en avait établi l'usage, la force trop spiritueuse et trop capiteuse des vins grecs : « Tous sont liquoreux, dit-il, et pour peu qu'on en boive, ils portent à la tête et incommodent. On avait donc cru devoir témoigner quelque reconnaissance à celui qui avait trouvé le moyen d'ôter à ces vins leur qualité malfaisante, par un mélange d'eau exact et proportionné. Car, ajoute-t-il, on observait des règles sur ce sujet. Il y avait certains vins qu'on trempait plus ou moins, suivant leur qualité. Homère en fournit bien des preuves. »

Il n'y avait guère que les ivrognes de profession qui fissent bon marché de l'usage, pensant que leur coupe eût été profanée si une seule goutte d'eau y fût entrée. Or, il faut bien le dire comme un correctif de notre éloge de la sobriété grecque, ces ivrognes étaient encore assez nombreux, aussi bien à Athènes qu'à Sparte; à Thèbes et dans l'Asie Mineure, que dans la grande Grèce.

Élien a dressé une liste de ces grands buveurs, et nous sommes nous-mêmes un peu confus de nos louanges de tout à l'heure en la trouvant si considérable. En tête sont tous les tyrans de la Grèce, Denis de Syracuse, Nisée, Timoléon de Thèbes, Charidème d'Orée, Arcadion, qui, tous barbares et ivrognes à la fois, ne faisant du vin qu'un aiguillon de cruauté, donnent un sanglant démenti à ce joli couplet de Désaugiers que nous étions si heureux de croire vrai :

> Le bon vin rend l'homme meilleur ;
> Et du monarque assis à table
> Vit-on jamais le bras vengeur
> Signer la perte d'un coupable?
> De son cœur le courroux banni
> N'obscurcit plus son front sévère :
> Armé du sceptre, il l'eût puni,
> Il lui pardonne, armé du verre.

Après les tyrans, dans la liste d'Élien, viennent, qui l'aurait cru? les philosophes. Tous trempent volontiers de vin leurs arides doctrines : « Lacyde et Timon, dit Élien, ne sont pas plus connus comme philosophes que comme buveurs. » Anacharsis lui-même, qui n'était pas Scythe pour aimer l'eau, paraît au beau milieu de la nomenclature. D'après ce que dit l'anecdotier grec, ses fredaines chez Périandre, où sa philosophie s'était entachée du vice d'ivrognerie, l'avaient quelque peu perdu de renommée. Diotime d'Athènes était aussi un grand buveur. On l'avait même surnommé l'*entonnoir*, parce que se mettant dans la bouche l'un de ces instruments, le plus large qu'il pût trouver, « il avalait tout le vin qu'on lui voulait verser. » Voilà certes un bel ivrogne, et nous ne trouvons digne de lui être comparé que ce singulier Syracusain dont parle Aristote, qui, pour boire à l'aise et avoir du temps devant soi, mettait sur un tapis des œufs frais pondus, et buvait jusqu'à ce qu'ils fussent éclos. Nous avons encore Cléomène, de Sparte, pauvre buveur fourvoyé au milieu d'une population austère, et qui, pour être mis au rang des zélateurs du culte de Bacchus, n'eut pas grands excès à faire. Élien ne trouve même qu'une chose à lui reprocher pour le placer au nombre des intempérants, c'est qu'il était accoutumé « de boire son vin pur à la façon des Scythes. »

Ces Scythes, il est vrai, étaient de bien grands ivrognes, et leur ressembler en quelque chose pour le fait de la passion du vin, c'était tout aussitôt se mettre dans la catégorie des plus intrépides buveurs. Quoique les auteurs n'en disent rien, nous nous représentons souvent ces barbares venus de Scythie à Athènes pour entrer dans la garde des archontes, ou bien pour être portiers de l'Aréopage et des temples, se gorgeant de vin dans les plus viles tavernes du Pirée et de l'Agora, et, le soir des fêtes solennelles, ronflant et cuvant leur ivresse sur les marches du Parthénon et des Propylées, ou sur les degrés massifs du Pnyx désert.

Les Thraces, qui surtout abondaient à Athènes, où ils formaient presque toute la population domestique, étaient gens de même nature et buveurs d'égale force. Élien ne tarit pas sur leur compte. Pour lui, il semble que ce soient des buveurs pires encore que les Tapyriens, population d'ivrognes perdue entre le pays des Hyrcaniens et celui des Desbrices, et dont il dit quelque part : « On pourrait affirmer qu'ils vivent dans le vin, car lorsque d'autres peuples usent d'huile pour s'oindre le corps, c'est de vin que les Tapyriens se servent. »

Byzance, dont les matelots affluaient surtout dans les ports d'Athènes, sa métropole, était, entre toutes les cités thraces, la ville de la débauche et de l'ivrognerie par excellence. La dépravation athénienne s'y mêlait à la grossièreté dissolue des mœurs barbares, et y décuplait ses forces. C'était le vice dans toute sa rudesse robuste, toujours brutal et inassouvi. « On dit, écrit Élien, que les Byzantins aiment si passionnément le vin, qu'on les voit quitter leurs maisons et les louer à des étrangers qui viennent habiter leurs villes pour aller s'établir eux-mêmes dans des tavernes. Ils leur laissent jusqu'à leurs femmes, commettant ainsi deux crimes à la fois, ivrognerie et prostitution. Quand ils sont ivres, ils ne connaissent d'autres plaisirs que d'entendre jouer de la flûte : le son de cet instrument les met en gaieté, ils ne soutiendraient pas celui de la trompette. Sur cela on peut juger de l'éloignement des Byzantins pour les armes et pour la guerre. C'est pour cette raison que, durant le siége de Byzance, Léonidas, leur général, voyant qu'ils avaient abandonné la garde des murailles vivement attaquées par les ennemis, et qu'ils passaient des jours entiers dans leurs réduits accoutumés, ordonna qu'on établît des cabarets sur les remparts. Cet ingénieux artifice les engagea, quoiqu'un peu tard, à ne point s'écarter de leur poste. Il ne leur restait plus de raison pour le quitter. »

« O Byzance ! s'écrie aussi Ménandre dans un passage de son *Arrhéphore* ou de son *Joueur de flûte* cité par Athénée, tu rends ivrognes tous les marchands étrangers : c'est toi qui nous as fait boire toute la nuit, et même une large dose de vin pur ; voilà pourquoi il me semble que je me lève avec quatre têtes. »

Tout dans Byzance annonçait une ville de débauche effrontée et d'ivrognerie. Les monnaies mêmes en gardaient la marque, et avec leurs emblèmes bachiques allaient porter, par toute la Grèce, la renommée des orgies byzantines. Les images qu'on y voit représentées nous sembleraient copiées sur les enseignes des cabarets grecs, si quelque chose nous donnait à croire que ces cabarets eussent des enseignes. Ce ne sont que grappes de raisins avec leurs pampres, amphores à larges anses, à large ventre, ou bien encore des têtes de Bacchus couronnées de lierre.

Ce détestable penchant des Byzantins à l'ivrognerie devait leur être un jour funeste. Nous avons vu déjà qu'au temps de la défense de leur ville par Léonidas, ils avaient failli en être les victimes. Ce fut bien pis plus tard, lorsque le Spartiate Cléarque, résolu de les soumettre, sut faire tourner au succès de ses stratagèmes ces habitudes dissolues, et fit aux Byzantins un piége de leur propre vice.

Voici comment Polyen, dans ses *Stratagèmes*, donne le récit de cette curieuse affaire, épisode le plus intéressant peut-être de toute cette histoire des cabarets grecs :

« Quand ceux de Byzance se furent révoltés, Cléarque fut mis à l'amende par les éphores, et s'enfuit à Lampsaque avec quatre navires. Il s'y habitua et fit semblant de n'y penser qu'à boire et à faire bonne chère. Pendant ce temps-là, ceux de Byzance furent assiégés par les Thraces, et envoyèrent les commandants de leurs troupes demander du secours à Cléarque. Il affecta de paraître plongé dans l'ivrognerie, et à peine put-on gagner sur lui qu'il leur donnât audience le troisième jour. Ayant écouté leurs prières, il dit qu'il avait pitié d'eux, et promit de les secourir.

» Outre ses quatre navires, il en arma encore deux autres, et fit voile à Byzance ; là il convoqua l'assemblée, et conseilla de faire monter sur les vaisseaux tout ce qu'il y avait de cavaliers et de gens de pied dans la ville, pour attaquer les Thraces en queue. Cela fut exécuté, et les pilotes eurent ordre de lui, quand ils verraient lever en haut le signal du combat, de mettre en mer et de rester ensuite à flot sur le fer.

» Quand cela fut fait, Cléarque, resté à terre avec les deux chefs, dit : « J'ai soif. » Et, se trouvant près d'un cabaret, il y entra avec eux ; puis, avec les gardes qu'il y avait fait mettre en embuscade, il tua les deux chefs. Il ferma ensuite le cabaret, et ordonna au cabaretier de se taire ; ayant ainsi fait mourir ces deux hommes et enlevé les forces de la ville, il y fit entrer ses propres soldats, et s'en rendit maître. »

C'est ainsi, c'est par cette curieuse histoire, que nous clorons ce chapitre ; comme on fait pour une tonne en perce à laquelle on ne met la bonde et le fausset qu'après avoir rempli la plus large coupe, après avoir fait la plus ample libation. Mais avant d'en finir ainsi avec ces hôtelleries jusqu'ici inexplorées de la Grèce antique, avec ces cabarets d'Athènes et de Byzance, que tous les érudits, Barthélemy lui-même n'ont pas connus, ou qu'ils ont, à tort, dédaignés, nous voudrions que quelques-uns des parfums antiques qui nous ont pour ainsi dire inondés nous-mêmes pendant notre course à travers ces bas-fonds du monde grec se fussent exhalés jusqu'à vous, et vous eussent pénétrés ; nous voudrions que ce chapitre, même à peine ouvert et rapidement parcouru, vous fît monter à l'esprit cette douce senteur des violettes et des roses qui s'échappait dans l'air et parfumait le cellier, quand l'heureux Hermippe, dont nous parle Athénée, défonçait une des tonnes odoriférantes, nouvellement arrivées de Biblos en Phénicie, ou remplies aux dernières vendanges de Lesbos, de Rhodes ou d'Héraclée.

Quelques détails arides, que le besoin d'être exacts et complets, nous a forcés d'amener sur notre plume, quelques dissertations de critique ardue, de philologie rocailleuse, sont venus souvent se mêler aux parties plus intéressantes du récit, et en atténuer la curiosité ; mais qu'on se souvienne qu'il doit en être de ce chapitre comme des vins grecs dont il expose la rapide histoire. Rarement on les buvait dans toute leur force et dans toute leur pureté ; les plus fins gourmets ne les dédaignaient pas mélangés et altérés. Qu'on nous pardonne donc, par égard pour l'érudition et la vérité, nos citations multipliées, nos phrases hésitantes et allourdies par les faits qu'elles traînent, comme, par égard pour l'usage antique, on acceptait les vins grecs avec la poix âcre et infecte qui les imprégnait, avec l'eau de la mer qu'on jetait à flots dans les tonnes.

CHAPITRE III.

LES HOTELLERIES ET LES CABARETS A ROME

ET DANS L'EMPIRE ROMAIN.

———×———

SOMMAIRE. Les *mansions* ou hôtelleries impériales. — Système d'espionnage qu'on y met en usage. — Pourquoi. — Mort de Titus empoisonné dans une *mansion*. — Assassinat d'Aurélien dans un lieu pareil. — Ce que sont les *lettres d'évection*. — Comment Pertinax est puni pour ne s'en être pas muni. — Droits qu'elles procurent. — Une de ces lettres d'après Marculphe. — Les ambassadeurs à l'auberge. — Ce qu'étaient les auberges des grandes routes d'Italie au temps de Polybe. — Si l'on y paie à la carte ou à la journée. — Prix des aubergistes. — Comment ils regardent à la consommation de leurs hôtes. — *Cediliæ* ou petites auberges de la voie Appienne. — Comment les patriciens en voyage se dispensent d'aller à l'auberge. — Cicéron à l'hôtellerie. — Son aubergiste Macula. — Auberges trop étroites. — Mal closes. — Voyageurs dans les étables. — Danger qu'y court Sévère. — Différence entre le *stabularius* et le *caupo*. — Ce que dit Horace de l'un et de l'autre. — Soin qu'il prend pour éviter leurs bouges. — L'auberge de Bénévent. — Cuisines enfumées et lits durs des hôtelleries. — Horace et la servante d'auberge. — Pénurie des hôteliers. — Disette de vin et d'eau. — Leurs querelles avec les porteurs d'eau. — Le cabaretier de Ravenne et ses citernes. — Voyageurs sybarites. — Cuisines portatives. — Dangers que l'on court dans les auberges de l'ancienne Italie. — Leur comparaison avec celles de l'Italie moderne. — Meurtres qu'on y commet. — Les aubergistes assassins. — Une *cause célèbre* racontée par Cicéron. — Aubergistes recéleurs. — Comment ils s'approvisionnent. — Débauches infâmes dont les hôtelleries sont le repaire. — Pétrone, Asclyte et Giton dans un *diversorium*. — Emplois infâmes du *calamitus* ou garçon de cabaret. — Antoine à l'auberge des *Pierres rouges*. — Cabaretières courtisanes. — Ce que c'est qu'un *ganeum*. — Ceux de Baïes. — Matrones se faisant cabaretières. — Les *helluones*. — Une nuit au *ganeum*. — *Lustra*, bouges les plus clandestins. — Les prostituées établissant un cabaret pour échapper à l'édile. — L'adultère que peuvent commettre les femmes de cabaret toléré par la loi. — Les cabaretiers déclarés infâmes. — Ce que sont d'ordinaire ces cabaretiers. — Syriens et Juifs valets du Cirque. — Tavernières syriennes. — Ce que sont les *ambubaiæ*. — Ce que leur nom signifie en langue syriaque, et comment elles le justifient. — Cabaretières et danseuses portant la mitre. — Leurs pratiques de sorcellerie. — Craintes qu'elles inspirent au peuple. — Leur fromage magique. — Quels sont les hôtes ordinaires de leurs tavernes. — Halte de Lucilius chez une de ces Syriennes. — Ce que devait être ce cabaret. — Si le satyrique y fut bien reçu. — La *Copa*, hôtesse de Virgile. — Fragment de poëme où son cabaret est décrit. — Jardin de la taverne. — Buffets sous la treille. — *Triclinium* champêtre. — Menu d'un repas rustique chez la *Copa*. — L'enseigne de son cabaret. — Les prêtres de Cybèle à la guinguette. — Comment ils vendent pour boire leurs cymbales et leurs tambours. — La danse de l'*ambubaia*. — Si elle rappelle la *romalis* des Gypsies. — Les joueurs de dés. — Les empereurs au tripot. — Supplice burlesque infligé à Claude aux enfers. — Les joueurs au cabaret. — La partie de Curcullion et du soldat. — Voleurs au jeu. — Défenses de l'édile. — Comment il n'est permis de jouer qu'à l'époque des Saturnales. — Descentes de justice dans les cabarets et maisons de jeu clandestines. — Dés pipés. — Tricheries des cabaretiers au jeu. — Nouvelles scènes et nouveaux crimes dans les auberges voisines de Rome. — Piége tendu par Tarquin le Superbe à Turnus d'Aricie dans une hôtellerie de Ferente. — Meurtre de Clodius. — L'auberge de Bovilles assiégée. — L'aubergiste assassiné. — Cicéron et Licinius le cabaretier du *Grand cirque*. — Le village des *Trois tavernes*. — Sa situation. — Haltes qu'y fait Cicéron. — Première rencontre de saint Paul et des chrétiens de Rome aux *Trois tavernes*. — Comment l'histoire des cabarets peut aider à celle des origines du christianisme. — Assassinat de l'empereur Sévère aux *Trois tavernes*. — Quartiers de Rome qui doivent leur nom à des cabarets. — L'auberge de l'*Ours coiffé*. — Enseignes d'hôtelleries à Rome, à Narbonne, etc. — Comment les figures d'animaux y jouent un grand rôle. — Comment Phèdre emprunta à un tableau de cabaret l'idée de sa fable du *Combat des rats et des belettes*. — Le quartier de la *Tabernula* à Rome. — Pourquoi le quartier Esquilin est surtout peuplé de cabaretiers. — Tavernes autour des gymnases et des cirques. — Étrangers qui, faute d'hôtelleries, couchent en plein air. — Cabarets autour des temples. — Ménage d'un tavernier. — Le mari sacrificateur, la femme cabaretière. — Étymologie du mot *popina*. — Ce qu'on mange dans les cabarets voisins des Cirques. — *Beef-steak* d'ours à Rome. — *Canabæ, tabernulæ*. — Meurtre d'un préteur dans une *tabernula*. — Cabarets et lupanars voisins des *pistrines*. — Quels pièges ils cachent. — Ce que raconte à ce sujet Socrate le Scolastique. — Comment ces pièges furent découverts et ces repaires détruits sous Théodose. — Autres lieux soumis à la police des édiles. — Bains publics. — Comment la prostitution s'y glisse et s'y exerce. — Les *bustuariæ*. — Les servantes de bains. — Les baigneurs. — Métiers infâmes qu'ils cumulent. — Gens qui fréquentent les bains. — Gens qui ne les fréquentent pas. — Les *nymphæa*. — Repas de noces qui s'y célèbrent. — Lois sur les festins. — Nombre des convives. — Pourquoi il faut manger en vue de tout le monde. — Rois du festin. — Ses ordres burlesques. — Les saturnales au cabaret. — Police de l'édile. — Son droit d'inspection et de saisie sur toutes les marchandises. — Les fausses mesures. — Les vins frelatés. — Décrets des empereurs contre les cabarets. — Pourquoi la vente des aliments y est défendue. — Comment Claude et Néron, qui sont le plus sévères contre les taverniers, devraient l'être le moins. — Les empereurs de jour et de nuit aux cabarets, depuis Claude jusqu'à Galien. — Adrien et Florus, poëte de taverne. — Horace et Martial au cabaret — Les sophistes grecs. — Philostrate et la cabaretière. — Les trois lettres qu'il lui adresse. — Cabarets chantants à Rome. — Néron chanteur et garçon de cabaret. — Pourquoi le sophiste Démétrius est exilé. — Les dames de comptoir des cabarets romains. — Catulle amoureux d'une de ces femmes. — Ses invectives à ses rivaux. — Si les amantes de Properce n'étaient pas des filles de taverne. — Comment la maison du *lœno* ou prostitueur est un vrai cabaret. — Description de ce bouge. — Le Damasippe de Juvénal au cabaret. — Un dernier mot sur la population de ces repaires. — Les *tricones*, les *scordali*. — Les esclaves. — Leurs commérages chez les cabaretiers. — Chevaliers romains qui tiennent des tavernes. — Cabaretiers faisant les grands seigneurs. — Comment ils s'enrichissent. — Mauvais vins qu'ils vendent. — Comment l'aïeul de Marc-Antoine, victime du bavardage d'un esclave et de la trahison d'un cabaretier, fut assassiné. — Intérieur d'un cabaret antique. — Si ceux de Rome moderne ont le même aspect. — Peintures et inscriptions sur les murailles. — Le proverbe : « A bon vin point d'enseigne » chez les cabaretiers romains. — Saleté des cabarets. — Gens qui y passent la nuit. — Les *thermopoles*. — Ce qu'ils vendent. — Boissons acides. — Une boutique de thermopole retrouvée à Pompéïa. — S'il y eut des glaciers à Rome. — Salles publiques où se font les repas des confréries. — Étalages des petits marchands de denrées sous les portiques et dans les rues. — Embarras de Rome. — Cris des marchands. — Les *cupedinarii*, les *vinarii*. — Ce que c'est. — Patriciens qui font le commerce des boissons. — Caton marchand de vin. — Esclaves courtiers de leurs maîtres. — Corporation des marchands de vin de Lyon, etc. — Diverses espèces de vins, etc. — Quelques mots sur les *meritoria* ou hôtelleries dans l'intérieur de Rome. — Police qu'on y exerce. — Registre des voyageurs. — Esclandres nocturnes décrites par Pétrone. — Rendez-vous qui se donnent dans les *meritoria*. — Vieilles femmes qui tiennent ces auberges. — Encore les esclaves voleurs au profit de l'hôtelier. — Si le premier temple chrétien ne s'éleva pas sur l'emplacement d'un *meritorium*. — Terrain disputé entre les chrétiens et les cabaretiers de Rome. Pour qui se déclara Alexandre Sévère. — Sainte Hélène, fille d'une aubergiste. — Discours de saint Jean Chrysostôme contre la fréquentation des tavernes. — Conclusion.

Figurez-vous qu'au temps des empereurs, sous Auguste, sous Domitien ou sous Aurélien, alors que Rome est devenue la ville souveraine, se rattachant à tous les points du monde par ses routes solides et larges, dont le nombre et les débris nous étonnent, et qui furent les grands chemins de la civilisation après avoir été ceux de la barbarie ; figurez-vous, dis-je, que venant de la Gaule, de la Grèce ou de la Germanie, et que, suivant une de ces grandes voies, vous vous dirigiez vers la ville éternelle. D'espace en espace, c'est-à-dire disposées et échelonnées de telle sorte qu'à la fin de chaque journée on puisse se procurer un gîte et de nouvelles montures, vous trouvez des *mansions*, grandes hôtelleries impériales, qui sont tout à la fois relais de poste ou *mutations*, gîtes pour les voyageurs, étapes pour les soldats. Des magistrats connus sous le titre collectif de *frumentarii* sont préposés à l'administration et à l'inspection de ces grandes auberges, et qui plus est, à l'espionnage de ceux qui y viennent loger. Les véritables *frumentarii* et les *curiosi* n'ont même pas d'autre mission que de se mettre aux écoutes de tout ce qui se dit dans les propos des voyageurs arrêtés à la *mansion*, et si quelque pensée séditieuse s'est fait jour dans ces entretiens, de les dénoncer aussitôt et directement à l'empereur lui-même, ou bien au préfet du prétoire. Ainsi, et Gibbon s'en indigne avec raison, la *mansion* est moins un lieu d'hospitalité qu'un centre d'espionnage, moins un gîte libéralement ouvert qu'un filet perfidement tendu.

Ce qui nous étonne, c'est qu'en vertu de ce système de police qui devait tendre à ramener, à rabattre sur le piége le plus de gens possible, afin d'opérer sur une plus grande masse, les *mansions* n'aient pas été des hôtelleries véritablement publiques, et que, pour y être admis, il ait toujours été nécessaire de se pourvoir de ce diplôme spécial, appelé longtemps *diploma tractatorium*, et à partir de Constantin, connu sous le nom de *lettre d'évection*, « qui est plus spécifique, » dit Bergier. Comme les empereurs en voyage logeaient dans les *mansions*, et que là aussi s'arrêtaient avec leur suite les députés des villes, les magistrats et les préteurs en tournée, peut-être avait-on craint, en laissant ces gîtes impériaux accessibles à tout le monde, de mêler ces augustes voyageurs, ces touristes d'importance, à la foule des voyageurs vulgaires, et de les exposer à quelques dangers. Par précaution donc, on en avait fait des hôtelleries privilégiées, afin que l'empereur ne s'y trouvât jamais qu'en la compagnie de magistrats, de hauts officiers, de soldats ou bien de gens choisis, à qui il avait lui-même octroyé le droit d'y faire séjour par *lettres d'évection* revêtues de son sceau. Tout cela n'empêcha pas que Titus n'y fût atteint par les coupables entreprises de son frère Domitien. C'est dans une mansion du pays des Sabins, presque aux portes de Rome, qu'il fut pris de cette fièvre violente dont il mourut, et que le poison préparé par son frère avait, dit-on, allumée dans son sang. L'assassinat d'Aurélien par Mucapor, dans la mansion de Cœnophrurium, entre Héraclée et Byzance, prouve encore mieux que, en dépit de toutes les précautions, les plus grands dangers pouvaient menacer et atteindre les princes dans ces hôtelleries impériales.

On était pourtant, nous le répétons, très sévère pour tout ce qui regardait les *lettres d'évection* et les priviléges garantis par elles. Ainsi Pline le jeune, quoique ministre et favori de l'empereur, croit devoir s'excuser d'avoir fait donner à sa femme des chevaux de poste sans y être autorisé. Quiconque se présentait dans une *mansion* sans être porteur de son *diploma*, et venait prendre ainsi, sans y avoir droit, sa part d'une hospitalité due seulement aux privilégiés, était aussitôt arrêté, et l'on écrivait au préfet du prétoire et aux maîtres des offices, pour qu'il fût, par eux, « jugé et puni de sa témérité, » comme écrit Bergier.

« Conformément à cette loy, ajoute le même auteur en son vieux style, nous lisons en l'histoire de Julius Capitolinus, que Publius Helvius Pertinax, qui fut empereur sur ses vieux jours, estant pourveu, en son aage florissant, de la charge de sergent de bandes, qu'ils appelaient *præfectum cohortis*, sous l'empire de Titus, fut condamné, par le président de Syrie, d'aller à pied d'Antioche jusqu'à un certain lieu où il estoit envoyé en qualité de légat, en punition de ce qu'il s'estoyt servy de chevaux publics, sans avoir lettres de postes. »

Aussi était-ce à qui postulerait la concession de ces bienheureuses lettres, à qui se réjouirait bien fort quand il les avait obtenues. En outre de l'importance qu'elles donnaient à celui qui en était porteur, et qui, pour cela seul, méritait d'être regardé comme un homme considérable dans l'empire, elles faisaient octroyer dans toute l'étendue de la plus longue route d'immenses avantages; et bien plus, elles étaient souvent valables non pour un seul voyage, mais pour un temps illimité. Il n'est pas de firman portant la signature du Grand Seigneur lui-même, point de *hati-chérif* qui vous fasse accorder par tout l'empire otto-man une hospitalité comparable à celle qui était due dans les mansions à tout porteur de *lettres d'évection*. On lui devait, à sa première demande, un certain nombre de chevaux et tous les vivres dont lui et sa suite pouvaient avoir besoin. Si la *mansion* était au dépourvu, si ses écuries étaient vides, ses maga-sins à sec, les habitants du lieu étaient forcés d'y pourvoir à la place du *statio-narius* ou maître de l'hôtellerie impériale, et de fournir montures et denrées, immédiatement et dans la quantité exigée par la *lettre d'évection*. C'est ce qu'on appelait *angariare*, par allusion à un usage et à un mot que nous avons déjà trouvés chez les Perses, et dont nous avons parlé.

Marculphe, en ses formules, nous a transmis, dans toute sa teneur, une de ces impérieuses lettres. Nous allons la reproduire d'après lui avec la naïve tra-duction qu'en a donnée Bergier. On y verra comment les empereurs savaient de tout, même des priviléges de l'hospitalité, faire un abus et une tyrannie :

« Un tel, empereur, à tous nos officiers qui sont sur les lieux : Salut, sçavoir faisons que nous avons envoyé Gaius, homme illustre, pour notre légat ou ambassadeur en telle part. A ces causes, nous vous mandons par ces présentes, que vous ayez à luy livrer et luy fournir tel nombre de chevaux, ensemble telle quantité de vivres qu'il luy sera besoin, ès lieux propres et convenables, sçavoir, tant de chevaux ordinaires et tant de surcroît, tant de pains, tant de muids de vin, tant de muids de bière, tant de lards, tant de chairs, tant de porcs, tant de cochons de lait, tant de moutons, tant d'agneaux, tant d'oisons, tant de fai-sans, tant de poulets, tant de livres d'huile, tant de livres de saumure, tant de miel, tant de vinaigre, tant de cumin, tant de poivre, tant de coste, tant de girofles, tant d'aspic, tant de canelle, tant de grains de mastic, tant de dattes, tant de pistaches, tant d'amandes, tant de livres de cire, tant de sel et tant d'huiles, tant de chars de foin, d'avoine et de paille. Ayez soin que toutes ces choses luy soient pleinement et entièrement fournies, en lieu convenable, et que tout soit accompli sans demeure. »

On voit que les empereurs faisaient la vie large et abondante à leurs légats, et nous avons tout lieu de croire qu'ils agissaient de même, c'est-à-dire, avec une égale profusion, à l'égard des ambassadeurs étrangers. Mais cette magnificence ne datait guère réellement que de l'empire. Nous voyons par les plaintes des députés de Rhodes et de la Macédoine devant le sénat, qu'au temps des guerres de Rome contre Carthage, tout ambassadeur venant féliciter la république de ses succès avait d'abord, il est vrai, été somptueusement hébergé dans un *hospice* public, sorte de prytanée romain digne de celui d'Athènes; mais qu'un peu plus tard, lorsque la république, se sentant plus forte, se crut sans doute exemptée d'avoir des égards et de la courtoisie, sans même accorder à ces députés le bois et le sel que leur devait au moins le *parochus* ou *copiarius*, on les avait envoyés loger tout simplement, amis ou ennemis, dans une auberge des faubourgs, « gîtes sordides, répètent ces pauvres députés rhodiens, où l'on trouve à peine de quoi se loger pour son argent. »

C'est pourtant en des taudis pareils qu'on était forcé d'aller prendre sa nourriture et son logement, lorsque, étant en voyage, on ne portait pas avec soi ces passe-ports impériaux, ces *lettres d'évection* qu'il suffisait de présenter au *stationarius* ou garde de la mansion, pour obtenir de lui si bon accueil, si bon gîte, et surtout, comme Marculphe nous l'a fait voir, provisions à foison, nourriture à bouche que veux-tu.

Du temps de Polybe, c'est-à-dire, à peu près à l'époque même où les députés rhodiens se plaignent si fort d'être contraints à y loger, les auberges étaient déjà nombreuses sur les grands chemins de l'Italie. Même à entendre l'historien des guerres puniques, qui, en sa qualité de Grec peu habitué au confortable des hôtelleries, s'extasie un peu trop gratuitement peut-être sur l'abondance de celles-ci, il paraît qu'à défaut de propreté, on y trouvait au moins à bon marché le logement et le vivre.

« En un mot, dit-il à propos de la fertilité des provinces italiennes, les besoins de la vie y sont à si bon marché, que les voyageurs, dans les hôtelleries, ne demandent pas ce que leur coûtera chaque chose en particulier, mais combien il en coûte par tète; et ils en sont souvent quittes pour un *semisse*, qui ne fait que la quatrième partie d'une obole; rarement il en coûte davantage, quoiqu'on y donne suffisamment tout ce qui est nécessaire. »

Ainsi, voilà donc dans l'Italie antique, ce que nous retrouvons encore dans quelques parties de l'Italie moderne, des auberges à tant la journée, des hôtel-

leries, non à la carte, mais à tant par tête. Si dans maint *albergo* ce système
commode s'est fidèlement maintenu, pourquoi, hélas ! n'est-on pas de même
demeuré fidèle à tout le reste du programme transmis par la vieille tradition ;
au bon marché, par exemple, qui, mis en comparaison avec les prix exigés
aujourd'hui par le *locandiere* toscan où napolitain, traitant si bien tout étranger
de Turc à More, sans pitié ni merci, semble vraiment incroyable, et même
paraît n'avoir été possible qu'en temps de mythologie ? Un *semisse*, ou trois
centimes par jour ! C'est à penser, nous le répétons, que Polybe s'est mépris.
Nous voulons le croire toutefois, et la chose admise, nous pardonnons de grand
cœur à ces pauvres hôteliers italiens qui, payés d'une façon si maigre, regardaient à deux fois avant de donner tout à discrétion à leurs hôtes, et même,
dit Plutarque, leur cherchaient querelle pour une trop forte consommation. Que
pouvait-on, je le demande, donner de bon cœur pour un *semisse* ?

Aussi, quand on vient nous dire qu'en ces hôtelleries on faisait maigre chère,
que le gîte y était mauvais, la nourriture détestable, nous le croyons encore
plus volontiers ; la seule chose que nous ne comprenions pas, ce sont les plaintes
du voyageur : quelque mal traité qu'il fût, il en avait toujours pour son
semisse, et même devait loyalement se croire en reste avec l'hôtelier.

Ces auberges avaient d'abord été tout simplement de petites masures mal couvertes et mal closes, en tout semblables à ces bicoques qui bordaient une bonne
partie de la voie Appienne, et qu'on appelait *ceditiæ*, selon Festus, à cause d'un
certain Ceditius qui était propriétaire du plus grand nombre. Comme le louage
de ces maisonnettes à un hôtelier était d'un assez bon produit, et valait bien,
dit Varron, ce qu'eût rapporté la culture du carré de terre sur lequel on les avait
bâties, tout propriétaire d'un champ attenant à une route fréquentée ne manquait pas d'en faire construire quelqu'une sur la lisière de son bien.

Souvent les plus riches ne les affermaient pas à des aubergistes, mais se les
réservaient pour eux-mêmes comme de petits pied-à-terre échelonnés sur le chemin de leurs villas lointaines ; c'est là qu'ils faisaient halte plus volontiers, afin
de ne pas être à charge aux hôtes qu'ils pouvaient avoir sur la même route, et surtout pour ne pas se mettre aux mains des aubergistes publics. Les patriciens les
plus opulents avaient ainsi, dans toutes les contrées qu'ils fréquentaient souvent,
de ces petites hôtelleries particulières auxquelles on donnait comme aux autres
le nom de *diversorium* ou *diversoriolum*. Cicéron, afin de ne pas toujours obsé-
der Fabius Gallus de ses séjours chez lui, aurait bien voulu posséder ainsi un
bon petit logis, un *diversoriolum* sur la route de Terracine ; mais il n'était pas
assez riche pour cela, ou plutôt l'argent qu'il eût pu mettre à cette acquisition
était toujours dépensé d'avance en livres et en statues. Lorsqu'il ne voyageait
pas comme gouverneur, et qu'il n'avait pas, à ce titre, droit au logement
gratuit que les *parochi* avaient ordre de faire préparer sur toutes les routes

pour les hauts fonctionnaires, force lui était presque toujours de recourir à l'hospitalité de ses amis ; de prendre gîte chez Gallus quand il se rendait en Sicile ; ou bien à Petrin, chez son autre ami Lepta, quand il allait du côté de Sitia, dans la campagne de Rome. Quelquefois, faute d'ami et malgré ses dédains, il fallait bien aussi qu'il s'adressât à quelque aubergiste, à Macula, par exemple, qu'il recommande à Lepta quelque part. C'était, à ce qu'il paraît, un assez brave homme d'hôtelier, faisant bien son devoir, servant un petit falerne d'un assez bon cru et assez sincère pour du vin de·cabaret, mais n'ayant par malheur qu'un trop petit nombre de chambres dans son auberge ; de telle sorte que le grand orateur, s'en allant en grande pompe au-devant de César qui revenait d'Espagne, craignait de ne pouvoir y trouver place avec toute sa suite et tous ses équipages.

Les hôtelleries des grandes routes étaient d'ordinaire ainsi faites, n'ayant, pour recevoir les voyageurs, que des cénacles peu nombreux et assez étroits. Ce n'étaient même souvent que de simples cabarets, où l'on pouvait trouver pour soi-même le vivre et l'abri, mais où ne se trouvaient ni écuries ni hangars pour les bêtes et les équipages. D'autres fois c'était le contraire : les écuries ne manquaient pas, mais les chambres ; et les voyageurs étaient obligés de s'en aller coucher sur la paille des étables, pêle-mêle avec les chevaux et les mulets, ce qui n'était pas sans danger, tant ces auberges étaient mal construites et mal closes. Une nuit que Sévère, alors simple centurion, était ainsi couché dans une étable d'hôtellerie, un serpent se glissa jusqu'à lui, et s'enroula autour de sa tête. Mais comme il ne lui fit aucun mal et se retira aux premiers cris qui furent poussés, ce qui aurait pu être un grand danger ne fut qu'un heureux présage, annonçant à Sévère, futur empereur, les hautes destinées qui l'attendaient.

Diversorium était le nom collectif désignant une auberge, quelle qu'elle fût, avec ou sans écuries ; mais quand on voulait préciser davantage, pour désigner le maître d'une hôtellerie véritable et au complet, on disait *stabularius;* pour le maître d'une auberge borgne, pauvre *bouchon* de village, on disait *caupo*. C'est des premières qu'Horace veut parler, quand il se montre lui-même allant à Baïes, au lieu de se diriger vers Cumes, son séjour chéri, et gourmandant son cheval qui, pauvre bête d'habitude, veut s'arrêter sur la route aux auberges qu'il reconnaît, *diversoria nota;* mais ailleurs, comme on le voit au dédain qu'il montre et aux mots qu'il emploie, c'est bien vraiment des autres piètres gîtes, des *cauponæ* dont nous parlions tout à l'heure, qu'il entend parler lui-même. « Voudrait-on vivre, dit-il, dans une de ces auberges qu'on trouve sur la route qui va de Capoue à Rome ? Non, par Jupiter! et, si l'on consent à s'y arrêter quelquefois, c'est seulement lorsqu'on est crotté jusqu'à l'échine et trempé jusqu'aux os. »

Dans son voyage à Brindes, voyez avec quel soin le voluptueux poëte évite ces bouges détestés! Avec quel bonheur, plutôt que de recourir à de tels asiles, il se contente de l'hospitalité précaire que lui offre la petite maison voisine du pont Campanien, et de la maigre provende que lui doivent les *parochi!* Comme il laisse aussi dédaigneusement derrière lui les auberges de Caudium, *Caudi cauponas,* pour courir bien vite à la villa de Cocceius, si magnifique, si plantureuse en toutes sortes de biens, *plenissima villa!* Si, continuant sa route, il consent à s'arrêter chez l'aubergiste de Bénévent, soyez sûr que c'est qu'il ne connaît âme qui vive dans les environs, et qu'il n'a su à quel hôte se vouer. Forcé de manger et de coucher à l'auberge, il s'en venge du moins en se moquant de tout, même du danger qu'il court, lorsque l'aubergiste trop empressé manque d'incendier sa taverne en voulant faire rôtir quelques grives maigres sur un grand feu de sarment, dont la flamme s'épand dans la cuisine, monte en langues menaçantes jusqu'aux solives du plancher, et n'est qu'à grand'peine éteinte par les valets et par les convives empressés en même temps à sauver leur souper. Les lits de ces auberges étaient des plus durs; leurs matelas, au lieu de plume, étaient rembourrés, comme Pline nous l'apprend quelque part, avec ces grosses touffes qui couronnent le sommet d'une certaine espèce de roseaux en Italie. Horace savait d'expérience que sur ces couchettes peu moelleuses l'insomnie vous visite plutôt que le sommeil; aussi, afin de charmer un peu la nuit blanche qui se prépare pour lui, le voyons-nous s'entendre avec l'une de ces bonnes grosses filles accortes, délurées, et de tout point serviables, qui déjà se trouvaient dans les auberges, faisant double métier. Mais celle-ci faussa compagnie au poëte; retenue à quelque rendez-vous plus plaisant pour elle que celui que lui avait donné le chétif et chassieux Horace, elle ne vint pas. Un songe, que nous n'oserons pas raconter après lui, l'en dédommagea.

Il manquait toujours quelque chose dans ces auberges; la cuisine, quand on arrivait, était toujours froide et au dépourvu. Dans celle-ci, c'est le vin, — vin potable, entendons-nous, — qui manquait; dans cette autre, mais ce dernier cas était moins commun, c'est l'eau. A Rome, elle était rare; aussi y voyait-on querelles continuelles entre les porteurs d'eau et les cabaretiers, pour l'eau dont ils se disputaient même une chopine; plaintes répétées de la part des édiles, et procès à tout instant intentés par eux à ces misérables qui, les uns pour abreuver leurs pratiques, les autres pour tremper largement leur piquette, coupaient ou détournaient les conduits des aqueducs et tarissaient les fontaines. C'était pis encore à Ravenne : là pas une citerne qui ne fût à sec, pas la plus petite source. Tous les cabaretiers en étaient réduits au triste sort de celui dont se moque Martial. Quand on leur demandait du vin mêlé d'eau, ils ne pouvaient servir que du vin pur. Leur seul espoir était dans la pluie emplissant par averses leurs citernes altérées; c'était meilleur pour eux qu'une bonne récolte. « Eh quoi! s'écrie Martial, vous dites, cher Ovide, que la pluie a détruit la vendange. Que non pas! Cette pluie est bien plus utile au vin que vous ne le pensez : Coranus le cabaretier a pu remplir d'eau une centaine d'amphores! »

Les riches voyageurs, qui savaient à quoi s'en tenir sur cette pénurie ordinaire des hôtelleries, prenaient leurs précautions d'avance, quand, par hasard, ils étaient obligés d'y aller loger. A la façon de l'épicurien Philoxène de Cythère, qui ne marchait jamais que précédé d'esclaves chargés de vins, et surtout de choses propres aux plus délicats assaisonnements; à la manière aussi de ce gourmand du *Pévéril* de Walter-Scott et des gourmets dont parle le joueur de Regnard :

> Qui, de livres de droit toujours débarrassés,
> Portent cuisine en poche et poivre concassé,

ils arrivaient dans ces auberges avec tout un train de maison montée, tout un équipage de cuisine. Leur luxe allait même jusqu'à faire voiturer après eux, ainsi que faisait Tibère, des plates-bandes portatives de melons et de primeurs. Mais le plus ordinairement ils se contentaient, par dédain pour les vases sales et ébréchés, pour les gamelles boiteuses des cabarets, de faire porter leur vaisselle avec eux. Ainsi faisait ce Calpetanus, fanfaron de richesses qui lui appartenaient moins qu'à ses créanciers, et duquel Martial se raille si bien. Qu'il dînât chez lui ou qu'il dînât en ville, à l'auberge ou bien même en plein champ, toujours il lui fallait sa vaisselle d'or.

C'était pourtant une grande témérité que de s'aventurer avec de pareilles richesses en des lieux tels que l'étaient déjà ces auberges. Isolées, presque perdues sur les grandes voies; peu fréquentées, sinon par des gens qui s'en faisaient un repaire; tenues d'ordinaire par quelque mauvais drôle complice de tous les larrons, recéleur de tous les vols de la contrée, ces hôtelleries étaient certainement de vrais coupe-gorge. Celles qu'on rencontre de loin en loin sur les routes les plus désertes de l'Italie, et qui sont si sinistres d'aspect, comme le *malalbergo*, par exemple, qui se trouve seul sur la longue route qui sépare Bologne de Ferrare, ou bien encore comme cette maison de poste de Monteroni dans la campagne de Rome (*Torre di mezza via*), dont William Savage a dit spirituellement : « Celui qui ose s'aventurer dans de pareils endroits doit au moins avoir été aux galères ou les avoir dix fois méritées; » tous ces dangereux refuges devaient être, disons-nous, des lieux de sûreté auprès des *diversoria*, des *cauponæ* de l'ancienne Italie, tels que nous nous les figurons.

Aujourd'hui seulement, et Savage aurait dû le dire, la *mal aria*, plutôt encore que les voleurs, infeste ces auberges de la campagne de Rome. C'est un danger qui a succédé à un autre; et, comme on va le voir par ce que dit M. Charles Didier, si à cette auberge de Monteroni, ancienne station romaine (*ad turres*), les voleurs furent jadis à craindre, c'est la fièvre surtout et presque seule, qu'il faut y redouter aujourd'hui : « Une grande maison de pierre, chose rare dans ces contrées, s'élève au bord du chemin : c'est Montcromi, l'unique poste entre Rome et Civita-Vecchia. J'y entre, la solitude y règne ; personne ne paraît pour me recevoir. J'appelle, un silence de mort répond à ma voix. Enfin j'aperçois deux postillons couchés au fond de la pièce sur un mauvais grabat ; deux autres étaient couchés dans leurs manteaux, non pas au coin du feu, mais sur la cendre même du foyer. Tous avaient la fièvre, et ils étaient si faibles, qu'il leur eût été impossible de monter à cheval. Je ne pus obtenir d'eux ni pain, ni même de l'eau. »

Nous pourrions citer mille exemples des vols et des assassinats qui se commettaient dans les *cauponæ* antiques ; vous raconter, entre autres, d'après Cicéron et d'après Valère Maxime, la fin malheureuse de cet Arcadien qui, mis à mort par son aubergiste, apparut en songe à son ami qui logeait chez un hôte à l'autre extrémité de la ville, et fut retrouvé, comme son ombre l'avait dit, tout sanglant, et caché dans un tombereau sous un monceau d'ordures ; mais le fait se passa à Mégare, et lorsque nous sommes en Italie, nous n'avons pas besoin de retourner en Grèce pour vous donner des preuves des crimes commis à journée faite par les hôteliers du Latium. Certaine histoire, que raconte Cicéron, vaudra bien mieux ici. C'est une des pages du grand orateur que les professeurs de troisième ou de seconde servent le plus volontiers, comme sujet de version latine, à leurs élèves épouvantés. Jadis elle nous avait de cette manière intéressés et effrayés. En la relisant, nous avons cru, et vous le croirez vous-même, relire un des plus sombres chapitres des *Causes célèbres*, où, comme vous savez, les histoires d'aubergistes et les histoires de voleurs sont presque toujours même chose.

Cicéron, disons-le d'avance, donne l'affaire comme un exemple de la question de conjecture ou question de fait en matière criminelle, et il fait son récit en conséquence, c'est-à-dire, en véritable avocat, ce qui, du reste, n'en vaut que mieux ici :

« Un voyageur rencontre un marchand qui s'était mis en route pour faire quelques acquisitions, et qui portait avec lui de l'argent. Bientôt, comme c'est l'ordinaire, ils lient conversation, et une certaine intimité s'établit entre eux pour le reste du voyage. Ils s'arrêtent à la même hôtellerie, et annoncent l'intention de souper ensemble et de coucher dans la même chambre. Le repas terminé, ils se retirent ensemble. L'hôte, — comme il en fit depuis l'aveu quand il se vit convaincu d'un autre crime, — avait remarqué celui qui portait de l'argent. Au milieu de la nuit, quand il juge que la fatigue les a plongés dans un profond sommeil, il entre dans la chambre, tire l'épée du voyageur qui l'avait placée près de lui, égorge le marchand, s'empare de son argent, remet l'épée sanglante dans le fourreau, et va se mettre au lit.

» Cependant le voyageur dont l'épée avait servi à commettre le crime se lève longtemps avant le jour, et appelle à plusieurs reprises son compagnon de voyage. Comme il ne répondait pas, il le croit endormi, prend son épée, son bagage, et se met seul en route. Bientôt l'aubergiste s'écrie qu'on a assassiné un homme, et poursuit avec quelques hôtes le voyageur qui venait de partir à l'instant même. Il l'atteint, l'arrête, tire son épée du fourreau, et la trouve ensanglantée. On ramène à la ville celui qu'on croit l'assassin, on le met en jugement.—Vous avez tué, dit l'accusateur.—Je n'ai point tué, répond le défendeur. » Or, ajoute Cicéron pour finir comme il a commencé, en avocat qui cherche en tout cela la fin d'un procès, le mot d'un problème de cour d'assises : « le point de discussion, comme le point à juger : a-t-il tué? appartient au genre conjectural, c'est-à-dire, à la question de fait. » Pour nous, nous n'y verrons qu'une preuve nouvelle du danger des auberges antiques, plus à craindre cent fois que la plus mal famée et la plus périlleuse des hôtelleries de la Calabre ou de la campagne de Rome.

Si l'assassinat nocturne y était pratiqué comme crime d'habitude, le vol et le recel y étaient des délits plus coutumiers encore. L'aubergiste n'approvisionnait jamais sa maison qu'avec les vivres et le vin détournés de la cuisine ou de la cave du maître par les esclaves larrons. Et comme les bons usages ne se perdent jamais, il en est encore ainsi dans l'Italie moderne. « L'aubergiste de *Tavolato*, dit encore William Savage, n'a, comme tout Romain le sait, d'autre vin que celui que les voituriers détournent ou plutôt volent à leurs maîtres en l'amenant des *ville*. En échange, il leur donne à manger. L'auberge de Porta-San-Pancrazio se fournit aussi de poissons apportés par des pêcheurs qui les dérobent en les apportant en ville. » Après cela, nous comprenons à merveille que les hôteliers antiques donnassent des denrées venues de pareilles sources à fort bon marché, et nous commençons à croire que nous avons eu tort de les en louer.

En admettant d'ailleurs que leur profit ne fût pas là, ils savaient toujours le trouver dans quelque infamie bien immonde, mais bien lucrative, dépendante de leur vil métier. Ils prêtaient leur aide et leur maison aux plus coupables débauches. C'est à la porte d'une auberge, au carrefour d'un chemin désert, que Pétrone retrouve son Giton, prototype de tous les autres ; et ce qui s'y passe entre eux, ce que Giton lui raconte des violences que lui a fait subir Asclyte dans le même lieu, nous prouve une fois de plus la ressemblance du *diversorium* antique avec les *lupanars* de la plus infâme espèce. Ce qui est pis encore, c'est que les valets d'auberges étaient les complices ordinaires et les patients de ces épouvantables débauches ; aussi, dans Plaute, *puer cauponius* s'entend-il pour un Giton, et *calamitus* signifie-t-il l'un et l'autre. Cicéron a donc bien raison de s'indigner contre Antoine de ce qu'un jour, étant allé vers la dixième heure dans un cabaret borgne des *Pierres-rouges*, il y resta jusqu'au soir, buvant à outrance, et de ce que, revenu à Rome, il se présenta chez lui la tête enveloppée, prenant la voix et les allures honteuses d'un valet d'hôtellerie, déguisement le plus infamant que pût prendre un honnête homme.

Avec les hôtelières, autres désordres, prostitutions d'autre sorte. Si elles étaient vieilles, comme l'hôtesse d'Apulée, c'étaient les plus effrontées entremetteuses; plus jeunes, maîtresses ou servantes, elles faisaient à toute heure argent de leurs caresses. Le *diversorium* et la *caupona* prenaient alors le nom de *ganeum* ou de *ganea*, mot que Calepin traduit en son vieux style naïf par celui de *taverne bourdelière*.

Ce devait être, suivant l'étymologie qu'en donne Festus, des espèces de cabarets souterrains, cachés surtout entre les roches boisées qui bordent les rives du Tibre près d'Ostie et les rivages vermeils du golfe de Baïes. Les dames romaines qui, afin de complaire à Néron, échangent l'austère *stola* pour le vêtement des courtisanes et des cabaretières, s'établissent ainsi à Baïes, dans ces grottes de la débauche. Nous les voyons, placées sur le seuil, héler à grands cris toutes les barques qui passent, et inviter du geste matelots et voyageurs à aborder chez elles.

Lorsque quelqu'un de ces hommes, toujours prêts à l'orgie, l'un de ces *helluones* dont Cicéron flétrit si amèrement les mauvaises mœurs, avait répondu à l'un de ces appels, et était entré par la porte étroite et basse du *ganeum*, la débauche commençait, et après avoir duré des journées entières, ne s'achevait qu'au milieu d'un pêle-mêle de coupes brisées, de tables renversées, de valets endormis et cuvant leur vin, de joueurs de flûte ivres, de danseuses gaditanes lassées elle-mêmes par l'ivresse et par les ébats voluptueux de leurs danses lascives.

Ces *ganea*, nous l'avons déjà dit, étaient toujours des bouges clandestins où la débauche se voilait du plus profond mystère, de l'ombre la plus impénétrable. On leur donnait même parfois, pour cela, le nom de *lustra*, comme aux repaires les plus cachés des bêtes fauves. Ceux que l'orgie y rassemblait avaient tout intérêt à n'y être pas vus. Les habitués, quoique fanfarons de vice, pour la plupart, n'y arrivaient que la tête cachée dans la toge, comme Antoine à l'hôtellerie des *Pierres rouges*, et n'en sortaient jamais que protégés par la nuit. Quant aux femmes qui tenaient ces tavernes, et faisaient du métier de cabaretières le couvert secret de leur métier plus réel de *meretrices* et de *prostibulæ*, comme elles avaient à craindre d'être prises en flagrant délit de prostitution, et d'être aussitôt chassées de Rome pour exercer le métier infâme sans figurer au registre de l'édile, leur sûreté leur faisait prendre aussi les plus grandes précautions, afin que le bruit de leurs orgies ne se fît point entendre au dehors.

La police romaine n'était pas dupe de ces supercheries, et, comme la nôtre, elle se montrait tolérante : il lui suffisait de prouver à ces cabaretières que tout ce qui se passait chez elles lui était connu et n'échappait en rien à son inspection secrète. Un édit même, dont nous avons déjà dit un mot, mettait les maîtresses et les servantes de cabaret hors la loi promulguée contre les adultères. Leur faisant un bénéfice de l'infamie de leur métier, elle consentait à ne pas voir un crime dans les débauches qui en étaient la conséquence, et elle leur octroyait la dispense du châtiment. « Celles-là, dit formellement le code Théodosien, seront à l'abri de la sévérité de la loi judiciaire contre la prostitution et l'adultère, que l'ignominie de leur vie rend indignes d'observer les lois. » Mais épargnés ici, les hôteliers et les cabaretiers ne sont que plus sévèrement frappés ailleurs par le législateur. S'il est reconnu qu'ils ont, pour le service de leur établissement, filles ou femmes qui se prostituent, ils sont réputés faire le commerce immonde, qu'ils exercent ou non en même temps un autre métier; et comme tels, ils sont déclarés infâmes. Or cette note d'infamie entraîne la mort civile pour tous ceux qui en sont marqués, les prive de la libre jouissance de leurs biens, de la tutelle de leurs enfants, du droit de serment, du droit d'accusation en justice, etc.

Ces lois, malheureusement, portaient à faux, et restaient le plus souvent inutiles, car ceux qu'elles voulaient atteindre étaient presque toujours par leur naissance au-dessous de la légalité, et le seul châtiment réel qu'il fût possible de leur infliger, c'était de les expulser de Rome et de ses environs, frappant ainsi de mort leur métier, tout à fait impraticable loin de ce grand centre de dépravation. Qu'était-ce, en effet, que ces cabaretiers et ces aubergistes romains? D'ordinaire, des affranchis que la flétrissure de la servitude passée empêchait de rentrer sous la loi commune; mais plus souvent encore, des étrangers de race servile dont les conquêtes romaines en Orient avaient encombré la ville et infesté toute l'Italie.

Les Syriens et les Juifs, « nations faites pour l'esclavage, » comme l'a dit Cicéron, pullulaient surtout dans Rome, et s'y étaient fait une proie des plus viles professions. Les hommes se mettaient aux gages des entrepreneurs des jeux du cirque, arrosaient l'arène, donnaient à boire aux chevaux, tendaient le *velarium*, n'ayant de rivaux dans ces rudes labeurs que les nègres d'Égypte. Ils entraient aussi au service des riches patriciens et des matrones, et se faisaient porteurs de litières. Dans les *Adelphes* et dans le *Heautontimorumenos* de Térence, nous trouvons un valet qui s'appelle Syrus (le Syrien).

Les femmes aussi se faisaient volontiers servantes, comme cette rusée Syra du *Marchand* de Plaute; mais plus volontiers encore elles restaient ce que le ciel oriental les avait faites, vagabondes, débauchées, folles de leur corps, danseuses lascives, comme les Gaditanes, joueuses de cithares, chanteuses d'odes obscènes par les carrefours et les-tavernes ; en un mot, de véritables *ambubaiæ*, comme on les appelait, même à Rome, de leur nom syrien popularisé par les gens de débauche, et dont nos notes donneront le sens infâme.

La plupart, pour faire dignement tous ces métiers ensemble, ont ouvert dans Rome ou dans ses alentours des cabarets ou des hôtelleries. C'est là que, toujours coiffées de la mitre syrienne, qui resta l'attribut des courtisanes, et qu'elles gardent elles-mêmes, parce que c'est un souvenir de leur patrie et un ornement cher à Bacchus, on les voit se délasser de la danse et des orgies par ces pratiques divinatoires, importées comme elles de l'Orient superstitieux. Si elles laissent parfois les *crotales* sonores dont le bruit a guidé leurs danses, et la coupe dans laquelle elles ont versé l'ivresse à leurs hôtes, c'est pour prendre le sceptre de la *saga*, enrouler autour du *rhumbus* magique les fils aux mille couleurs, ou bien c'est pour composer avec des herbages aux secrètes vertus des remèdes et des philtres. Une herbe dont elles faisaient un plus continuel usage prit d'elles son nom d'*ambujea* ; et si Horace, dans sa première satire, les a placées auprès des *pharmacopoles*, c'est, soyez-en sûr, qu'il connaissait bien leurs pratiques empiriques.

Tout cela, aux yeux du petit peuple, a fait de ces femmes des êtres étranges, assez semblables à nos sorcières. On les montre au doigt quand elles passent, on ne regarde leurs danses qu'avec une secrète terreur, et les plus craintifs n'osent approcher des lieux où elles demeurent, et surtout prendre leurs gîtes et leurs repas dans les hôtelleries qu'elles tiennent. On dit, en effet, qu'elles servent aux voyageurs une sorte de fromage qui les change aussitôt en bêtes de somme. C'est saint Augustin qui nous apprend, en s'en moquant lui-même, la terreur du peuple pour ces maléfices des hôtelières.

Mais les hommes sensés se gardent bien d'ajouter foi à de pareilles histoires ; aussi ne voit-on chez les Syriennes que fort peu de gens du commun, tandis que l'élite des hommes du bel air y abonde. Ce sont, par exemple, des patriciens, comme Pison et Antoine, quelquefois des prêtres de Cybèle, sachant trop bien à quoi s'en tenir eux-mêmes sur les miracles et la sorcellerie, pour redouter ceux des *ambubaiæ*. Les poëtes y viennent aussi. Le charme étrange de ces femmes les attire chez elles, et l'ivresse souvent les y retient.

Quand Lucilius fit son grand trajet de Rome à Capoue, et de Capoue au détroit de Messine, long et charmant voyage qu'Horace voulut imiter de tout point dans celui qu'il fit à Brindes, d'abord en suivant à peu près la même route, ensuite en laissant une description quelque peu calquée sur celle du vieux poëte ; Lucilius, dans cette longue pérégrination, disons-nous, fit chez une de ces cabaretières syriennes l'une de ses meilleures haltes. Mais quelle était cette hôtesse ? Était-ce une cabaretière édentée et chenue, comme celle qu'Apulée rencontra un jour ? Était-ce au contraire une leste et vive *ambubaia* ? L'unique hémistiche qui nous soit resté de cet épisode du voyage du poète ne nous apprend rien de tout cela : « Là cependant était une cabaretière syrienne. » Voilà tout ce que nous dit ce fragment, le plus écourté de ceux qui nous soient restés du livre III des *Satires* de Lucilius. Si au moins il nous disait en quel lieu le poète trouva la Syrienne; mais non, le mot « là » demeure aussi inexpliqué que le reste; et l'on peut seulement supposer, par la place qu'occupe le fragment, que Lucilius était près du terme de son voyage quand il la rencontra. Le mot « cependant » ferait croire aussi que les hôtelleries n'étaient pas nombreuses au lieu où il trouva enfin celle-ci, et, d'après ce seul mot, nous nous le figurons volontiers découvrant ce cabaret après maintes recherches d'un asile, et s'y arrêtant comme à un gîte providentiel. Y fut-il bien reçu? Y trouva-t-il un bon feu? Quelques auteurs, M. Vasges entre autres, et Charles Labitte après lui, ont voulu voir, dans cette taverne de la Syrienne, la méchante hôtellerie dont semble nous parler un autre fragment, et qui, digne pendant de l'auberge dans laquelle Horace s'enfuma si bien à Bénévent, ne put fournir à Lucilius ni falourdes, ni huîtres, ni asperges, « rien de ce qu'il aimait; » mais pour nous, d'après ce que nous savons des cabarets tenus par les *ambubaiæ*, nous aimerons mieux voir dans celui de la Syrienne du vieux poète, cette bonne grasse maison dont il nous parle dans un autre fragment du même livre. C'est là que nous nous plaisons à lui voir pousser, devant une table abondante, « cette exclamation d'affamé, » comme dit Charles Labitte : « Nous ouvrons les mâchoires et nous mettons l'ouverture à profit ! » Et si dans ce voyage, plus marqué par les jeûnes que par les bons repas, il eut une fois l'occasion de faire une orgie, comme l'indique encore un fragment, et d'écrire en son honneur ce vers d'heureuse jubilation : « Les brocs sont renversés, et notre raison avec eux, » ce dut être certainement aussi pendant cette même halte chez la cabaretière syrienne.

Cette hypothèse, nous le répétons, bien mieux que celle qui ferait de cette taverne un gîte sordide et enfumé, nous met d'accord avec ce que les poètes nous ont appris sur ces hôtelières orientales, et surtout avec le voluptueux tableau que Virgile, — car ce doit être lui, — nous a laissé sur un cabaret du même genre.

Heureux de retrouver un débris moins fruste que celui de Lucilius, nous allons vous donner ce délicieux fragment de Virgile, le plus charmant sans contredit, et par là même le plus authentique de tous ces poëmes fugitifs qu'on lui a attribués sous le titre de *Catalecta*. « Ce n'est, comme l'a si bien dit M. Philarète Chasles, ce n'est là que le débris d'un camée » ; mais grâce à la figure si charmante et si étrange qui y a laissé son empreinte, grâce à la main qui a ciselé cette image, ce débris va devenir la perle de ce livre : perle égarée peut-être, diamant perdu dans les immondices; mais Virgile, qui sut en trouver de si beaux dans le fumier d'Ennius, nous pardonnera d'avoir enchâssé celui-ci dans le nôtre.

COPA.

Copa syrisca caput Graia redimita mitella,
   Crispum crotalo docta movere latus,
Ebria fumosa saltat lasciva taberna,
   Ad cubitum raucos excutiens calamos.
Quid juvat æstivo defessum pulvere abesse,
   Quam potius bibulo decubuisse toro?
Sunt cupæ, calices, cyathi, rosa, tibia, chordæ,
   Et trichila umbriferis frigida arundinibus.
Est et Mænalio quæ garrit dulce sub antro,
   Rustica pastoris fistula more sonans.
Est et vappa, cado nuper diffusa picato;
   Est strepidans rauco murmure rivus aquæ.
Sunt etiam croceo violæ de flore corollæ;
   Sertaque purpurea lutea mista rosa,
Et quæ virgineo libata Acheloïs ab amne
   Lilia vimineis adtulit in calathis.
Sunt et cascoli, quos juncea fiscina siccat,
   Sunt autumnali cerea pruna die;
Castaneæque nuces, et suave rubentia mala.
   Est hic munda Ceres; est Amor, est Bromius.
Sunt et mora cruenta, et lentis uva racemis;
   Est pendens junco cæruleus cucumis;
Est tuguri custos armatus falce saligna,
   Sed non et vasto est inguine terribilis.
Huc calybita veni: fessus jam sudat asellus,
   Parce illi; vestrum est delicium asinus.
Nunc cantu crebro rumpunt arbusta cicadæ:
   Nunc etiam in gelida sede lacerta latet.
Si sapis, æstivo recubans te prolue vitro:
   Seu vis crystallo ferre novo calices,
Eia age! pampinea fessus requiesce sub umbra,
   Et gravidum roseo necte caput strophio,
Candida formosæ decerpes ora puellæ.
   Ah! pereat cui sunt prisca supercilia!
Quid cineri ingrato servas bene olentia serta?
   Anne coronato vis lapidi ista legi?
Pone merum et talos. Pereant qui crastina curant!
   Mors aurem vellens: « Vivite, ait, venio. »

LA CABARETIÈRE.

« La gentille cabaretière syrienne, coiffée de sa petite mitre à la grecque, celle-là même qui sait si bien comment, au son du crotale, il faut bondir et trémousser des hanches, danse après boire ses pas les plus lascifs dans sa taverne fumeuse, en frappant sur ses coudes les roseaux au rauque claquement. Serait-il agréable de chercher, tout harassé, la chaleur accablante et la poussière, et ne vaut-il pas mieux s'aller étendre sur le lit des buveurs? Tenez, voici des coupes, des tasses, des calices; voici des roses, des lyres et des flûtes, et une fraîche tonnelle tapissée d'oseraies au doux ombrage. N'entendez-vous pas aussi retentir, dans cette grotte ménalienne, les doux fredons de la flûte rustique, aux pastorales mélodies? Nous avons une fraîche piquette tout nouvellement versée dans son outre enduite de poix, et j'entends bruire doucement un ruisselet de l'eau la plus limpide. Voyez, nous avons là, tressées en légères couronnes, des fleurs de safran, des violettes, des touffes jaunissantes mariées à la rose pourprée, et des lis qui nous viennent à pleines corbeilles des rives où l'onde de l'Acheloïs les effleura d'un virginal baiser. Voici des petits fromages qui sèchent sur leurs nattes de jonc, des prunes d'automne jaunes comme la cire, des châtaignes, des pommes légèrement rougissantes, des mûres ensanglantées, des grappes suspendues à leur cep flexible, et le concombre azuré retenu par son lien tortueux. Là est Cérès toute parée; avec elle, l'Amour, Bacchus et le dieu gardien du logis armé de sa faucille de saule et de son redoutable attribut. Allons, mon gentil prêtre de Cybèle, viens ici, ta jolie bourrique est toute haletante; épargne-la, de grâce : songe que ce sont là vos seuls amours, à vous. La cigale glapit sous les arbustes, le lézard se blottit dans sa fraîche retraite ; fais de même, si tu es sage, et mollement étendu, sable à plein verre le breuvage resté frais malgré la chaleur. Aimes-tu mieux les vases de cristal? fais-en vite apporter, et sans tarder, repose-toi sous l'ombrage des pampres. Attache sur ta tête pesante la couronne de roses, et cueille un frais baiser sur les lèvres de cette jeune fille.

» Meurent tous ces gens au sourcil toujours froncé, comme dans les temps passés ! Ces guirlandes embaumées sont-elles faites pour des cendres insensibles, et les a-t-on cueillies pour que nous en couronnions la pierre des sépulcres? Allons, qu'on apporte le vin sans mélange, qu'on apporte les dés ! Périssent ceux qui prennent souci du lendemain ! Voici la mort qui nous pince l'oreille et nous crie : « Je viens, je viens, hâtez-vous de vivre. »

Rien ne manque au tableau, rien n'y est oublié de ce qui peut le rendre riant et vrai. Voyez, nous sommes sous une *trichila*, tonnelle ombreuse faite de roseaux et tapissée de pampres; *triclinium* champêtre, tels qu'on les aimait à Rome pour aller se reposer et boire sous l'ombre secrète, comme l'a si bien dit Properce ;

> ... Buffets dressés sous la treille,

pour mieux les désigner encore par un vers charmant de la Fontaine. Les coupes de toutes mesures, les amphores, les calices y sont jetés pêle-mêle avec les flûtes et les lyres, sur les roses et les violettes jonchées. Le vin qui a coulé de ces vases renversés n'était peut-être pas des meilleurs : c'était, ce nous semble, d'après ce que dit le poëte, une piquette (*vappa*) gardant la forte saveur du tonneau enduit de poix dans lequel on l'avait conservée. Mais c'est encore là un trait de plus pour bien fixer la vérité du tableau. L'hôtesse de Virgile est déjà comme celle que l'abbé de Bernis doit chanter plus tard : l'ivresse de ses vins ne vaut pas celle qu'on prend dans ses yeux :

> La maîtresse du cabaret
> Se devine sans qu'on la peigne :
> Le dieu d'amour est son portrait,
> La jeune Hébé lui sert d'enseigne.
> Bacchus assis sur son tonneau
> La prend pour la fille de l'onde ;
> Même en ne servant que de l'eau,
> Elle a l'art d'enivrer son monde.

Et qu'importe, d'ailleurs, on ne vient pas chercher ici le luxe et la succulence des banquets patriciens, le nombre infini des mets et la rareté des vins : ce qu'on veut, c'est avec le doux repos, avec ce *dolce far niente* que devait tant aimer le mélancolique Virgile, et qu'il peut trouver ici, comme plus tard il le chercha sous les ombrages de la molle et vermeille Parthénope, c'est un repas rustique, digne des bergers de ses églogues. Et voyez, il est toujours prêt ici, la table champêtre est toujours dressée. C'est comme au repas de Jupiter et de Mercure chez Philémon et Baucis : des fleurs, du laitage et des fruits, voilà tout.

> . Le linge, orné de fleurs, fut couvert, pour tout mets,
> D'un peu de lait, de fruits et des dons de Cérès :

autres vers charmants de la Fontaine qui sont une trop heureuse traduction d'un passage d'Ovide, pour ne pas être aussi l'heureux commentaire d'un poëme de Virgile. Comme chez Baucis, donc, voici chez la cabaretière syrienne, les petits fromages encore tout ruisselants, et qui sèchent sur leurs éventails de paille fraîche ; les prunes, fruits tardifs des jours d'automne, les châtaignes, les pommes légèrement rougissantes, le concombre aux couleurs irisées, les mûres sanglantes et les larges grappes avec leurs pampres. C'est un vrai repas des *Géorgiques*, tel que devait en effet le décrire Virgile. Rien n'y est oublié de ce que devait aimer le pâtre mantouan, sinon peut-être le *moretum* qu'il chantera aussi ; mais il aura craint que ce fromage trop grossier ne pût dignement prendre place en ce banquet si délicatement rustique. Pour ajouter au charme de cette scène champêtre, et doubler son illusion, écoutez de loin cette flûte, aux sons dignes des pipeaux d'un faune, qui, retentissant dans les profondeurs de cette grotte, y mêle ses délicieux fredons au murmure de la petite cascade qui tombe et fuit entre les fleurs et les cailloux blancs ; *source d'eau vive*, eût dit Desportes,

> Dont le doux bruit semble parler d'amour.

Maintenant voici les hôtes qui viennent, et qui franchissent en riant le seuil de la guinguette romaine, adressant peut-être quelque plaisanterie grivoise à ce dieu de bois vermoulu, gardien et enseigne du cabaret, moins redoutable par la faucille mise en sa main, que par l'attribut phallique dont il est décoré, et qui témoigne des mœurs du lieu.

Ce gros homme qui vient d'arriver et qui descend de son âne essoufflé, est un de ces prêtres de Cybèle (*calybita*), qui s'en vont traînant dans toutes les tavernes de la ville et des champs leur paresse obèse et leur ivrognerie. La pauvre bête qu'il attache enfin toute harassée à ce tronc d'arbre l'a porté de Rome jusqu'ici avec les reliques, souvent même avec la statue de la déesse qu'il s'en va montrer par les villages, et avec tout cet attirail de tambourin et de cymbales dont il fait si grand bruit quand il veut attirer autour de lui les curieux et les dévots; heureux si tout à l'heure, pour s'être trop désaltéré, il ne tombe pas ivre-mort sur son tambour enfin muet, et si ce soir, voulant retourner à Rome, il n'est pas contraint de vendre ses cymbales d'airain pour payer son écot.

Mais, suivons ce gros prêtre, quittons ce frais jardin dont les émanations fleuries lui plaisent moins sans doute que celles de la cuisine; entrons avec lui dans la salle enfumée du cabaret. C'est là qu'enivrée par le vin et par la danse, bondit comme une bacchante la fougueuse et lascive *ambubaia*. Voyez, c'est la danse des Ménades ivres; seulement, au lieu du thyrse, elle agite en ses mains les crotales bruyants, et sa tête, au lieu d'être échevelée comme dans les choraules *orgiaques*, est gracieusement couronnée par la mitre des Grecques. Ne reconnaissez-vous pas là, dans ces élans d'une vigueur sauvage, dans ces bonds obliques, dans ce jeu de hanches si fièrement mouvementées, dans tous ces ébats impétueux et si hardiment provocants; dites, n'avez-vous pas reconnu la *romalis*, la danse des gypsies se préparant à la magique opération du *baji* ? Oui, c'est bien toujours cette danse aux attractions lascives que ces nomades mystérieux promèneront un jour à travers notre Europe, plus sérieuse après avoir mêlé sa licence aux licences effrénées des débauches romaines; oui, c'est la même qui, déjà honnie par Juvénal, sera frappée d'anathème par nos prélats du moyen âge, mais qui toujours se relèvera folle et bondissante, se riant des foudres du prêtre comme elle s'est ri de la férule du satirique. Nos poëtes chanteront ces danseuses, comme les a chantées Virgile; les aimeront même, comme aimait l'une d'elles le mélancolique Gallus :

« Il fut une jeune fille que son teint de lis avait fait nommer Blanche, et dont les cheveux noirs étaient bouclés avec assez d'art. Je la vis un jour portant sur ses habits une foule de petites sonnettes d'où jaillissaient à chaque mouvement des sons multipliés. Tantôt elle frappait de son doigt blanc ou de son archet une cithare aux cordes rauques que sa main rendait harmonieuses. Sa danse surtout me la fit aimer d'un amour soudain et violent. Je commençai à souffrir une secrète et douce blessure... J'aimais à me souvenir que je l'avais vue une fois, et cette pensée vivait en mon âme la nuit et le jour... Souvent je me parlais à moi-même comme si elle eût pu m'entendre, et je répétais les airs charmants qu'elle avait coutume de chanter. »

La danse est finie, et il faut d'autres plaisirs aux hôtes toujours insatiables de la Syrienne. « Qu'on apporte le vin ! » s'écrie l'un d'eux ; et cette fois ce n'est plus de la piquette, c'est du vin pur, c'est du *merum* qu'il demande. « Qu'on apporte des dés ! » s'écrie-t-il encore, « et périssent ceux qui pensent au lendemain ! n'entendez-vous pas la mort qui dit, nous tirant par l'oreille : hâtez-vous de vivre, je viens. »

Les dés sont apportés ; ils retentissent dans le *fritillus* d'ivoire, et, sous le regard inquiet des joueurs, viennent bondir sur la table de pierre. Ainsi commence, pour se continuer tout le jour, toute la nuit peut-être et jusqu'au lendemain, entre les chances si contraires du *senio* (coup de six), et du *canicula* ou *canis* (coup d'as), l'une de ces parties effrénées qu'aimaient tant à jouer les Romains, gens de la plèbe comme patriciens, l'esclave aussi bien que l'empereur ; car le plus grand joueur de dés, on le sait par Suétone et par Sénèque, ce fut l'empereur Claude. Il y jouait même en voyage, dans sa litière, et il s'était fait disposer à cet effet une table de jeu (*alveum*), arrangée de telle sorte que le mouvement n'y mettait pas de confusion. Il écrivit même un traité *ex professo* sur le jeu de dés. Aussi Sénèque, dans sa burlesque *Apokolokintosis*, ne trouve-t-il pas de meilleurs supplice à faire infliger par Éaque au pauvre empereur mort, que celui d'une éternelle partie jouée avec un cornet percé.

Mais nous n'avons pas à nous occuper des brelans impériaux, de cette cour de Claude devenue un tripot, des sénateurs brelandiers, ses seuls courtisans, auxquels, lorsque l'empereur fut mort, Sénèque conseilla si à propos les larmes, en des vers traduits ainsi par Jean-Jacques Rousseau :

> Et vous qui comptiez d'avance
> Des cornets et de la chance
> Tirer un ample trésor,
> Pleurez, brelandier célèbre,
> Bientôt un bûcher funèbre
> Va consumer tout votre or.

Ce qu'il nous faut voir, c'est une partie de dés jouée dans un cabaret, au beau milieu de la rue, comme cela arrivait souvent, ou dans quelque coin du *forum*, par deux ou trois mauvais drôles qui jouent après boire, se trichent à l'envi, et presque toujours se battent ou se volent pour finir la partie. Plaute, justement, nous a décrit une pareille scène dans le *Curcullio*. Son héros vient de jouer aux dés avec un soldat, et de lui gagner d'une façon un peu leste un enjeu dont il s'est payé lui-même avec assez peu d'honnêteté ; il raconte ainsi sa belle prouesse à Phédrome, autre vaurien de son espèce :

« Quand nous fûmes bien repus et bien abreuvés, il me propose une partie de dés. Je mets mon manteau pour enjeu ; il engage, lui, son anneau, puis il invoque Planésie... Il amène quatre vautours. Je saisis les dés à mon tour, et j'invoque ma bonne nourrice Hercule. Le coup royal ! Je présente au soldat une large coupe, il la vide à l'instant : sa tête s'appesantit, il s'endort. Moi, je dérobe son anneau, et tout doucement me glisse à bas du lit de peur qu'il ne s'éveille. »

Toutes les parties de dés, si nous ne nous trompons, devaient avoir un dénoûment à peu près pareil dans les cabarets, même dans celui de la Syrienne. Aussi en tous temps, excepté pendant les saturnales, ce jeu, comme tous les autres, y était-il défendu, par crainte sans doute des vols et des rixes dont ils étaient l'occasion. C'est tout au plus si l'époque des grandes licences décembrales passées, on permettait aux enfants le triste jeu des noix.

L'édile et ses gens faisaient pour cela la plus exacte police. Vainement le joueur cherchait-il les maisons de jeu les plus clandestines, les cabarets les plus cachés : au premier bruit d'un dé retentissant dans son cornet, les suppôts de l'édile accouraient, la maison était fouillée, le joueur trahi était arrêté et conduit devant le magistrat. Le buveur qui demande si haut des dés chez la Syrienne nous semble bien vouloir se mettre de gaieté de cœur sous le coup d'une rigueur pareille ; car, à voir la fraîcheur du jardin, et combien l'ombre est nécessaire contre les ardeurs du jour, il paraît que le mois de décembre, le mois des saturnales, est passé depuis longtemps. L'édile, dont la sévérité n'a fait relâche que pendant ces quelques jours voués à toute la fureur du jeu, doit certainement avoir mis ses gens en campagne. Quoique ce cabaret soit à quelque distance de Rome, nous ne serions pas surpris de voir apparaître à la fin de la partie, non pas la mort que notre joueur brave si bien, mais un des agents de ce préfet de police romain que personne n'a jamais impunément bravé. Lors de ces visites domiciliaires, le maître du cabaret devait être le premier arrêté, et cela avec d'autant plus de raison, que souvent il était doublement coupable : envers la loi d'abord, que narguait son bouge clandestinement ouvert, puis envers les joueurs qu'il dupait avec des dés pipés quand ils voulaient bien l'admettre dans leur partie. C'était son usage : « Le cabaretier joue avec un dé plus que pipé. » Martial le dit, et s'il ne l'eût pas dit, sachant les mœurs du métier, vous l'auriez certes supposé.

Avant d'être entrés dans Rome, nous connaissons donc déjà tous les abus des tavernes, tant le vice est fatalement inhérent à la condition de l'aubergiste et du cabaretier, et s'incorpore obstinément à eux, qu'ils exercent dans la grande cité ou dans ses environs.

Il ne se fait pas un mauvais coup dans un village ou sur une grande route, sans qu'un tavernier y soit pour quelque chose, comme principal auteur, ce que nous avons vu déjà, ou comme complice, ce que nous allons voir.

Quand Tarquin le Superbe voulut se défaire par la ruse de Turnus Herdonius d'Aricie qui gênait ses projets en ameutant contre lui les chefs latins convoqués au bois sacré de Férente, c'est une auberge qu'il choisit pour dresser plus sûrement son piége. Il savait que dans le maître et les valets il trouverait des gens tout prêts à l'aider habilement pour son crime. Il corrompt un esclave, et sans doute aussi l'hôtelier, détail dont Tite-Live ne parle pas, mais qui va de soi. Grâce à eux, il fait remplir d'armes l'auberge où Turnus a pris son logement; puis, quand tout est préparé, il accuse hautement ce chef de conspirer contre les autres. On lui demande des preuves, et il allégue ce qu'on lui a dit des armes cachées par Turnus dans son hôtellerie. On y court; tous les cénacles sont visités, les armes sont trouvées, et convaincu du crime que Tarquin lui a si perfidement fait imputer, Turnus est condamné par les siens, et on le précipite dans la source de Férente, couvert d'une claie chargée de pierres.

Le meurtre de Clodius par les gens de Milon, événement dont Rome s'émut si vivement, et qui fut le prétexte du plus admirable plaidoyer qu'ait écrit Cicéron, eut aussi pour théâtre une auberge des grandes routes. Mais cette fois l'aubergiste fut victime, sans avoir été complice en aucune façon.

Tout le monde sait le fait, tant par Cicéron qui a si complaisamment appuyé sur certains détails, que par Asconius qui n'a rien omis des choses adroitement sous-entendues par l'orateur. On est au 20 janvier, vers la onzième heure. Milon, qui suit la voie Appienne, ayant dans sa litière sa femme et un ami, et qui marche accompagné d'une escorte nombreuse dans laquelle se trouvent même quelques gladiateurs, rencontre à peu de distance de Rome, près d'un village nommé Bovilles, Clodius, son rival pour la préture, son ennemi politique; il est dans le plus leste équipage, à cheval, et suivi seulement de trente hommes bien armés. Les gens des deux escortes, qui sont des clients et des esclaves, et qui dès longtemps connaissent et ont embrassé la querelle de leurs maîtres, se prennent d'injures. On en vient vite aux coups. Clodius se jette dans la mêlée, impétueux et menaçant; un gladiateur le blesse à l'épaule d'un coup de lance, et on l'emporte tout sanglant dans l'hôtellerie prochaine. Les portes en sont fermées et barricadées, mais les esclaves de Milon parviennent à les forcer; l'aubergiste, qui veut leur opposer une dernière résistance, est massacré, et Clodius, arraché de son asile, est lui-même mis en piéces et abandonné mort sur la route.

Ce sont ces derniers faits mentionnés seulement dans la *scolie* d'Asconius que Cicéron passe prudemment sous silence; ils sont en effet une charge accablante pour Milon qui, s'il n'a pas lui-même pris part au meurtre, a du moins donné ordre à ses gens de forcer les portes de l'auberge, laissant ainsi Clodius à leur merci. Son ennemi était gravement blessé, le meilleur parti à prendre était de l'achever; c'est ce que Milon a pensé et ce qu'il a laissé faire. Cicéron, dans la crainte d'éveiller le moindre souvenir de ces faits si défavorables à sa cause, ne dit pas même un mot du pauvre aubergiste mort dans la bagarre. Bien plus, lorsqu'on oppose à Milon le témoignage de Licinius, cabaretier du Grand-Cirque (*popa de Maximo Circo*), qui a entendu les esclaves de Milon comploter la mort de Pompée en se grisant dans sa *popine*, l'orateur prend sur celui-ci la revanche du tort grave que la mort de l'autre a fait à sa cause. Il le malmène d'importance, et finit par s'étonner qu'on ajoute foi au témoignage d'un cabaretier : « *Popæ credi mirabar.* »

Sur cette même voie Appienne que nous avons déjà tant parcourue, où nous nous sommes arrêtés devant les *ceditiæ* cités par Varron et Festus, et sur laquelle, après avoir suivi Lucilius et Horace d'auberge en auberge, nous venons de voir Clodius massacré dans une hôtellerie, se trouvait à vingt-trois milles environ de Rome, c'est-à-dire, à mi-chemin de cette ville et de Capoue, un village considérable dont trois auberges avaient été les premières, et même étaient restées longtemps les seules maisons. Il en avait pris le nom de *Tres Tabernæ*, qui se retrouve à peine altéré dans celui de *Tre Taberne* que porte encore le hameau bâti sur son emplacement. Son heureuse situation à une courte distance de Sublanuvium, à dix milles seulement d'Aricie, et près de l'embranchement de la voie Appienne avec le chemin de traverse qui menait à Antium, avait été cause de ses rapides accroissements. Comme c'était aussi un lieu de relais très commode, et pour ainsi dire la dernière étape importante avant Rome, nous n'avons pas été surpris d'apprendre que plus d'un voyageur illustre s'y était arrêté, et que plus d'un événement considérable dans l'histoire avait eu pour théâtre ce village de cabarets. Cicéron y fit plus d'une halte. Jamais il ne quittait le chemin d'Antium pour prendre la voie Appienne sans s'y arrêter quelques heures; il y écrivait ses lettres, ou bien y lisait celles qu'en passant on y avait laissées pour lui.

C'est ce même village, si peu digne par son nom d'un pareil concours, qui vit la première entrevue de saint Paul avec les nouveaux chrétiens de Rome. L'apôtre revenait d'Alexandrie; il avait débarqué à Syracuse, où il était demeuré trois jours; puis après une autre journée passée à Reggio, une halte d'une semaine à Pouzzoles où il avait trouvé des frères, il était arrivé au *Forum d'Appius* et aux *Trois-Tavernes* en suivant la voie Appienne. Là, l'attendaient tous ses frères de Rome, accourus sur le bruit de son arrivée prochaine; « et les voyant, disent les *Actes*, Paul rendit grâce à Dieu et eut confiance. » Singulière destinée qui rassemble ainsi autour de leur apôtre, dans un village de cabarets et d'auberges, les premiers fidèles d'une religion dont le Dieu, né lui-même dans une hôtellerie, comptait l'hôtelière Rhaab parmi ses aïeules, et dont nous verrons tout à l'heure le premier temple s'élever sur l'emplacement même d'une auberge de Rome, aux clameurs violentes de tous les cabaretiers.

Rien ne prouve mieux peut-être comment les premiers chrétiens savaient se soumettre à cette loi de l'humilité allant jusqu'à l'ignominie, dont l'observance était leur premier devoir.

Mais ce lieu des *Trois-Tavernes*, ainsi sanctifié, devait être ensanglanté plus tard par l'un des crimes qui signalèrent, avec la ruine de Maxence et la chute de l'empire païen, les derniers jours d'une ère de cruauté et d'infamie.

Sévère, compétiteur de Maximin et de son fils Maxence, s'était réfugié dans Ravenne et faisait craindre à ses ennemis une longue résistance. Maxence, pour en finir plus tôt, recourut à la trahison. Il propose à Sévère un accommodement dont les conditions se régleront dans une entrevue à Rome, s'il consent à s'y rendre. Sévère accepte; confiant en la foi jurée, il prend la voie Appienne et se dirige vers Rome. C'est aux *Trois-Tavernes* que l'attendaient les pièges de Maxence. Il y est pris et étranglé, selon les uns; selon d'autres, on le fait mourir de la mort de Sénèque, en lui ouvrant les veines. Et Maximin Hercule, pendant ce temps, profitant du crime de son fils, s'emparait de Ravenne abandonnée par son défenseur.

Il y avait à Rome un quartier qui, de même que le village dont nous venons de parler, portait le nom de quartier des *Trois-Tavernes*. C'est probablement ce qui, pour cette mort de Sévère, a causé l'erreur de Victor le jeune, lequel, dans une de ses lettres, fait de Rome le théâtre de cet événement, en dépit des témoignages plus certains de l'Anonyme et de Zozyme.

D'autres parties de la grande cité devaient encore leurs noms aux auberges ou cabarets qui s'y trouvaient situés, et l'empruntaient surtout aux enseignes parfois bizarres qui décoraient déjà ces gîtes publics.

Le quartier de *l'Ours coiffé* (*vicus Ursi pileati*), par exemple, qui, selon Sextus Rufus, se trouvait dans le quartier des Esquilies, devait avoir emprunté son étrange appellation à quelque enseigne d'auberge bien grossière et bien grotesque sans doute, comme cet autre tableau du même genre qui, vu par Phèdre dans une taverne, devait lui inspirer sa fable fameuse : *le Combat des rats et des belettes*. Ce qui nous porterait d'autant mieux à croire que cette enseigne de *l'Ours coiffé* appartenait à une auberge, c'est que dans le même quartier, tout près du Vatican, se voit encore l'*osteria del Orso*, l'hôtellerie de l'Ours. La curiosité romaine avait dû être volontiers alléchée par la bizarre enseigne, et la concurrence des confrères s'en éveiller promptement; aussi la trouvons-nous reproduite, sans doute par quelque hôtelier jaloux, dans un quartier opposé, c'est-à-dire, de l'autre côté du Tibre, en dehors de la porte Portuensis.

C'est dans la cinquième région de Rome que nous l'avons d'abord trouvée, au centre du quartier qu'elle servait à désigner. Or, dans cette même partie de la ville, un autre endroit devait aussi son nom à un cabaret ; il s'appelait *Taber-*

nula, c'est-à-dire, petite Taverne, à peu près ce que Cicéron appelle quelque part *cauponula*.

L'*Esquiline*, ou cinquième région de Rome, nous semblerait, donc ainsi avoir dû être abondamment garnie d'auberges et de tavernes; et d'après ce que nous savons du reste des établissements publics qui s'y rencontraient, nous trouvons les hôteliers et les taverniers fort bien avisés d'être venus de préférence y ouvrir boutiques. Tous les lieux voisins, l'*Amphitheatrum castrense*, vaste arène où les soldats des légions venaient s'exercer à la guerre, et les gladiateurs se préparer à leurs combats contre les bêtes fauves du cirque; le *Vivarium*, grande ménagerie où un nombreux personnel d'esclaves toujours altérés élevait les bêtes destinées aux jeux; et bien mieux, les *Castra prætoria*, immenses casernes que Tibère avait fait construire pour y loger la garde prétorienne, devaient, à journée faite, envoyer des pratiques aux tavernes de l'*Esquiline*. Remarquez en outre que les jardins de Mécène, le lieu le plus élevé de Rome, celui d'où l'on pouvait le mieux la contempler tout entière, se trouvaient dans cette même région, au sommet du mont Esquilin; ce qui y faisait affluer tous les badauds du monde, avides d'embrasser d'un seul regard toute la grande cité, et comme dit Horace, « d'admirer la fumée, les richesses et le bruit de l'heureuse Rome : »

> ... Mirari beatæ
> Fumum et opes strepitumque Romæ.

Tous ces curieux, qui n'arrivaient là qu'harassés et haletants, étaient encore des pratiques naturellement acquises aux cabaretiers. Enfin, tout près de là, hors des murs, était un temple de Bacchus, sur l'emplacement duquel Constantin fit élever plus tard le mausolée de sa fille Constance; il était donc encore naturel que les dévots du dieu de l'ivresse, revenant de son temple, ne rentrassent pas à Rome sans s'arrêter à ses premières succursales, c'est-à-dire, aux cabarets du quartier Esquilin. Nous avons donc eu raison de dire, d'après tout cela, que, des quatorze régions de la ville, celle-ci devait être de droit la plus peuplée de tavernes.

Elles étaient nombreuses aussi, et cela se comprend, autour de tous les lieux de plaisir, autour des spectacles, des cirques, des gymnases. Cicéron nous a nommé tout à l'heure un certain Licinius, cabaretier du Grand-Cirque, et si les besoins de sa cause l'eussent exigé, il aurait pu nous en citer un grand nombre d'autres dans la même enceinte.

Il était nécessaire aussi que les auberges fussent en nombre aux alentours des lieux où se donnaient les jeux publics qui attiraient tant d'étrangers à Rome. Dans les premiers temps de la ville, les curieux qui y affluaient déjà de tous les points de l'Italie, quand venait l'époque des réjouissances publiques, ne trouvant pas à se loger tous dans les hôtelleries alors trop rares, étaient obligés de dresser leurs tentes sur la place publique et sur le parvis des temples. Denis d'Halicarnasse nous montre un semblable campement des Volsques qui n'ont pu trouver à se loger ni à l'auberge ni chez des hôtes. Quand, à la même époque, ces étrangers retournaient chez eux, comme les auberges étaient aussi rares sur les routes que dans la ville, ils dressaient encore leurs tentes, et campaient au milieu du chemin.

Mais des lieux autour desquels on aurait dû moins s'attendre, peut-être, à trouver des tavernes, ce sont les temples; elles étaient pourtant nombreuses dans leur voisinage. La raison s'en trouve dans l'usage où l'on était, à Rome comme à Athènes, ainsi que nous l'avons déjà dit, de manger après le sacrifice les chairs de la victime. Le *popa* ou aide victimaire tuait la bête et la dépeçait, et sa femme, qui d'ordinaire tenait près de là un petit cabaret, la faisait cuire et la servait aux braves gens qui venaient de sacrifier. Une inscription funéraire conservée par Fabretti nous a transmis le nom d'un affranchi de Q. Critonius qui faisait ainsi le métier de dépeçeur de bêtes, et celui de sa femme Philenia, qui, dans sa taverne située dans l'île du Tibre, tout près sans doute des temples de Jupiter, d'Esculape et de Faune, débitait à ses pratiques les victimes abattues par son mari. Le mot *popa*, quoique Forcellini ne consacre pas cette acception dans son excellent dictionnaire, signifiait donc tout ensemble victimaire et cabaretier : plus d'un passage déjà cité de Martial, et celui de Cicéron mentionné tout à l'heure, pourraient le prouver de reste. Quant au mot *popina*, cabaret, il est impossible qu'il ait une étymologie autre que celle qu'il tire de *popa*, et de l'usage relaté ici.

S'il fallait en croire certaine médisance pieuse de Tertullien, les cabaretiers n'auraient pas recherché le voisinage des cirques dans le seul but d'avoir de nombreuses pratiques, mais encore dans une autre intention non moins intéressée, c'est-à-dire, pour un motif d'approvisionnement facile et à bon marché, de tout point semblable à celui qui les faisait se rapprocher des temples. Selon le dévot et rigoureux censeur des mœurs romaines, les bêtes fauves abattues dans le cirque sous le glaive des gladiateurs, lions, tigres, ours surtout, seraient venus finir prosaïquement, en vrais matous de gouttières, dans les casseroles de ces fricoteurs romains. Ainsi le *beef-steak* d'ours ne serait pas de consommation moderne, et la plèbe romaine en aurait fait son régal quelque mille ans avant l'auteur des *Impressions de voyage*.

Ces tavernes, voisines des temples et des cirques, étaient de simples échoppes, accrochées tant bien que mal aux flancs du monument. Comme ces *canabœ*, dans lesquelles nous verrons plus tard s'établir les marchands du *Forum vinarium* (marché au vin), et de même encore que ces *canabulœ*, rustiques maisonnettes qui se trouvaient surtout aux bords des fleuves, elles devaient être bâties de tuiles légères mises sur champ, et couvertes de roseaux. On les appelait *tabernulæ*, petites tavernes. C'est dans l'une d'elles, bâtie auprès du temple de la Concorde, que, en l'an de Rome 664, le préteur Sempronius Asellio périt victime d'une émeute de créanciers.

Comme le fait est assez curieux, nous allons en reproduire le récit d'après Valère Maxime.

« On a vu aussi des créanciers se soulever, dit-il ; leur animosité s'alluma avec une horrible fureur contre Sempronius Asellio, préteur de la ville, pour avoir pris les intérêts des débiteurs. Ameutés par le tribun L. Cassius, ils l'assaillirent au moment qu'il faisait un sacrifice devant le temple de la Concorde, le repoussèrent des autels et de la place publique, le réduisirent à se cacher dans une petite taverne, et sans respect pour sa robe de préteur, le mirent impitoyablement en pièces. »

Il était rare qu'autour des grands établissements publics, autres mêmes que les cirques, les temples et les casernes, les cabarets ne fussent pas de même en grand nombre. Ils formaient, par exemple, comme une ceinture autour de chacune des deux cents grandes *pistrines* où le petit peuple apportait à moudre le blé qu'il avait reçu à l'*Annone*. Le travail auquel on se livrait dans ces *pistrines* était des plus rudes : il consistait à tourner à bras de lourdes meules que des bêtes de somme eussent remuées avec peine. Aussi trouvait-on peu de gens qui voulussent se livrer à ce labeur, et les maîtres des *pistrines* étaient quelquefois obligés de l'imposer comme châtiment à leurs esclaves coupables. Malgré cela, les moulins chômaient souvent de bras pour leurs meules. Les *pisteurs*, pour s'en procurer, recoururent alors à un moyen des plus coupables, pour l'exécution duquel les cabarets du voisinage leur furent de trop complaisants et trop utiles complices. On va le voir par ce passage si intéressant de l'histoire de l'Église par Socrate le Scholastique, qui nous apprend à la fois comment s'exerçaient ces manœuvres clandestines, et comment la justice de Théodose en eut enfin raison.

« Bien que l'empereur Théodose n'ait demeuré que fort peu de temps en Italie, il n'a pas laissé de procurer de grands avantages à la ville de Rome, soit par la profusion de ses grâces ou par le retranchement des désordres. Il abolit une infâme coutume qui s'y étoit introduite depuis une longue suite d'années.

» Il y avoit de grandes maisons où l'on faisoit autrefois le pain que l'on distribuoit au peuple, dont ceux qui en avoient la garde avoient fait des retraites de voleurs. On avoit bâti à côté des tavernes qui étoient toujours remplies de femmes débauchées, et où il y avoit des trappes où l'on surprenoit ceux qui y alloient pour s'y divertir ; car, par une certaine machine, on les faisoit tomber au lieu où se faisoit le pain ; et quand ils étoient enfermés, on les faisoit travailler toute leur vie sans qu'on entendît jamais de leurs nouvelles.

» Un soldat de l'empereur Théodose ayant été pris dans ce piége-là, tira son poignard, blessa ceux qui vouloient le retenir, et s'échappa. L'empereur, en ayant eu avis, châtia les concierges de ces maisons, abattit les retraites des voleurs, et purgea Rome de cette infamie. »

Pour que le tableau que nous voulons vous tracer des lieux où se faisaient les repas publics, et qui, par cette destination même, étaient continuellement sous le coup des arrêts de l'édile, « *loca ædilem metuentia* », comme dit Sénèque, soit véritablement complet, et pour n'omettre aucun scandale, nous allons vous mener un instant dans les bains publics de Rome.

Dans les premiers temps de la république, l'édile n'avait eu que faire dans ces grands lavoirs publics, si ce n'est pour s'assurer de leur état salubre, et y veiller à la propreté des gens qui y venaient. Il est vrai que ce dernier point n'était pas chétive affaire, s'il faut strictement appliquer aux bains de Rome ce qu'a dit Athénée dans cette épigramme plaisamment traduite par Lafontaine :

> Ne cherchons pas en ces bains nos amours :
> Nous y voyons fréquenter tous les jours
> De géns crasseux une malpropre bande.
> Sire baigneur, ôtez-moi de souci ;
> Je voudrais bien vous faire une demande :
> Où lave-t-on ceux que l'on lave ici ?

Le gardien de ces établissements avait d'abord été un simple *balneator*, honnête homme exerçant un métier honnête. Mais la corruption ne tarda pas à avoir prise sur lui et, ce gardien gagné une fois, à pénétrer de toutes parts dans l'établissement. Alors le baigneur ne fut plus un *balneator*, mais un *fornicator*, mot qui indique assez à quels désordres sa maison fut ouverte, et son ministère complaisamment acquis. La loi de décence, qui ordonnait dans les bains la séparation des sexes, devint d'abord illusoire. Ce fut ouvrir à la prostitution ces lieux où, de tout temps d'ailleurs, une impudique coutume avait permis d'admettre les gens dans la plus complète nudité. Les bains ne furent donc plus qu'un immense *lupanar*. Quand le soir était venu, comme pour ajouter au désordre permanent dans ces bouges, on y voyait arriver une bande de courtisanes choisies entre les plus immondes. Leurs visites coutumières dans les bains, et leurs stations autour du foyer, leur avaient fait donner le nom spécial de *bustuariæ*. Leur apparition était un signal ; le baigneur ouvrait les cellules et éteignait les lampes.

Tout le jour et jusqu'à la nuit, ces établissements avaient moins l'aspect d'un bain public que d'un immense cabaret ; on s'y ruait en toutes sortes d'orgies. Il était surtout de mode d'y venir souper. Caligula, l'un des premiers, avait donné le ton ; tout parfumé, le corps imprégné des plus fines odeurs qu'on avait fait ruisseler sur son corps, les unes glacées, les autres brûlantes, par un raffinement qu'il avait inventé lui-même, il passait du bain à la table, leste, frais et dispos pour la débauche.

L'usage de ces soupers au bain, loin de se perdre, ne fit que se propager, et à l'époque de Sénèque, qui s'en plaint fort, il avait gagné même les gens graves. Du temps de Caracalla et d'Héliogabale, chacun s'en faisait un plaisir, et personne un scrupule. C'est dans un de ces banquets que Caracalla fit massacrer, à table même, Sammonicus Serenus, et quelques autres partisans de son frère Géta.

On n'attendait pas toujours les *bustuariæ* pour mener l'orgie à ses derniers excès. Souvent chaque convive amenait avec soi une compagne, ou bien s'arrangeait de telle sorte qu'il pût la trouver au bain quand commencerait le repas : c'était là, le lieu le plus commode pour les rendez-vous galants, c'était le plus sûr et le plus caché. Aussi Ovide n'oublie-t-il pas de l'indiquer aux amoureux par deux vers de son *Art d'aimer.*

Si la compagne d'amour manquait à quelqu'un, il pouvait se rejeter sur les vives servantes du bain : c'était là leur office, aussi bien que de garder les robes des baigneurs. Le législateur le savait bien; c'est pourquoi, dans certaines provinces, ces servantes étaient considérées comme prostituées, et le baigneur comme *læno.*

Ceux donc qui voulaient le désordre avec toutes ses voluptés n'avaient qu'à courir aux bains publics pour l'y chercher. C'est à ce centre de toutes les débauches que Sénèque adresse l'homme altéré de plaisirs et les demandant à tous les échos; mais l'homme épuisé, au contraire, devait en fuir l'approche. Blattara, l'impuissant de Martial, se détourne avec soin, et pour cause, de leurs excitantes séductions. Quiconque est vraiment austère et ne se fait pas de la philosophie un manteau imposteur pour ses vices, se garde bien aussi, quoique l'usage le permette aux plus graves, de franchir ce seuil déshonnête. Il sait que si on le passe à jeun, on ne le repasse presque jamais sans trébucher sous le faix de l'ivresse :

Sobrius a thermis nescit abire domum,

comme dit Martial, à propos de son Aper, le gueux enrichi.

Mais ce n'est pas tout : afin que rien ne manque dans les bains publics de ce qui fait la joie et renouvelle sans cesse le plaisir, on a établi dans les bâtiments qui les entourent de vastes salles appelées *Nymphæa*, dans lesquelles viennent s'ébattre, au sortir du *Sacrarium*, les jeunes époux qui n'ont point dans leurs demeures de cénacles assez vastes pour recevoir toutes les personnes conviées à leur mariage.

Remarquez ici ce manque de tact et de décence, cette absence complète du sens moral et pudique qui se rencontre à chaque pas quand on pénètre dans la civilisation romaine. C'est tout près d'un lieu réprouvé, dans les salles mêmes qui en dépendent, qu'un époux célébrant son union conduit sa jeune épouse. Le premier jour où il lui est permis de marcher sans voile, elle entre en des demeures où le vice s'ébat dans ses plus révoltantes nudités; c'est là, tout près des lieux où l'orgie rugit et se tord, que l'on va fêter son chaste et pur hymen. Mais qu'importe, le monde romain n'y regarde pas de si près. Quand les *basiliques*, lieux plus dignes, qu'on ouvrait jadis à la célébration et aux réjouissances des noces plébéiennes, ont été trop encombrées, c'est au *Nymphæum*, c'est dans une salle des bains qu'on a envoyé les jeunes époux et leur cortége!

Un chapitre curieux de G. Pancirole nous décrit, avec tous les détails qui s'y rattachent, l'une de ces grandes salles ouvertes aux repas et aux danses des noces; nous allons le reproduire dans la traduction du vieux Pierre de la Nouë, en nous contentant d'appuyer les faits qu'il relate de citations textuelles que donneront nos notes.

« Outre les basiliques, il y avoit aussi unze autres édifices appelez *Nymphæa*, selon le rapport de P. Victor, qui estoyent des sales fort amples et spatieuses, où ceux qui, de leur extraction, n'avoient point de lieu propre pour recevoir leurs parents et amis, alloient célébrer leurs nopces; ce qui me fait croire qu'estant destinées à telles cérémonies, elles estoyent soutenues de colonnes ou piliers, ainsi que Zonare le récite en la vie de Léon le Grand, et accompagnées de cuisines et chambres à mettre les manteaux, les plats, les assiettes et autres ustensiles de cuisine et de mesnage, et se nommoyent *Nymphæa*, d'autant que les Grecs appeloient l'épousée *Nymphe*. »

Vous voyez, par le passage de Zonare relaté ici, que, de Rome païenne, l'usage des scandaleux *Nymphæa* avait été transporté dans Constantinople chrétienne. La police qui devait déjà les régir à Rome, et veiller surtout à ce qu'il n'y eût pas encombrement de conviés, les y avait suivis. Le code Théodosien en fait mention et règle ce qu'il convient de faire, quels officiers publics il faut envoyer quand il y a trop grande affluence de personnes dans les *Nymphæa*, aussi bien que dans les bains.

La haine des rassemblements, qui deviennent si vite des foyers de sédition, était donc déjà passée à l'état de décret dans la législation antique. Nous avons vu à Athènes le *Gynæconomus* ayant mission de veiller à ce qu'un *pique-nique* ne réunit pas plus de trente personnes; et nous trouvons ici la loi romaine défendant de même qu'il y ait une foule trop considérable de convives dans les banquets des *Nymphæa*. Quant aux invités des repas particuliers, il ne semble pas qu'elle se soit occupée de fixer leur nombre. Mais un vieux proverbe, en jouant ingénieusement sur les mots, avait en revanche borné ce nombre à sept convives seulement; si l'on allait jusqu'à neuf, il menaçait d'une querelle : *Septem convivium*, disait-il, *novem convicium*. Varron, un peu plus indulgent, avait dit, dans un passage de sa *Ménippée*, cité par Aulu-Gelle, que si le nombre des convives ne doit pas être moindre que celui des Grâces, il ne doit pas non plus dépasser celui des Muses.

Une autre partie de la police des repas tant publics que privés, ceux de la taverne comme ceux du *cœnaculum*, dont le législateur s'était soigneusement occupé, était celle qui regardait le luxe de la table, le prix des plats servis et leur trop grand nombre.

Pour que cette police, confiée aux soins des censeurs, s'exerçât plus facilement, et qu'aucun délinquant ne pût celer sa contravention à la loi somptuaire, ordre était donné de souper les portes ouvertes, dans la première salle de la maison, c'est-à-dire, dans l'*atrium*.

« Et ce, dit Pancirole, traduit par Pierre de la Nouë, dont nous aimons à citer le vieux style à propos de ces choses antiques, et ce, afin que les censeurs passans pussent cognoistre s'ils vivoient conformément aux lois et selon les despens qu'elles leur permettoient; par les quelles, entre autres choses, il étoit porté qu'aucune volaille engraissée ne fût servie sur table, plus qu'aucun n'employât davantage à un souper que 100 escus; par la loy Licinia, fut ordonné qu'on n'excédât pas en un jour la somme de 300 escus, et un certain prix de chair acide et salée, et ce, afin que par leur espargne, ils eussent de quoy frayer à la nécessité publique, les quelles lois, ajoute notre vieil auteur, ont été observées par peu de gens. Car Claudius Æsopus, joueur de tragédies, ayant fait de grands gains, fist un festin où il fut mangé une grande quantité d'oiseaux imitant la voix humaine, comme les perroquets, et qui furent achetés fort cher, et employa en leur achapt 1,000 escus, et au rapport de Pline, 14,000; et son fils, héritier de son luxe, fist un soupper où, après avoir traité magnifiquement et de toutes sortes de viande ceux qu'il avoit conviez, leur donna pour dernière bouchée à chacun une perle rendue potable par le moyen du vinaigre. »

Afin de se moquer mieux encore du censeur et de ses défenses, on avait fait de lui une parodie vivante en instituant pour chaque repas, surtout à l'époque des saturnales, temps d'ivresse et de moquerie, un chef des convives, un roi de la table chargé de régler le boire, et de donner les lois de la fête au nom de la folle gaieté, comme les censeurs le faisaient au nom d'un décret rigide. Il était choisi par le sort des dés. C'est le *coup de Vénus* qui décidait de son élection et le faisait proclamer roi. Une fois nommé, ne croyez point qu'il va, comme pourrait le faire le censeur, prendre des mains de l'*obsonator* et du *vinarius* les tablettes donnant la double liste des plats et des vins, et se courroucer s'il les trouve trop nombreux et trop délicats. Soyez sûrs que s'il s'en préoccupe, c'est seulement au contraire, afin de les censurer, quels qu'ils soient, pour leur trop peu d'abondance et de délicatesse. Mais sa grande affaire, c'est de fixer le nombre des coupes que chacun doit vider, et de régler leur capacité, en penchant toujours, bien entendu, pour le plus grand nombre de rasades, et pour les vases au plus large ventre.

Ce sont là les grands devoirs de cette charge du roi du festin, près de laquelle, il faut bien l'avouer, notre roi de la fève n'est qu'un roi fainéant. Afin d'occuper ses loisirs, le burlesque monarque distribue encore de ci, de là, quelques petits ordres qu'il a soin de faire bien fous et bien bizarres, car il faut qu'ils fassent rire autant que les ordres d'un vrai roi font trembler d'ordinaire. Ainsi, par l'un de ces décrets, que les pénitences de nos *petits jeux* rappellent souvent dans leur burlesque étrangeté, il commandera à un convive de dire du mal de lui-même ; à cet autre, de danser nu, de chanter nu ; à celui-ci, de prendre sur ses épaules la joueuse de flûte qui égaie le festin, et de faire ainsi trois fois le tour de la maison ; à celui-là, de se noircir le visage avec de la suie, ou bien, en plein décembre, temps des saturnales, de se plonger dans un bain d'eau froide. Celui qui exécutait le plus habilement la burlesque prescription, emportait pour prix un magnifique saucisson.

Sans doute, quand était venue l'époque des saturnales, cette parodie des hauts pouvoirs, et principalement des fonctions si redoutées des censeurs et de l'édile, prenait surtout pour scènes les tavernes les plus populeuses, les *popines* les plus mal hantées des *Esquilies* et du *Velabre*. Plus on descend au fond de la populace, plus on y trouve, âpre et mordante, la satire des puissants ; c'est une revanche toute naturelle. Plus on s'adresse aux gens châtiés d'ordinaire, plus, quand vient l'heure trop rare où la satire est permise comme représailles, plus on trouve, dis-je, de gens à l'esprit dispos, à la raillerie toute prête et toute acérée pour cribler de mots caustiques les hommes qui châtient, et les percer à jour.

Mais ces bonnes journées de licence et de franc-parler une fois passées, il ne fallait pas que le cabaretier s'avisât de rire de l'édile et de parodier son autorité. C'était, nous l'avons déjà fait voir, à propos des jeux défendus, un magistrat sévère, ayant toujours en main la loi pour faire donner raison à ses rigueurs, et pouvant même au besoin faire de sa propre autorité des édits, exécutoires aussitôt que quatre de ses collègues les avaient validés. Il a droit d'inspection sur toutes les marchandises, dans toutes les boutiques, et s'il trouve des denrées qui ne soient pas de bonne qualité, il peut les faire jeter à la rivière. Ce qui indigne fort un personnage du *Rudens* de Plaute, et lui fait adresser à ce magistrat l'épithète de fâcheux (*fastidiosus*).

Les tavernes sont surtout du ressort de l'édile ; et la police de ces repaires n'est pas petite besogne, vous le devinez bien. Quoique ces lieux soient déjà suffisamment infâmes, il n'en est pas pour eux comme des *lupanars*, où il est interdit à l'édile d'entrer, de peur que son sacré caractère, et la morale publique dont il est le gardien, ne se trouvent souillés par une telle approche. Il peut franchir le seuil des tavernes, voir ce qu'on y sert, veiller à ce que les prix ne soient pas trop élevés, et surtout à ce que les poids et les mesures ne soient pas frauduleux, mais conformes au contraire aux étalons publics gardés dans le temple de la déesse Ops et dans celui de Jupiter Capitolin. Il a droit de les mettre en pièces s'il ne les trouve pas de bon aloi. La même loi existe pour toutes les villes de l'empire, et atteint tout aussi bien que le tavernier de Rome les cabaretiers de la pauvre Ulubris, chez les Volsques, dont nous parle Juvénal, et ceux d'Aratium, dont Perse a parlé.

Nous ne savons pas si l'édile avait de même le droit de contrôler les diverses qualités du vin, et de faire défoncer dans le Tibre les tonneaux et les outres qu'il trouvait remplis d'une boisson frelatée, d'une *vappa* trop audacieusement trempée d'eau. Ce que nous savons, c'est que les cabaretiers de Rome, comme ceux des environs, dont nous avons parlé déjà, connaissaient tous les secrets de ces vins de fabrique, et en usaient largement, en recourant aux fontaines et aux citernes. Pétrone, dans un passage de son *Satyricon*, qui n'est pas médiocrement plaisant, nomme les divers signes du Zodiaque avec les divers métiers et les diverses choses placés sous leur influence. Savez-vous qui il place sous le signe du Verseau (*Aquarius*)? Les cabaretiers et les citrouilles. Martial, comme on l'a vu déjà par mainte épigramme citée, abonde en traits malins contre les cabaretiers qui l'abreuvent de vin trempé : ainsi, pour ne plus donner qu'un exemple de ses malices, il dit à je ne sais quel tavernier : « Les pluies continuelles mouillent et gâtent la vendange, ô mon pauvre cabaretier, tu ne pourras donc pas vendre du vin pur, quand même tu le voudrais. »

Si l'inspection de l'édile n'avait rien à faire ici, comme on est porté à le croire en voyant l'audace de ces *brouilleurs* de vins romains; en revanche, elle avait où se prendre en s'adressant, dans ces mêmes cabarets, à d'autres abus que la loi, cette fois, lui livrait tout entiers.

Sur un décret de l'empereur, l'édile pouvait arrêter dans les tavernes la vente de telle ou telle denrée, et y restreindre toute consommation au simple débit du vin.

Les désordres dont ces lieux étaient continuellement le théâtre, à la suite des ripailles qu'y faisaient les gens de toute sorte, avaient été cause que plus d'un empereur avaient rendu de tels édits, pour y défendre les repas. Tibère, le premier, avait lancé un de ces décrets et s'y était montré rigoureux jusqu'à la minutie : « Les édiles, dit Suétone, eurent ordre de se montrer fort sévères dans la police des cabarets et des lieux de débauche, et de ne pas même permettre qu'on y vendit de la pâtisserie. »

Claude confirma rigoureusement l'édit de son prédécesseur : « Il fit défense expresse aux cabaretiers de vendre de la viande cuite, » dit Dion Cassius. Les *popines* des contrevenants furent même abattues par ses ordres; et, dans un

excès de colère contre les édiles qui ne le secondaient sans doute pas assez activement dans ses rigueurs, il leur retira la surveillance des cabarets.

De telles mesures de la part de Claude étaient non seulement un excès de
sévérité, mais encore une ingratitude; car, lui aussi, dans sa jeunesse débauchée, il avait hanté ces mêmes tavernes qu'il proscrivait d'une façon si inexorable; il avait flairé leur cuisine, savouré leurs mets, peut-être même, dans
cette fureur du jeu qui le posséda toujours, avait-il été maintes fois heureux de se
dérober à l'ombre de ces bouges pour quelque partie clandestine. Il devait donc
épargner cette dure loi aux taverniers de Rome, ne fût-ce que pour les bons
souvenirs qu'il avait gardés de leurs *popines*; souvenirs qu'il ne rougissait pas
de rappeler, même étant empereur, en plein sénat. « Un jour, dit Suétone, il
s'écria dans le sénat, où il était question des bouchers et des marchands de vin :
« Qui de nous, je vous prie, peut vivre sans potage? » Et il se mit à vanter
l'abondance qui régnait autrefois dans les tavernes, où il allait lui-même chercher du vin. »

Néron ne fut pas moins inconséquent que Claude dans ses sévices contre les
cabaretiers. C'est lui, dont nous avons déjà montré les orgies dans les *ganea* de
Baïes, et qu'on voyait chaque jour, à la nuit tombante, se couvrir la tête du bonnet
des affranchis ou d'une cape, pour mieux courir les cabarets de la ville; insulter
dans la rue ceux qui revenaient d'y souper; les frapper, les précipiter en riant
dans l'ouverture béante des cloaques; entrer par force dans les petits cabarets,
les piller, puis le vol fait, partager le butin à ses complices; c'est, disons-nous,
ce même Néron, si souvent meurtri pour ses rixes et ses jeux cruels dans les
tavernes, qui n'eut pas honte de restreindre par ses édits le trafic de ces pauvres
diables de cabaretiers. N'était-ce donc pas assez des pillages qu'il commettait chez
eux et qu'il comptait parmi ses plus belles prouesses? « Il fut défendu par lui,
dit Suétone, de vendre rien de cuit dans les cabarets, excepté des légumes,
tandis qu'on y vendait auparavant toutes sortes de mets. »

Vespasien fit aussi les mêmes défenses; mais lui, du moins, il avait toujours
été de mœurs austères, et quand il frappait ainsi les taverniers, on ne pouvait
pas l'accuser, comme Claude et Néron, de frapper sur des complices.

Plus d'un empereur devait imiter Néron et Claude dans leurs débauches, mais
non pas dans leurs rigueurs contre les cabaretiers. Ceux-là, du moins, étaient
conséquents dans leurs orgies. Nous savons, par exemple, que Verus se mit,
plus que tout autre, à fréquenter les cabarets, et de jour et de nuit; mais rien
ne nous dit qu'il lançât des décrets contre ces lieux où il allait chercher de
crapuleuses voluptés. Son repentir, s'il en eut, ne se formula pas en édits pros-
cripteurs et en châtiments.

Julius Capitolinus ne nous a rien laissé ignorer des hantises assidues de Verus
dans les *popines*, et des désordres qu'il y commettait. « Émule des Caligula,

dit-il, des Néron, des Vitellus, il courait pendant la nuit les cabarets et les lieux de débauche, la tête enveloppée d'un mauvais capuchon de voyageur ; il se mêlait, ainsi déguisé, parmi les tapageurs (*triconibus*), engageait des rixes, et revenait souvent le visage et le corps tout meurtris. Il était bien connu dans les tavernes, malgré ses déguisements. Il s'y amusait aussi à jeter de grosses pièces de monnaie contre les vases pour les briser. »

C'était un empereur voué d'instinct à la crapule. Les prouesses ordurières de Caligula l'empêchaient de dormir. Caligula avait établi un lupanar dans son palais ; Verus établit une taverne dans le sien. Caligula s'était fait *læno* et *aquariolus* ; Verus se fit cabaretier : c'est dire qu'il exerça les trois métiers ensemble.

« Ses mœurs, écrit encore Capitolinus, étaient, dit-on, si dissolues, qu'à son retour de Syrie, il établit dans sa maison une taverne où il se rendait après avoir quitté la table de Marc-Aurèle, et il s'y faisait servir par tout ce qu'il y avait de plus infâme dans Rome. »

Gallien eut les mêmes habitudes, au dire de Trebellius Pollion. Lui aussi, « il passait toutes les nuits dans les tavernes, y vivant avec des entremetteurs, des mimes et des bouffons. » Quant à Héliogabale, nous aurions peut-être aussi à parler de lui maintenant, à cause de ses déguisements en tavernier et en aubergiste, et de ses fréquentes visites aux cabarets ; mais nous le retrouverons de reste plus tard, quand nous nous occuperons de lieux pires encore.

Quelle que fût la dissolution des mœurs romaines, aussi infâmes, aussi crapuleuses au sommet de la société que dans ses bas-fonds, jetant dans les mêmes désordres le prince et l'esclave, nous voyons pourtant que plus d'un empereur, écartant sa robe de pourpre de cette fange et de ses souillures, sut se mettre en garde contre cette passion des tavernes que, d'après ce qui précède, on aurait pu vraiment croire contagieuse dans les régions impériales.

Aurélien, l'austère conquérant, ne se préoccupa qu'une fois des cabarets ; ce fut pour écrire à l'un de ses lieutenants de veiller à ce que le soldat ne dépensât pas dans les *popines* l'argent de sa paye enfermé dans sa ceinture.

Le même mot ne se trouva dans la pensée et sous le *style* d'argent d'Adrien, que le jour où il écrivit au poëte Florus le malin couplet que nous a transmis Ælius Spartianus.

Florus lui avait dit en quatre vers : « Je ne veux pas être César pour courir les champs de la Bretagne, et supporter les froids de la Scythie. »

Adrien, que la flatterie déguisée sous ces paroles avait mis en joyeuse humeur, riposta aussitôt au poëte, qui était, à ce qu'il paraît, un pilier de cabaret : « Je ne veux pas être Florus pour courir les tavernes, m'enterrer dans les *popines* et y souffrir la piqûre des moucherons. »

Nous ne connaissons pas ce poëte Florus, qu'Adrien gourmande si plaisamment pour cet amour des tavernes qui lui fait affronter leur saleté infecte et leur vermine ; mais nous pourrions en nommer, et des meilleurs, qui n'étaient pas plus dédaigneux que lui, malgré leur titre de poëtes en renom. Nous avons déjà vu Virgile chez la Syrienne, Lucilius de même. Horace, aussi quoi qu'il en dise, dut avoir affaire dans Rome à plus d'un cabaretier, comme sur la voie Appienne à plus d'un aubergiste. Les épithètes, presque toujours injurieuses, qu'il leur distribue, cachent, nous en sommes sûrs, une pratique assidue de leurs *popines*, une expérience malheureuse de leurs friponneries. Là c'est un cabaretier qu'il traite de voleur : « *Perfidus hic caupo.* » Ici une invective contre « tout ce qui cuit sur les fourneaux des immondes cabarets. »

Ailleurs, s'il parle d'une grasse *popine* « *uncta popina* », c'est pour blâmer son métayer de se laisser gagner par l'appât de ces triviales délices, et de préférer à ses fruits, au vin sincère que sa vigne lui fournit abondamment, les reliefs dégoûtants, seul repas des esclaves de la ville, et la piquette que, même pour son argent, il ne trouvera pas à discrétion chez le cabaretier du coin. S'il écrit le mot *caupona* dans une autre épître, c'est encore pour exprimer une plainte ; c'est pour demander à Scœva si, dans les tapages qui l'incommodent à Rome, le bruit du cabaret voisin n'est pas pour quelque chose. Mais, nous le répétons, Horace s'était plus d'une fois repu dans ces tavernes immondes ; il avait plus d'une fois tâté de cette piquette dont il dégoûte son métayer, et sa voix glapissante avait plus d'une fois grossi ce tintamarre des cabarets qu'il dénonce à Scœva comme l'un des fléaux de Rome.

Martial y va plus franchement : il aimait la taverne, et il l'avoue sans vergogne. Un bon cabaret, voilà ce qu'il demande d'abord, quand il énumère les choses qu'il désire et qui sont pour lui les petits bonheurs de la vie :

« Un cabaretier, un boucher, des bains, un barbier, un échiquier garni, un petit nombre de livres à mon choix, un ami pas trop ignorant, une jeune fille qui plaise à mon esclave, un esclave grand déjà, mais d'un âge à rester leste et vif longtemps ; donne-moi tout cela, Rufus, fût-ce même à Bizonte, et je te cède de grand cœur les thermes de Néron. »

Que de fois sa muse à jeun s'y retrempa dans ce petit vin cuit de la Crète, le nectar des pauvres :

« Les vignes de la Crète, patrie de Minos, t'envoient cette liqueur, moût ordinaire du peuple. »

Que de fois il dut prendre un maigre repas à ces sales fourneaux qu'un cuisinier glapissant portait de taverne en taverne. Et quoi qu'il en ait dit, lui aussi, peu sincère cette fois avec ses désirs, combien il dut porter envie à ce petit esclave de Syrie qui mangea ainsi les millions de sesterces que lui avait donnés son patron ; et cela, en peu de jours, sans entrer même dans les grandes tavernes, et en s'en tenant seulement à ces petites buvettes voisines des quatre grands bains où l'on dînait sans s'attabler, assis seulement sur une escabelle. Martial vit de loin, et à jeun sans doute, cette ripaille du glouton, et ne pouvant la partager, il en médit :

« Syriscus a dévoré cent fois cent mille sesterces que lui avait donnés son patron. Vagabond ! il les a dépensés dans ces buvettes des quatre grands bains, où l'on mange et boit sur des escabeaux. Quelle gloutonnerie ! dévorer cent fois cent mille sesterces ! Quelle voracité plus incroyable encore, les avoir engloutis sans s'être même accoudé sur le lit d'un véritable banquet ! »

Dans les tavernes, aussi bien que chez les *thermopoles*, dont nous parlerons tout à l'heure, se voyait mêlée à la bande bavarde et fanfaronne des poëtes la tourbe non moins verbeuse et non moins vaine de ces sophistes grecs qui, dès le temps des Scipions, se sont abattus par volées sur Rome, sous prétexte d'amollir ses mœurs et de polir son langage; mais qui, en réalité, n'y ont apporté que l'exemple de leurs habitudes de taverne, et le mot nouveau de *pergræcari*, boire à la grecque.

Plaute nous les montre de son temps largement enveloppés dans leur *pallium* grec, qui leur couvre même la tête, succombant sous le poids de leurs livres, et s'en allant boire ainsi dans les cabarets ou chez le *thermopole*; puis, quand ils se sentent pris de vin, s'en retournant à pas prudents, en dissimulant la contenance de l'homme ivre sous la démarche rêveuse du philosophe.

Sous les empereurs, nous les retrouvons aux mêmes lieux, étalant les mêmes vices et la même hypocrisie. L'un d'eux, pourtant, avoua ses hantises et les immortalisa même : c'est Philostrate, ce type complet du sophiste grec, qui fit si bien servir les raffinements d'une langue efféminée et abâtardie aux subtilités d'une philosophie en décadence. Lui aussi, entraîné par l'exemple des autres sophistes, il s'était laissé aller à fréquenter les tavernes; et, s'il était permis de voir un sentiment réel sous les phrases fleuries échappées d'une telle plume, il paraîtrait qu'il y aurait trouvé mieux que l'ivresse, l'amour; une cabaretière aux beaux yeux l'aurait séduit, et trois lettres, madrigaux en langue grecque de la plus subtile et de la plus fine essence, auraient été l'inspiration de cet amour pour une Hébé de cabaret. Ce qui n'est pas douteux, c'est que, expressions vraies, quoique raffinées, d'une véritable passion, ou simples jeux d'esprit, ces trois lettres existent, et sont l'un des plus curieux monuments de la galanterie antique, et du genre madrigal à toutes les époques.

Elles sont trop charmantes sous leur forme apprêtée, et s'adressent trop bien à l'une de nos héroïnes pour que nous ne vous les donnions pas ici dans la traduction que nous en avons tentée, en dépit des difficultés presque inextricables du texte :

A UNE FEMME CABARETIÈRE.

I.

« Tout en toi me plaît : ta robe de lin me semble être le *peplum* d'Isis ; ton cabaret, le temple de Vénus ; tes coupes rondes et brillantes, les yeux de Junon ; ton vin est une fleur d'ambroisie, et tes trois doigts, unis pour soulever la coupe, sont comme la triple rose enlacée dans la *fulla* sacrée.

» Je tremble que cette coupe ne tombe, mais non, elle est ferme en ta main comme un *gnomon* sur sa base, et l'on croirait que c'est une fleur poussée et grandie entre tes doigts.

» Si tu l'effleures avec tes lèvres, ce qui reste de liqueur s'échauffe à ton souffle et devient plus doux que le nectar. On le sent qui pénètre en vous par de secrètes routes. Ce n'est plus du vin, c'est un flot de baisers.

II.

» Tes coupes sont de verre ; en tes mains, elles deviennent d'argent et d'or, et ton toucher leur communique je ne sais quoi de fin et de moelleux au regard. Mais c'est là une transparence terne et sans reflet, comme celle d'un lac dormant. Que bien différent est l'éclat de tes yeux, joyaux étincelants de ton visage ! Quelles délices ils portent en nous, quelle soif de baisers ils allument en nos sens !

» Pose donc là ta coupe, je t'en prie, elle est fragile et pourrait se briser ; avec de tels yeux, on n'en a pas besoin.

» Enivre-moi de tes seuls regards, comme l'adorable enfant, échanson du maître des dieux, dans les regards soyeux duquel Jupiter puisait son ivresse.

» Si tu veux encore, cesse de nous verser de ce nectar inutile, cette eau seule suffira : approchant la coupe de tes lèvres, emplis-la de tes baisers, puis présente-la à qui demande à boire. Quel est le malheureux qui songera à demander encore le vin, don de Bacchus, lorsque Vénus l'abreuvera ainsi de son ambroisie ?

III.

» Tes yeux sont plus transparents que le cristal de tes coupes, je pourrais voir ton âme au travers. La couleur de tes joues est plus éclatante que celle du vin. Ta blanche tunique de lin se colore par le reflet de ton visage, et tes lèvres sont teintes du sang des roses. Tes yeux amoureusement humides semblent toujours, comme ceux des statues qui décorent nos fontaines, laisser tomber de douces larmes. Oui, tu es une des Nymphes.

» Que de gens tu arrêtes en leur course, que tu en retiens qui voudraient passer outre, que tu sais en inviter sans dire une seule parole.

» Moi, des premiers entre tous, je viens te voir, et la soif me gagne. Malgré moi je demeure, mais la coupe reste immobile en ma main, je ne l'approche pas de mes lèvres, c'est toi que je bois des yeux. »

Voilà des louanges d'un lyrisme bien galant pour s'adresser à une cabaretière ; on dirait vraiment, de ces trois lettres, que ce sont trois odes d'Anacréon à quelques nymphes des vendanges : aussi, avons-nous cru qu'il était bon de les distribuer par stances comme nous avons fait. Cela leur donne une petite allure poétique et lyrique qui n'était pas déplacée dans les cabarets ; au contraire, nous avons vu que les poëtes s'y acoquinaient volontiers, et que, par conséquent, ils durent maintes fois y laisser traîner des lambeaux d'hexamètres. L'*Ambubaia* syrienne est venue de même y danser devant nous ; nous avons entendu le rustique flûteur qu'elle tenait à ses gages pour enchanter les échos de son jardin et de son cabaret ; et si nous cherchions bien, peut-être trouverions-nous de quoi compléter encore cette partie du tableau, ce côté lyrique de la vie de taverne à Rome, ne fût-ce que quelque beau chanteur qui viendrait, comme ceux de nos cafés chantants, y hurler à plein gosier quelques couplets plats ou obscènes. A défaut d'autres, nous aurions Néron qui se faisait une fête et une gloire d'aller ainsi chanter dans les tavernes en costume de cabaretier. C'est là un fait curieux que nous tenons encore de Philostrate. Il nous l'apprend à propos de l'exil de Démétrius, sophiste comme lui, mais moins ami des lieux de débauche, plus austère surtout en paroles.

Ce Démétrius donc s'était mis un jour à déblatérer dans le Gymnase contre les bains, lieux de vaine dépense et de luxure, et contre les efféminés qui allaient s'y souiller de corps et d'âme, sous prétexte de s'y laver. Mal lui en prit.

Ce jour-là même, Néron avait chanté dans un cabaret attenant au Gymnase, et s'y était surpassé. On l'y avait vu, dit Philostrate, « vêtu comme le plus vil tavernier, c'est-à-dire d'un simple caleçon, et nu du reste du corps. Tigellin, préfet du prétoire, instruit de ce qu'avait dit Démétrius, prit ses paroles pour une satire directe de la conduite de Néron dans le cabaret du Gymnase, et il le chassa de Rome, comme si, dit encore Philostrate, les bains se fussent écroulés au souffle de ses paroles. » Cette anecdote est curieuse, non seulement parce qu'elle nous apprend sur Néron, mais encore parce qu'elle est une preuve en action de ce que nous avons dit sur les cabarets dépendants des bains publics et des Gymnases. On nommait plus spécialement *popine*, selon Isidore de Séville, au chapitre II, livre XIV, de ses *Origines*, la taverne attenante aux bains ; tandis que, selon Pierre Lefebvre, au chapitre XXVIII du livre III de ses *Agonistiques*, tout cabaret desservant les Gymnases avait pris à Rome, comme en Grèce, la dénomination de *ébétérion*.

Il ne faut pas s'étonner des éloges que Philostrate faisait tout à l'heure de la beauté d'une cabaretière, et les croire en aucune façon mensongers et hyperboliques. Les cabaretiers romains savaient déjà de quelle ressource sont, pour la vente, les attraits de la marchande, et, quelque vingt siècles avant qu'on vit trôner dans son café de la rue Bourbon-Villeneuve madame Bourette, *la Muse limonadière*, au Palais-Égalité la belle déesse du *café du Bosquet*, et tant d'autres Hébé de la bavaroise et du sorbet que nous retrouvons plus tard, ils avaient inventé *la dame de comptoir*.

Ils savaient qu'un joli minois ferait pour la chalandise bien mieux que la meilleure enseigne; et, qu'avec un seul coup d'œil, la belle fille allécherait plus de pratiques qu'ils n'en attireraient eux-mêmes, par toutes leurs flatteuses paroles d'invitation débitées sur le seuil de la taverne, ou bien même en allant au-devant du chaland, comme faisait cet Aulus Bimius, cabaretier de la rue Latine, dont Cicéron se moque si gaiement dans son discours *pro Cluentio*, ou même comme cette cabaretière de la porte Iduméenne, dont Juvénal nous parlera tout à l'heure.

Les femmes du petit peuple savaient bien elles-mêmes quel succès attendaient leurs charmes si elles se faisaient cabaretières : aussi, était-ce à qui le serait, et ne quittaient-elles qu'à bon escient, et pour un parti tout à fait avantageux, l'espoir d'épouser un tavernier. Pour savoir en cela à quoi se résoudre, elles allaient jusqu'à consulter l'oracle. « Celle dont la tête ne brille pas d'aigrette d'or, dit Juvénal, va consulter les devineresses auprès des tours de bois et des colonnes terminées par les dauphins, afin de savoir s'il ne lui serait pas avantageux de quitter le cabaretier pour épouser le fripier. »

L'achalandage des cabarets gagnait beaucoup, nous le répétons, à la présence de ces belles hôtesses; mais leur moralité y devait perdre aussi dans une proportion égale, en admettant toutefois que cette moralité eût eu jamais à perdre quelque chose. Voyez un peu ce que peuvent deux beaux yeux de plus en de pareils bouges! quelle multitude ils y attirent. Quand la maîtresse, que Catulle aime tant, se sauve de son logis pour aller trôner dans la taverne voisine du temple de Castor et de Pollux, voyez comme la clientèle y devient nombreuse : deux cents pratiques pour le moins. Mais aussi quelles pratiques! Et de quelle épithète injurieuse cette taverne mérite dès lors d'être flétrie par le poëte indigné qui l'appelle *salax taberna*, « boutique de luxure ! »

« O, s'écrie-t-il, apostrophant cette clientèle de rivaux et le repaire où les attend son infidèle, ô taverne infâme située au neuvième pilier après les temples des deux frères coiffés du *pileum*. Et vous, ses dignes habitués, pensez-vous seuls... avoir le privilége de lever un tribut sur toutes les belles, et réduire tous les autres au rôle d'eunuques ? Vous figurez-vous, parce que vous êtes là deux cents ou trois cents imbéciles réunis ensemble, que je n'oserai pas vous défier tous. Or, sachez bien que je charbonnerai votre infamie sur tous les murs de ce repaire; car c'est là que s'est refugiée ma maîtresse qui me fuit, cette jeune fille que j'aimais comme jamais femme ne sera aimée, pour qui j'ai eu tant d'assauts à soutenir ! Et vous, honnêtes gens que vous êtes, vous partagez tous ses faveurs ; et, chose indigne ! à qui les prodigue-t-elle? A des gens de rien, à des galants de carrefour : toi entre autres, fils de la Celtibérie, Egnatius ; toi dont le mérite consiste dans ta barbe épaisse et tes dents qui doivent leur blancheur à l'urine dont tu les frottes. »

Catulle a tort de se plaindre si fort : si sa maîtresse, l'abandonnant, cherchait ainsi un refuge dans cette immonde taverne, c'est que sans doute il l'avait prise dans un bouge pareil. C'était assez l'usage ; toutes ces femmes, si poétiquement chantées, si amoureusement immortalisées par le distique flatteur des élégiaques latins, ne sortaient pas de lieux plus nobles. Elles étaient toutes, il faut l'avouer, des filles de lupanar et de cabaret. Virgile ne dérogeait pas en chantant l'*Ambubaia* de la banlieue de Rome, il faisait ce qu'avait fait Catulle. Horace, s'acoquinant avec la servante de l'auberge de Bénévent, ne faisait que devancer Properce, qui, lui aussi, s'en alla quêter ses amours dans les cabarets. Quand Theïa et Phillis, voulant fuir les fureurs jalouses de Cinthie, s'enfuient tout échevelées du *triclinium* rustique, où Properce s'abandonnait à l'ivresse de leurs danses et de leurs caresses, dans quel lieu cherchent-elles un asile? Dans une taverne d'où peut-être elles étaient venues. Et Cinthie, trop infidèle pour avoir ainsi le droit d'être jalouse, d'où venait-elle alors elle-même? D'une hôtellerie de la voie Appienne, autre repaire des mêmes désordres, où elle s'était livrée sans honte aux caresses bruyantes du libertin qui l'avait amenée là dans sa soyeuse litière.

Douterons-nous encore, après cela, que les tavernes de Rome fussent de véritables *lupanars*, et qu'il n'y eût pas, entre ces lieux honnis, complète identité d'infamie? Souvent la seule différence, c'est que les uns étaient effrontément ouverts sur la voie publique, en plein *forum*, cherchant l'air et le grand jour pour leurs scandales et leurs bruits, tandis que les autres se cachaient dans ces ruelles sombres et étroites que Plaute appelle *angiportum*. Dans les uns on entrait hardiment, le front haut; tandis que, par un reste de honte, on se voilait la tête, on attendait la nuit pour se glisser dans les autres ; ce qui avait fait donner aux chalands assidus des *lupanars* le nom de *latebricolæ*, amis des ténèbres. Mais c'était là, nous le répétons, les seules différences ; et du reste, on trouvait toujours dans les uns ce qu'on trouvait dans les autres : bonne chère et luxure. C'est au point qu'à voir le tableau que l'esclave Syncerastus fait de la maison de son maître le *prostitueur* (*lœno*) dans le *Pænulus* de Plaute, il y a vraiment de quoi s'y méprendre. On croit tantôt qu'il parle d'un *lupanar*, tantôt qu'il parle d'un cabaret, preuve évidente et dernière que de tels gîtes étaient les deux ensemble.

Syncerastus donc arrive sur la scène, les bras chargés, comme un vrai garçon de cabaret, de vases pour l'orgie et pour les sacrifices, tout cela se tenait à Rome; et il commence à parler ainsi de son digne maître et de sa maison :

« Il n'y a pas de plus grand imposteur, de plus grand scélérat au monde que ce cher maître, pas de bourbier plus sale et plus fangeux. Par les dieux qui me soient en aide! j'aimerais mieux rester toute ma vie au moulin ou dans les carrières, avec une forte ceinture de fer autour des reins, que d'être au service de ce prostitueur (*lœnonem*)!

» Quelle race! Combien d'inventions se voient là pour la perdition des hommes! ô justes dieux! On y rencontre toutes espèces de gens, comme si l'on était sur les bords de l'Achéron : le chevalier, l'humble piéton, l'affranchi, le voleur, l'esclave fugitif, le fripon battu de verges, l'échappé de prison, l'insolvable condamné, tout être à figure humaine, pourvu qu'il ait de quoi payer, est reçu dans cet antre. Aussi, ce n'est partout que ténèbres, que repaires mystérieux; on boit, on mange comme dans un cabaret (*quasi in popina*), il n'y a pas de différence. »

Ainsi voilà ce que nous disions tout à l'heure, écrit textuellement dans Plaute.

Plus loin se trouve un détail qui ajoute encore à la ressemblance de la maison du prostitueur avec la boutique d'un tavernier. Le même personnage, faisant allusion aux longues files d'amphores étiquetées qui se voyaient là comme dans un cabaret, se met à dire : « C'est là qu'on voit les billets doux sous forme de cruches cachetées de poix, et avec des adresses en lettres longues d'une coudée. Car nous recrutons chez nous des armées de marchands de vin. »

Plaute vient tout à l'heure de vous nommer les hôtes de la maison du prostitueur, et vous les avez reconnus tous, sans doute pour les avoir déjà rencontrés dans nos tavernes. Il en est quelques uns pourtant, parmi les plus assidus de ces derniers bouges, qu'il nous reste à vous nommer pour que la statistique soit vraiment complète, et pour que vous puissiez vous vanter de connaître toutes les variétés de ces immondes populations.

C'est Juvénal ici qui va parler pour nous. A propos de son Damasippe, sénateur palfrenier, patricien coureur de ruelles, consul commandant surtout aux cabarets, il va vous montrer le beau pêle-mêle de gens de toutes sortes qui s'agitait dans les tavernes :

« Attendez que l'année de son consulat soit révolue, Damasippe prendra le fouet en plein jour; et quand il rencontrera un sénateur déjà vieux, loin de fuir sa rencontre, c'est avec un signe de son fouet qu'il préviendra son salut. Lui-même il dénouera ses bottes de foin, et donnera l'avoine à ses chevaux lassés. Fait-il, suivant le rite de Numa, un sacrifice de brebis et de bœufs à Jupiter, il ne jurera que par Hippone ou par quelques autres de ces figures peintes sur les murs des écuries.

« Mais lui plaît-il d'aller dans les cabarets où l'on passe la nuit? vous verrez le baigneur tout parfumé de la porte Iduméenne, et la cabaretière accorte et troussée, digne d'être appelée Cyane comme la nymphe des eaux, venir à lui une bouteille à la main, lui faire fête comme à un hôte aimé, et le saluer du nom de seigneur et de roi.

» Mais direz-vous pour le défendre, jeunes nous en avons tous fait autant : soit, mais après, nous avons cessé, et n'avons pas plus loin mené le désordre. Ce qu'on fait de déshonnête doit être court, il faut nous retrancher quelques vices en nous coupant la première barbe. Pardonnons aux jeunes gens, fort bien ; mais Damasippe a-t-il cette excuse, lui qui chaque jour se vautre dans les orgies des bains publics et se glisse sous la toile peinte qui ferme l'entrée des *popines* ; tandis que l'Arménie, la Syrie, les fleuves de nos frontières à défendre, le Rhin, le Danube réclament la vigueur de son âge mûr, et que Néron demande un défenseur? Non, César, s'il te faut un lieutenant, ne va pas le chercher à Ostie, mais à Rome dans le grand cabaret, côte à côte de quelque assassin, pêle-mêle avec des matelots, des voleurs, des esclaves fugitifs, des bourreaux, des écorcheurs, des prêtres de Cybèle ronflant sur leurs lourdes cymbales. Là, chacun a la même liberté, les mêmes coupes, le même lit, la même table. Dis-moi, Pontius, que ferais-tu d'un esclave qui se conduirait ainsi? Tu l'enverrais en Lucanie ou dans les cachots de l'Étrurie; et pourtant, vous autres descendants des Troyens, trop indulgents pour vous-mêmes, ce qui déshonore le dernier des artisans, vous vous le croyez permis. »

Cette fois le tableau est bien complet; rien n'est omis, pas un type ne manque; voilà bien toutes les variétés de cette espèce de vauriens de cabaret auxquels on donnait le nom générique de *tricones*, et ces ivrognes au vin méchant et tapageur que Sénèque appelle *scordali*. Voilà bien ces prêtres de Cybèle gras et trapus, que nous avons déjà rencontrés chez la Syrienne, et ces voleurs qui font sans doute d'aussi bons coups ici que dans les bains publics où Sénèque aurait pu nous les montrer; mais voilà surtout la meute oisive et bavarde des esclaves qui attendent leurs maîtres et qui, pour s'occuper, s'enivrent et médisent. C'est là leur amusement à eux; ils n'en demandent point d'autre. « Pendant que les jeux se célèbrent, leur crie Plaute dans le prologue de son *Pœnulus*, vous, valets de pied, ruez-vous dans la *popine*. » Et, comme vous pensez bien, ils n'en sortent jamais sans avoir accommodé leur maître de la bonne manière. Le cabaretier sait le premier, et de point en point, ce que ce maître a fait, ce qu'il doit faire; la chronique enfin la plus détaillée de ses affaires les plus secrètes :

» Fermez les portes et les fenêtres, dit Juvénal, éteignez les lumières, bouchez les ouvertures, écartez les témoins, et que les clameurs du voisinage empêchent de l'entendre : avant l'aurore, avant que le coq ait chanté pour la deuxième fois, le cabaretier saura non seulement ce qu'il a dit, ce qu'il a fait, mais ce que lui imputent l'économe, le cuisinier, le maître d'hôtel. »

Vous avez vu, grâce à Plaute et à Juvénal, les chevaliers chez le prostitueur, Damasippe et autres consulaires chez le tavernier, et comme nous vous y avions déjà montré des buveurs d'aussi haut parage, les empereurs par exemple, vous ne vous en êtes pas étonnés. Ce qui vous surprendra sans doute davantage, c'est d'apprendre que des chevaliers romains ne se contentèrent pas de hanter les tavernes, mais dérogèrent assez pour se faire cabaretiers eux-mêmes. Le fait semble vraiment étrange de la part de patriciens aussi jaloux de leur noblesse que l'étaient ceux de Rome, et nous aurions quelque peine à le croire, si Pline ne nous l'attestait et ne l'appuyait même par ce curieux récit.

« La neuvième année du règne de Tibère on réunit enfin l'ordre équestre en un seul corps. On fixa par des formules le droit de porter l'anneau, sous le consulat de C. Asinius Pollion, et de C. Antistius Vetus, l'an de Rome 775, et, chose remarquable, un incident futile donna lieu à ce changement.

« C. Sulpicius Galba, cherchant à se concilier les bonnes grâces du prince par des actes de jeune homme, avait établi des amendes sur les contraventions des maîtres de tavernes. Il vint se plaindre au sénat de quelques résistances. Les entrepreneurs de délits, dit-il, échappent à l'amende, grâce à leurs anneaux. On statua que personne ne porterait l'anneau équestre, à moins qu'il ne fût, ainsi que son père et son aïeul, de condition libre, qu'il ne possédât quatre cent mille sesterces, et qu'il ne fût, en vertu de la loi Julia sur les théâtres, admis à siéger dans les quatorze premiers rangs. »

Il eût été bien étrange en effet, et la législation romaine eût été bien peu conséquente avec elle-même, si une pareille loi n'était intervenue pour s'opposer à ce que des gens tels que les cabaretiers, flétris ici, fussent considérés là, et déclarés infâmes d'un côté, pussent d'un autre se dire nobles, et prendre rang parmi les chevaliers.

Ils ne se tinrent pas pour battus; nous les revoyons bientôt, non plus, il est vrai, rechercher la noblesse comme une impunité; mais, une fois enrichis, singer les patriciens et prendre à tâche de se mettre à leur niveau en faisant comme eux les plus folles dépenses. Ainsi que plus d'un autre artisan de leurs temps, comme M. Jourdain, comme tant de parvenus de notre époque, ils tombent dans le ridicule des ostentations fastueuses, des grands repas, des grandes cérémonies. Martial les prend sur le fait, et vite il les flagelle de son vers sanglant. En une seule épigramme, il fait la comédie de ces savetiers, de ces foulons, de ces cabaretiers gentilshommes qui se donnent le ton outrecuidant de faire les prodigues, et de donner par exemple, à leurs frais, des jeux au peuple romain.

« Un cordonnier, que dis-je, un savetier, t'a donné, ô Bologne, ville si lettrée (*culta*), un combat de gladiateurs; un foulon en a donné un autre à Modène; maintenant où le cabaretier donnera-t-il le sien? »

Les taverniers avaient belle de s'enrichir ainsi, ils faisaient assez de métiers ensemble, et ces métiers était tous trop infâmes pour n'être pas lucratifs! Leur manière de se faire payer d'ailleurs était des plus prudentes, et bien sagement réglée d'après la moralité de leurs honorables pratiques. On n'avait rien chez eux qu'argent comptant, excellent moyen de ne rien perdre et de n'être pas volé, même par des voleurs! Aussi Clœreta, l'entremetteuse de l'*Asinaire* de Plaute, les prend-elle pour modèles. Sollicitée pour qu'elle rende quelques uns de ses petits services, elle commence par tendre la main au beau solliciteur et lui dit ! « Quand nous demandons du pain au boulanger, du vin à l'œnopole (cabaretier), si nous avons de l'argent, ils nous donnent leurs marchandises; même méthode chez nous : nos mains ont toujours des yeux, elles croient ce qu'elles voient. »

Ils faisaient aussi de gros profits sur les vins qu'ils vendaient, aussi bien sur celui qu'on venait boire dans leurs salles, que sur celui qu'ils détaillaient aux gens trop pauvres pour avoir des provisions dans leurs caves.

Ils avaient le droit de vendre toutes sortes de vins, mais ils n'usaient le plus souvent de ce droit que pour tenir des vins de la pire espèce. Ne croyez pas qu'on trouvât chez eux du falerne, du cécube, même du nomentane ou autres vins de bon cru dont nous vous dirons les noms et la vertu quand nous aurons à parler des gros marchands de vin. Fi! c'étaient là des boissons trop chères, et sur lesquelles il était trop difficile d'avoir un maigre profit. Ce qu'il leur fallait, c'étaient ces vins du Vatican, épais, hauts en couleur, véritable surène de Rome, qu'il était si facile de mêler d'eau sans qu'il y parût. Il suffisait de mettre de ce vin dans une amphore pour la gâter à tout jamais, et pour donner le plus mauvais goût même au falerne qu'on y verserait ensuite. Les Gaulois, des barbares, auraient regardé un vin pareil comme un véritable poison; mais, selon le cabaretier de Rome, c'était encore assez bon pour ses pratiques du Vélabre, et pour les mendiants de la porte Trigemine. Le vin de Létamie, espèce de lie presque solide qu'ils faisaient venir d'Espagne, et dont ils pouvaient tripler et quadrupler le volume en la trempant d'eau, était encore d'une grande ressource pour les taverniers. C'était une détestable piquette, mais la vente en était d'un si bon produit! Martial, qui la connaissait, ne veut pas d'autre pénitence pour Sextilianus, son ivrogne incorrigible. Il est sûr que son amour du vin ne tiendra pas contre une seule dose de cet antidote nauséabond :

« Tu bois, à toi seul, autant que cinq chevaliers, Sextilianus; même en buvant la même quantité d'eau, tu pourrais t'enivrer. Au théâtre, tu ne te contentes pas d'emprunter de l'argent à tes voisins, tu en demandes encore à ceux qui sont assis sur les bancs les plus éloignés. Le vin foulé dans les pressoirs péligniens, celui qui a ruisselé des grappes mûries sur les coteaux toscans ne te satisfont pas; fi! il te faut mettre à sec un vase tout plein de vieux nectar opimien, et la cave massique n'a pas assez de noirs tonneaux pour toi! Écoute, Sextilianus, s'il t'arrive de boire plus de dix coupes, il faut que, pour pénitence, le cabaretier te serve de cette lie épaisse de la Létamie, que nous envoie l'Espagne. »

Les taverniers étaient si accoutumés de vendre de ces vins inférieurs sans marchander, et sans que la pratique prît la peine de les flairer et de les déguster à l'avance, qu'ils s'étonnaient quand on leur en demandait de meilleurs ou lorsqu'on faisait les difficiles. Ils ne manquaient pas alors de vous demander la raison de cette dépense, la cause de cette délicatesse insolite; question bientôt satisfaite quand elle était adressée à quelques uns de leurs bons amis les esclaves. L'orateur romain Marc-Antoine, aïeul du triumvir, ne fut pas trahi autrement dans l'asile où il avait fui les proscriptions de Marius. C'est une semblable curiosité de cabaretier, à laquelle satisfit trop bien le bavardage d'un esclave, qui fut cause de sa découverte et de son assassinat.

Le récit que Plutarque fait de cet événement est trop dramatique, les faits qu'il y raconte sont des détails trop significatifs pour notre chronique scandaleuse, et ils prouvent trop bien l'infamie des cabaretiers, vils jusqu'à la délation, et leur perpétuelle connivence avec les esclaves, pour que nous ne citions pas le passage tout entier.

« Marcus Antonius l'orateur, dit Plutarque dans le français naïf et charmant d'Amyot, avait bien aussi trouvé un fidèle ami, toutefois il y fut malheureux. Ce fidèle ami estoit un pauvre homme populaire; lequel ayant ainsi reçu en sa maison l'un des principaux personnages de Rome pour le cacher, et lui voulant faire la meilleure chère qu'il pouvoit de ce qu'il avoit, envoya un sien valet en une taverne prochaine de son logis, pour quérir du vin, et comme le valet tastast et goustast le vin plus songneusement qu'il n'avoyt acoustumé, et en demandast de meilleur, le tavernier lui demanda pourquoi il n'en prenoit du nouveau et plus commun, ains en vouloit du meilleur et du plus cher. Le valet lui respondit simplement comme à son familier ami, que son maistre festoyoit Marcus Antonius, lequel s'estoit allé cacher en son logis.

» Le valet n'eut pas plutost le dos tourné, que le tavernier, traître, malheureux et meschant, s'en alla courant chez Marius, lequel estoyt déjà à table, où il soupoit, on le fist parler à lui, et il lui promit de lui livrer Antonius entre ses mains; quoy entendant, Marius en fut si aise, qu'il s'escria tout haut, et frappa des mains l'une contre l'autre, tant il fut joyeux, et s'en fallut bien peu qu'il ne se levast de la table pour aller lui mesme en personne jusque sur le lieu;

et l'eût fait si ses amis ne l'eussent retenu; mais il y envoya un de ses capitaines, nommé Annius, avec quelque nombre de soudards, auxquels il commanda qu'ils lui en apportassent tout promptement la teste. Ils y allèrent, et quand ils furent arrivés au logis où le tavernier les guida, Annius demeura à l'huis, et les soudards montèrent en la chambre haute par les degrés, et là, trouvant Antonius, se prirent à encourager l'un l'autre de le tuer, n'ayant personne d'eux le cœur d'y mettre le premier la main, pour ce que le langage d'Antonius estoit une si douce sirène, et avoit une si bonne grâce en son parler, que quand il commença à les prescher et à les prier qu'ils lui voulussent sauver la vie, il n'y eust celui d'eux qui eust le cœur si dur que de lui toucher ni de le regarder seulement au visage, ains, tenant tous les yeux contre bas, se prirent à plorer : Pourquoi Annius voyant qu'ils demouroyent tant à retourner, monta lui mesme en la chambre, où il trouva Antonius preschant ses soudards, et eux tous, esblouïs et tendris par la tendresse de son éloquence ; il leur dit à tous vilenie, et lui courant sus lui mesme en fureur, il lui coupa la tête de sa propre main. »

Ce qui est étrange, c'est que ce récit de Plutarque, qui coincide si bien par son dénouement avec celui que Voltaire a fait de la mort de Coligny, a de même, pour les faits qui préparèrent la découverte de l'asile de Marcus Antonius, un rapport frappant avec la manière dont fut découvert le refuge du général Pichegru. Seulement, au lieu d'un cabaretier, ce fut un rôtisseur qui fut complice, et complice involontaire de la révélation. Comme les rôtisseurs sont aussi de nos héros, et que cette aventure ne saurait être mieux placée qu'après l'assassinat de Marcus Antonius, son pendant historique, nous allons lui consacrer cette page, au risque d'anticiper un peu trop sur les événements. Au risque aussi de multiplier trop les citations, et de laisser trop souvent l'esprit d'autrui parler pour nous, c'est à M. Mérimée que nous laisserons le soin de vous dire cette histoire par l'organe de madame Leblanc, principale actrice dans cette affaire, et l'un des personnages du *théâtre de Clara Gazul.*

« Ah Élisa, dit l'espionne à sa fille, dans les affaires rien n'est à dédaigner. C'est pourtant un poulet rôti qui m'a fait découvrir la cachette du général Pichegru; et sans me vanter, cela m'a valu bien de l'honneur, sans parler du profit. Voici le fait : C'était du temps de ton père, le capitaine Leblanc. Il revenait de l'armée, il avait de l'argent, nous faisions bonne chère et grand feu. Un jour donc, je m'en vais chez mon rôtisseur, et je lui demande un poulet rôti. — « Mon Dieu, madame, me dit-il, je suis bien fâché, mais je viens de vendre mon dernier. » — Moi qui connaissais tout le quartier, je voulus savoir à qui. — « Qui est-ce qui l'a pris? que je lui demande. — Lui me dit : « C'est un tel, et il se traite joliment, car depuis trois jours, il lui faut une volaille à chaque dîner. » *Nota benè* qu'il y avait justement trois jours que nous avions perdu les traces du général Pichegru. Moi je roule tout ça dans ma tête, et je me dis : Diable ! voisin, l'appétit vous est venu, vous avez la fringale. — Finalement, je reviens le lendemain, et j'achète des perdrix qui n'étaient pas cuites, remarque bien cela, pour avoir le temps de faire causer mon marmiton pendant qu'elles rôtiraient. Là dessus mon homme au gros appétit entre, et achète une dinde rôtie, une belle dinde, ma foi ! « Ah ! je lui dis, un tel, vous avez bon appétit, en voilà pour deux personnes et pour une semaine. « Lui cligne de l'œil et me dit : — C'est que j'ai de l'appétit comme deux. » Un Français se ferait pendre plutôt que de manquer un bon mot. Moi, je le regarde entre deux yeux, lui se détourne, prend sa bête et s'en va. Il ne m'en fallait pas davantage, je savais qu'il connaissait Pichegru. — On me happe mon homme, et, moyennant une récompense honnête, il livra bien et beau mon général ; et j'eus pour ma part six mille francs de gratification. »

Ce qui prouve que lorsqu'on conspire, il est bon de rester à la diète, et que pour les proscrits, il n'était pas plus prudent de manger du poulet rôti sous le consulat du jeune Bonaparte, que de boire du vin fin sous celui du vieux Marius.

Mais revenons aux taverniers de Rome, et à leurs gains qu'ils savaient toujours faire si élevés et tenir si bien hors de toute proportion avec leurs faibles dépenses. Nous avons vu combien peu devaient leur coûter les détestables piquettes qu'ils vendaient pourtant chèrement ; leurs autres frais d'établissement n'étaient pas plus onéreux, comme vous allez voir.

Leur cabaret avait le plus souvent un aspect misérable ; c'était un cadre digne, par sa nudité et par sa saleté, des misères et des vices qui venaient y faire tableau. Nous avons même toujours pensé qu'il devait y avoir identité presque complète entre l'aspect assez repoussant des *popines* de l'ancienne Rome et celui des cabarets de la Rome papale, dont William Savage, notre guide ordinaire dans ces hantises anticipées, nous fait ainsi la description :

« La disposition des cabarets est uniforme ; ce sont de longues chambres voûtées, souvent encore une sorte de hangar et une cuisine.

» Là se trouvent de longues tables, et des bancs à pied de chevalet travaillés grossièrement ; le maître du lieu est assis dans une espèce de chaise ou de tribune ; les garçons sont dans le plus complet négligé ; les murailles sont grossièrement peintes ; souvent elles portent cette inscription : « *Quando questo gallo cantara, allora credenza si fara*. Quand ce coq chantera, alors on fera crédit » ; ou quelque autre dicton analogue.

Nous le répétons, l'aspect des *popines* romaines devait, à peu de chose près, ressembler à ces tavernes. Cette tribune où siège le cabaretier devait exister déjà pour que la *copa* pût trôner à l'aise ; ces bancs de chêne à pieds de chevalet sur lesquels viennent s'asseoir les pratiques, nous les avons déjà vus dans ces *sellariolæ popinæ* dont nous a parlé Martial ; ces peintures grossières des murailles, vous les connaissez aussi déjà par ce tableau des *rats et des belettes* que Phédre nous a décalqué dans ses vers, d'après l'original vu dans une taverne ; ces inscriptions, vous saviez ce qu'elles étaient dans les *popines* par les vers que Catulle, indigné, charbonne sur les murs de l'infâme taverne, et Juvénal vous a dit qu'on en voyait jusque sur les toiles qui y servaient de tentures, « *inscripta lintea.* » Quant au costume des garçons, toujours « dans le plus complet négligé, » comme dit Savage, vous savez, par la manière dont était vêtu Néron quand il se déguisait en *catamitus*, que celui des esclaves de cabaret était au moins décolleté. La ressemblance pour chaque détail continue donc à être frappante.

Savage, parlant un peu plus loin des enseignes des marchands, dit : « L'eau-de-vie et le vin se débitent sans enseigne. » Il en était encore à peu près ainsi dans l'ancienne Rome. Un vieux proverbe, reproduit dans les sentences de Publius Syrus, disait : *Vino vendibili suspensa hedera non opus est;* « à vin vendable, il n'est pas besoin de guirlande de lierre, » ce qui répond à notre vieil adage : « A bon vin point d'enseigne, » la touffe de lierre, attribut de Bacchus, remplaçant chez les anciens le bouchon traditionnel de nos cabarets. Or, comme tout cabaretier se faisait fort de vendre du vin vendable, afin de rester dans la vérité du proverbe, il se dispensait volontiers de l'enseigne, même du bouchon de lierre. C'est pourquoi, lorsque chaque auberge, ainsi que nous l'avons dit déjà, avait toujours son enseigne peinte ou en bas-relief, le cabaret en était souvent dépourvu. On a pourtant trouvé à Pompéia celle d'un marchand de vin : c'est une peinture assez grossière, représentant deux hommes, sans doute deux esclaves de cabaret, qui, vêtus d'un simple caleçon, portent une amphore oblongue, suspendue par une courroie au centre d'un long bâton, dont chaque extrémité repose sur l'épaule de chacun d'eux.

Ce qui manquait moins souvent que l'enseigne à la porte des *popines*, c'était l'étalage ou la *montre*, pour nous servir d'un mot qui traduit mieux celui d'*oculiferium* employé dans ce sens par Sénèque. Elle était chargée, comme celle de nos restaurateurs, de mets alléchants au coup d'œil, échantillons friands et trompeurs de ceux qu'on aurait dû trouver dans l'établissement. C'étaient des œufs, des foies gras, des vulves de truie, etc. Par un raffinement qui n'a pas été renouvelé chez nous, le tout était mis dans des vases de verre remplis d'eau, où certain effet d'optique assez naturel, et dont Macrobe tâche à ce propos même d'expliquer le phénomène, faisait paraître chaque objet d'un volume plus considérable. On voyait encore à l'étalage des quartiers de viande plus ou moins fraîche. Quand c'était de la chèvre, pour faire croire au chaland que la pauvre bête avait brouté dans un pâturage planté et parfumé de myrtes, on en fichait une petite branche dans les chairs saignantes; comme font encore quelques bouchers de nos provinces qui parent d'un rameau de laurier je ne sais quelle viande qu'ils veulent faire passer pour de la viande de choix. Des morceaux de porc et de fromages, comme chez Philémon et Baucis, et chez le héros du *Moretum* de Virgile, se voyaient aussi à ces montres des *popinatores* : « Ce sont des quartiers de porc durci par le sel, taillé en tranches, suspendus dans l'âtre, un fromage rond traversé au milieu par un brin de genêt, et suspendu aux solives auprès d'un paquet d'aneth bien ficelé. »

> Suspensa focum carnaria juxta
> Durati sale terga suis, truncique vacabant :
> Trajectus medium sparto sed caseus orbem,
> Et vetus adstricti fascis pendebat anethi.

Se laissait-on séduire par ces bagatelles de la porte, par ces trompe-l'œil de l'étalage, et entrait-on dans la *popine*, le plus souvent on n'y trouvait rien de ce que promettait la *montre*.

« Nous n'avons point, dit Sénèque, à propos des philosophes de la secte, nous n'avons point de ces étalages, appât trompeur jeté devant l'acheteur qui une fois entré trouve que la montre de cette boutique a, pour toute marchandise, ce qui est appendu au-dessus de son huis. »

Un gourmet se serait fort bien accommodé de ce qui était à la porte en étalage, et pourtant, il n'y avait guère qu'un esclave ou un pauvre diable d'artisan pour se résoudre à manger ce qui se préparait à l'intérieur. Voilà quelle a toujours été la conscience des étalagistes. Tout pour l'apparence et pour l'enseigne, rien pour la réalité.

La cuisine des *popines*, suffisante seulement pour les esclaves, était chose bientôt faite. Le menu n'en était jamais ni délicat, ni varié. C'étaient, par exemple, des lupins, nourriture des Cyniques, en Grèce, sorte de pois grossiers qu'on faisait cuire à grande eau, de telle sorte que, lorsqu'ils étaient refroidis, le gourmet de *popine* y trouvait à la fois à boire et à manger ; ou bien des *cicers*, autre espèce de pois, qu'on vendait bouillis ou frits. Le peuple les aimait tellement que, pour mieux se concilier ses suffrages, les candidats au consulat ou à l'édilité lui en faisaient servir dans les rues, au risque d'exciter des rixes pour le partage de cette mangeaille gratuite. Des petits marchands en vendaient sur la place, sous les portiques, même dans les spectacles, où Horace nous montre l'un de ses amateurs de comédie et de tragédie dévorant, pendant la pièce, du cicer frit ou des noix. Un plat de fèves avec leurs cosses, des choux crus et autres légumes indigestes, baignant dans le vinaigre, et, les jours de grand régal, des têtes de mouton bouillies, tous mets que Juvénal nous montre cuisant chez le savetier en ripaille, devaient faire encore partie de l'ordinaire des *popines*; ainsi que des bettes, sorte de légume aqueux, dont on relevait la fadeur par une sauce au vin et au poivre : « Pour que les bettes, dîner des artisans, aient de la saveur, dit Martial, oh ! que le cuisinier fait bien de demander force vin et force poivre. » Les assaisonnements étaient toujours fort relevés. Il était rare qu'on n'y mît pas une assez forte pointe d'ail et de ciboule, et quelques autres apprêts d'une saveur acide et pimentée. Le vinaigre surtout, nous l'avons dit, n'y était pas épargné.

Le tout était préparé par le *coquus* ou par le *popinator* lui même, par sa femme ou par une servante qui prenait alors le nom de *focaria* que lui donne le *Digeste*. Un fourneau, disposé sur l'un des côtés de la *popine*, servait à la manipulation ; tandis que quatre grands vases de terre cuite ou urnes, maçonnés dans l'espèce de table qui formait la devanture, contenaient les provisions froides et préparées d'avance. Derrière le fourneau où la *focaria* s'enfumait à journée faite, on voyait s'étager sur trois gradins de pierre ou de marbre, suivant la richesse du *popinator*, tous les menus vases en usage dans les tavernes et dont on trouve la liste dans le *Digeste :* les *calices* ou coupes rondes, les *ancones*, vases de forme conique, comme l'indique leur nom, les *trullæ*, espèce de bassins, les *sextaria*, vases contenant la sixième partie du conge et qui n'étaient autres peut-être que ces amphores à larges étiquettes que nous avons vues rangées chez le prostitueur du *Pænulus*.

Deux arrière-boutiques attenaient à cette salle d'entrée de la taverne, comme on le voit par le plan de celle qu'on a retrouvée à Pompéia et que Mazois a minutieusement décrite. Peut-être, ces arrière-salles étaient-elles destinées à recevoir les vaisseaux plus vastes qui ne pouvaient tenir dans la boutique, tels que les *dolia*, les *congiaria*, etc. C'est là, sans doute aussi, qu'étaient dressées les tables où l'on servait le dîner des pratiques à deux *as* par tête, et que tous ces oisifs de cabaret, une fois bien repus, achevaient leur journée et souvent même passaient leur nuit à voir danser la courtisane, à danser eux-mêmes aux sons de la cithare ou de la flûte, ou tout simplement en causeries grossières et en lazzis dégoûtants. Du temps d'Ammien Marcellin, c'est-à-dire au vᵉ siècle, le cabaret était le seul passe-temps et le seul gîte du petit peuple de Rome : « La populace, dit-il, n'a d'autre abri, pendant la nuit, que les tavernes ou les toiles tendues sur les théâtres ; elle joue aux dés avec fureur ou s'amuse à faire un bruit ignoble avec les narines.»

Vous figurez-vous, cette *plèbe* romaine, ce peuple roi du monde, s'amusant ainsi, se vautrant chaque nuit sur la paille humide des Paul Niquet du *Velabre* ou du quartier des *Esquilies ;* et le matin, venant secouer son lourd sommeil et sa vermine sur les deux bancs de pierre de la porte ; car, par la chaleur étouffante qu'il faisait dans ces cabarets, *calidæ popinæ*, comme dit Juvénal, par la malpropreté qu'on y entretenait à plaisir ; vous voyez d'ici quelle population d'insectes de toute sorte devait y fourmiller. Les mouches pernicieuses qui se prenaient déjà si bien à la peau du poëte Florus et qui sont encore dans les cabarets de Rome, en été, le fléau des pratiques et des feuillettes qu'on garantit contre elles par une feuille de vigne, s'y abattaient par nuées; les punaises y faisaient rage, comme dans les tavernes d'Athènes; mais les puces surtout y pullulaient. Pline a beau faire avec ses prétentieuses périphrases, quand il nous cite « ces insectes sautillants qui, pendant l'été, se rendent si insupportables dans les tavernes, » *Cauponarum œstiva animalia,* c'est, sans la nommer, de la puce qu'il veut parler.

Les cabarets, auxquels pour cela Juvénal donne avec raison l'épithète de *pervigiles,* restaient ouverts la nuit, comme nous venons de le voir, et le satirique aurait bien pu compter leurs huis, brillants dans l'ombre des rues romaines, au nombre de ces fenêtres vigilantes,

Nocte patent vigiles te prætereunte fenestræ,

du haut desquelles on lançait souvent sur les passants des messagers fâcheux, comme dit Molière, et d'où l'on épanchait surtout des vases peu inodores.

. . . patulas defundere pelveis.

Les tavernes étaient toutefois munies de fermetures solides; ainsi que les autres boutiques de Rome, elles avaient, pour se clore la nuit, tout un appareil de chaînes et de volets bien fixés, décrit au mieux par Juvénal, dans ces deux vers de sa troisième satire :

Postquam omnis ubique
Fixa catenatæ siluit compago tabernæ.

Mazois détaille cette fermeture d'une façon plus complète encore, d'après ce qu'il a vu à Pompéia : « La porte de la boutique, dit-il, se fermait, comme la plupart des magasins de Paris, au moyen d'une rainure dans le seuil de la porte, et d'une autre semblable dans le linteau de bois; on y introduisait des planches dont les extrémités glissaient à la fois dans les deux coulisses; une barre de bois mobile se plaçait ensuite derrière les planches pour les maintenir ensemble; enfin, la porte se fermait en tournant sur son pivot et achevait de clore l'ouverture de la boutique. »

Il y eut des règlements de police ordonnant que les cabarets ne fussent pas ouverts avant ou après certaines heures. Ammien Marcellin cite un de ces arrêtés par lequel Ampelius, préfet de la ville, enjoint aux cabaretiers de ne pas ouvrir leur taverne avant la quatrième heure.

A certains jours de fêtes religieuses, de réjouissances ou de deuils publics, les tavernes devaient aussi être fermées. Nous ne pourrions préciser quels étaient ceux où cette injonction était surtout obligatoire; nous savons seulement que, pour la mort d'un empereur ou de quelqu'un de sa famille, l'ordre était des plus sévères, et que même on allait jusqu'à punir de mort celui qui l'enfreignait. Ainsi, selon Dion Cassius, Caligula fit envoyer au supplice un pauvre

diable de *thermopole* qui avait ouvert sa boutique le jour des funérailles de sa
sœur.

La rigueur n'eût certainement pas été moins grande pour un cabaretier qui,
un jour pareil, n'eût pas tenu sa taverne fermée, car, devant la loi, cabaretier
et *thermopoles* étaient gens égaux de tout point; la même police les régissait.
L'arrêté d'Ampelius, par exemple, que nous avons cité tout à l'heure, ne les
sépare pas. De même qu'il défend aux cabaretiers de ne point ouvrir avant la
quatrième heure, de même il ordonne que le *thermopole* ne mette point son eau
chaude en vente avant cette même heure.

Les *thermopolia* que nous avons déjà vus établis à Athènes, d'où la mode dut
en venir à Rome avec tant d'autres usages grecs, étaient des espèces de boutiques de limonadiers et de liquoristes tout ensemble; les boissons chaudes qu'on
y vendait en faisaient même des espèces de cafés, comme Mazois le remarque
avec raison.

Les Romains, qui en leur qualité d'Italiens furent toujours friands de vins
doux, et de ces liqueurs sucrées et distillées, dont l'usage, fidèlement gardé
chez eux, ne nous fut même transmis que par une importation italienne au
XVIᵉ siècle, avaient dû accueillir avec faveur les premiers établissements des *thermopoles*. Aussi, dès le temps de Plaute, les voyons-nous très-assidument visités.
Non seulement il nous les montre fréquentés, comme les cabarets, par les sophistes, buveurs honteux dont nous vous avons précédemment parlé, mais encore par
les gens de toutes sortes, qui forment le personnel si varié de ses comédies. Dans
le *Rudens*, il fait dire à l'un de ses héros encore tout trempé de son dernier
naufrage : « Par Castor, Neptune est un baigneur bien froid... Ce n'est certes
pas lui qui s'avisera de se faire *thermopole*, car les breuvages qu'il fait boire sont
salés et glacés. » Dans le *Pseudolus*, un gourmand s'écrie : « En buvant ainsi tant
de vin murrhin, tant de vin cuit, de moût, et d'hydromel, je commence à faire
de mon estomac une vraie boutique de *thermopole*. » Et dans le *Trinumus*, un
autre dit, après avoir fait un même excès des mêmes boissons : « Tu as fait de
mon gosier un *thermopolium*, » *thermopotasti gutturem*.

Il suffit de ces quelques citations pour que vous connaissiez à peu près ces
boutiques de limonadiers antiques, et les breuvages friands qu'on y débitait.
Joignez en effet à ces vins édulcorés avec le miel, parfumés avec la myrre,
quelques rafraîchissements légèrement acidulés, tels que l'*aigre de cèdre* si
bien en faveur au XVIIᵉ siècle, en Italie et chez nous ; et la limonade qu'on boit
encore partout, gazeuse ou non gazeuse, depuis Naples jusqu'à Paris, et vous
saurez tout ce qu'on pouvait trouver chez le *thermopole*. Si nous vous parlons
de ces derniers breuvages, ce n'est pas qu'aucun auteur en ait fait mention ;
mais pour être sûr qu'il s'en trouvait de tels dans les *thermopolia*, nous n'avons
pas besoin que Pline, Martial ou Plaute nous l'attestent. Cette fois nous avons

une preuve matérielle ; c'est la trace que les vases contenant ces liqueurs ont laissée sur la pierre des gradins et sur les marbres du comptoir dans le *thermopolium* retrouvé à Pompéia, et dont Mazois parle ainsi :

« Il y en a un près de la grande porte de la ville, où la trace de vases est marquée dans le marbre du comptoir, et des gradins sur lesquels on posait les mesures ; ce qui semble indiquer que les liqueurs qu'on vendait dans ces sortes de boutiques pouvaient contenir quelque principe d'acidité. À la porte de ce thermopole sont deux bancs exposés au midi, de manière à offrir en hiver un lieu de repos agréable aux personnes qui fréquentaient cet endroit. »

N'allons pas oublier les potions d'eau chaude qu'on servait chez les *thermopoles* de Rome aussi bien que chez ceux d'Athènes, et auxquelles même ils avaient dû leur nom grec. C'était là la branche première de leur commerce. Cette mode de l'eau chaude s'était de bonne heure introduite à Rome, et peu à peu y était devenue une vogue pour le patricien comme pour l'homme de la *plèbe*. Le patricien mettait sa vanité à parfumer son eau chaude avec les plantes les mieux aromatisées ; la myrrhe, le cyname, le safran. Il la lui fallait chaude à point, et jamais il ne gourmandait si rudement un esclave que lorsqu'il lui apportait sa potion refroidie, ne fût-ce que d'un degré. C'est dans les vases les plus précieux qu'il voulait la boire ; et les *murrhins*, ces vases d'une rareté si mystérieuse, ne servaient pas moins à la dégustation de ces infusions aromatiques, qu'à celles des vins *murrhins* ou parfumés de *myrrhe*, auxquels certainement ils devaient leur nom. Le plébéien, lui, se contentait des infusions grossières servies à un degré de chaleur plus ou moins parfait, dans les vases grossiers des *thermopoles*. Le petit peuple s'adonna avec tant de plaisir à cette boisson, qui du moins avait sur le vin l'avantage de ne pas provoquer l'ivresse, qu'il arriva, à ce qu'il paraît, à en faire abus. Mais quelle sorte d'abus pouvaient amener des boissons qui n'enivraient pas ? quels excès pouvaient-elles entraîner ? La police romaine ne nous l'a pas appris ; nous savons seulement que par le même décret, qui défendit de vendre de la viande cuite dans les tavernes, les édiles prohibèrent la vente des boissons chaudes. Peut-être était-ce une mesure purement aristocratique qui, en interdisant au peuple ces délicieux breuvages, voulait en faire le monopole de la sensualité patricienne.

C'est sous le règne de Claude que fut rendu ce singulier édit. Le pauvre empereur, quand il le promulgua, avait-il donc un pressentiment de la mort de son fils Britannicus, qui fut empoisonné, comme on sait, dans un de ces breuvages dont il interdisait l'usage ? Celui que Néron fit servir au malheureux enfant avait, à dessein, été tenu trop chaud. L'échanson ne l'en dégusta pas moins, selon l'usage, mais Britannicus le repoussa en demandant qu'on y versât un peu d'eau froide, il fut obéi : c'est dans cette eau froide qu'était le poison.

Cette passion des Romains pour les boissons chaudes n'empêchait pas celle qu'ils avaient pour les boissons glacées. Ils menaient de front dans leurs repas ces deux goûts si opposés et si inconciliables, soit qu'ils mêlassent à proportions égales l'eau bouillante et la glace, pour atteindre dans leurs breuvages cette température mixte si recherchée des Grecs, ainsi que nous l'avons vu, et si élégamment vantée par Aristénète ; soit qu'ils prissent l'un et l'autre séparément, au risque de tous les dangers que devait entraîner un régime si peu hygiénique.

Sur les tables donc, à côté des boissons fumantes, la glace s'élevait par monceaux. « Ceux-ci, dit Pline dans une de ces phrases à antithèses prétentieuses qui lui sont assez ordinaires, ceux-ci boivent de la neige, ceux-là de la glace, et se font une volupté de ce qui est le châtiment imposé aux montagnes. » Sénèque, dans ses *Quæstiones naturales*, parle de la même manière : « Vous en verrez, dit-il, qui, frêles, entortillés de manteaux, assis près d'un foyer, pâles et malades, ne boivent pas seulement de la neige, mais en mangent, et en jettent des morceaux dans leurs coupes aux instants où ils ne boivent pas. »

Il était naturel, d'après cela, qu'il y eût à Rome des marchands de glace et de neige en toute saison. S'il faut en croire Pancirole, Athénée en parle dans un passage, que nous n'avons malheureusement pas pu retrouver malgré toutes nos recherches : « Atheneus escrit, dit Pancirole par l'organe de son naïf traducteur Pierre de la Noue, qu'il y avoit jadis des boutiques à Rome, où l'on contregardoit de la neige toute l'année ; ils la mettoient en terre, dans de la paille, et se vendoit à qui en vouloit, et par icelle le vin se rendoit fort froid. » Un passage de Sénèque, où il est aussi parlé de ces boutiques des marchands de glace à Rome, nous dédommagera de celui d'Athénée que nous n'avons pu retrouver. « Les Lacédémoniens, dit-il, chassèrent les parfumeurs, et voulurent qu'ils quittassent au plus vite leur territoire, parce qu'ils perdaient l'huile ; qu'eussent-ils donc fait à l'aspect de ces magasins, de ces dépôts de neige (*reponendæ nivis officinas*), de ces bêtes de somme employées à porter les blocs aqueux dont la saveur et la couleur sont endommagées par la paille qui les couvre ! Il est si facile d'apaiser la soif de la santé ! »

Ces provisions de glace et de neige conservées par les marchands devaient être à l'usage exclusif des gens de peu, les riches sans doute ayant leurs glacières particulières, aussi bien que leurs parcs d'escargots et leurs viviers de murènes. D'ordinaire, ils en usaient ainsi pour toute chose ; quand ils avaient le goût des raffinements gastronomiques, ils n'aimaient pas, pour y satisfaire, à se pourvoir chez les marchands, et encore moins à s'y livrer en public ; c'est dans le mystère du *triclinium* qu'ils s'y abandonnaient avec quelques amis. Si nous les avons trouvés à la taverne, c'est, quoi qu'en aient dit les satiriques, par exception, et cédant à l'entraînement de la débauche, bien plus que par habitude et par goût. Leurs véritables orgies se passaient donc chez eux, dans leur *triclinium;* mais pour être plus retirées, elles n'étaient que plus échevelées, plus dégoûtantes.

C'était comme à Athènes : le vrai buveur patricien n'allait pas au cabaret, il s'abandonnait chez lui aux excès de son ivrognerie solitaire, souffrant à peine la compagnie de quelques amis comme témoins, et surtout comme complices de son hideux penchant. Voyez le portrait que Lycon nous a fait de l'ivrogne grand seigneur, portrait curieux que nous avons réservé jusqu'ici, pour qu'il fût l'un des derniers tableaux de cette grande galerie de débauchés antiques : pas un mot des cabarets dans cette grande page sur l'ivrognerie. Notre Athénien, comme tant de sénateurs de Rome, comme Caton lui-même tout le premier, s'enivre chez lui; il ne va que de la chambre où il dort, à la chambre où il boit; pas un pas de plus. Aller au cabaret serait une fatigue et une honte. Il s'épargne les chutes au retour et les risées de la populace.

« Appesanti par la crapule, dit Lycon, le dormeur quitte lentement un sommeil que l'indigestion et les excès de la veille ont prolongé jusqu'à midi; ses yeux gonflés de vin, offusqués par les humeurs, et qu'à peine il peut soulever, restent longtemps sans pouvoir supporter la lumière. Il se sent d'une faiblesse extrême, puisque ses veines elles-mêmes contiennent pour ainsi dire du vin au lieu de sang, et il lui est impossible de se lever sans être soutenu. Enfin, appuyé sur deux esclaves, et faible comme s'il était fatigué du sommeil même, vêtu d'une simple tunique, sans manteau, chaussé mollement comme on l'est en sortant du lit, la tête enveloppée pour se garantir du froid, le cou penché, les genoux pliés, le teint pâle, il se fait traîner de la chambre où il couchait pour dormir, dans celle où il se couche à table; là, il trouve déjà quelques convives journaliers dont il est le chef, et qui sont animés de la même passion. Il se hâte de chasser, en buvant, le peu d'esprit et de sentiment qui lui reste, provoque les autres à boire et les harcèle, croyant que la plus belle victoire l'attend dans ce combat, comme s'il allait vaincre et tuer beaucoup d'ennemis dans une bataille.

» Le temps s'avance et se passe à boire; la vapeur du vin obscurcit tous les yeux et les fait larmoyer; tous les convives sont enivrés et ne se reconnaissent plus qu'à peine; l'un engage sans aucune cause une dispute avec son voisin, l'autre veut dormir et est contraint par force de veiller : un troisième, qui cherche à éviter les troubles et à s'échapper pour se rendre chez lui, est retenu par le portier qui le heurte et le repousse en lui disant qu'il est défendu de sortir. Pendant ce temps, un autre est jeté dehors honteusement; il chancelle, mais son esclave le soutient et le conduit; il s'avance, et laisse traîner son manteau dans la boue. Enfin, notre buveur laissé seul dans la chambre, ne quitte la coupe que lorsqu'il est accablé par le sommeil; alors, devenue trop pesante pour ses mains, elle lui échappe, et il s'endort. »

Bien différent du riche débauché qui s'abrutissait ainsi dans ces orgies secrètes, l'homme du peuple, à Rome comme chez nous, veut, pour s'ébatt-

dignement, le grand jour et la pleine liberté de la taverne. C'est là seulement qu'il rit, qu'il s'amuse et boit bien. Sa joie cherche toujours les lieux publics. Il ne se plaît que là où l'on peut être en nombre, et tout à son aise, bruyant et tapageur. Pour ses repas journaliers, le plébéien de Rome veut la *popine;* pour ses procès, le bruit du *forum;* pour ses élections, les comices en plein vent; pour ses noces, le *nymphæum,* où nous l'avons vu déjà, et dont on lui prête la jouissance au nom de la république ou de l'empereur; enfin, quand viennent les époques de ces repas de confrérie, où tous les citoyens d'une même centurie se réunissent à la même table, il lui faut encore une de ces grandes salles publiques que cette fois on ne lui prête pas, mais dont il paie gaiement le louage et les frais d'ornementation. Ce sont là ses grands jours; alors il n'épargne rien; sa dépense va jusqu'au luxe. Il a, comme le patricien, son argenterie splendidement étalée, ses tables chargées de plats somptueux et rares; enfin il déploie une telle magnificence, que le Glorieux, cherchant à quoi se prendre de magnifique pour s'en attribuer la dépense, ne trouve rien de mieux que de se faire honneur des fastueux apprêts de l'un de ces repas de confrérie. On lit à ce propos, dans le *Traité de rhétorique* adressé à Herennius, une très curieuse aventure, un tour de hâblerie et d'ostentation que Corneille n'eût pas renié pour Dorante, son *Menteur.* C'est le trait le meilleur de l'excellent portrait du Glorieux romain, tracé de main de maître dans le traité cité tout à l'heure. Nous voulons vous donner cette esquisse tout entière, non seulement parce qu'il s'y trouve des détails précieux pour notre sujet, dont toutes choses relatives aux joies du peuple ressortissent si bien; mais surtout parce que le héros mis en scène, amusant précurseur du *Hablador* espagnol de Quévedo, du Gascon traditionnel depuis Fœneste jusqu'à M. de Crac, et enfin, — qu'on nous passe le mot, — véritable ancêtre de notre *blagueur* parisien, est de droit l'un de nos bons types.

C'est un avocat qui parle, et qui, vrai Chaix d'Est-Ange du Forum, drape ainsi notre homme, qui se trouve être le débiteur récalcitrant et très insolent de sa partie :

« Voyez cet homme qui croit qu'il est beau de se faire passer pour riche. Remarquez d'abord de quel air il vous regarde; ne semble-t-il pas dire : « Je paierais, si vous ne m'importuniez pas ? » Quand il soulève son manteau avec sa main gauche, il croit éblouir tout le monde par l'éclat de son diamant et de son anneau d'or. Puis, regardant son unique esclave que voici, que sûrement vous ne connaissez pas, mais que je connais, il l'appelle tantôt d'un nom, tantôt d'un autre : « Hé! toi, Sannion, crie-t-il, viens çà ici, afin que ces maladroits ne me dérangent rien. » De cette façon il fait croire à ceux qui ne le connaissent pas qu'il en choisit un parmi bon nombre d'autres. Il lui parle à l'oreille pour lui dire de dresser les lits du dîner ou de demander à son oncle un nègre qui l'accompagne au bain, ou de faire quelque emplette futile et de pure ostentation; tout cela pour confirmer l'opinion qu'il prétend donner de ses richesses. Il lui dit ensuite, et très haut, afin que tout le monde l'entende : « Fais que l'argent soit compté avec soin et, s'il se peut, avant la nuit. » L'esclave, qui connaît son homme, lui répond qu'il faut envoyer plus de monde, s'il veut que la somme soit comptée dans le jour. « Eh bien, va, dit-il, et prends avec toi Libanius et Sosie. »

» Un jour, il lui arrive par hasard des étrangers qui, dans un voyage, l'ont reçu chez eux avec magnificence. Il en est fortement troublé, mais ne le fait pas voir. « Vous faites bien, dit-il, vous faites bien de venir ici ; mais vous eussiez encore mieux fait de vous rendre directement chez moi.—Nous l'eussions fait, vraiment, répondent-ils, si nous eussions su où était votre maison.—Mais tout le monde vous l'aurait dit ; venez avec moi. » Ils le suivent et, chemin faisant, tous ses propos ne sont que hâbleries. Il demande, par exemple, en quel état sont les biens de la campagne, et dit : « Je ne puis aller dans mes terres, toutes mes maisons ont été brûlées, et je ne me hasarde pas encore à les rebâtir ; j'ai cependant commencé à faire cette folie dans mon bien de Tusculum, où je fais construire sur les anciens fondements. » Ce disant, il entre avec eux dans une maison dont il connaît le propriétaire et où il sait que l'on doit donner un repas de confrérie. « C'est ici que je demeure, » dit-il alors. Puis il regarde l'argenterie qui est exposée ; il examine la table qui est dressée, et en loue la disposition. Un esclave vient l'avertir en secret que le maître va arriver et le prie de se retirer. « Ah ! dit-il, allons-nous-en, mes amis, c'est mon frère qui arrive de Salerne ; je vais à sa rencontre, revenez ici à l'heure du souper. » Alors il va en toute hâte se cacher dans sa maison. Les étrangers s'en vont et reviennent à l'heure indiquée, le demandent, sont accueillis par des railleries, apprennent à qui est la maison, et se rendent dans une auberge.

» Le lendemain, ils rencontrent notre homme, lui content ce qui leur est arrivé, le provoquent, l'accusent ; mais lui, sans se déconcerter, leur dit que la ressemblance des lieux a fait leur erreur, que, sans aucun doute, ils se seront trompés de rue, et il se plaint de ce qu'au préjudice de sa santé, ils les a lui-même attendus une bonne partie de la nuit. Cependant il a chargé son esclave de lui procurer des vases, des habits, des domestiques, et l'esclave adroit a su rassembler rapidement toutes ces choses et les choisir avec goût. Alors, notre Glorieux conduit les étrangers chez lui, tout en leur disant qu'il a prêté la plus grande de ses maisons à un ami pour y célébrer des noces. Mais celui de qui il a emprunté les vases a conçu des craintes, et l'esclave vient lui dire qu'il les redemande. « Ah ! va-t-en, s'écrie l'impudent ; quoi, j'ai prêté ma maison et mes gens, et l'on veut encore mon argenterie ; après tout, ajoute-t-il, comme s'il se ravisait, quoique j'aie des étrangers moi-même, je veux bien qu'il s'en serve pour aujourd'hui ; va, nous nous contenterons de vaisselle de Samos. »

Pour dresser ces grands repas de confrérie dont notre hâbleur a voulu tirer vanité à si bon marché, il faut s'adresser à une race d'hommes qui, elle aussi, a déjà une jactance des mieux affilées ; c'est la gent toujours bavarde et vaine des cuisiniers. Très longtemps ils ont été assez mal considérés ; leur métier a même passé pour le plus vil de tous : « *Vilissimum antiquis mancipium,* » dit Tite-Live. Mais cela était bon au temps des Fabius et des Cincinnatus ; depuis que Rome est devenue la Rome des Lucullus, la ville du luxe et de la gourmandise, il en est tout autrement. Un bon esclave-cuisinier est chose rare et recherchée ; n'a pas le sien qui veut ; il faut mettre pour cela jusqu'à cent mille as (6,707 francs environ), comme fit Salluste pour le fameux Dama qui, auparavant, avait appartenu à Nomentanus. A-t-on quelque grand repas à donner, il faut se hâter de courir sur la place pour embaucher quelque cuisinier passable ; souffrir patiemment son bavardage et sa jactance, et ne pas trop marchander avec lui, surtout si, se pavanant du titre d'*archimagirus*, il porte déjà à la ceinture le couteau traditionnel, et s'il commande à une bande nombreuse de marmitons. Celui qui ne veut pas le payer son prix est renvoyé avec perte, et doit se contenter pour son gala du maigre talent de ces cuisiniers « qui ne sont mis en besogne que le neuvième jour, » dit Plaute :

> Coquus ille nundinalis est ; in nonum diem
> Solet ire coctum.

Ce qui veut dire, ou que ces marmitons maladroits étaient bons tout au plus à préparer les lentilles et la bouillie, mets ordinaires des repas funèbres célébrés le neuvième jour après les funérailles ; ou bien, comme le croirait volontiers M. de Pastoret, que, vrais *gas de sauce* des tavernes romaines, ils étaient dignes tout au plus de préparer le dîner que les gens de la campagne venaient y prendre, chaque jour de marché, c'est-à-dire tous les neuf jours.

De ces marmitons de cabaret aux petits marchands de saucisses (*botularii*) qui, avec leurs poëles fumantes, *tomacla fumantia*, dit Martial, se promenaient sous les portiques, dans les carrefours, dans tous les lieux publics de Rome, il n'y avait qu'un pas : la différence d'un fourneau plus grand avec un plus petit, d'un éventaire avec une échoppe. Quant à la cuisine, elle était la même, je veux dire tout aussi mauvaise, qu'elle fût préparée par les uns ou par les autres, en plein vent ou dans la taverne.

Les cabaretiers savaient bien que ces petits marchands étaient pour eux des concurrents redoutables, et partout ils leur faisaient rude guerre. En chaque lieu où ils pensaient que ces fricoteurs en plein vent pourraient colporter leurs victuailles, et, en vendant bien, faire tort d'autant à leurs *popines*, ils envoyaient un de leurs valets chargé d'empêcher la pratique de s'adresser à eux, et de la rabattre, au contraire, sur leurs cabarets. Alors, comme vous pensez, c'était à qui, des petits charcutiers et de ces valets, appelés par Sénèque *institores popina-*

rum, « courtiers des *popines*, » c'était à qui ferait le plus beau tapage, en criant sa marchandise sur le ton le plus vibrant. Les cris de tous les marchands de Rome, et Dieu sait s'ils étaient déjà stridents et nombreux, n'étaient rien auprès de ceux-là, pas même ceux de Baucis, la vieille déguenillée, criant ses herbes « pour attirer les esclaves, » comme dit Perse :

Pannucia Baucis
Cum bene distincto cantaverit ocyma·vernæ.

Dans les bains, où ils avaient surtout occasion de se rencontrer et de se faire concurrence, ils faisaient plus qu'ailleurs encore un effroyable tintamarre. Sénèque, qui logea longtemps au premier étage de l'un de ces établissements à grands tapages, n'a garde d'oublier, parmi les grands bruits qui s'y font, les cris des cabaretiers et de leurs rivaux. Il ne mentionne même que ceux-là, tant il est vrai qu'il devaient tout dominer et se tenir au plus haut de la gamme discordante : « Ce sont, dit-il, les clameurs diverses des pâtissiers, des charcutiers, des confiseurs, de tous les courtiers de taverne, qui, pour vendre leurs marchandises, affectent chacun une modulation particulière. »

Ces petits marchands de l'ancienne Rome, avec leur fourneau portatif, étaient tout à fait ce que sont encore à Naples les marchands de *macaroni*, avec leur cuisine ambulante. Cette ressemblance, que Mazois trouve incontestable, semblera, en effet, parfaite, quand on aura jeté les yeux sur la gravure qui termine ce chapitre, et qui est l'exacte reproduction d'une peinture d'Herculanum. Voyez ce cuisinier affairé devant son trépied qui fume, n'est-ce pas le marchand de macaroni s'agitant autour de sa chaudière? Ces pauvres gens qui se groupent alentour, dévorant des yeux la *polenta* qui cuit, et d'avance aspirant la fumée, ne sont-ce pas déjà de vrais *lazzaroni*? Même ardeur, même appétit, mêmes haillons. Qui sait ce qui les allèche si bien au parfum? peut-être est-ce déjà le bienheureux plat napolitain. Songez que cette peinture représente une scène des mœurs populaires à Herculanum, l'opulente voisine de la vermeille Parthenope, notre Naples moderne, et que déjà, du temps de Martial, dans toute la Lucanie et sans doute dans les contrées avoisinantes, on était déjà friand d'un mets que le macaroni peut seul nous rappeler. Que serait-ce, en effet, sinon la pâte flexible tant aimée du *lazzarone* que ce plat mentionné dans cette épigramme de Martial :

LUCANICA.
Filia Picenæ venio Lucanica porcæ :
Pultibus hinc niveis grata corona datur.

LA LUCANIENNE.

« Je suis la Lucanienne, je viens de ma patrie, Picenum, ville féconde en truies; c'est là qu'on vous donne une charmante couronne faite avec des pâtes blanches comme la neige. »

Cela dit, nous en sommes pour ce que nous avons avancé : ce que vend à ses *lazzaroni* antiques le cuisinier d'Herculanum doit être du macaroni.

Nous ne savons si le mets resté national chez les habitants du royaume de Naples s'était, par une heureuse importation, naturalisé à Rome, et si les petits marchands de denrées l'avaient joint à l'ordinaire si peu varié de saucisses, de lupins, etc., qu'ils servaient aux passants, et s'ils en faisaient un appât nouveau pour les pratiques, un moyen de concurrence de plus contre les cabaretiers leurs rivaux ; ce qui est certain, c'est qu'avec ou sans cet appât, leur industrie était des plus prospères, et qu'à chaque pas dans Rome, on heurtait un de leurs étalages.

Quelques uns s'établissaient à poste fixe sous les portiques, près d'un pilier auquel ils appendaient, en guise d'enseigne, une guirlande de bouteilles enchaînées. C'était narguer bien effrontément, il faut l'avouer, le cabaretier du coin avec son humble branche de lierre. D'autres ne craignaient pas d'aller se poser avec leur échoppe volante autour du *cupedinarium forum*, ou marché des comestibles, et y bravant sans vergogne les gros marchands qui s'y tenaient, on les voyait happer tous les chalands au passage. Quelle honte pour tous ces vendeurs de poissons, bouchers, cuisiniers, pâtissiers, marchands de volailles, lorsque, se mettant en quête d'acheteurs, courant après le passant, le saluant, l'invitant à venir manger de leurs marchandises, ainsi que Térence nous les montre, ils trouvaient que chaque pratique avait été pourvue d'avance par le petit marchand.

Aussi le corps tout entier des *caupones* et des *cupedinarii* dut-il se réjouir bien fort quand parut, du temps de Martial, certain édit de César Germanicus qui, sous prétexte de déblayer les rues de Rome de tous leurs embarras, porta le coup de la mort à tous ces négoces ambulants, petits trafics parasites s'accrochant aux plus gros commerces, et les dévorant.

Quoique plus d'un cabaretier, dont l'étalage obstruait trop une rue étroite ou l'entrée de quelque édifice, dût lui-même avoir à pâtir de cette ordonnance de salubrité et d'embellissement, certainement toute la corporation dut y applaudir, nous le répétons, et il n'y en eut pas un qui, du fond du cœur, ne donnât raison aux louanges que Martial adressa pour cela à César Germanicus, dans cette charmante épigramme :

> Abstulerat totam temerarius institor urbem,
>   Inque suo nullum limine limen erat.
> Jussisti tenues, Germanice, crescere vicos :
>   Et, modo quæ fuerat semita, secta via est
> Nulla catenatis pila est præcincta lagenis :
>   Nec prætor medio cogitur ire luto.
> Stringitur in densa nec cæca novacula turba :
>   Occupat aut totas nigra popina vias.
> Tonsor, caupo, coquus, lanius sua limina servant
>   Nunc Roma est : nuper magna taberna fuit.

« L'échoppier audacieux avait envahi Rome tout entière, et l'abord de son taudis était inabordable. Germanicus, tu as ordonné aux passages étroits de s'élargir; ce qui n'était qu'un sentier est maintenant une rue. Plus de piliers avec leurs bouteilles enchaînées; plus de préteur forcé de piétiner dans la boue. On ne craint plus dans la foule pressée les blessures imprévues du rasoir des barbiers en plein vent. Barbier, cabaretiers, rôtisseurs, bouchers, chacun maintenant a sa boutique particulière. Aujourd'hui Rome est une ville, ce n'était autrefois qu'une immense boutique. »

Cette épigramme de Martial, tableau si court et pourtant si complet des embarras dont Rome vient d'être délivrée, n'est-elle pas, en même temps qu'un éloge des édiles romains, une satire de nos édiles de Paris? Quand on voit ce qu'a si bien fait Germanicus, préfet de police de la ville des Césars, pour faire raser toutes les échoppes, et pour désinfecter la rue de toutes les cuisines nauséabondes, on s'étonne de ce que notre édilité parisienne a si longtemps négligé pour balayer chez nous de pareilles encombres, et plus que jamais, on est tenté de répéter au successeur de M. de la Reynie et de M. de Sartines, ce que l'auteur de l'*Epître au préfet de police* lui disait déjà en 1835 :

C'est à toi d'écarter, quelque prix qu'il t'en coûte,
Ces nombreux guet-à-pens placés sur notre route ;
D'extirper de nos murs, vigilant magistrat,
Tout ce qui blesse l'œil, l'oreille et l'odorat.
A tes sergents de ville ordonne qu'on arrête
Ces valets d'abattoir qui, sur une charette,
Aux matous de Paris apportant leurs festins,
Promènent au galop de sanglans intestins.

Puisqu'une sage loi qui régit la marée
Exile aux Innocents la limande et la raie,
Pourquoi tous ces poissons aux livides dehors
Qui du faubourg Montmartre assiègent les abords?
Pourquoi les frituriers dont la noire cuisine
Empeste le Pont-Neuf et la Place Dauphine?
Pourquoi même l'été, chez Chevet ou Véfour,
Faut-il poser les pieds sur la grille d'un four
Dont les grasses vapeurs, vainement étouffées,
Affadissent le cœur de leurs tièdes bouffées?

Toi seul peux expulser, par des mesures sages,
Tous ceux qui de la rue usurpent les passages,
Tous ces marchands suspects, connus de l'argousin,
Qui sur un chevalet plantent leur magasin.

.....Poursuis sans pitié la race israélite,
Qui vend ses faux bijoux débris d'une faillite.

Ceux qui dans les quartiers où la presse fourmille
Brûlent obstinément leur infecte pastille,
Ces rusés villageois qui, d'un air de candeur,
Colportent un gibier de méphitique odeur ;

Et tant d'hommes sans nom dont le crime est notoire,
Vagabonds inculpés par maint réquisitoire,
Qui vivent de rapine, et pratiquent sans bruit
Le délit dans le jour, le crime dans la nuit.

Nous ne connaissons pas pour l'épigramme de Martial un commentaire plus piquant que les vers de cette satire ; seulement, nous le répétons, l'une est un éloge pour des réformes accomplies, l'autre un conseil pour des réformes non moins urgentes et qui sont presque toutes à accomplir. Tout l'avantage est donc pour la police romaine, et Germanicus, il faut bien le dire, en remontrerait ici à M. Carlier. Lorsqu'il a suffi à Rome d'un seul décret de l'édile pour faire table rase des embarras de la ville, pour faire disparaître les cuisines infectes de carrefours, et renverser, comme d'un souffle, toutes les échoppes parasites se cramponnant aux édifices ; chez nous, il a fallu plus de deux siècles pour balayer même une faible partie de ces encombrements. Dans sa lettre du 19 octobre 1666, Gui Patin écrivait déjà : « On commence ici à exécuter la police préméditée sur les revendeuses, recéleuses, ravaudeuses et savetiers, qui occupent des lieux qui incommodent le passage public ; on veut voir les rues de Paris fort nettes. Le roi a dit qu'il veut faire de Paris ce qu'Auguste fit de Rome, *lateritiam reperi, marmoream relinquo ;* on en viendra ensuite aux bouchers, boulangers, cabaretiers et autres. » L'utile projet, à peine en voie d'exécution, fut abandonné. Plus d'un siècle après, en l'an V (1797), on le reprit ; on recommença à faire enlever toutes les échoppes qui obstruaient, à Paris, les places, les quais, les rues. Une année devait suffire pour ce déblaiement ; en voilà cinquante-trois de passées ; or, dites, paraît-il seulement qu'on l'ait commencé en quelques quartiers, dans celui du Louvre, par exemple ? L'échoppe est-elle devenue une chose moins rare, un fléau moins redouté ? Et ce curieux portrait qu'on fit alors de l'échoppier parisien avec ses mœurs envahissantes est-il moins vrai aujourd'hui qu'en 1797 ?

« Les naturalistes ont oublié de parler d'un insecte très connu depuis long-temps, c'est l'*échoppier*. Cet animal, presque aussi industrieux que l'araignée, est bien plus sale qu'elle. Il est d'une grosseur énorme. On le trouve dans tous les lieux où il n'y a ni ordre ni propreté. Il se plaît principalement dans les grandes villes, il vit d'industrie ; il est égoïste par nature ; il ne respecte ni les lambris dorés ni les chefs-d'œuvre des arts. Il obstrue les plus belles promenades, il couvre les ponts et finit par dégrader les palais, les monuments, au point qu'on ne peut les reconnaître. Il est timide ; il s'établit sans qu'on s'en aperçoive. Mais bientôt il s'agrandit, et son système d'envahissement est tel, qu'il faut les plus grands efforts pour l'en déloger. Voyez sur les ponts, sur les quais, au Louvre ; on a beau abattre sa baraque, de nouveaux fils sont tendus ; des clous, des tapisseries, des tréteaux, et voilà l'*échoppier* encore maître de la place. J'en vis un qui naguère avait commencé de peindre la porte Saint-Denis en acajou. Je vous engage à aller dans la grande salle du Palais ; vous en trouverez un autre, des plus gros, qui s'y est bâti une maison dans laquelle il fait sa cuisine et du café. Il existe là-dedans à l'abri de tous les vents. Sans gêne au milieu de sa double boîte, il dégrade les murs, et enfume les voûtes de la plus belle salle de Paris. On a découvert au Louvre des passages, des colonnes, une niche dans laquelle j'attendais une statue. La place est déjà prise ; un échoppier avec un coffre cadenassé, cloué, arrêté sur tous sens, s'est fait un piédestal, et bientôt on l'apercevra faisant sa soupe dans la niche. Je viens d'apprendre que sous peu de jours on doit former une ruche d'*échoppiers* sur la place Henri IV, au Pont-Neuf, sur cette place, sans contredit la plus convenable que l'on connaisse pour ériger un magnifique monument. Comment se fait-il que les administrations détruisent un abus d'une main pour le recréer de l'autre? Comment, dans le moment où de simples particuliers trouvent leur compte à bâtir des rues en colonnes et de superbes portiques, le gouvernement souffre-t-il que quelques misérables échoppes nous enlèvent les plus beaux points de vue qu'il soit possible d'avoir ? »

On nous pardonnera cette longue digression sur les échoppes de 1666 et de l'an V à propos des échoppes de Rome au temps de Domitien. Aussi bien, croyons-nous, elle était utile ; les abus du passé ne s'expliquant jamais mieux que par ceux du présent; et les mœurs romaines, qui, sans qu'on s'en doute, revivent si bien chez nous, n'ayant pas de plus sûr éclaircissement, de meilleur commentaire que certains détails des mœurs parisiennes. Ce sera donc là notre méthode : chaque fois que l'occasion de mettre ainsi en présence le passé et le présent viendra s'offrir, nous la saisirons avec empressement, et, dût notre vanité en souffrir, dût la gloire de nos civilisateurs modernes en être amoindrie, nous établirons consciencieusement le parallèle, et nous en déduirons les enseignements et les exemples utiles qui plus d'une fois pourront en découler pour nous.

Un usage qui s'est perdu partout en France, sinon en quelques provinces vinicoles telles que la Champagne, mais qui se conserva de tous temps en Italie comme en Grèce, où nous l'avons déjà montré, c'est celui de la vente de chaque récolte de vin, faite au détail par un esclave ou un valet du propriétaire, dans sa maison, sous sa surveillance, et bien entendu, à son profit.

A Naples, à Florence aussi, vous voyez partout établie, au rez-de-chaussée des plus belles maisons, des plus fastueux palais, une petite boutique dans laquelle un valet vend le vin du maître. Vous n'entrez pas comme chez le cabaretier, vous passez par un guichet votre bouteille vide et votre argent, et quelques minutes après, on vous repasse la bouteille pleine. Vous verrez, par un fragment de William Savage cité dans nos notes, que Léon XII voulut aussi introduire à Rome cette façon de vendre le vin. Seulement, comme c'était une mesure de police, et qu'on l'infligeait de force aux cabaretiers et à leurs pratiques, l'essai ne réussit pas ; Savage vous dira comment. Les Romains du pape ne voulurent pas se souvenir que de cette manière on les ramenait à une coutume de leurs ancêtres les Romains de la république et de l'empire.

En ces temps antiques, presque tout le vin des gros propriétaires de l'Italie se vendit ainsi en de petites *popines* particulières, et par les soins d'un esclave plus ou moins fidèle. On en a retrouvé quelques unes à Pompéia. Elles tenaient à la maison du maître, et avaient même une communication avec la partie du logis qu'il occupait, afin, sans doute, qu'il pût à toute heure exercer son inspection et voir comment marchait la vente.

L'esclave chargé du débit s'appelait *caupo* comme le cabaretier ordinaire. Il paraîtrait que tout riche propriétaire en avait plus d'un à ses ordres ; par exemple, un ou même plusieurs à Rome, suivant le nombre de ses maisons de ville et l'importance de ses récoltes, et un autre par chaque maison de campagne ou *villa*. Là, quand le propriétaire n'était pas très riche, non seulement il faisait vendre par son *caupo*, aux voyageurs passants, le vin récolté dans l'enclos de la *villa*, mais il lui faisait tenir une véritable auberge où l'on trouvait à manger et à coucher. C'est du moins l'avis de tous les commentateurs de Martial sur un passage de la cinquante-huitième épigramme de son livre III, où il est dit qu'entre autres signes de la prospérité de la *villa* de Faustinus en Campanie, on pouvait y remarquer que l'esclave cabaretier, avec son blanc costume, n'avait jamais de temps à perdre dans l'oisiveté,

Non segnis albo pallet otio caupo.

Il faut croire, d'après cela, que ces petits cabarets tenus par les esclaves sur les routes étaient d'un bon profit pour les maîtres des *villæ*.

Les propriétaires antiques ne s'en tenaient pas à ce petit commerce de détail. Parfois ils faisaient des affaires en grand pour les fournitures de vin et de blé, comme ces gros négociants, ces *frumentarii*, que Ballion, le prostitueur du *Pseudolus* de Plaute, envoie plumer par son Hédylie.

Nous soupçonnerions volontiers Crassus de s'être jeté lui-même dans ces gros négoces, surtout dans celui des vins. L'édit qu'il rendit deux ans avant la mort de Marius, pendant son consulat avec Lucius Julius César, afin d'empêcher qu'on vendît désormais le vin d'Aminée, l'un des plus précieux de l'Italie, et ceux de la Grèce, au bas prix de huit as l'amphore ou le kilolitre, pour parler l'arithmétique barbare de nos commerçants, ne serait-il pas le fait d'un propriétaire ou d'un commerçant adroit, qui craint, pour l'écoulement de sa marchandise, une concurrence qu'une simple variation du prix de la marchandise rivale peut paralyser et rendre moins redoutable? A moins que ce ne soit, au contraire, que Crassus, engagé pour quelque forte affaire dans le commerce des vins grecs, ne voulait pas que, déjà discrédités par la profusion que Lucullus en avait faite lorsqu'à son retour d'Asie il en avait distribué plus de cent mille tonneaux au peuple, ces vins se discréditassent davantage. Pour cela donc, il usait utilement de son autorité de consul et de sa faculté de rendre des édits, en faisant hausser le tarif. Ce qui est bien certain, c'est qu'une pareille loi, pas plus que celles que nous fabriquent nos législatures courantes sur les chemins de fer, les sucres, les houilles, etc., n'était en rien désintéressée.

Caton lui-même, en dépit de son austérité proverbiale, s'entremit dans quelques unes de ces grosses affaires de commerce, mais sans être nommé et sous le couvert d'un affranchi. C'est là un fait qui ne manque certes pas de curiosité. Caton faisant en grand le trafic du blé ou du vin ! Caton entrant en concurrence d'affaires avec les marchands de vins, c'est-à-dire, avec les plus grands fripons de Rome ! A ne consulter que les apologistes de l'austère stoïcien, Velleius Paterculus, par exemple, on pourrait peut-être croire la chose peu vraisemblable ; mais, quand on va au fond de ce stoïcisme plus apparent que réel, quand on se souvient que Caton ne recula jamais devant une nuit de débauche et devant le scandale d'une ivresse, ce qu'Horace a si délicatement exprimé ainsi :

> Narratur et prisci Catonis
> Sæpe mero incaluisse virtus...

vers heureusement imités dans cette strophe de J.-B. Rousseau :

> La vertu du vieux Caton,
> Par les Romains tant prônée,
> Était souvent, nous dit-on,
> De Falerne enluminée,

alors on ne doute plus. Qu'on pardonne ou non au sévère ennemi de Carthage ces petites fredaines de cabaret ; qu'on dise ou non avec Sénèque, pour le justifier : « *Catoni ebrietas objecta est, at faciliùs efficiet quisquis objecerit honestum, quàm turpem Catonem.* » « On a reproché à Caton son penchant pour l'ivresse, mais c'est plutôt honorer ce défaut que déshonorer Caton ; » on n'en reste pas moins convaincu que celui qui faisait assez bon marché de sa sobriété pour s'enivrer de vin pouvait de même, pour s'en faire marchand, transiger non moins volontiers avec les scrupules de l'honnêteté.

Dans les temps modernes, un autre homme grave se donna aussi au commerce du vin, c'est la Rochefoucauld, l'auteur des *Maximes*, mais il était jeune homme alors, et l'histoire ne dit pas que Caton eût cette excuse ; de plus, il était en disgrâce, exilé de la cour par ordre de Richelieu, etc. Quoique prince de Marsillac, il devait chercher dans le commerce moins un amusement qu'un profit nécessaire ; d'ailleurs il est constant qu'il ne fit point comme Caton. Sobre par nature, il ne fit aucun abus de sa marchandise. La lettre de son père qui nous a transmis cet intéressant détail resta longtemps inédite dans la collection d'autographes de M. Crapelet, et elle n'a été publiée que dans le *Bulletin de la Société de l'histoire de France*, par les soins de M. Jules Ravenel ; elle mérite donc, à tous égards, d'être reproduite ici. Ainsi, nous aurons au xvii⁰ siècle, avec preuves certaines, un digne pendant de Caton, marchand de vin à Rome.

> « Monsieur ,

> » Il y a deus ou trois ans que mon fils de Marcillac continue un petit commerce, en Angleterre, quy luy a réussy jusques à cette heure ; il espère encores mieus soubs vostre protection le succès qu'il en désire, quy est de pouvoir tirer des chevaus et des chiens pour le vin qu'il envoie. Son adresse ordinaire est : *à monsieur Graf ;* mais, dans l'incertitude du lieu où il sera, il ose prendre la liberté de vous suplier par moy, de commander à quelqu'un des vostres dé prendre soin de ce porteur qu'il envoie pour la conduite des chevaus et des chiens qu'il espère tirer du prix de son vin.

> » Sy, pour surcroist de faveur, vous avés agréable de vous souvenir de ce que je vous gaigné à Chantilly, et m'envoier ce qu'il vous plaira du païs où vous estes, je le recevray avec grande estime ; et vous tesmoigneray toulte ma vie et à tout ce quy vous appartient, que je suis très véritablement, monsieur, vostre très humble et très obéissant serviteur,

> » La Rochefoucauld. »

A la Rochefoucauld , ce 20ᵉ février 1642.

La suscription d'une autre main, est : A monsieur, monsieur de la Ferté, embasadur pour le Roy en Engletere.

Comme Caton, l'amer moraliste des *Maximes*, en se livrant au commerce des vins, s'était donné pour confrères les plus grands fripons de son époque, et c'est en quoi le rapprochement est surtout curieux ; de cette manière, nous avons, en France, sous Louis XIII, comme à Rome républicaine, deux censeurs de mœurs bien peu conséquents avec eux-mêmes, grâce à l'entourage qu'ils se donnent. La Rochefoucauld, le bel esprit morose, ne faisait, lui, du moins, de la morale que par passe-temps ; mais, pour Caton, c'est tout autre chose, il en faisait par devoir, au nom de la loi ; car il occupait la charge de censeur, la plus rigide de toutes ; si bien que, marchand de vin et censeur, il devenait justiciable de lui-même. Au moindre délit de l'affranchi, son prête-nom dans ce négoce, un procès s'élevant, il y devenait juge et partie. N'est-ce pas une chose curieuse, et n'y a-t-il pas là de quoi nous faire rabattre un peu de notre admiration routinière pour la soi-disant austérité de ce stoïcien ? Ne le voyez-vous pas, lui qui se doit tout aux devoirs de sa haute et austère dignité, c'est-à-dire, à la correction des mœurs romaines ; lui qui, le jour de son élection, est monté au Capitole pour jurer sur l'autel des dieux qu'il ne fera rien par haine ou par faveur, mais qu'il suivra en tout les règles de l'équité et de la justice; ne le voyez-vous pas qui, homme double, censeur ici, marchand de vin là, commence par se duper lui-même? Il laisse l'affranchi qu'il commandite enfreindre, autant qu'il peut, les prescriptions de police qu'en sa qualité de censeur il doit lui imposer; il lui permet de duper par ses ruses; bien plus, il l'aide de ses conseils peut-être, pour qu'il trompe plus sûrement la douane romaine, tout aussi vigilante, tout aussi intraitable que la nôtre; pour qu'il échappe en fraude à ce *portitor* ou concierge des portes de Rome qui se tient toujours là, soupçonneux, aux aguets, soit qu'on parte, soit qu'on arrive; car ce portier romain est déjà le type des gardiens moroses : il fouille tout à fond, sans grâce ni merci, et surtout sans politesse, il scrute tous les replis de la tunique ou de la toge, tous les recoins du bagage; il va jusqu'à briser l'enveloppe des lettres et des rouleaux cachetés; aussi, lui et ses pareils, sont-ils on ne peut plus odieux; aussi, comme l'a bien dit M. Naudet, « reçoivent-ils plus de malédictions des voyageurs et des marchands que d'argent des publicains qu'ils servent. » Mais, je le répète, à cet affranchi que la protection de Caton son commanditaire pouvait assurer de l'impunité, que lui importaient les rigueurs de la douane romaine et la surveillance du *portitor* ? Toutes les autres peines infligées aux marchands de mauvaise foi devaient de même, sous un tel patronage, le toucher fort peu et, pour ainsi dire, devenir illusoires à son égard, aussi bien celles qui résultaient d'un arrêt de l'édile, que celles dont les prêtres de Mercure étaient les exécuteurs.

Ces derniers châtiments, dont nous n'avons pas encore parlé, s'infligeaient à tout trafiquant pris en flagrant délit de fraude, aux cabaretiers comme aux marchands d'huile; mais il paraîtrait que c'est pour ceux-ci surtout qu'on avait le plus souvent à employer leur rigueur; en fait de mauvaise foi et de roueries commerciales, les marchands d'huile en remontraient encore aux cabaretiers! Leur improbité était même devenue proverbiale. Certain adage latin qui répond tout à fait au nôtre : « Ils s'entendent comme larrons en foire, » ne désigne pas d'autres fripons :

Omnes compactorem agunt quasi in Velabro olearii.

« Ils s'entendent comme les marchands d'huile dans le Vélabre. »

Voilà ce qu'on disait, suivant Plaute, dans ses *Captifs*. Jugez d'après cela si le châtiment qu'infligeait le prêtre de Mercure à de pareils drôles, cloués ainsi par un proverbe au pilori de la morale publique, n'était pas toujours une bonne justice. Ce n'est pas qu'en s'adressant au cabaretier il frappât plus à faux et tirât vengeance légale d'un fripon moins endurci; il devenait même alors une sorte de peine du talion, comme vous allez voir. Quel était en effet ce supplice? Une simple aspersion du coupable par la main du prêtre de Mercure. Le cabaretier frelateur éhonté, vendeur d'*abondance* plutôt que marchand de vin, était ainsi puni par où il avait péché. Mais le mal, mais l'insuffisance de cette peine, c'est qu'une fois l'aspersion accomplie, une fois la large aiguière vidée sur sa tête, notre marchand se trouvait purifié, comme un pécheur après le baptême, et pouvait hardiment recommencer. Ovide, qui raconte, dans ses *Fastes*, comment se faisait cette ablution, nous donne la prière du patient pendant le supplice, en voici quelques vers. On y verra qu'après avoir demandé pardon d'avoir menti en vendant, il suppliait Mercure de faire qu'il vendît, c'est-à-dire qu'il mentît encore :

> Ablue præteriti perjuria temporis, inquit.
>
> . . . .
> Ne curent superi si qua locutus ero ;
> Da modo lucra mihi, da facto gaudia lucro
> Et fac ut emptori verba dedisse juvet.

« Purifie-moi du parjure passé..., que les dieux ne se préoccupent plus si j'ai pu mentir en quelque chose ; permets-moi de faire bientôt quelques gains, et quand ils seront faits, permets-moi de m'en réjouir ; fais enfin que l'acheteur soit heureux de croire à ma parole. »

Longtemps rançonné par ces marchands que Mercure, le dieu des voleurs, ne punissait par la main de ses prêtres que pour mieux les patroner ensuite dans leurs vols, le peuple s'était plaint en mille circonstances de la rareté et de la chèreté des vins. Sous Auguste, les plaintes étaient parvenues jusqu'à l'empereur ; mais on n'en avait pas tenu compte. Le goguenard Octave avait fait répondre à la plèbe altérée que son gendre Agrippa prenait d'actives mesures pour l'empêcher de mourir de soif, en veillant avec soin à l'entretien des fontaines publiques, et que par conséquent, on avait tort de se plaindre. Sous Pescennius Niger, ce fut au tour des soldats de réclamer contre la privation de vin dans laquelle on les tenait. Il n'y eut pas jusqu'aux légions de la frontière d'Égypte qui élevèrent une pareille plainte ; il leur fut vertement répondu : « Quoi ! vous avez le Nil devant vous et vous demandez du vin ? » Les légions que les Sarrazins venaient de vaincre n'eurent pas honte de réclamer elles-mêmes et de crier en tumulte : « Nous n'avons pas reçu notre vin, nous ne pouvons pas combattre. » La réponse cette fois fut plus verte encore : « Rougissez, leur dit-on, car ceux qui vous ont vaincus boivent de l'eau. »

Pendant le règne d'Aurélien, ces plaintes continuaient encore, et cette fois, l'empereur fut sur le point d'y faire droit. Déjà il avait décrété qu'on donnerait *gratis* le vin au peuple, de même qu'on lui fournissait gratuitement le pain, l'huile, la chair de porc. Il avait ordonné de faire acheter à tout prix les vastes plaines boisées qui s'étendent jusqu'aux Alpes maritimes, de les défricher, ainsi que les collines, et de les planter de vignes dont prendraient soin de nombreuses familles d'esclaves qu'on établirait sur ces territoires. Le vin, produit de cette culture, ne devait pas être soumis au fisc, mais être intégralement et sans impôt distribué au peuple. Déjà tout était prêt, on avait même calculé la ration quotidienne de chacun, « *facta erat ratio dochœ, cuparum, navium et operum,* » comme dit Vopiscus; lorsque Aurélien écouta les sages conseils de son préfet du prétoire qui lui disait : « Si aujourd'hui nous donnons le vin au peuple de Rome, demain nous serons forcés de lui faire servir des poulets et des oies. » L'avis était prudent, la distribution gratuite fut donc supprimée. Aurélien se contenta de faire vendre, sous les portiques du temple du Soleil qu'il avait fondé, et sans doute aussi à un prix plus bas, quoique Vopiscus n'en dise rien, les vins qu'il avait pour cela exemptés de l'impôt, ou ceux que les gens de la douane de Rome avaient saisis en fraude, *fiscalia vina.* Qui perdit à cela, qui fut frustré par cette concurrence de l'empereur se faisant marchand de vin? Le cabaretier. Le peuple fut donc content; d'autant plus qu'il y gagnait du vin meilleur donné à plus bas prix; et qu'Aurélien, pour le dédommager de ce qu'il ne lui faisait pas ce don tout à fait gratuitement, fit aux plébéiens une distribution de tuniques blanches en toile d'Afrique et d'Égypte, et même de mouchoirs, ce qu'on n'avait jamais vu jusque-là.

Le lieu où dans les villes antiques, en Italie aussi bien que dans les Gaules, à Rome comme à Lyon, on faisait en grand le commerce de vin, était une espèce de vaste préau garni dans son pourtour de maisonnettes (*canabœ*) dans lesquelles se tenaient les marchands. Figurez-vous notre halle aux vins du quai Saint-Bernard, avec ses maisonnettes-bureaux, toutes numérotées et portant chacune sur sa façade le nom du marchand qui l'occupe. Le *forum vinarium* des villes antiques n'était pas autre chose. Il est bien entendu que par ce mot nous voulons parler du marché au vin, et non pas de l'espèce de hangar qui, sous une dénomination pareille, servait, dans chaque maison de vigne, à abriter le *torcular,* ou pressoir.

Les marchands de vin, dont la corporation fut reconstituée par Alexandre Sévère, nous ne savons pas malheureusement sur quelles bases, n'avaient que ces *canabœ* pour véritables comptoirs, pour centre légal de leurs opérations. C'est du fond de ces échoppes, rappelant par leur nom et par leur forme, suivant Forcellini, celle qu'on nomme encore en Italie *canove* ou *cantine,* qu'ils dirigeaient toutes leurs affaires. Une inscription consignée dans le recueil de Gruter nous montre ceux de Lyon ainsi installés : « *In canabis consistentium.* » Et une autre du même recueil va plus loin encore; elle ne les nomme plus *vinarii,* mais *canabenses,* habitants des *canabœ,* en nous parlant d'un temple consacré à la fortune de l'empereur en même temps qu'au génie protecteur de cette corporation :

Fortunæ Augustæ sacrum, et genio canabensium.

Les affaires qui se traitaient à Rome dans ces *canabœ* devaient être considé-

rables, car on buvait fort en Italie ; et très variées, car on n'y connaissait pas
moins de quatre-vingts espèces de vins différents. L'Italie, à elle seule, en fournissait cinquante variétés, sans compter, bien entendu, les vins de fabrique, depuis
ceux qui, comme le *mulsum*, étaient faits de vieux falerne et de miel nouveau,
ou qui, tels que l'*aromatite* et le *myrrhinum*, étaient parfumés de cannelle (*cala-*
mum) ou de myrrhe, jusqu'à ces vins de manipulation grossière qui n'avaient
d'autre cru que le laboratoire secret du tavernier.

Ces vins italiens de cinquante espèces différentes, vous les connaissez déjà à
peu près tous. Les uns, que vous avez vus couler à flots dans les tavernes, où
l'art du cabaretier a su les rendre pires encore, sont d'une qualité détestable.
La bouche amère, la langue épaissie par leur âcreté, on dirait volontiers, comme
le grec Cinéas en voyant la hauteur des vignes en treilles qui les ont produits :
« On a bien fait de pendre si haut la mère de pareils vins. » Les autres, bien
différents de ces piquettes plébéiennes, de ces vins du Vatican ou de Nomentane, réunissent les qualités les plus rares et les plus exquises ; verdeur, bouquet de haut goût, chaleur tempérée. Vous avez déjà reconnu et nommé le
falerne que tant de vers d'Horace, de Martial et autres poètes fins gourmets
vous ont fait si souvent déguster ; le *cécube*, qui n'est ni moins généreux ni
moins célèbre, quoiqu'il soit plus roide peut-être, plus capiteux, et demande
qu'on l'attende plus longtemps ; le *setin*, plus léger que l'un et l'autre, moins
capiteux surtout, et très favorable à la digestion ; les vins de Surrente, si excellents pour les estomacs débiles et pour les convalescents, mais qui, par malheur,
se laissent attendre parfois vingt-cinq ans avant d'arriver à leur maturité parfaite ;
enfin, même les vins d'Albe qui, doux, sont si salutaires aux gens de nerfs irri-
tables, et secs, sont mieux que le falerne lui-même, un agréable et bénin con-
fortatif pour l'estomac.

Ce sont ces vins précieux dont on fait bien de soigner la vendange, et qu'on
a raison de ne pas négliger un instant, depuis la cueillette du raisin jusqu'au
moment où, jaillissant écumeux sous les étreintes du pressoir et versés dans
les vastes *dolia*, ils seront, trente jours durant, battus sans relâche avec des
verges d'orme sec pour empêcher la lie de s'attacher aux parois ; puis enfin
tirés à clair, et même quelquefois rendus plus limpides encore à l'aide des œufs
de pigeon qu'on y aura délayés.

Ainsi préparés, ainsi mis en bon état de conservation, on les transvase, non
pas comme les vins inférieurs, en des vaisseaux de cuir (*culei*), mais en des
quartauts (*cadi*) de terre cuite, d'une contenance de deux urnes, c'est-à-dire
de vingt-six litres environ ; en des amphores d'une capacité pareille, ou bien
en ces petits pots, *græca testa*, comme dit Horace, qui, par leur forme élégante,
ajoutent encore au prix du vin qu'ils renferment. Tous ces vases sont hermétiquement fermés avec un liége qu'on enduit de poix bouillante. On inscrit sur

léur ventre rebondi d'année où le vin qu'ils contiennent a été récolté ; souvent même, si la récolte a été bonne, on y joint le nom du consul en fonctions pendant cette année heureuse. Puis, quand ils sont ainsi soigneusement clos et étiquetés, ces vases, surtout si ce sont des quartauts et des amphores, sont déposés debout sur un lit de sable fin, dans la *cella vinaria*, sorte de petit cellier à rez-de-chaussée, ou bien encore sous un frais hangar (*horreum*). S'ils sont d'une capacité moindre, et d'une forme plus svelte et plus élégante, comme les *græca testa* par exemple, on les garde dans les salles, on les pose en des niches pratiquées dans la muraille, ainsi que nous l'avons vu faire chez les taverniers et chez le *leno* de Plaute, en ayant soin d'exposer aux yeux la partie du vase sur laquelle est appliquée l'étiquette avec ses lettres hautes d'une coudée.

Dans les cabarets pourtant, il est rare de trouver les niches garnies de pareils vases ; car, d'ordinaire, comme nous vous l'avons peut-être trop prouvé, ils ne sont fréquentés que par les petites gens pour qui ces vins de réserve sont défendus. Mais, c'est autre chose dans les demeures somptueuses de ces patriciens débauchés qui, laissant à la plèbe l'ivresse fangeuse des buvettes publiques, s'enivrent chez eux à bas bruit. Là il faut voir comme la *cella* est toujours fournie de vins précieux ; comme les amphores ne sont aussitôt enlevées de leurs niches que pour être aussitôt remplacées ; comment enfin, non seulement dans la *cella* et dans l'*horreum*, mais encore dans tous les cénacles, même jusque dans l'*atrium*, les vases remplis des meilleurs vins abondent et sont soigneusement rangés.

Il n'est qu'une seule partie d'une maison patricienne de laquelle le vin ne doive pas approcher, c'est l'appartement des femmes. Là ce n'est pas seulement un vice, c'est un crime d'en boire. De tout temps il en a été ainsi. Sous les rois et pendant les premiers siècles de la république, lorsque Rome était grossière et barbare, la sévérité des mœurs était même en cela plus rigoureuse encore que dans la Rome civilisée des empereurs. Romulus mettait au premier rang des femmes coupables l'épouse qui buvait du vin, aussi bien que l'épouse adultère. Selon l'antique législateur, ces deux crimes se tenaient et devaient aller de front au même châtiment. Un mari qui avait trouvé sa femme s'enivrant la tua, et fut absous par Romulus. Il était défendu aux femmes de garder les clefs de la cave, et même d'y toucher. Une jeune fille, les ayant prises dans un coffret, fut condamnée par ses parents à mourir de faim. Il paraîtrait même, selon Caton, que, si chaque jour la femme devait embrasser la première fois qu'elle les voyait, son mari, ses parents, ses cousins mêmes, c'était moins en signe d'amitié que pour qu'on vît bien à son haleine si elle ne sentait pas le *temet*, comme on désignait alors le vin par un vieux mot, d'où dériva plus tard celui de *temulentia*, ivresse.

Les femmes, ainsi frappées par ces défenses sévères, ainsi sevrées de vin, de-

vaient se contenter de liqueurs moins énergiques. On leur permettait le *passum*,
par exemple, piquette anodine dont le peuple faisait ses délices, Martial nous l'a
dit, et qui, selon Columelle, n'était autre chose que du vin nouveau largement
trempé dont on augmentait la saveur en le passant sur un lit de raisins séchés
au soleil. Elles avaient aussi ces boissons faites avec des fruits dont Plaute a
voulu parler, quand il fait dire par un maître à son esclave : « Prépare le vin de
miel (*commisce mulsum*); apprête les coings et les poires, qu'ils chauffent bien
dans les bassines; jettes-y de la cannelle, etc. »; et qui, à prendre cette recette à
la lettre, auraient été de véritables cidres ou *poirés* normands, comme celui qu'on
extrayait de la poire dans l'Asie Mineure, au dire d'Artémidore, et tel que cet
autre dont la pomme était la base, selon Plutarque. C'est tout au plus si, en
outre de ces boissons peu dangereuses, on permettait aux femmes une sorte de
vin doux, nommé *defrutum*, qu'on obtenait avec les vins les plus légers,
trempés d'eau, parfumés d'aromates et réduits au tiers par une longue ébullition.

Quant aux vins grecs, l'usage leur en était interdit, tout nous porte à le croire;
et pourtant ces vins n'arrivaient en Italie que mêlés d'eau, dans une proportion
même assez notable pour qu'on les crût impropres aux libations sacrées. Malgré
cette altération qui prouve moins, selon nous, la fidélité des vignerons grecs
pour un vieil usage de sobriété, que celle de leurs marchands de vin pour une
vieille coutume de friponnerie, ils étaient, ainsi que nous l'avons fait voir, la
boisson préférée des gourmets : c'est qu'ils étaient chers, en dépit du mélange, et que la cherté déjà était pour quelque chose dans le mérite d'un vin.
L'impôt (*portorium*) qu'ils devaient payer, comme marchandise exotique, ajoutait encore à ce prix élevé. Toutefois, il faut le dire, c'était une contribution peu
excessive. Elle n'excédait pas le quarantième de la valeur de l'objet vendu; mais
la modicité de l'impôt n'ayant jamais été une raison pour qu'on cherche moins
à s'y soustraire, les contraventions étaient assez fréquentes. Plus d'un marchand
faisait, comme nous pensons qu'avait fait Caton, seulement peut-être avec moins
d'impunité; car, vous le savez déjà, si la contravention savait être hardie, de
même la douane romaine était rigoureuse.

Toute marchandise, le vin surtout, bien entendu, qui était importée dans une
province ou qui en était exportée, soit par terre, soit par mer, devait, sans
exception ni privilége, acquitter le droit. A peine faisait-on grâce à ce que le
voyageur emportait avec soi pour son service et pour ses besoins; de plus, l'impôt
se percevait toujours sans préjudice du péage qu'on devait acquitter sur la plupart
des ponts. On devait déclarer soi-même aux bureaux d'octroi les objets soumis
aux droits. Si l'on faisait une déclaration fausse et que le mensonge fût reconnu,
la confiscation s'ensuivait.

Les plaignants contre la contribution à acquitter n'étaient pas moins nombreux que les contrevenants : c'était à qui crierait à l'exaction, et souvent,

quand il s'agissait d'un percepteur d'impôts, comme Verrès ou comme Fonteius, les réclamations ne laissaient pas d'être fondées. Ce dernier fut véhémentement accusé, par exemple, d'avoir indûment perçu des contributions excessives sur les vins, lorsqu'il commandait dans la Gaule, et il ne fallut rien moins que toute l'éloquence de Cicéron pour détruire ce grief, l'un des plus graves qu'on élevât contre ce gouverneur. De quoi s'agissait-il pourtant? de quatre deniers perçus, à Toulouse, sur chaque amphore, sous prétexte de contributions (*portorii nomine*) et de quelques autres menus impôts dont les agents de Fonteius, Titurius, Porcius, Numius avaient de même grevé, sans trop de raison peut-être, les marchands de vin de quelques bourgs gaulois. C'en avait été assez pour que Pletorius, le principal accusateur, vît dans tout cela un système de fraude puissamment organisé, et prétendît que Fonteius n'avait pas conçu en Gaule l'idée coupable de mettre un impôt excessif sur le vin, mais qu'il en avait mûri le projet en Italie, et n'était même parti de Rome qu'avec son plan d'exactions bien établi. Rien n'est plus redoutable, dans une affaire de vol, qu'un voleur en accusant un autre. Or ce pauvre Fonteius, l'accusé, avait ici des marchands de vin pour accusateurs !

Nous avons déjà passé en revue bon nombre de vauriens ; nous pouvons même dire que, dans nos visites minutieuses aux auberges des environs de Rome et aux cabarets de la grande cité, nous avons vu remuer à nos pieds tout ce qui s'agitait de plus vil dans les fanges romaines : sans avoir encore abordé les bouges plus éhontés, dont plus tard nous affronterons le seuil, nous connaissons déjà l'élite des vagabonds, la fine fleur des coquins antiques. Quelques uns pourtant restent encore à mettre en scène, et, avant de clore ce long chapitre, nous allons vous les montrer.

Si nous ne voulions vous décrire ici que les lieux de réunion publique, quels qu'ils soient, sans distinction des personnes qui les fréquentent; si, au lieu de ne vous parler que des endroits où se rassemblent les gens du peuple et les débauchés, nous avions pris à tâche de vous introduire aussi dans ceux qui servent de rendez-vous et de centre à un monde mieux famé, nous nous hâterions de vous conduire dans les *tonstrines*, boutiques des barbiers (*tonsores*), où vont les oisifs du bel air et les nouvellistes bien renseignés ; mais là, par malheur, surtout si nous visitions les *tonstrines* de la *Græcostase* au Forum ou du noble quartier des *Carènes*, nous courrions le risque de ne rencontrer aucun des types que nous voulons étudier, et force nous serait de nous rejeter sur les *tonstrines* plus rares de ces bas quartiers où c'est un luxe de se faire raser et de se laver ; par exemple, sur celles de la voie Suburrane : là, au moins, les types ne nous manqueraient pas. Nous aurions la tondeuse, d'abord, — ici c'est une femme (*tonstrix*) qui fait l'office de barbier, — puis ses dignes pratiques, les commères du quartier, qui viennent s'y faire coiffer; les esclaves qui viennent jaser ou s'endormir sur les bancs de la boutique en attendant que les leçons de l'école où ils ont conduit les enfants de leur maître soient terminées; mais nous trouverions surtout des voleurs tramant leurs complots et préparant ici leurs coups, à poste fixe, comme dans les cabarets. Voilà, du moins, des types dignes de notre cadre, tandis que, dans les *tonstrines* plus relevées, nous n'eussions vu que des efféminés se ponçant, s'épilant jusqu'au sang, des beaux (*belli*) toujours occupés entre le peigne et le miroir, « *inter pectinem speculumque occupati*, » comme Sénèque l'a dit si spirituellement. Le barbier, tout au plus, eût été digne de notre observation. Et pourquoi encore? Parce qu'il est curieux, parce qu'il est bavard; or ce ne sont point là des cas suffisants pour figurer dans notre galerie. Bavardage et curiosité ont-ils jamais été imputés à crime, surtout à des barbiers? Le commérage n'a-t-il pas toujours été dans l'esprit de ce métier! et l'anecdote du barbier qui, demandant à une pratique inconnue : « Comment vous raserai-je? » reçoit pour toute réponse ces mots à la laconienne : « Sans parler, » n'est-elle pas tout à la fois vieille comme Plutarque, et pourtant nouvelle comme le dernier cancan du barbier du coin?

Des *tonstrines*, nous vous mènerions bien encore dans les boutiques des parfumeurs (*myropolia*), et même en celle des médecins (*medicinæ*). Là aussi, chez ces empiriques romains, qui ne se contentent pas d'ordonner des drogues, mais qui les préparent et qui les vendent eux-mêmes ; là, dis-je, en ces boutiques médicales, pareilles à celles de nos apothicaires, s'assemblent aussi des oisifs et des nouvellistes bavards; nous serions d'autant plus tentés d'y entrer, que nous y trouverions peut-être quelques gens dangereux déjà rencontrés ailleurs. N'est-ce pas là, en effet, qu'on vend les poisons aussi bien que les remèdes, la mort aussi bien que la santé? « J'irai chez le médecin, dit un personnage du *Marchand* de Plaute, et là je me donnerai la mort avec du poison. »

Ibo ad medicum atque ibi me toxico mortem dabo.

Or ne se pourrait-il point faire que le *medicus*, assez ignorant, comme Pline le lui reproche, pour vendre à l'occasion du *minium*, poison des plus subtils, au lieu de cinabre de l'Inde, fût en même temps assez impudent pour livrer au premier venu, par conséquent au premier assassin qui s'aviserait d'entrer chez lui, les drogues les plus vénéneuses? Ce serait là un détail de police et de médecine légale des plus curieux à étudier; mais des tableaux d'un intérêt plus sûr encore, des personnages qui mieux encore que ceux-ci sont nos héros et nos acteurs, réclament les quelques pages qui nous restent à écrire avant de finir ce chapitre.

Visitons d'abord les *meritoria* : ce sont des lieux, je vous assure, que vous ne serez pas fâché de connaître, pour le compte de votre curiosité, sinon pour l'acquit de votre pudeur.

Ce sont des gîtes dont les plus honnêtes ont assez le caractère de nos hôtels garnis, mais dont les pires, les plus mal famés sont en revanche assez semblables aux *lupanars*. De cette dernière ressemblance, la synonymie dans les noms est même devenue complète : un temps est arrivé où *meritorium* a tout aussi bien signifié hôtel garni que mauvais lieu ; d'après ce qui se passe encore chez nous, vous ne vous en étonnerez que médiocrement, mais n'empiétons pas.

Un passage du *Digeste* nous édifie complétement sur la différence qui existait entre le *meritorium*, — c'est de l'honnête que nous voulons parler, — et la maison à louer ordinaire. Celle-ci, dit Ulpien, se loue pour un long temps à des personnes connues et sûres, « *in longum tempus, certisque personis.* » L'autre se loue au jour le jour, « *fere in dies*, » et à des personnes qu'on ne connaît pas, « *incertis personis.* » N'est-ce pas là tout à fait l'un de ces gîtes fortuits que nous appelons chambre meublée, hôtel garni, ou, si nous descendons plus bas, logement et gîte à la nuit. Seulement il ne semble pas qu'il y eût, comme chez nous, des maisons entières destinées à ces locations de hasard. On ne leur consacrait que les derniers étages, le sixième et le septième, par exemple : car, il faut bien que vous le sachiez, les maisons de Rome étaient aussi élevées que celles de Paris, et même, comme vous allez voir, étaient tout aussi mal habitées à leur sommet.

Dans ces *meritoria* des derniers étages, s'entassent les familles nécessiteuses qui vivent au jour le jour, payent leur gîte à la petite semaine et qui n'ont jamais pu amasser de quoi s'acheter un mobilier capable de garantir, ainsi que tout propriétaire l'exigeait déjà, le loyer d'un logement autre que ce *meritorium*, ou réduit de passage ; là viennent encore ces vagabonds qui sont de tous les temps et de toutes les grandes villes, gens sans feu ni lieu, *sine lare certo*, comme dit Horace, qui perchent partout et ne logent nulle part. Il s'y trouve aussi, nous devons le dire, des hôtes d'une plus haute condition que la misère force à déroger, et qui, en dépit de la vanité que tout citoyen romain met à n'habiter qu'une maison ou une partie de maison dont il est propriétaire, sont contraints de se confier aux pénates mercenaires du *meritorium*. La femme et les enfants de Vitellius en furent réduits là. Selon Suétone, ruinés par la gourmandise de ce glouton, abandonnés par lui à Rome sans autre ressource que la maison qu'ils habitaient, ils la louèrent et s'en allèrent loger à l'hôtel garni (*meritorio cœnaculo*). Ils n'en sortirent que pour aller habiter le palais impérial. Vitellius, comme on sait, revint empereur.

De tels locataires, nous devons le répéter, sont rares dans ces gîtes. D'ordinaire même les *meritoria* sont si mal habités, les gens qui viennent y camper sont pendant leur court passage si peu soucieux de la propriété d'autrui, et la dégradent si impitoyablement, en vauriens qui aiment à détruire quand même, que le législateur a implicitement déclaré fatal à la propriété cet usage des petites locations. Par une prescription du *Codex*, défense est faite à l'usufruitier d'une maison d'en faire un *meritorium*, c'est-à-dire, de la louer par petites chambres.

Pour nous, et sans doute le législateur lui-même l'avait ainsi voulu, cette loi est plus qu'une loi civile, c'est une loi morale : elle ne cherche pas seulement à garantir la propriété, que la population ordinaire des *meritoria* sapait et dégradait à plaisir, mais encore à sauvegarder les bonnes mœurs, auxquelles les scandales accomplis dans ces bouges portaient de plus sûres et de plus funestes atteintes. Les *meritoria*, en effet, voici l'instant de le redire et de le prouver, étaient d'infâmes refuges où se cachaient tous les vices honteux, et ces crimes de luxure qui cherchent l'ombre et ne vivent que par le secret. C'était surtout l'ordinaire asile des adultères. Turnèbe le dit franchement d'après les vieux lexiques : « Ce sont les endroits où les adultères se commettent : » *ubi adulteria committuntur*. Cela dit, vous devinez quel mot du vocabulaire obscène en cours dans les rues du Chantre et de la Bibliothèque, etc., mais que nous n'osons écrire ici, pourrait vous donner la traduction exacte de *meritorium*.

L'usage scandaleux qu'on fit de ces réduits commodes fut bientôt si général, et peu à peu les assimila si complétement aux autres lieux de débauche, que bientôt, comme nous l'avons dit, les deux mots *meritorium* et *lupanar* n'eurent plus qu'un même sens. Quand Vopiscus dit que l'empereur Tacite ordonna qu'on ne tînt plus aucun mauvais lieu dans la ville, défense, ajoute-t-il, qu'il fallut bientôt abroger, c'est du mot *meritoria* qu'il se sert; Spartianus, de même, lorsqu'il cite la lettre de Sévère faisant reproche à Rogonius Celsus de ce que les tribuns de son armée prennent pour salle à manger les cabarets, et pour chambre à coucher les mauvais lieux : « *pro tricliniis popinas habent, pro cubiculis meritoria.* »

Les hôtelleries, c'était assez naturel, prenaient aussi quelquefois à Rome le nom de *meritorium*. Quelques vers de Juvénal ne nous permettent pas d'en douter. Il nous montre un pauvre diable de voyageur qui, malade dans une hôtellerie des quartiers les plus bruyants de Rome dont le bruit le torture, se meurt de ne pouvoir dormir; et un autre qui, tourmenté par la digestion du repas qu'il a pris dans cette auberge, et qui lui reste sur l'estomac, ne peut sommeiller davantage. Pour désigner ces réduits inhospitaliers, c'est le mot *meritoria* qui sert au satirique :

> Plurimus hic æger moritur vigilando ; sed illum
> Languorem peperit cibus imperfectus, et hæréns
> Ardenti stomacho ; nam quæ meritoria somnum
> Admittunt? magnis opibus dormitur in urbe.

Ce dernier vers, comme on sait, a été ainsi traduit par Boileau :

> Ce n'est qu'à prix d'argent qu'on dort dans cette ville.

Ce qui est encore une preuve décisive que par *meritorium* on désignait une hôtellerie à Rome, c'est qu'on ne nommait pas autrement l'immense asile, véritable hôtel des invalides, dans lequel on hébergeait, aux frais de l'État, les vieux soldats estropiés. Ce *meritorium* était situé dans le lieu où se trouve aujourd'hui Sainte-Marie au delà du Tibre (*transtiberina*).

Le plus souvent, toutefois, l'auberge de Rome, comme celle des grandes routes, s'appelait tout simplement *caupona*, ce qui ne mettait aucune différence de nom entre elles et le cabaret; ou bien, soit *diversorium*, soit *diverticulum*, sans doute parce que dans la ville, elle se trouvait au détour des rues, comme sur les voies publiques, à l'embranchement des chemins (*diverticulum*). Tacite, voulant nous représenter Néron « qui courait, en habit d'esclave, les rues de la ville, les *lupanars* et les auberges, » n'emploie pas un autre mot : « *Nero itinera urbis, et lupanaria et diverticula veste servili pererrabat.* »

Il n'est pas besoin, je pense, de recommencer ce que nous avons dit déjà sur les aubergistes voleurs. Hôtelier et fripon, cela va de soi : ils sont à Rome ce que nous les avons vus sur les grands chemins, ce que nous les verrons être partout, rançonnant, volant le passant de mille manières, et prenant volontiers pour complice le valet du voyageur, quand celui-ci a le double malheur d'être à l'auberge et d'avoir un valet. Tout détail nouveau serait donc une redite oiseuse. Il est pourtant une épigramme de Martial dont nous ne voulons pas vous faire grâce; elle peint trop bien d'un dernier trait les connivences de friponnerie qu'avaient entre eux, pour piller le maître, les aubergistes et les esclaves. Martial, par une fiction poétique qui lui est assez ordinaire, se pose en homme qui a des esclaves et des mules, et il dit à celui qui prend soin de ses bêtes :

> Mulio, quod non des tacituris accipe mulis :
> Nec ego, cauponi, non tibi dona dedi.

« Muletier, c'est sûr, tu ne donneras pas cette orge à tes mules qui, tu le sais trop, n'en diront rien; prends-la pourtant, mais je n'en suis pas dupe, c'est à l'aubergiste, et non pas à toi, que je la donne. »

L'auberge romaine, plus complète en cela que la plupart de celles des grandes routes déjà hantées par nous, pouvait donc loger à la fois bêtes et gens, abriter tout ensemble le maître, sa valetaille et ses bagages. Le Ménechme de Plaute qui arrive à Rome avec un équipage considérable, l'envoie devant lui à l'auberge, sous la garde de Messénion et de ses autres esclaves; il ne retient même pas avec lui ce qu'il peut avoir de plus précieux dans son bagage, *vasa*, etc., et nous le trouvons même bien imprudent de s'en fier ainsi à la bonne foi de ses esclaves et de son hôtelier.

Tout se payait chèrement dans ces gîtes, et encore y était-on mal hébergé. Le Stratilax du *Truculentus*, en homme bien avisé, prévoit qu'il sera ainsi traité,

quelle que soit l'hôtellerie où on le mène : « Tiens, dit-il, à celui qui veut être
son guide, tu me conduiras dans quelque auberge-cabaret, où l'on me recevra
mal pour mon argent. »

> Tene : in tabernam ducor diversoriam
> Ubi male accipiar, mea mihi pecunia.

C'était pis encore dans les faubourgs. Jugez-en par ce que dit Harpax de la
vieille Chrysis, hôtesse édentée et crasseuse, qu'il y rencontre : « Moi, je m'en
vais loger hors des portes, dit-il, et là je m'établis dans la troisième auberge,
chez cette vieille Chrysis, grosse comme un muid, boiteuse, chassieuse,
crasseuse. »

> Ego devortor extra portam, huc in tabernam tertiam,
> Apud anum illam doliarem, claudam, crassam, Chrysidem.

Par la propreté de l'hôtesse, jugez de celle du logis.

Dans la ville ou dans les faubourgs, la plupart des auberges étaient d'immondes repaires, ramassis de gens de toutes sortes, pêle-mêle de voleurs ou de
débauchés hébergés par un fripon, et sur lesquels les yeux prudents de l'édile
et du préteur étaient toujours ouverts. Chaque soir un licteur — ce que nous
appellerions un huissier — de ce dernier magistrat faisait la visite de ces hôtelleries suspectes, afin de savoir quels étrangers s'y trouvaient et pour les inscrire sur
son registre. Vous auriez certainement cru cette mesure de police plus moderne,
et volontiers sans doute vous en auriez fait honneur à quelque lieutenant ou
préfet de police de Paris, au XVIIe ou au XIXe siècle. Loin d'avoir l'initiative
de cette idée sage, ceux-ci n'eurent même pas l'honneur de la renouveler les
premiers. Nous la retrouverons au moyen âge, à Paris, et ce qui vous étonnera
bien mieux encore, dans les États du Grand-Khan aussi, à Catai. Voici ce qu'en
dit Marco-Polo : « Sachez que tous ceux qui tiennent auberge écrivent le nom
de ceux qu'ils hébergent, le jour, le mois, de sorte que toute l'année, le Grand-
Khan peut savoir qui va et vient par sa terre ; et c'est bien chose qui appartient
à de sages hommes. »

Mais revenons aux auberges de Rome, et voyons de quelle manière cette
mesure y était mise en pratique. Une scène du *Satyricon* nous tiendra lieu de
toute explication.

À peine Pétrone, Asclyte et Giton, digne trio de débauchés infâmes, sont-ils
installés dans l'auberge, refuge de leurs orgies, que la visite du licteur vient les
inquiéter. « Nous entendîmes, dit Pétrone, quelqu'un demander à notre hôte
quels étaient les gens qui venaient d'entrer chez lui. Cette question ne me plut
guère. À peine son auteur fut-il sorti, que je courus m'informer de l'objet de sa
visite. — C'est, nous répondit notre hôte, un huissier du préteur (*lictorem præ-
toris*); sa charge consiste à inscrire sur les registres publics les noms des étrangers ; il vient d'en voir entrer deux chez moi dont il n'a pas encore pris les

noms ; c'est pourquoi il venait s'informer du lieu de leur naissance et de leur profession. »

La formalité, vous le voyez, était tout à fait la même, c'est-à-dire tout aussi minutieuse que dans les auberges de nos villes modernes. Pétrone en prit de l'ombrage : soit qu'il vît dans cette visite du licteur prétorien la preuve qu'il s'était fourvoyé dans un bouge plus dangereux qu'il ne pensait ; soit qu'il se sentît, ainsi que ses compagnons, du nombre des gens que ces précautions défiantes de la police ont toujours en vue, il prit le parti de décamper prudemment avec Asclyte, pour ne rentrer au gîte qu'à la nuit noire.

Si la police savait prendre ainsi ses mesures contre les aubergistes et contre leurs hôtes si prompts à s'entendre pour la tromper de compagnie, l'aubergiste, pour peu qu'il fût honnête, ne savait pas moins prendre les siennes contre le plus grand nombre de ses honorables pratiques. Il savait qu'avec de tels gens, quand on n'est pas complice, le plus souvent on est dupe. Il était donc défiant et vigilant, mais cela à ciel ouvert, sans confiance feinte, sans dissimulation ; il n'estimait pas assez ses dignes hôtes pour leur cacher qu'il les surveillait sans cesse. De là des rixes continuelles, terribles, mais bouffonnes aussi quelquefois, comme celle que raconte encore Pétrone, et que nous allons reproduire d'après lui, non seulement pour le détail de cette batterie de cabaret, mais pour le tableau complet qu'elle nous présente d'une auberge romaine mise en rumeur pendant la nuit.

Nos trois vauriens, Eumolpe, Pétrone et Giton, pour mieux mener leur débauche, ne veulent pas descendre au lieu où mangent et se grisent tous les habitués de l'auberge : ils dédaignent ces orgies de la salle commune dans lesquelles l'aubergiste s'impose souvent comme convive obligé, en s'installant sans façon à la table des buveurs qui lui agréent ; ils se sont donc fait servir dans leur chambre, et c'est l'hôte qui, faisant l'office de *sommelier* ou premier garçon des hôtels d'Italie, leur apporte lui-même leur dîner. En entrant, il remarque je ne sais quel désordre dans la chambre, et aussitôt ses soupçons s'éveillent. Le lit est dérangé ; Giton, les vêtements en désordre, tient un rasoir à la main : il y a là sûrement quelques mauvais desseins tramés, et même déjà un commencement d'exécution. Pour l'hôte c'est évident, et furieux il s'écrie :

« Qui êtes-vous ? des ivrognes ou des vagabonds ? Qui de vous a dressé le lit contre le mur ? quel secret dessein avez-vous machiné ! Je crois, ma foi ! que vous voulez déloger cette nuit sans me payer le loyer de votre chambre ; il n'en sera rien. Je vous ferai voir que cette maison isolée n'appartient pas à quelque pauvre veuve sans appui, mais à Marcus Manicius. »

Là-dessus la querelle s'engage.

« Tu oses nous menacer ! » s'écrie Eumolpe. Et en même temps il donne à l'aubergiste un vigoureux soufflet ; mais celui-ci, échauffé par les nombreuses libations qu'il a faites avec ses hôtes, « *tot hospitum libationibus ebrius* », lance à la tête d'Eumolpe une cruche de terre qui lui meurtrit le front, et le coup fait, s'enfuit à toutes jambes.

» Furieux d'un tel outrage, notre poëte se saisit d'un grand chandelier de bois, et le voilà qui poursuit le fuyard, et qui, l'en frappant à tour de bras, lui rend avec usure le coup qu'il a reçu au front.

» Les valets de l'auberge et un grand nombre d'ivrognes accourent au bruit... L'un, armé d'une broche chargée de viandes encore fumantes, menace de crever les yeux au pauvre Eumolpe; un autre, saisissant un croc à suspendre les viandes, se place dans une attitude belliqueuse.

» Je remarquai surtout, ajoute Pétrone, une vieille chassieuse, « *anus præcipue lippa* », qui, ceinte d'un torchon horriblement sale, « *sordidissimo præcincta linteo* », et chaussée de sabots dépareillés, « *soleis ligneis imparibus imposita* », traînait par la chaîne un énorme dogue, et l'agaçait contre Eumolpe. Mais notre héros parait adroitement avec son chandelier tous les coups qu'on lui portait. »

Voilà, vous le voyez, un beau tintamarre, une batterie complète digne de nos *tapis-francs;* il ne manque plus que l'homme qui met le holà, le *si forte virum quem,* le commissaire enfin. Prenez patience, le voici qui arrive. Ici c'est le procurateur du quartier, le grave et emphatique Bargata. C'est un homme de police, sybarite et sentencieux, qui ne fait sa ronde qu'en litière, et qui verbalise en phrases déclamatoires. Par bonheur pour Eumolpe, il le reconnaît, le donne pour son ami, le proclame la fleur des poëtes, le place sous son égide de juge, à la face des marmitons ébahis.

> Et le combat finit faute de combattants.

De telles rixes n'étaient pas rares dans les hôtelleries. Aussi, en cas d'événement, et comme arme de première défense, l'hôte portait-il toujours un fort et long roseau propre à caresser les côtes des tapageurs. Dans les jours de tranquillité, cette canne redoutable, qui était aussi l'arme des portiers de Rome, restait au repos, attachée à la porte de l'auberge. Eumolpe, que nous pourrions suivre à la trace de ses fredaines, d'auberge en auberge depuis Rome jusqu'à Catane, vola un jour celle de son hôte, afin sans doute de se livrer plus impunément à quelque nouveau tapage nocturne.

Quelquefois l'intervention de la police dans les rixes d'auberge et de cabaret ne se bornait pas à une simple visite de politesse comme celle du procurateur Bargata chez l'hôtelier Marcus Manicius; c'était souvent de véritables descentes de justice. Quand on soupçonnait que l'auberge recélait quelque voleur ou quelque chose volée, on procédait dans toutes les règles à une véritable visite domiciliaire. Apulée nous raconte celle qu'on fit ainsi chez l'hôte qui avait donné asile à ce pauvre Lucius métamorphosé en baudet, et au jardinier qui l'avait volé. Mais la police romaine était tellement myope, que dans toute cette maison minutieusement fouillée, l'âne ne fut pas aperçu, et qu'il fallut, pour qu'on le trouvât, qu'il passât la tête par une lucarne, et se mît à braire.

Pour les personnes et les choses perdues, souvent, avant d'en venir à de pareilles visites dans les auberges, on se contentait d'y envoyer un crieur public. Accompagné d'un valet de la ville, il entrait dans la grande salle de l'auberge et proclamait à haute voix le nom et le signalement de la personne, la description de la chose réclamée. Le nom et le signalement de Giton perdu sont ainsi acclamés par le crieur public dans l'auberge même où Pétrone et Eumolpe le tiennent caché. Mais ni Eumolpe, ni Pétrone, ni l'aubergiste, complice utile qu'ils rosseront pourtant si bien plus tard, ne répondent à la réclamation; le crieur se retire sans avoir eu satisfaction.

S'il ne s'agissait que de simples renseignements sur les personnes de la ville, c'était bien différent : on trouvait alors à qui parler chez les aubergistes; ils n'étaient plus muets et ignorants, mais au contraire bavards outre mesure; leurs cabarets étaient de vrais bureaux d'adresse où l'on donnait le renseignement demandé, avec assaisonnement de médisances.

Apulée arrivant à Hypate, en Thessalie, va droit chez une cabaretière pour savoir à coup sûr où loge un certain Milon dont il a besoin, et le connaître de toutes pièces avant de l'avoir vu. En deux coups de langue de la cabaretière, il est au fait, il sait tout ce qu'il veut savoir sur cet homme, « qui, a-t-elle dit malicieusement, est bien en effet le premier de la ville, car il demeure tout à l'entrée..... »; sur cet avare « qui entasse chez lui des trésors à remuer à la pelle, et qui cependant n'habite qu'un taudis, n'a qu'une petite vieille pour toute servante, et sort toujours habillé comme un mendiant. »

Passe encore si les cabaretières et les hôtelières n'eussent été que médisantes, et si l'on n'eût eu à craindre chez elles que de se voir déchiré à coups de langue. Mais c'étaient là les méfaits véniels, les menus vices du métier. Le voyageur, dans leurs bouges, avait tout autant à craindre pour sa personne que pour sa réputation. Il ne se passait pas de nuit sans qu'il s'y commît quelque crime, soit vol, soit assassinat. Tantôt c'était l'aubergiste qui était le voleur ou l'assassin, tantôt quelques-uns des gens dangereux qui trouvaient chez lui refuge, et ne manquaient jamais d'y dresser des pièges aux passants plus inoffensifs. Ici, comme Cicéron nous l'a conté plus haut, c'est l'hôtelier qui assassine et vole un de ses hôtes, et met ce double crime sur le compte d'un pauvre diable, compagnon de la victime; ailleurs, ainsi qu'Apulée nous le montrera tout à l'heure, c'est un voyageur qui, pendant la nuit, voit massacrer son ami, et qui, épargné lui-même, veut prendre la fuite, mais est aussitôt arrêté par le portier de l'auberge, sur le soupçon, prompt à naître en pareil lieu, que s'il part si vite c'est parce qu'il a tué son camarade ; ou bien c'est encore, le même récit vous le prouvera, un malheureux voyageur qui, son compagnon ayant été ainsi massacré, craint qu'on ne l'accuse de meurtre, et, afin d'échapper à la justice, comme il s'est sauvé des assassins, tente de se pendre ou de s'étrangler avec les sangles de son lit.

Ces crimes commis presque toujours la nuit par des gens mystérieux qui viennent on ne sait d'où, et qu'on ne voit pas le jour ; l'aspect des auberges, leur isolement sur les grandes voies à longues distances de toute autre habitation ; la manière de vivre, les mœurs décriées des gens qui les tiennent ; tout concourt à faire de ces repaires des lieux dont le voyageur redoute l'approche, et que son imagination peuple d'avance d'assassins ou de fantômes. En cela, sa prévention est irrévocable. L'hôte, quel qu'il soit, est un scélérat, et l'hôtesse une sorcière, si elle est vieille surtout.

Nous vous avons déjà parlé, au sujet des *ambubaiœ*, et d'après un passage de saint Augustin, de ces hôtelières magiciennes, notamment de celles qui ensorcelaient leurs pratiques et les changeaient en bêtes en leur faisant manger de je sais quel fromage enchanté. Il serait, je crois, à propos que nous reprenions ce chapitre, et que nous revenions un peu sur cette croyance des anciens en la puissance magique des cabaretières ; d'autant que c'est une superstition antique dont la tradition tenace ne s'est pas encore tout à fait perdue en Europe. Dans certaines contrées, les aubergistes, aussi bien que les bergers, passent toujours pour être des sorciers.

Il est, au premier livre des *Métamorphoses* d'Apulée, un curieux épisode, l'histoire de Socrate l'Éginète et de son ami Aristomène, qui ne nous laisse rien ignorer des maléfices étranges, tantôt sanglants, tantôt burlesques, que cette superstition populaire prêtait aux hôtelières, surtout à celles de la Thessalie. Quoique cet épisode soit long et quelquefois diffus dans ses détails, nous allons, d'après l'excellente version de M. Bétolaud, vous le transcrire sans en omettre une ligne. Vous ne vous en plaindrez pas, nous en sommes sûrs. Le récit est étrange, mais d'une étrangeté saisissante ; chaque fait d'ailleurs a sa curiosité propre et sa couleur antique. Ce qui nous en plaît aussi, c'est que cette histoire ne nous dépayse pas et est bien tout à fait du domaine de ce livre, par le lieu où elle se passe et par ses personnages. Elle se raconte presque tout entière dans une hôtellerie thessalienne. Socrate, le héros ou plutôt la victime, est un pauvre diable que des voleurs ont commencé de dévaliser, et qu'une cabaretière achèvera ; Aristomène, son compagnon, celui qui fait la seconde moitié du récit, est, comme il le dit lui-même, un marchand d'Égine « qui fait le commerce de miel de l'Etna, de fromages et autres denrées pour les aubergistes » ; enfin la sorcière qui ensorcèle Socrate est une cabaretière. A tous ces titres donc, ce récit, nous le répétons, a le droit d'être reproduit ici tout entier, d'autant mieux que de pareils épisodes seront forcément rares dans notre livre, et que c'est là aussi l'un des plus amusants chapitres du plus amusant roman de l'antiquité.

A peine sauvé des mains des voleurs qui l'ont assailli dans un ravin près de Larisse, et qui l'ont laissé presque nu, Socrate arrive chez une de ces hôtelières magiciennes. C'est une vieille femme, dit-il, mais encore galante : « *sed admodum scitulam.* » Elle s'appelle Méroë, nom qui est une preuve de son origine Égyptienne, ou bien peut-être seulement un indice de son goût pour l'ivrognerie, pour le vin pur (*merum*), si tant est qu'il faille lui appliquer ce qu'Ausone a dit dans sa dix-neuvième épigramme, d'une autre vieille ivrognesse qui s'appelait aussi Méroë : « Celui qui le premier te donna ce nom, lui dit Ausone, donna sans doute aussi le nom d'Hippolyte au fils de Thésée ; car il faut être divin pour composer ainsi un nom qui soit le symbole de la condition, des penchants ou de la mort de celui qu'il désigne... Toi, si l'on te nomme Méroë, ce n'est pas parce que tu as le teint noir comme les filles de Méroë, qu'arrose le Nil, c'est parce que tu ne trempes pas d'eau le vin qu'on te verse, que tu aimes un breuvage sans mélange, et que tu bois pur le vin pur. »

> Infusum sed quod vinum non diluis undis
> Potare immixtum sueta merumque merum.

Si la Méroë d'Apulée, comme celle d'Ausone, et avec d'autant plus de raison qu'elle est cabaretière, s'adonne au vice d'ivrognerie et lui doit son nom, c'est là certes son moindre défaut, et nous le lui pardonnerions presque comme peccadille de métier, voyant les autres dont elle est pourvue. Écoutez plutôt ce qu'en raconte le pauvre diable qui fut sa victime.

« Elle m'accueillit d'abord avec beaucoup d'humanité, dit Socrate, et me fit partager gratuitement une excellente table, et bientôt, dans un vertige amoureux, son lit même. Est-on plus malheureux ? Je passe une seule nuit avec elle, et sans plus tarder, me voilà ensorcelé par cette détestable vieille. Les hardes mêmes que la générosité des brigands m'avait laissées pour me couvrir passèrent sur son dos ; je lui abandonnai jusqu'aux petits profits que je gagnais à porter des sacs, car j'avais encore assez de force ; et voilà comment cette bonne femme et ma mauvaise fortune m'ont réduit dans l'état où vous m'avez trouvé tout à l'heure.

» Ma foi ! lui répondis-je, tu mérites bien tout ce qu'il y a de plus cruel au monde, si toutefois quelque chose peut l'être plus que ta dernière aventure. Quoi ! pour de honteux plaisirs, pour la peau d'une vieille débauchée, abandonner son ménage et ses enfants ! —Chut ! chut ! me dit-il en portant son index sur ses lèvres et en regardant avec effroi autour de lui pour voir s'il pouvait parler en sûreté. Prenez garde ! c'est une femme surnaturelle ; vous risqueriez de vous attirer quelque fâcheuse affaire par des propos imprudents. — Eh bien, cette puissance, cette reine de cabaret, « *caupona regina,* » quelle femme est-ce donc, au bout du compte? — C'est une magicienne et une devineresse : elle a le pouvoir d'abaisser la voûte des cieux, de suspendre la terre dans l'espace, d'endurcir les eaux, de fondre les montagnes, d'évoquer les puissances infernales, de faire descendre les dieux sur la terre, d'obscurcir les astres, d'éclairer le Tartare lui-même.

» — De grâce, lui dis-je, de grâce écarte ce rideau tragique, plie cette tenture de théâtre, et parle-moi en langage ordinaire. — Combien voulez-vous que je vous raconte de prodiges opérés par elle? Un, deux, une centaine! Inspirer une passion violente pour elle-même, non seulement aux habitants de cette contrée, mais encore aux Indiens, aux Éthiopiens, aux antipodes eux-mêmes, ce ne sont là que des échantillons de sa puissance, de pures bagatelles. Mais apprenez ce qu'elle a fait sous les yeux de plusieurs témoins.

» Un de ses amants ayant pris de force une autre femme, d'un seul mot elle le changea en un castor sauvage. Comme cet animal, pour ne pas être pris, se débarrasse de ceux qui le poursuivent en se coupant les parties naturelles, elle voulut qu'il lui en arrivât autant pour avoir fait la cour à une autre femme. Il y avait dans son voisinage un cabaretier qui par conséquence était en concurrence avec elle, « *atque ob id æmulum* », elle l'a métamorphosé en grenouille : le vieillard fait sa résidence dans un de ses propres tonneaux; il s'y cache dans la lie, et c'est de là qu'il appelle poliment ses chalands d'autrefois. Un avocat avait porté la parole contre elle, elle le changea en bélier; et c'est sous cette figure qu'il plaide aujourd'hui. Une autre fois, elle eut un amant dont la femme se permit contre elle quelques propos piquants. La malheureuse était enceinte, elle la frappa de stérilité, dessécha dans ses entrailles le fruit qu'elle portait, et la condamna à une grossesse perpétuelle. Aujourd'hui, voilà dix ans, au compte de tout le monde, que la pauvre créature porte son fardeau : elle a le ventre tendu, comme si elle allait accoucher d'un éléphant. Le mal qu'elle avait fait à cette femme et celui qu'elle continuait à faire à une foule de personnes excitèrent l'indignation publique. On convint un jour que, le lendemain, on irait se venger d'elle, et qu'on l'assommerait sans pitié à coups de pierres : elle déjoua ce projet par la vertu de ses enchantements. Et comme la fameuse Médée, après avoir obtenu de Créon un seul jour de délai, avait consumé toute sa famille dans les flammes qui s'étaient élancées d'une couronne; ainsi Méroé, après avoir accompli au-dessus d'une fosse certaines dévotions sépulcrales (elle me l'a raconté dernièrement dans un moment d'ivresse), les cloîtra chez eux par cette puissance mystérieuse qui triomphe même des dieux. Ils ne purent ni forcer les serrures, ni enlever les portes, ni percer même les murailles. A la fin, après s'être mutuellement résignés, ils lui crièrent tous, d'une commune voix, en faisant les serments les plus redoutables, qu'ils ne se permettaaient contre elle aucune violence, et qu'ils viendraient à son secours si quelqu'un avait des intentions contraires. Elle se laissa fléchir, et rendit la liberté à toute la ville. Mais, pour celui qui avait organisé la conspiration, une belle nuit, elle enleva sa maison, c'est-à-dire les murailles, le terrain, les fondations, et transporta le tout dans un autre pays, à 100 milles de là, sur le sommet d'une montagne escarpée et partant très-aride; puis, comme les constructions qui s'y pressaient déjà ne laissaient pas de place pour le nouveau-venu, elle jeta la maison devant la porte de la ville, et s'en alla. »

Voilà déjà bien des terreurs, mais ce n'est rien auprès de ce qui nous reste à vous montrer pour compléter, d'après Apulée, le tableau de cette auberge de sorcières, les maléfices sanglants de Méroé, cette Canidie thessalienne.

Socrate vient d'achever son récit, et Aristomène reprend :

« Tu me contes là des choses aussi surprenantes qu'elles sont terribles; à mon tour, je suis tout inquiet, ou pour mieux dire tout épouvanté. Ce ne sont pas des scrupules que j'éprouve, non, je sens comme des coups de poignard. Grands dieux! si quelque puissance infernale allait aussi lui faire deviner les propos que nous avons tenus! Couchons-nous donc au plus tôt, et avant le jour, quand le sommeil aura réparé nos forces, nous décamperons le plus loin que nous pourrons. Je n'avais pas achevé ma proposition, que déjà le bon Socrate, cédant à la fatigue de la journée, et aux effets du vin dont il n'avait plus l'habitude, s'était déjà endormi et ronflait de son mieux. Pour moi, j'allai fermer la chambre, pousser les verroux; j'eus même la précaution de bien placer mon grabat contre la porte; ensuite je me jetai sur mon lit. D'abord la frayeur me tint longtemps éveillé, et ce ne fut guère qu'aux deux tiers de la nuit que je commençai à fermer l'œil.

» Je venais de m'endormir; tout à coup voilà un tapage infernal à faire voir que ce n'étaient pas des voleurs. Les portes s'ouvrent ou plutôt sont enfoncées; les gonds brisés volent en éclats. Ma petite couchette, dont un des pieds était d'ailleurs vermoulu, manque et tombe à terre par la violence de cet effort; je suis renversé, roulé sur le carreau, et le lit, retombant sur moi, me couvre et m'emprisonne tout entier. Alors je reconnus que certaines affections naturelles produisent des effets qui leur sont contraires. Car, ainsi qu'il arrive souvent que l'on pleure de joie, de même, au milieu de la terreur excessive dont j'étais saisi, je ne pus m'empêcher de rire en me voyant, de moi-même, Aristomène, changé en tortue. Dans cette humble position, sous l'abri protecteur de mon lit, j'attendais, en regardant de côté la suite de cette aventure, quand je vis deux femmes d'un âge avancé; l'une tenait une lampe allumée, l'autre une éponge et une épée nue. Avec cet appareil, elles se placent autour de Socrate qui dormait bien tranquillement.

» Celle qui tenait l'épée prit la parole : « Voici, ma sœur Panthia, mon garçon favori (*hic calamitus meus*), celui qui, jour et nuit, s'est joué de ma jeunesse ; celui qui, dédaignant ma flamme, ne se contente pas de me diffamer par ses calomnies, mais se prépare encore à prendre la fuite : et il me faudra, nouvelle Calypso, pleurer dans un éternel veuvage le départ et la fourberie de cet Ulysse. Étendant ensuite la main droite pour me montrer à sa sœur Panthia : Et ce conseiller charitable, cet Aristomène qui a proposé cette fuite, et qui est maintenant à deux doigts de sa mort, couché à terre sous son grabat, d'où il regarde tout ceci, se figure-t-il qu'il m'aura impunément offensée ? Un jour à venir..... Mais non, maintenant, à l'instant même, il sera puni de ses sarcasmes d'hier, et de sa curiosité présente. « En entendant ces mots, j'éprouvai des transes mortelles ; il me prit une sueur froide avec un tremblement tel dans tous les membres, que le grabat lui-même en était agité de violentes secousses, et dansait sur mon dos.

» La douce Panthia répondit : « Ma sœur, pourquoi ne pas d'abord mettre celui-ci en pièces comme font les Bacchantes ? Ou bien pourquoi ne pas le lier comme il faut, et le mutiler (*ririlia desecamus*)? — Non, dit Méroé (car je vis bien que c'était à celle-là que se rapportait tout ce que Socrate m'avait raconté), non ; à lui au moins nous lui laisserons la vie, afin qu'il recouvre d'un peu de terre le corps de ce misérable. » Puis, faisant pencher à droite la tête de Socrate, elle lui enfonça, du côté gauche du cou, son épée tout entière jusqu'à la garde, et au moment où le sang jaillissait, elle approcha une petite outre et le reçut avec précaution, de manière qu'il n'en parût pas une seule goutte. Voilà ce que je vis de mes propres yeux ; même, pour accomplir jusqu'au bout l'horrible sacrifice, l'aimable Méroé, après avoir par la blessure plongé la main jusque dans les entrailles et y avoir fouillé, en retira le cœur de mon pauvre camarade.

» Pour lui, il avait eu la gorge coupée de la violence du coup ; sa voix, ou plutôt un mugissement sourd et incertain s'échappait par la plaie, et l'air de ses poumons faisait monter le sang à gros bouillons à la surface de son énorme blessure.

» Panthia, la fermant avec son éponge : « Éponge, ma mie, disait-elle, vous qui êtes née dans la mer, gardez-vous de passer par une rivière. » Cette opération terminée, elles relèvent le grabat sous lequel j'étais enseveli ; et, se plaçant les jambes écartées au-dessus de ma face, elles se mettent à lâcher de l'eau jusqu'à ce qu'elles m'aient inondé et trempé d'une urine épouvantablement puante.

» A peine ont-elles repassé le seuil, que les portes se relèvent sans présenter la moindre effraction, et reprennent leur ancienne place ; les gonds se remettent dans leurs charnières, les battants devant leurs barreaux, les verroux courent se replacer dans leurs gâchettes. Mais moi ! dans quel état je me trouvais? Gisant à terre, respirant à peine, nu, glacé de froid, tout mouillé comme est l'enfant qui sort du ventre maternel ! Que dis-je là? j'étais à moitié mort; je me survivais à moi-même, j'étais un posthume, ou tout au moins j'étais comme un homme qui n'attend plus que le gibet déjà tout préparé. Que vais-je devenir, me disais-je, quand on verra demain ce pauvre diable égorgé? J'aurai beau dire la vérité ; y trouvera-t-on la moindre vraisemblance? « Vous deviez au moins crier au secours, si un grand corps d'homme comme vous était incapable de résister à une femme. Sous vos yeux on égorge un homme, et vous restez muet! Mais pourquoi n'avez-vous pas été victime d'un attentat pareil? Pourquoi son impitoyable cruauté n'a-t-elle pas sacrifié celui qui avait vu le crime, ne fût-ce que pour en dérober les traces? Allez, puisque vous avez échappé à la mort, allez rejoindre votre camarade. » Pendant que j'étais plongé dans toutes ces réflexions, la nuit fit place au jour.

» C'est pourquoi je jugeai n'avoir rien de mieux à faire que de m'échapper furtivement avant la pointe du jour, et de me mettre en route bien qu'à tâtons. Je prends mon petit bagage, je tire les verroux et je mets la clef dans la serrure. Mais au diable ces portes avec leur incorruptible fidélité ! Elles s'étaient spontanément détachées de leurs serrures pendant la nuit, et ce ne fut qu'au bout d'une heure, avec beaucoup de peine, et en tournant cent fois la clef, que je parvins alors à les ouvrir. Holà! quelqu'un, me mis-je à crier, ouvrez-moi la porte de la cour; je veux partir avant le jour. Le portier, qui était couché à terre derrière l'entrée, s'éveilla à moitié : Eh quoi! dit-il, ne savez-vous pas que les chemins sont infestés de brigands? Pourquoi vous mettre en route la nuit? Ma foi ! si vous avez quelque gros péché sur la conscience et que vous soyez si curieux de mourir, nos têtes ne sont pas des citrouilles, nous n'avons pas envie de nous les faire couper pour vous. — Mais il fera jour dans un moment, et d'ailleurs, à un pauvre voyageur comme moi, qu'est-ce que les voyageurs pourraient me prendre? Ignores-tu, imbécile, que dix hommes des plus vigoureux ne sauraient en dépouiller un seul qui est tout nu? Le portier, accablé de sommeil, se retournant de l'autre côté : « Que sais-je, dit-il à moitié endormi, si vous n'avez pas égorgé votre camarade, celui avec lequel vous êtes venu loger hier au soir, et si ce n'est pas par mesure de sûreté que vous voulez partir? » Au moment, il me semble que j'y suis encore, je crus voir la terre s'entr'ouvrir jusqu'aux profondeurs du Tartare, et l'affamé Cerbère prêt à m'y dévorer.

» Je connus bien alors que ce n'était pas par bonté d'âme que l'aimable Méroé m'avait épargné, mais que, dans sa scélératesse, elle m'avait réservé pour périr en croix. Je retournai donc dans la chambre, et je cherchai de quelle mort violente je me détruirais. Mais, par fatalité, je n'avais, en fait d'instrument de suicide, que mon seul grabat : Cher grabat! m'écriai-je, toi que je chéris par dessus tout, qui as supporté tant d'infortunes avec moi, qui as été comme témoin des infortunes de cette nuit, il n'y a que toi qui pourrais, dans ma cruelle position, citer comme garant de mon innocence : Je veux périr au plus tôt, facilite-moi le chemin du ténébreux séjour. En disant ces mots, je me mets à démonter la sangle qui en faisait le fond, et l'ayant passée par un bout à un chevron qui avançait au-dessus de la fenêtre, je fais un nœud à l'autre bout ; je monte ensuite sur mon lit, et me haussant pour qu'il n'y ait pas moyen d'échapper, je passe la tête dans la corde ; mais comme je repoussais du pied ce qui me soutenait, afin que le poids de mon corps serrât le lacet autour de mon cou, et que je ne pusse plus respirer, la corde, qui du reste était déjà vieille et à moitié pourrie, se casse tout à coup. Je tombe de mon haut sur Socrate, couché à côté de moi ; je roule sur lui, et nous voilà tous deux par terre.

» Au moment même, le portier entre brusquement en criant de toutes ses forces : « Où êtes-vous donc, vous qui étiez si pressé de partir au milieu de la nuit et qui ronflez maintenant au milieu de vos draps ? » Comme il disait ces paroles, notre chute, ou peut-être aussi ses cris à rendre sourd, réveillèrent Socrate. Il fut le premier debout. « Les voyageurs ont bien raison, dit-il, de maudire ces aubergistes. Cet impertinent entre ici sans se gêner, dans l'intention, je parierais, de voler quelque chose ; et avec ses cris épouvantables, il m'a réveillé de mon profond sommeil, moi qui étais si fatigué. » Il eût fallut voir la joie et l'empressement avec lequel je me relevai. Dans mon bonheur inespéré : « Brave portier ! m'écriai-je, voilà mon compagnon, mon père, mon frère, celui que tu prétendais cette nuit, dans ton ivresse, que j'avais assassiné. » En disant ces paroles, je serrai Socrate dans mes bras, et je le baisai de tout mon cœur. Mais lui, frappé de l'odeur répandue par la liqueur infâme dont les sorcières m'avaient infecté, me repousse rudement : « Arrière, dit-il, quelle odeur des plus dégoûtantes latrines ! » Et il se met à me demander en riant qui m'avait ainsi parfumé ? Dans mon embarras, je lui improvisai une mauvaise plaisanterie, et détournant de nouveau son attention vers un autre sujet, je lui frappai sur l'épaule. « En route, dis-je, c'est un plaisir de voyager de grand matin. » Je prends mon paquet, je paie le prix de notre coucher à l'auberge, et nous partons, « et pretio mansionis stabulario persoluto, capessimus viam. »

» Déjà nous avions fait assez de chemin, et le soleil, qui venait de se lever, laissait distinguer tous les objets. J'examinais avec une attention mêlée d'anxiété le cou de mon compagnon à l'endroit ou j'avais vu l'épée s'y enfoncer : Imbécile que tu es ! me dis-je, faut-il que le vin et le sommeil t'aient fait rêver d'aussi étranges choses ! Voilà Socrate, il n'a pas une égratignure ; et il est en pleine et parfaite santé. Et la blessure ? et l'éponge ? et cette plaie si profonde, si saignante ? où est tout cela ? Puis m'adressant à lui : Des médecins dignes de foi, lui dis-je, ont bien raison d'attribuer les rêves funestes et pénibles aux excès de table et aux débauches. Pour m'être hier au soir trop peu ménagé en buvant, j'ai passé la nuit la plus affreuse, et j'ai vu des monstruosités, des horreurs ; c'est au point que je suis tenté de me regarder comme un être immonde et de me croire encore couvert de sang humain.

» — De sang humain ! reprit en souriant Socrate ; non pas, non pas, mais d'urine, à la bonne heure. Du reste pourtant, j'ai rêvé moi-même qu'on me coupait le cou. J'ai éprouvé une douleur à la gorge, et il m'a semblé qu'on m'arrachait le cœur. Encore maintenant, la respiration me manque, mes genoux tremblent, je chancelle en marchant, et j'aurais besoin de prendre quelque chose pour me ranimer.

» — Voilà, lui dis-je, ton déjeuner tout servi. En même temps, j'ôte mon bissac de dessus mes épaules, et je m'empresse de lui présenter du pain et du fromage. Asseyons-nous, ajoutai-je, contre ce platane. Cela fait, je me mis à déjeuner des mêmes provisions. Comme je le regardais attentivement depuis quelques minutes manger avec avidité, je le vis qui devenait livide comme du buis, et qui se trouvait mal ; son teint était cadavéreux, et son visage tellement bouleversé, que, dans mon effroi, croyant voir à nos trousses les furies de la nuit précédente, je sentis ma première bouchée de pain s'arrêter, toute petite qu'elle était, au milieu de mon gosier, sans pouvoir ni remonter ni descendre. La quantité de gens qui passait par là mettait le comble à ma terreur. Voudront-ils croire, en effet, que, de deux hommes qui cheminaient ensemble, l'un soit assassiné sans qu'il y ait de la faute de l'autre ?

» Cependant, Socrate, qui avait abattu une bonne quantité de pain, et qui avait avalé presque la moitié d'un excellent fromage, fut saisi d'une soif dévorante. A quelque distance du platane, une rivière paisible et calme comme un beau lac promenait avec lenteur le cristal de ses eaux argentées. » Tiens, lui dis-je, régale-toi à cette source blanche comme du lait. » Il se lève, et après avoir cherché une place sur le bord, il se met à genoux, penche la tête, et se prépare à boire avec avidité. Il n'avait pas encore effleuré du bout des lèvres la surface de l'eau, lorsque je vois à son cou une blessure énorme qui s'ouvre ; l'éponge en question s'en échappe tout à coup, et avec elle quelques gouttes de sang en petite quantité. Ce n'était plus qu'un cadavre qui allait tomber dans la rivière, si, le retenant par un pied, je ne l'eusse pas, avec assez de peine, retiré sur le bord. Là, après avoir donné, autant que la circonstance le permettait, quelques larmes à mon pauvre compagnon, je l'ensevelis non loin de la rivière, dans un terrain sablonneux. Ce devait être à jamais sa dernière demeure ! Ensuite, tout tremblant, tourmenté pour moi-même de transes horribles, je m'enfuis par les endroits les plus écartés, les plus solitaires ; et renonçant, comme si j'eusse été coupable de l'assassinat d'un homme, à ma patrie, à mes foyers, je pris le parti de m'exiler volontairement, et je m'établis dans l'Étolie, ou je me suis remarié. Voilà ce qu'Aristomène nous raconta. »

On comprend que de pareils récits, circulant dans les entretiens du peuple où Apulée dut certainement trouver le fond de cette histoire, dont il se contenta de créer les détails et quelques péripéties, devaient faire étrangement impression sur l'esprit des voyageurs, et leur faire avec raison regarder les hôtelleries comme autant de lieux maudits, comme autant de repaires et de coupe-gorges à fuir. La persévérance de quelques peuples dans les habitudes de l'hospitalité primitive, si louable, si utile, non-seulement pour le gîte qu'elle offrait, mais pour celui qu'elle permettait d'éviter, ne nous étonne plus après cela. Nous comprenons volontiers que partout où l'on avait un peu l'amour des vertus hospitalières et le respect des étrangers, on ne se hâtât pas de les envoyer à l'auberge, où un danger les attendait plutôt qu'un asile, et qu'on préférât, pour peu qu'on fût avec eux en liaison d'amitié, ou même simplement de commerce, les loger et les nourrir chez soi.

Dans les Gaules et chez les Germains, il n'avait pas cessé d'en être ainsi : l'hospitalité gratuite y avait toujours été plus en usage que l'hospitalité mercenaire des auberges. Nous doutons même qu'il s'y trouvât de pareils gîtes avant la conquête romaine. « Les Germains, dit César dans ses commentaires, regardaient comme un crime de faire quelque outrage aux étrangers. Quand il en venait chez eux, pour quelque cause que ce fût, ils empêchaient qu'on ne les insultât, et les regardaient comme des personnes sacrées. Toutes les maisons leur étaient ouvertes, et partout on leur donnait à manger. » En Gaule, selon Aristote, c'était mieux encore : non seulement on hébergeait le voyageur, mais on le conduisait, on le gardait à l'œil. Si, sur la grande voie Herculéenne qui, allant d'Italie en Espagne, traversait toute la Gaule, un Grec ou même un voyageur indigène avait souffert quelque injure ou quelque dommage, on punissait tous ceux sur le territoire desquels la chose était arrivée. On poussait si loin chez les Celtes le culte des passants, que le meurtre d'un étranger était plus sévèrement puni que celui d'un citoyen. Pour le premier de ces crimes, selon Nicolas de Damas, il en coûtait la vie ; celui qui avait commis le second en était quitte pour un bannissement. Nous verrons plus tard, lorsque nous nous occuperons des hôtelleries au moyen âge, comment, chez tous les barbares Germains ou Sarmates, les mêmes usages hospitaliers étaient mis en pratique, comment, par exemple, selon Helmodus dans sa *Chronique des Slaves*, il était si rare, chez les Esclavons du XIe siècle, de refuser le couvert à un étranger ; et comment enfin le déni de l'hospitalité était si bien regardé comme un crime capital, qu'une loi permettait de mettre le feu à la maison de celui qui avait commis cette lâcheté.

Dans la Gaule devenue romaine, ces louables coutumes s'altérèrent, mais

pourtant ne disparurent pas tout à fait; on s'y empressa toujours de regarder
le voyageur comme un hôte et un ami. La moindre relation d'affaires suffit pour
établir une liaison d'amitié entre le marchand d'une ville et l'acheteur qui lui
venait des contrées étrangères. Seulement la manière d'héberger fut moins libérale, l'hospitalité moins large et moins abondante. On donna l'abri, voilà tout,
encore ne fallut-il pas en abuser par un trop long séjour chez le même hôte.
Quant à la nourriture, on avait à s'en pourvoir ailleurs. Le voyageur qui arrivait
après dîner et le ventre plein était toujours sûr d'être le mieux reçu. Septumanus, le marchand de Lyon, le dit positivement aux chalands étrangers qui
peuvent arriver chez lui. La très-curieuse inscription qui le nomme, et qui sans
doute servait d'enseigne facétieuse à sa maison de commerce, le déclare net au
voyageur. La voici d'ailleurs telle que nous l'avons trouvée reproduite par dom
Martin, au tome Ier de son livre sur la *Religion des Gaulois*.

> MERCVRIVS HIC LVCRVM
> PROMITTIT APOLLO SALVTEM
> SEPTVMANVS HOSPITIVM
> CVM PRANDIO QVI VENERIT
> MELIVS VTETVR. POST
> HOSPES VBI MANEAS PROSPICE.

Ce qui veut dire : « Mercure promet ici un gain certain, Apollon la santé,
Septumanus l'hospitalité. Celui pourtant qui apportera son dîner s'en trouvera
mieux. Mais cela fait, étranger, cherche où te loger. »

Dom Martin se fait fort de cette singulière inscription pour exalter l'hospitalité des Lyonnais au temps de l'occupation romaine ; mais peut-être infère-t-il
de là un peu trop promptement que les Gallo-Romains ne connaissaient pas les
hôtelleries. Il est facile de prouver le contraire, n'eût-on à opposer au dire un
peu hasardé du savant Bénédictin que certaine autre inscription donnée déjà,
dans une de nos notes, d'après les *Miscellanées* de Spon. Nous y trouvons
consignés le nom et la profession d'un certain Éros, affranchi de Lucius Affra-
nius Créalis, qui, venu avec sa femme Procilla, de Tarascon à Narbonne, s'était
fait hôtelier (*ospitalis*) dans cette dernière ville, sous l'enseigne du Coq (*a Gallo
gallinacio*). « Or, écrit Spon, qui tire de là une conclusion toute contraire à celle
que dom Martin a déduite du document précédent, cette rare inscription nous
prouve que les anciens, de même que les modernes, avaient coutume de prendre
des figures d'animaux pour enseigne de leurs hôtelleries. »

De toutes les villes de la Gaule, Marseille est peut-être la seule où nous
ayons trouvé, je ne dis pas le mépris complet de l'hospitalité, mais une bien-
veillance moins marquée pour les voyageurs, et même une sorte de défiance
des étrangers. En cela elle reniait hautement sa double origine de Grecque et
de Gauloise. Selon Valère Maxime, nul voyageur n'y pouvait entrer, si par

avance il ne déposait se armes entre les mains de gardes, qui les lui remettaient à sa sortie. Les jours de fête, c'est-à-dire quand les étrangers devaient y affluer en plus grand nombre, la police massilienne devenait à leur égard plus vigilante encore et plus soupçonneuse. Il était d'usage alors de fermer les portes, de monter la garde, de garnir les remparts de sentinelles, enfin, d'avoir toujours l'œil sur les étrangers (*peregrinos recognoscere*), comme dit Justin. Toutefois il ne faut pas trop en vouloir aux Massiliens de ces mesures défiantes, et les regarder comme un parti pris contre les devoirs de l'hospitalité. C'était avant tout un souvenir de la Fête des Fleurs pendant laquelle Marseille s'était sauvée avec tant de peine des embûches de Coman et de ses 7000 Ségobriges ; en s'entourant de précautions et de vigilance, elle voulait à tout prix prévenir le retour de pareilles surprises, qui avortées la première fois, pouvaient la seconde avoir un plein succès.

La situation des étrangers dans une ville pareille n'en était pas moins assez difficile, et les hôteliers, s'il s'en trouvait, comme tout nous porte à le croire, devaient aussi en souffrir et s'en plaindre ; car ce sont gens qui n'ont jamais bien pêché qu'en eau trouble, et qui, par conséquent, ne se sont jamais accommodés d'une police bien faite. En revanche, à ce qu'il paraîtrait, les marchands de vin, que ne pressait pas un pareil système de surveillance, y faisaient assez bien leurs affaires. Ils avaient conservé les bonnes traditions des vignerons et des cabaretiers grecs pour bien fabriquer et bien travailler le vin. Comme dans l'Attique, le paysan Massilien, impatient de sa récolte, savait, pour mieux hâter la maturité du fruit, bien saupoudrer de poussière le cep, les tiges, le raisin lui-même. Si, malgré ces soins, le liquide gardait une verdeur trop âcre, il y infusait de la poix résine, toujours d'après le procédé grec. Mais il avait beau faire, son vin restait toujours noir, épais, *pinguius*, comme dit Pline, et par conséquent assez peu estimé. Il n'arrivait jamais à la qualité supérieure de celui que les Volkes-Arécomikes récoltaient sur le territoire de Béziers (*Biterra*), et moins encore à la renommée de ce vin doux et liquoreux qu'on obtenait dans la vallée de la Durance, en tordant les grappes et en les laissant au cep pendant les premières gelées.

Les marchands de vin de Marseille, aussi bien sans doute que ceux de quelques autres mauvais crus de la Gaule, avaient encore le secret de travestir leur marchandise, et de lui donner une mine plus appétissante, sinon un goût meilleur. Souvent même, ce qui faisait l'un gâtait l'autre. L'aloës, par exemple, qu'ils employaient de préférence, rehaussait la couleur, mais en même temps rendait la saveur amère. Peu importait aux marchands Gaulois, l'œil de l'acheteur était trompé, le vin acheté ; et comme le plus souvent on l'exportait au delà des Alpes, on ne s'apercevait de l'amertume déguisée sous cette belle cou-

leur que lorsqu'on était arrivé en Italie, c'est-à-dire trop loin pour avoir justice
du vendeur fripon et lui faire reprendre sa marchandise. On fut longtemps
la dupe au delà des Alpes de ces piquettes massiliennes, si amères mais si bien
colorées. Du temps de Pline, on en exportait encore, malgré les plaintes sans
doute renouvelées chaque année contre « ce vin, dit-il lui-même, dont l'aloës
corrompt le goût et la couleur. *Aloën mercantur quâ saporem coloremque
adulterant.* »

On reprochait encore aux vins gaulois, à ceux de Marseille et de Narbonne
surtout, le goût de fumée qu'ils contractaient dans l'*apotheca*, petite chambre
placée au-dessus du *fumarium*, et dans laquelle on les exposait, afin que l'action de la chaleur et de la fumée leur donnât une maturité plus rapide. On avait
beau boucher hermétiquement les vases qui les renfermaient pour que la fumée
ne pénétrât pas dans le vin lui-même, il en restait presque toujours imprégné.
En cela, les marchands massilliens étaient moins habiles que les vignerons de
Madère, qui, afin de mûrir leur vin, recourent encore, et sans qu'il en soit jamais
gâté, à des procédés à peu près semblables. Ils déposent leurs vases pleins dans
le voisinage d'un four ou tout près du foyer de leur cuisine; et là, en effet, le
vin se mûrit et s'améliore.

Trop fins gourmets pour boire d'un vin aussi mauvais que celui qu'ils fabri-
quaient et enfumaient ainsi, les Massiliens, nous venons de le voir tout à
l'heure, exportaient presque tout le produit de leurs détestables récoltes. Chez
eux, la vente de tous les poisons, comme Valère Maxime nous l'apprend,
n'était-elle pas interdite? C'est en Italie surtout, nous le répétons, que ces vins
trouvaient leur écoulement. Les marchés de vente se traitaient, comme la plupart des affaires d'exportation, par l'entremise des *proxenetæ*, sorte de courtiers ou *moyenneurs*, comme traduit Calepin dans son vieux style, que nous
aurions déjà pu vous montrer chez les Grecs, s'entremettant pour de pareilles
affaires, et dont la loi romaine, imitée en cela par les ordonnances de nos rois,
avait reconnu et consacré les fonctions. Le transport du vin se faisait soit par
terre soit par mer, Martial vous le dira bientôt. Pour le voiturer on se servait souvent d'une vaste peau, sorte d'outre gigantesque, dans laquelle le vin était ren-
fermé et qu'on fixait solidement sur une charrette. L'outre avait deux orifices :
l'un, plus large, servait à entonner le vin, l'autre, plus étroit et prolongé par
une sorte de long boyau, servait à le transvaser dans les amphores, quand on était
arrivé au lieu de destination. Une peinture murale, trouvée à Pompéia dans le
thermopolium voisin de la *maison du questeur*, nous représente une voiture à
deux chevaux ainsi chargée d'une outre pleine de vin, et deux esclaves de cabaret occupés à remplir de longues amphores à fonds coniques, en faisant pénétrer dans leur ouverture l'extrémité de l'orifice inférieur de l'outre. On
employait aussi, pour le transport des liquides, des vaisseaux en bois cerclé,

semblables à nos tonneaux, mais c'était dans les Gaules seulement, car partout ailleurs on ne connaissait que les outres et les vases de terre de toute dimension ; ce qui achève de démentir cette tradition populaire qui, depuis des siècles, donne pour logement à Diogène une tonne en tout pareille aux nôtres, au lieu de le placer dans l'énorme conge de terre cuite où l'une des gravures de ce livre, reproduction exacte d'un bas-relief antique, vous l'a déjà fait voir. Un passage de Pline attribue positivement cette invention des tonneaux de bois aux vignerons des Gaules « qui, dit le naturaliste, enferment leurs vins dans des vases de bois qu'ils entourent de cercles. *Vina ligneis vasis condunt circulisque cingunt.* »

Nous savons comment en Italie on accueillait les vins du midi de la Gaule, à cause de la saveur amère que lui donnait l'aloès ; le goût de fumée qu'ils avaient contracté dans le *fumarium* n'était pas fait pour racheter ce vice et pour les faire rechercher. Il semble même que les gourmets italiens passaient plus volontiers sur le premier défaut que sur l'autre. Martial, par exemple, ne le pardonne pas aux vins de Marseille, et il s'en indigne d'autant plus, que ces piquettes ainsi enfumées se vendaient, à ce qu'il paraît, aussi cher que les meilleurs vins de l'Italie. Il s'emporte surtout contre un certain Munna, marchand de vin massilien, qui abusait de ses relations d'amitié avec un certain nombre de gourmets de Rome pour leur envoyer à grands frais des cargaisons de sa piquette. L'épigramme qu'il fit contre ce fripon transalpin est l'une de ses meilleures, l'une de celles dont l'esprit a le moins vieilli :

IN MUNNAM.

Improba Massiliæ quicquid fumaria cogunt
  Accipit ætatem quisquis ab igne cadus,
A te, Munna, venit : miseris tu mittis amicis
  Per freta, per longas toxica sæva vias.
Nec facili pretio, sed quo contenta Falerni
  Testa sit, aut cellis Setia cara suis.
Non venias quare tam longo tempore Romam,
  Hæ puto caussa tibi est, ne tua vina bibas.

CONTRE MUNNA.

« Tout ce qu'on entasse de plus détestable dans les fumaria de Marseille, toute cette piquette en tonneau à laquelle le feu a donné de l'âge, vient de chez toi, Munna : tu expédies à tes malheureux amis, à travers les mers et par de longues routes, les poisons les plus perfides. Encore, n'est-ce pas à bon marché ; ils coûtent aussi cher qu'une *testa* de falerne, et que le Setia si estimé dans nos celliers. Je sais bien pourquoi tu ne viens pas à Rome depuis longtemps : c'est, j'en suis sûr, parce que tu as peur qu'on te fasse boire de ton vin. »

Partout où, durant cette interminable course à travers le monde romain, partout où nous vous avons menés, soit au cabaret, soit à l'hôtellerie, vous avez rencontré les mêmes abus, vous vous êtes heurtés contre les mêmes scandales. Ici, la débauche fangeuse et les désordres infâmes; là le vice toujours impunément abrité et effrontément servi, partout l'orgie ignoble, l'infamie et le vol devenant le fond d'un métier, enfin le vice de tous côtés, parfois même le crime. Si, de cette terre des Gaules où nous espérions trouver plus d'honnêteté, mais où Munna et ses confrères, les marchands de vin de Marseille, sont venus si vite démentir nos prévisions favorables, nous passons en d'autres contrées restées plus longtemps dans leur rudesse, et par conséquent dans leur honnêteté primitive, nous serons tout surpris de voir que les mêmes scandales nous attendent. Pour que les désordres et les vices naissent de toutes parts et pullulent par milliers sur un sol longtemps barbare et vierge, il suffit qu'un pied romain l'ait une fois foulé. Pompée n'avait qu'à frapper la terre pour qu'il en sortît des légions; sous les pas de ses descendants, c'est la débauche partout avec les vices, son inévitable cortège, qu'on voit naître, croître et grandir.

Allons chez les Rhétiens par exemple, peuple si longtemps insoumis, et nous verrons que cette province germaine fut acquise à la corruption de Rome avant de l'être à ses armes. Le vice marchait devant, et, en énervant la vigueur barbare, préparait les voies à la conquête. Une seule tradition nous est venue de ces contrées pendant l'époque romaine, et c'est une tradition scandaleuse; c'est une de ces histoires d'hôtelleries infâmes comme nous en avons tant conté déjà, et qui ne serait même pour nous qu'une preuve de plus, justifiant tout ce que nous avons avancé sur l'identité du *diversorium* et du *lupanar*, si par bonheur le christianisme ne venait en purifier et en sanctifier le dénouement.

Ce qui pouvait être une aventure aux détails honteux devient une histoire édifiante; le théâtre d'une orgie devient le lieu d'un martyre. Le christianisme fera souvent de ces miracles; nous vous raconterons tous ceux qui seront bien de notre domaine, et qui nous sembleront devoir faire utilement tableau dans notre cadre. Ce sera le moyen de montrer comment cette foi si pure, tâchant à saper le polythéisme, ne craignit pas de s'en prendre souvent aux côtés les plus immondes d'une société dont l'adoration des faux dieux consacrait les mauvaises mœurs. Commençons toujours par cette histoire du martyre de sainte Affre, la patronne d'Augsbourg.

Nous sommes à la dernière année du règne de Galérius, c'est-à-dire à l'époque des dernières persécutions qu'auront à subir les chrétiens : Gaïus préside à Augustodunum, aujourd'hui Augsbourg, le tribunal qui envoie au supplice ceux qui se déclarent chrétiens et refusent de sacrifier aux faux dieux. Parmi les femmes les mieux vouées aux divinités impudiques dont le culte fait horreur aux élus de la nouvelle foi, se trouve Affre la cyprienne, fille d'Hilaria, née comme elle à Chypre. Toutes deux sont courtisanes. Quand on vient d'une telle patrie, peut-on être autre chose que prêtresse de Vénus? Secondées dans leurs désordres par trois jeunes filles venues comme elles sans doute de l'île de Chypre ou de la Grèce, et que Fleury appelle leurs servantes, elles ont ouvert à Augsbourg une sorte d'hôtellerie semblable à celles que tenaient les filles thraces dans Athènes, et surtout à celles de nos *ambubaiæ* à Rome et dans ses environs. Hilaria tenait la maison, Affre et ses compagnes attiraient les clients. « Affre, dit M. Saint-Marc Girardin, qui bien avant nous et mieux que nous a raconté cette légende, Affre était, j'imagine, la Phryné et l'Aspasie de la ville municipale d'Augsbourg en Rhétie. C'était chez elle que soupaient les jeunes Romains qui venaient s'ennuyer à Augsbourg, sous le titre de préteur ou de préfet des soldats, n'ayant d'autre occupation que leur fortune à faire aux dépens de la province, d'autre plaisir que la maison d'Affre, la fille de Chypre, qui les aidait à ruiner les provinciaux. »

Un soir, dans cette maison perdue arrivent deux hommes au front austère, à la contenance grave; c'est l'évêque Narcisse et son diacre Félix. Ils cherchent un refuge contre les persécuteurs mis sur leurs traces par le ministre de Galérius; ils ont vu cette hôtellerie ouverte, et ne la croyant pas aussi infâme qu'elle l'est en effet, ils sont entrés. Affre les accueille, « et, dit la légende, croyant que les deux voyageurs étaient deux hommes enflammés d'impurs désirs, elle apprête un souper et prépare toutes choses ainsi qu'elle avait coutume de le faire en pareille occasion; mais l'évêque, s'étant approché de la table, se mit à prier et à chanter le Seigneur. Affre, stupéfaite de ces paroles qu'elle n'avait jamais entendues, lui demanda qui il était, et elle apprit qu'il était évêque. Aussitôt elle tomba à ses pieds en disant : « Seigneur, je suis indigne de vous recevoir, et dans toute la ville, il n'est pas une créature plus avilie que moi! Je ne suis pas digne de toucher le bord de vos vêtements. »

L'évêque lui répondit : « Ne craignez rien; le Sauveur mon Dieu a été touché par des mains impures, et il est resté sans tache. Ne voyez-vous pas la lumière du soleil qui éclaire les cloaques et les lieux immondes, et qui cependant remonte au ciel aussi pure qu'elle en est descendue? Ainsi, ma fille, recevez en votre âme la lumière de la foi, afin que, purifiée de tous péchés, vous puissiez vous réjouir de m'avoir reçu dans votre maison. Affre lui répondit : « Hélas! j'ai commis plus de péchés que je n'ai de cheveux! comment puis-je laver tant de souillures? » Narcisse répondit : « Croyez, recevez le baptême et vous serez sauvée. »

A ces paroles, qui lui donnent l'espoir du salut même dans la honte, qui lui montrent le ciel ouvert, Affre, toute radieuse de la plus douce joie, appelle les filles qui habitent avec elle, ses compagnes de luxure, dont elle veut faire les compagnes de sa vie purifiée. Elles accourent, et leur montrant avec un pieux respect le saint homme assis à son foyer :

« Cet homme qui est venu vers nous, leur dit-elle, est un évêque des chrétiens ! Et il m'a dit : Si vous croyez au Christ et si vous êtes baptisée, tous vos péchés vous seront remis. Qu'en pensez-vous ? » Et les trois prêtresses, Digna, Eumenia et Euprepia, lui répondirent : « Vous êtes notre maîtresse, nous vous avons suivie dans le vice ; comment ne vous suivrions-nous pas dans le pardon de nos péchés ? »

Et après ces paroles, cette nuit qui, comme toutes les autres, devait sans doute se passer dans l'orgie, se passe pour ces filles repentantes dans toutes les ferveurs de la prière, sous le regard et les mains étendues de l'évêque. Le matin venu, Affre avertit sa mère Hilaria de la présence du saint homme, lui apprend le bonheur de sa conversion, et aussitôt la grâce touche la vieille courtisane ; elle n'a plus d'espérance que dans un pareil repentir et dans les bénédictions de l'évêque. Non seulement elle consent à lui donner asile dans une maison qu'elle possède loin de l'hôtellerie, mais quand Affre lui a dit : « Eh bien, à la nuit je vous l'amènerai, » elle s'est écriée pleine de joie : « Amène-le en toute hâte, et s'il s'y refuse tu le supplieras. »

En effet, le soir, Narcisse, entraîné par Affre loin du bouge infâme que sa présence avait si miraculeusement sanctifié, fut amené dans la maison d'Hilaria, où il devait apporter une joie pareille. La vieille Cyprienne tomba à ses genoux, et pendant trois heures, dit la légende, elle les tint embrassés, en disant : « Je vous en supplie, Seigneur, faites que je sois aussi purifiée de mes péchés. »

Ici le légendaire, comme il est d'usage dans ces sortes de récits, fait intervenir le démon qui avant de céder à l'évêque Narcisse cette riche proie, les quatre âmes qu'il lui enlève, le supplie de le laisser encore une nuit, une seule dans l'hôtellerie d'Affre. Narcisse refuse, craignant, pour ces pécheresses à peine acquises à la foi, les dangers de ces heures de la nuit vouées d'ordinaire à l'impureté ; et le démon vaincu disparaît. Le lendemain Affre, ses servantes et sa mère furent baptisées.

Mais bientôt, les soldats du gouverneur Gaïus entourent l'hôtellerie d'Affre ; on saisit la nouvelle chrétienne, on l'entraîne devant Gaïus, qui la menace de la faire brûler vive, si elle ne sacrifie pas aux dieux. Elle refuse, et on l'entraîne dans une île du Lek, où, debout sur un bûcher de sarments, elle mourut en priant le Seigneur.

« Cependant, dit Fleury, Digna, Eumenia et Euprepia, qui avaient été esclaves, pécheresses comme elle et baptisées avec elle par le saint évêque Narcisse, étaient sur le bord du fleuve. Elles se firent passer dans l'île, et trouvèrent le corps de sainte Affre tout entier. Un garçon qui était avec elles repassa à la nage, et en porta la nouvelle à Hilaria, mère de la martyre. Elle vint la nuit avec les prêtres de Dieu, enleva son corps, et le mit à deux milles de la ville, dans un sépulcre qu'elle avait bâti pour elle et pour les siens. Gaïus, l'ayant appris, y envoya, avec ordre de leur persuader de sacrifier, s'il était possible, sinon de les brûler dans le sépulcre même. Les soldats, après avoir employé en vain les promesses et les menaces, les voyant fermes à refuser de sacrifier, emplirent le sépulcre de sarments et d'épines sèches, le fermèrent sur elles, y mirent le feu et se retirèrent. Ainsi, le même jour que sainte Affre avait été ensevelie, sa mère et ses trois servantes souffrirent le martyre. »

A peu près à cette époque même, où le martyre de sainte Affre, l'hôtelière courtisane, purifiait le sol de la Rhétie et préparait par son pieux exemple la conversion des provinces germaines, naissait et grandissait, dans une petite hôtellerie de la Sicile, une sainte femme qui devait plus que toute autre servir la cause de la foi et lui ouvrir les voies jusqu'au trône impérial. C'est sainte Hélène, la mère de Constantin. Elle était née au IIIe siècle, dans cette ville de Drepranum que Justinien, en souvenir d'elle, devait si richement embellir, et décorer du nom nouveau d'Helenopolis. Son père était hôtelier. Quelques historiens, que cette origine trop peu relevée pour la mère du premier empereur chrétien ne satisfaisait pas, ont voulu la révoquer en doute, et se sont mis à chercher pour Hélène une plus noble parenté. Il en est qui pour cela ont été jusqu'à la dépayser. Ainsi, les agiographes anglais en ont fait une de leurs compatriotes, une noble fille de la ville d'Yorck. Vains efforts ! le fait de la naissance d'Hélène dans la petite auberge de Drepanum est resté constant et irréfutable, grâce au témoignage d'Orose, qui, en chrétien de bonne foi, ne nous marchande point la vérité là-dessus, et grâce même à Eutrope qui, bien que moins explicite, nous dit sans périphrase que Constantin était né du mariage assez obscur de Constance « *ex obscuriore matrimonio.* » Après eux, Gibbon, peu soucieux de ne pas contredire les pieux écrivains de son pays et d'enlever une sainte aux martyrologes britanniques, est venu confirmer ce que nous venons de dire de l'origine de sainte Hélène : « Nous sommes forcé d'avouer, écrit-il, qu'elle était fille d'un aubergiste ; » puis il ajoute en note : « Il est assez probable que le père d'Hélène tenait une auberge à Drepanum, et que Constance put y loger lorsqu'il revint de son ambassade en Perse sous le règne d'Aurélien. » Mais cette jeune fille, qu'il prenait ainsi dans une auberge, lieu peu accoutumé aux amours pudiques comme vous savez, Constance l'épousa-t-il d'abord, ou bien en fit-il simplement sa concubine ? Quoi qu'aient dit Orose et Zozyme, qui prétendent qu'il n'en fit point sa femme, et quoique notre connaissance des mœurs au moins désordonnées des hôtelières de cette époque nous fasse nous-mêmes pencher un peu vers leur avis, ici encore nous nous en référerons à l'opinion peu suspecte de Gibbon, qui, contradictoirement à ce qu'ont écrit Zozyme et Orose, dit qu'Hélène « ne fut pas la concubine de Constance. » N'est-il pas d'ailleurs certain qu'elle était bien légitimement son épouse, quand il la répudia pour épouser Théodora, fille de Maximilien Hercule, mariage qui le rapprochait de l'empire, et qu'à son lit de mort il proclama César, son fils Constantin, ce qu'il n'aurait pas fait pour un bâtard? D'ailleurs, quelle qu'ait été la conduite d'Hélène, la fille de l'aubergiste de Drepanum, pendant sa jeunesse, la fin de sa vie, les œuvres pieuses de la mère de Constantin la rachètent trop bien pour qu'il soit convenable d'y revenir. « L'empereur son fils, dit Fleury, lui fit connaître la vraie religion qu'elle ignorait auparavant, lui donna le titre d'Auguste, et fit mettre son effigie sur la monnaie d'or. Elle disposait de ses trésors, mais c'était pour faire des libéralités et des aumônes. Elle était très assidue aux églises, les parait de divers ornements, et ne négligeait pas les oratoires des moindres villes. On la voyait au milieu du peuple avec un habit simple et modeste dans les assemblée ecclésiastiques. » Il ajoute ensuite, à propos du voyage qu'elle entreprit en Palestine pour retrouver la vraie croix du Christ: « Elle alla, nonobstant son grand âge, visiter les saints lieux, et prendre soin de les orner de somptueux édifices, par la libéralité de son fils. En traversant l'Orient, elle fit des largesses extraordinaires aux gens de guerre, aux communautés et à chacun des particuliers qui s'adressaient à elle. Aux uns, elle donnait de l'argent, aux autres des habits; elle délivrait les uns des prisons, les autres du travail des mines; elle rappelait les exilés. Étant arrivée à Jérusalem, elle commença par faire abattre le temple et l'idole de Vénus, qui profanaient le lieu de la croix et de la résurrection. » Il était impossible de mieux abjurer un passé déshonnête, si tant est que celui de l'hôtelière de Drepanum, devenue impératrice-mère, l'eût jamais été. On devine en effet ce qu'étaient ces temples de Vénus dont l'impiété ironique des païens avait souillé le Calvaire, et qui tombaient enfin à la voix de sainte Hélène; c'était, bien mieux encore que ces cabarets et ces hôtelleries dont nous vous avons tant parlé, un *lupanar* éhonté: la débauche n'y était pas seulement mise en pratique avec tous ses raffinements et son cynisme, mais déifiée et érigée en culte.

Eusèbe parle ainsi de celui que Constantin, fidèle à l'exemple de sa mère, fit détruire dans les montagnes de Phénicie: « C'était un bois et un temple consacrés en l'honneur d'un infâme démon appelé Vénus, non dans une place publique, pour servir d'ornement à une grande ville, mais dans un endroit du mont Liban. On y tenait une école ouverte d'impudicité... C'était un endroit privilégié pour commettre impunément l'adultère et d'autres abominations. Personne n'en pouvait arrêter le cours, puisque personne n'osait entrer en ce lieu, pour peu qu'il eût d'honnêteté et de retenue. L'empereur, en ayant eu connaissance, jugea que ce temple ne méritait pas d'être éclairé des rayons du soleil, et commanda qu'il fût renversé, ainsi que ses statues et ses ornements. » Devant ces scandales consacrés par une religion, on se sent tenté de trouver moins coupables les hôteliers et les cabaretiers, que nous avons vus tant de fois être les ministres de pareilles débauches. Quel mal pouvait-ce être pour un païen d'ouvrir sa maison à des orgies, qui, avant de venir chez lui, avaient trouvé asile et protection dans les temples? Mais c'est surtout après de semblables récits qu'on se prend à bénir, comme la providence des mœurs, la foi nouvelle qui, chassant devant elle toutes ces impuretés, toutes ces divinités du libertinage et de l'orgie, mit à leur place un dieu chaste et une vierge.

Depuis quelque temps, s'abandonnant malgré soi à l'erreur de certaines idées courantes, on s'accoutume à croire que le christianisme primitif, véritable socialisme anticipé, vrai communisme précurseur de l'autre, jeta ses racines dans les classes inférieures du monde romain, d'où il aurait monté et grandi jusqu'au sommet de la société antique, qu'il couvrit enfin tout entière. On se trompe ; son action était trop intelligente, et il flattait trop mal les appétits grossiers des castes asservies pour être exclusivement populaire. D'un autre côté, il prêchait trop haut l'austérité, le mépris et l'abandon des richesses, pour avoir prise sur les races patriciennes si bien gorgées des trésors du monde, si obstinément égoïstes dans leurs jouissances. Il ne pouvait attaquer le monde antique ni par les bas-fonds ni par son faîte ; c'est aux classes moyennes qu'il s'en prit, sûr de le serrer ainsi de plus près, et pour ainsi dire corps à corps. Là se trouvait un ferment des vieilles semences stoïciennes qui avaient germé dans les écrits de Sénèque et de Tacite, qui avaient échauffé contre la licence romaine l'âpre indignation de Juvénal et de Perse, et qui par ces plaintes sensées des philosophes et des historiens, par ces violentes attaques des satiriques, en sapant la civilisation antique, la religion des sens, avaient préparé l'ère de la civilisation moderne, la religion des âmes. D'abord pourtant, nous devons le dire, l'action du christianisme avait été grande sur les classes populaires ; mais quand elles virent qu'il y avait plus d'austérités dans ses promesses que de jouissances réelles et de libertés, elles s'y vouèrent avec moins d'empressement et même lui devinrent hostiles. De là le nombre considérable aux premiers siècles, puis toujours décroissant, des prosélytes chrétiens dans les races plébéiennes, ce qui fait dire à M. Beugnot dans sa remarquable histoire de la *Destruction du paganisme :* « On répète habituellement que le christianisme était la religion des plébéiens, des pauvres, des malheureux, de tous ceux enfin qui souffraient de l'organisation imparfaite de la société romaine ; cela fut vrai à une époque, mais ne l'était plus au IVe siècle, quoique saint Jérôme ait encore dit : *Ecclesia Christi de vili plebicula congregata est.* »

On nous objectera peut-être quelques conversions étranges, telles que celles de sainte Affre déjà racontée, celle de sainte Aglaé, celle de saint Genest le comédien, celle de Flora et Héléna les courtisanes, que, de l'aveu des Bollandistes eux-mêmes, on eut tant de peine à canoniser, à cause de leur ancien métier ; et se fondant sur ces faits exceptionnels, on viendra soutenir, en concluant contre nous, que le christianisme recruta ses premiers prosélytes non seulement chez les classes infimes, mais chez les plus réprouvées. Nous n'admettons-

pas la première partie de cette conclusion, mais, en revanche, nous ne récuse-rons pas aussi expressément la seconde, nous persévérerons dans ce que nous avons dit de l'action à peu près négative de la foi nouvelle sur les castes infé-rieures, esclaves, clients, corporations de métiers, etc.; mais nous ne nierons pas qu'elle pût avoir quelque prise sur les courtisanes, les comédiens, classes plus rabaissées, mais aussi plus intelligentes dans leur abaissement, ayant mieux conscience de leur ignominie, et devant même courir avec une sorte d'ardeur à cette religion qui leur rendait le repentir possible, et qui, dans la pénitence, leur montrait le pardon céleste, cette grande délivrance du pécheur.

Qu'avaient à gagner les esclaves qui se faisaient chrétiens? La liberté, c'est vrai, car le Christ émancipait tous ceux qui venaient à lui. Mais cette liberté, il fallait l'acheter par tant d'austérités, par un asservissement si rigoureux aux préceptes de la morale la plus sévère, qu'à ce prix-là, ils ne s'en souciaient plus. Mieux valait pour eux l'esclavage grossier avec la jouissance de choses qu'on volait au maître pour s'en faire un *pécule*, avec l'espoir d'un affranchissement plus ou moins lointain, mais destiné par avance aux métiers les plus vils et les plus lucratifs, quand l'heure en était enfin sonnée. Nous ne nous étonnons donc pas de voir la race esclave non seulement repousser le christianisme et faire fi de la liberté qu'il lui offre, mais bien plus, le poursuivre de sa haine, et prêter à ses persé-cuteurs l'aide de ses ignobles délations. Sous Marc-Aurèle, qui donc à Lyon et à Vienne accuse le plus hautement les chrétiens? qui donc crie le plus haut qu'ils mangent de la chair humaine, et commettent des incestes? Ce sont les esclaves. Si les idoles renversées ailleurs restent debout dans les champs, c'est aussi parce que les maîtres, convertis eux-mêmes, craignent, par cette destruc-tion, d'ameuter contre eux toute cette tourbe servile, qui croira voir tomber, avec les statues des faux dieux, le *palladium* de son esclavage sensuel. Cet acharnement des esclaves en faveur de l'ancienne religion, et contre la nou-velle, perpétua longtemps la force du polythéisme dans les campagnes. Alors même que le christianisme est tout-puissant dans les villes, c'est à peine s'il a pu se faire quelques prosélytes dans les villages, au milieu de la population d'esclaves (*villici*) et des hôteliers (*diversores*) des grandes routes. De là vient qu'au v⁰ siècle on appelait encore le Christ le Dieu des villes,

> Magnis qui colitur solus in urbibus,

et qu'on donne au contraire au polythéisme le nom nouveau de *paganisme* ou religion du paysan (*paganus*). Les prêtres vagabonds que nous avons déjà ren-contrés tant de fois, traînant leur oisiveté gourmande dans les tavernes de Rome et de la banlieue, les *galli* ou prêtres de Cybèle, sont encore pour beau-coup dans cette influence prolongée du polythéisme sur les gens de la campagne.

Le culte de Cybèle, la mère des dieux, avait bien un peu baissé vers le temps d'Héliogabale; un autre plus nouveau, celui de la déesse syrienne venue d'Orient à cette époque, avec tout l'attirail des autres rites mithraïques, avait assez vite succédé à sa vieille popularité; mais, les *galli*, prêtres souples s'il en fut, s'étaient plus vite encore accommodés de la nouvelle venue. Sans mettre tout à fait au rebut leur vieille déesse, ils s'étaient faits les ministres charlatans de cette idole de fraîche importation. Désormais, dans leur pèlerinage à travers les bourgs, de taverne en taverne, on put voir, sur le dos de leur pauvre bourrique, l'antique Cybèle au front couronné de tours, côte à côte avec la noire statue de la Vénus syriaque. Le malheureux Lucius, métamorphosé en baudet, succombait sous un fardeau pareil dans ses courses à travers la Thessalie et la Macédoine : c'est un de nos prêtres mendiants qui l'avait acheté au marché de Béroë, ainsi qu'il le raconte par l'organe de Lucien, si bien traduit lui-même par P.-L. Courier : « La fortune, dit-il, qui se jouait à me faire éprouver tant d'accidents divers, m'amena un nouveau maître, non tel que j'eusse pu le souhaiter, car c'était un de ces vagabonds, un de ces quêteurs qui vont, portant par les campagnes la déesse de Syrie, et la font mendier de maison en maison, homme déjà sur l'âge et le plus sale bardache de toute sa confrérie, lequel, ayant offert de moi un demi-écu, fut pris au mot, et sur-le-champ m'emmena bien malgré moi, qui gémissais d'avoir à servir de telles gens. » Puis continuant le récit de ses mésaventures auquel nous gagnons de connaître ces nomades, ces montreurs de reliques, bohémiens dévots de l'antiquité, il ajoute plus loin : « Le lendemain, ils se mirent à l'ouvrage, comme ils disaient. Premièrement, ils habillèrent la déesse et me la chargèrent sur le dos; puis nous sortîmes de la ville, et allant par pays, arrivâmes en un bourg. Là on m'établit porte-dieu; je ne bougeai tandis que la sainte penaille faisait rage de danser et de souffler dans ses flûtes avec mille contorsions et grimaces épouvantables, roulant les yeux, tordant le cou, la tête renversée, leur mitre en arrière; ils se tailladaient les bras avec des épées, se coupaient la langue avec les dents, et remplissaient de sang toute la place à l'entour; ce que voyant, j'entrai dans des peurs non pareilles, doutant qu'il ne fallût aussi du sang du baudet de la déesse. Après s'être ainsi déchiquetés, ils commencèrent leur quête, et recueillirent des assistants d'abord force menue monnaie, puis des provisions de toute espèce que ces bonnes gens leur apportaient, qui un baril de vin, qui un sac de farine, du pain, du fromage, des figues, et jusqu'à de l'orge pour l'âne. C'était de ces dons qu'ils vivaient et entretenaient la déesse dont j'étais porteur. » Rien qu'en voyant ces grasses offrandes données avec un si pieux élan, et si avidement reçues, comment ne pas comprendre l'influence tenace d'un culte qui avait pour adorateurs des gens aussi niaisement superstitieux que les villageois qui donnent ici la dîme, et pour prêtres des saltimbanques aussi éhontés que ceux qui tendent la main pour la prendre? » Le polythéisme tenait donc dans les populations villageoises par deux racines bien puissantes, la superstition du croyant et l'intérêt du prêtre. Il fallut au christianisme toute la persévérance courageuse de ses évêques et de ses missionnaires pour substituer ses rites si purs à ces indignes momeries. Nous croyons même qu'il dut faire pour cela quelques concessions aux habitudes des paysans, comme il en fit tant aux autres coutumes païennes, pour s'établir doucement à leur place. Il chercha, pour succéder à l'influence des prêtres de Cybèle sur ces esprits rustiques, un équivalent purifié, et il le trouva : ce furent les moines quêteurs et plus tard les moines mendiants, qui par malheur devaient trop bien remplacer partout nos *galli* vagabonds et ivrognes, et retrouver trop fidèlement leur trace, de la cabane où ils quêtaient, à la taverne où ils s'enivraient.

Pour en finir avec ces *galli*, *calibitæ* ou prêtres de Cybèle, prédécesseurs directs, mais indignes, des moines mendiants, et qui furent si longtemps de nos héros, nous allons citer la page éloquente que leur consacre M. A. Beugnot, notre habile devancier dans l'appréciation de l'influence de ces nomades sur l'esprit des campagnes. Ce sera une manière de nous résumer sans faire aucune redite, et en ajoutant même quelques faits nouveaux à ceux que nous avons déjà donnés :

« Il n'était pas de province de l'empire romain, dit-il, où ces prêtres ne pénétrassent, et où ils ne parvinssent à séduire les classes inférieures de la société; ils erraient de bourgade en bourgade, attirant le peuple par leur costume bizarre et par leurs bouffonneries. Ils chantaient et dansaient au son du tambour de basque, ou en frappant sur des vases de métal. Rien n'égalait leur habileté dans l'art d'abuser de la crédulité des villageois dont ils amusaient les goûts et les habitudes, afin de mieux les maintenir sous le joug de la superstition. Leurs mœurs étaient décriées, et l'on citait ces prêtres comme le type de l'ignorance, de l'oisiveté et de la gourmandise. Je suis surpris qu'un clergé si corrompu fît naître chez les paysans un autre sentiment que celui du mépris, mais il faut observer que, dans son sein, existait une hiérarchie assez sagement combinée. Un grand prêtre, nommé *archigallus*, défendait les intérêts communs de cette institution sacerdotale, dont les divers membres, subissant une odieuse mutilation, se trouvaient par cela même, former une société à part, société hideuse, misérable, mais qui, à une époque où le paganisme était fort affaibli, se soutenait au moins par l'union forcée de tous les malheureux qui la composaient. » Comme dernier moyen d'influence, et c'était peut-être le plus efficace de tous, les prêtres de Cybèle se faisaient les devins des gens de la ville et de la campagne. Ils allaient, colportant partout leur art prophétique, révélant l'avenir à qui le demandait, à ceux surtout qui les payaient bien. Le grand collége divinatoire était à Rome. « L'*archigallus*, dit

encore M. Beugnot, habitait sur le Vatican ; là il tenait bureau ouvert de divination, et se faisait appeler *vaticinator*. » Encore une fois, il est évident, après tout
cela, que le christianisme venant apporter ses chastes institutions, son amour
du vrai et de la morale, sa haine des superstitions et des fausses prophéties,
au milieu de populations ainsi envahies par les doctrines païennes, ainsi
exploitées par les charlatans du paganisme, devait s'y créer moins de prosélytes
fervents que d'ennemis et de persécuteurs.

Après avoir vu comment les paysans de l'antiquité, guidés par ces devins de
cabaret, comprenaient et pratiquaient la religion, veut-on savoir de même
comment ils entendaient et pratiquaient le pouvoir quand la violence leur en
avait conquis une ombre ; qu'on lise ce court passage du *Querolus*, comédie
latine du IVe siècle, où il est fait une cruelle allusion aux *Bagaudes*, paysans
révoltés des bords de la Loire.

LE DIEU LARE.

Quel pouvoir veux-tu que je te donne ?

QUEROLUS.

Le pouvoir de dérober ceux qui ne me doivent rien, de frapper les étrangers,
et de ruiner mes voisins.

LE DIEU LARE.

Ah ! ah ! mais c'est le brigandage que tu veux, et non le pouvoir ! Je ne sais
pas en vérité comment te donner cela. Cependant j'ai trouvé moyen de te
satisfaire. Va sur les bords de la Loire.

QUEROLUS.

Eh bien !

DE DIEU LARE.

Là on vit hors du droit des gens ; là point de fictions sociales ; là on pro-
nonce sous un chêne les sentences capitales, et on les écrit sur les os ; là les
paysans sont orateurs, les simples particuliers sont juges ; là tout est permis ;
si tu es riche, on t'appelle *palus*, car c'est ainsi qu'on parle aujourd'hui dans
notre Grèce ! O forêts ! ô solitudes ! qui donc a dit que vous êtes libres ?...

Qu'en dites-vous ? le christianisme pouvait-il jamais se prendre à des populations pareilles ? Pouvait-il espérer de faire pénétrer ses doctrines de paix et
d'austère pauvreté au milieu de cette jaquerie du IVe siècle qui ne rêve déjà
la force que pour organiser le pillage ? Non, ces races de la campagne, si bru-
tales dans leurs désirs, si farouches dans leurs actes, devaient s'obstiner à rester
païennes ; et les chrétiens devaient les repousser et les maudire, ainsi que Salvien l'a tenté, mais avec trop d'indulgence peut-être et de miséricorde. Ce
qu'ils font, en effet, c'est du communisme en action, c'est du socialisme pratique comme en voudraient faire, par les mêmes moyens et aux mêmes lieux,
ces démagogues de la Sologne et du Berry, véritables *Bagaudes* du XIXe siècle.

Si nous passons maintenant aux esclaves, et cherchons à montrer que le christianisme, malgré ses promesses de liberté, n'était pas fait pour les séduire, mais devait au contraire les trouver au premier rang de ses plus ardents ennemis et de ses persécuteurs ; comme nous l'avons dit déjà, nous n'irons pas bien loin pour trouver nos preuves. Le monologue de l'esclave Pantomalus, qui ouvre le troisième acte de cette même comédie du *Querolus*, suffira pour le faire voir avec la plus éloquente et la plus complète évidence. Dans cet incroyable fragment, « dernière grande peinture des mœurs que nous ait laissée la comédie antique, » comme l'a si bien dit son très-habile et très-savant traducteur M. Charles Magnin, la vie de l'esclave voleur et libertin va se déployer tout entière. On va le voir en scène tout entier, posant dans l'orgueil de ses débauches, de ses vols et de son ignominie. Il ne va rien omettre de ce qui devrait faire sa honte et de ce qui fait sa vanité ; il va nous dire ses ivresses nocturnes dont il vole les instants à son maître et au sommeil ; ses longues orgies au bain avec des servantes effrontées et libertines ; puis, après s'être bien vanté de ses vices, avoir bien maudit son maître dont il médit en le ruinant, il terminera par l'apologie de l'esclavage qui lui livre des plaisirs si complets et si peu disputés. Chaque mot de ce monologue de Pantomalus est un éloge des vices du paganisme, dont la licence ordurière égaie si bien son esclavage, et en même temps un sanglant blasphème contre les vertus de ce christianisme qui le rendrait libre malgré lui. Nous allons donc vous le donner tout entier, malgré sa longueur, et en dépit de quelques détails un peu moins directs que le reste pour l'intérêt de notre sujet. Mais ce serait malheur de l'écourter, même d'une ligne ; tel qu'il est, c'est un tableau trop achevé, c'est un résumé trop complet de la vie des derniers esclaves, cette première des races maudites que nous avons déjà tant de fois heurtées au passage, et que tant de fois encore nous devrons rencontrer.

PANTOMALUS (esclave).

« Il est reconnu que tous les maîtres sont des scélérats, cela est très manifeste ; mais j'ai éprouvé qu'il n'y en a pas de plus méchant que le mien. Ce n'est pas qu'on ait rien à redouter de cet homme, mais il est d'une humeur trop désagréable et trop aigre. A-t-on volé quelque bagatelle au logis, il se répand en imprécations comme si c'était là un grand crime. Voit-il détruire quelque chose, il se récrie et nous maudit de la belle manière. Si l'un de nous jette au feu un siége, une table, un lit, il se plaint de notre précipitation : c'est le mot d'usage. S'il pleut par les toits, si les portes sont mal closes, il appelle tout le monde, il veut voir tout lui-même. Par Hercule ! cet homme est insupportable. Il écrit de sa main toute la dépense ; ce qu'on n'a pas dépensé, il

veut qu'on le lui rende. En voyage, combien n'est-il pas disgracieux et intraitable ! Quand nous devons nous lever avant le jour, nous buvons d'abord et
nous dormons ensuite, c'est la cause d'une première querelle. Ensuite, entre
le réveil et la libation du soir, il survient nécessairement beaucoup d'autres
occasions de plaintes. La foule effrayée, les réquisitions des bêtes de somme,
la fuite des conducteurs, les mules dépareillées, les harnais mis à l'envers, un
muletier qui ne sait pas se conduire lui-même ; ce sont là pour lui en voyage
des sujets d'inculpations perpétuelles. Avec tout autre, il suffit d'avoir un peu
de patience, le temps calme tout ; Querolus, au contraire, trouve un germe de
querelle dans une querelle. Il fait naître les reproches les uns des autres. Il
ne veut pas qu'on se serve d'un chariot qui ne vaut rien, ni d'un animal trop
faible : Pourquoi ne m'en as-tu pas prévenu? s'écrie-t-il comme s'il n'avait pas
pu le voir lui-même. Oh! que les maîtres sont injustes ! S'il s'aperçoit par
hasard d'une faute, il dissimule et se tait. Il ne vous accuse que lorsqu'il n'y a
plus moyen de s'excuser et de lui répondre : C'est ce que j'allais faire ; j'allais
vous le dire. Toutes les fois qu'il nous envoie en route d'un côté ou d'un autre,
il veut qu'on revienne au jour marqué. Et remarquez l'artifice de ce méchant
homme. Il nous accorde toujours un jour de plus pour que nous soyons de
retour à l'époque fixée. Ne cherche-t-il pas des sujets de colère? Nous, en effet,
quel que soit le délai qu'on nous accorde, nous nous réservons le jour où nous
devrions revenir. Aussi notre maître, qui ne veut pas qu'on le trompe ni qu'on
dérange ses projets, s'il veut nous avoir auprès de lui aux calendes, nous
enjoint de revenir la veille. Mais voilà bien une autre affaire! il exècre tout
esclave qui s'enivre, et il reconnait la chose sur-le-champ ; il voit du premier
coup d'œil, à votre visage et à vos lèvres, la quantité et la qualité du vin que
vous avez bu. Il ne veut absolument ni qu'on le trompe ni qu'on le circonvienne
selon l'usage. Est-il possible que personne le serve à son gré ou le satisfasse ? .
Il ne veut pas que l'eau chaude sente la fumée, ni que les coupes gardent la
trace des vins parfumés. Et jusqu'où ne pousse-t-il pas la recherche? Un vase
bossué ou ébréché, une amphore sale ou manchote ; un flacon cassé, plein de
lie ou couvert d'une couche épaisse de cire, ce sont là des choses qu'il ne peut
voir de sang-froid, et qui font bouillonner sa bile. Je ne comprends pas comment
il pourrait se faire aimer avec un si mauvais caractère. Il s'aperçoit tout de suite
quand le vin est falsifié ou affaibli par l'eau (*corruptum tenuatumque lymphis*).
Nous mêlons ordinairement un vin avec un autre ; peut-on appeler falsification
(*adulterium*), alléger une bouteille de vin vieux, et la remplir de vin nouveau?
Eh bien! Querolus regarde cela comme un crime abominable! Si peu qu'il y
ait de fraude, il le soupçonne à l'instant. Il n'y a pas jusqu'aux monnaies
d'argent qu'il croit qu'on lime et qu'on altère sans cesse, parce qu'on l'a fait
une fois. La différence est pourtant bien petite, l'argent est toujours de là

même couleur. Quant aux pièces d'or, il y a mille moyens de les altérer. Nous les changeons et les rechangeons, c'est un usage qu'on ne peut changer (*muta remuta facimus, et hoc mutari non potest*). Il n'y a pas moyen de distinguer deux choses si semblables. Qu'est-ce qui se ressemble autant qu'une pièce d'or et une pièce d'or? Ici on prend garde à tout quand il est question d'or; on s'enquiert de l'âge, de la couleur, du titre, de la légende, de la patrie, du poids, jusqu'à un scrupule. On regarde de plus près à l'or qu'aux hommes. C'est que, quand il s'agit d'or, il s'agit de tout (*ubi aurum est, totum est*).

» Autrefois Querolus n'avait pas toutes ces pensées, mais les méchants gâtent les bons. Cet Arbiter, chez qui je vais en ce moment, quelle âme scélérate! Il diminue la nourriture de ses esclaves, et il leur demande plus d'ouvrage qu'ils n'en peuvent faire. Si la loi le permettait, il retournerait le boisseau pour en tirer un lucre honteux. Aussi, quand le hasard ou sa volonté rassemble Querolus et lui, ils se donnent des leçons mutuelles. Et cependant, par Hercule! s'il faut tout dire, je préfère mon maître; car enfin, quel qu'il soit, il ne nous refuse pas le nécessaire. Seulement il frappe trop fort, et il crie toujours. Que Dieu les confonde tous deux dans sa colère!

» Et cependant nous ne sommes pas si malheureux ni si sots que quelques uns le pensent. On nous accuse de trop dormir parce que nous dormons le jour; mais, si nous dormons le jour, c'est que nous veillons la nuit. Le serviteur qui se repose dans la journée, veille tout le reste du temps. Je ne crois pas que la nature ait rien fait de mieux au monde que la nuit. La nuit est pour nous le jour : c'est alors que nous faisons tout ce qui nous plaît. La nuit nous allons au bain, quoique ce soit l'usage d'y aller le jour (*nocte balneas adimus quamvis sollicitet dies*); nous nous baignons avec les jeunes servantes de nos maîtresses (*cum pedissequis et puellis*). N'est-ce pas là une vie libre? Tout est alors aussi bien éclairé, aussi resplendissant qu'il convient pour ne pas nous trahir. Je presse une belle que son maître voit à peine habillée (*ego nudam teneo, quam domino vestitam vix videre licet*); je parcours son flanc (*latera lustro*), je mesure le volume et les anneaux de ses cheveux déroulés; je m'assieds près d'elle, je l'embrasse et je suis embrassé; je la presse et je suis pressé. Quel maître a ce bonheur? Ce qui met le comble à notre félicité, c'est qu'entre nous, il n'y a pas de jalousie. Chacun de nous vole, mais personne n'en souffre, parce que tout est commun. Nous enfermons nos maîtres et nous les excluons de nos assemblées; il n'y a d'union qu'entre les esclaves des deux sexes. Malheur à ceux dont les maîtres veillent tard! Tout ce qu'on retranche à la nuit, on le retranche à la vie de l'esclave. Combien d'hommes libres voudraient pouvoir être maîtres pendant le jour, et esclaves pendant la nuit! Tu n'as pas le temps, Querolus, de vouloir partager ces plaisirs; toi, tu comptes ton revenu. Pour nous, toutes les nuits sont des noces, des anniversaires, des jours de jeux, de fêtes, de danses avec de belles esclaves (*nuptia, natales, joca, debarchationes, ancillarum feriæ*). C'est pour cela que quelques-uns d'entre nous ne veulent pas être affranchis (*quidam nec manumitti volunt*); car quel homme libre pourrait suffire à tant de dépenses, et jouir d'une pareille impunité? »

« Non, dit ici avec un juste enthousiasme M. Ch. Magnin, il n'y a rien dans aucun auteur de la même époque qui nous fasse mieux connaître les mœurs de la famille au ive siècle ; rien qui peigne plus à nu cette demi-révolte, ce demi-affranchissement des esclaves que le christianisme était sur le point de transformer en serfs ; rien qui nous montre avec plus de verve et de poésie cette frénésie de plaisirs et de danses qui transportait l'esclave ancien comme elle transporte aujourd'hui le noir dans nos colonies. Là aussi les esclaves des deux sexes, épuisés des travaux du jour, dansent toute la nuit au bruit des bâtons qu'ils frappent en mesure. Non, je ne connais rien de plus curieux que ces cinq ou six pages perdues dans cette pièce si étrangement dédaignée jusqu'ici. En vérité, ce monologue n'est pas moins caractéristique des mœurs du ive siècle que celui de Figaro des mœurs du xviiie. »

Pantomalus continue :

« Mais je suis resté ici trop longtemps, je crois que mon maître a crié selon sa coutume. Je devais faire ce qu'il m'a dit, aller chez ses amis : mais qu'y faire ? il faut le laisser gronder. Ils sont nos maîtres, ils peuvent dire tout ce qu'ils veulent et aussi longtemps qu'il leur plaît. C'est à nous de le souffrir. Les justes dieux ne m'accorderont-ils jamais ce que je leur demande ? Tout maître dur et revêche devrait être exclu des fonctions municipales, du barreau et des offices du palais ? Pourquoi cela ? Parce qu'après la prospérité, l'abaissement est plus humiliant. Que ne souhaité-je plutôt qu'il fasse toujours ce qu'il fait ? Couvert de sa toge, qu'il continue de quêter des suffrages, de dîner chez les juges, d'épier l'heure où s'ouvrent les portes des grands ; qu'il soit l'esclave des esclaves ; que, comme un charlatan qui guette des dupes, il erre de place en place, cherchant partout et épiant les heures et le temps, le matin, à midi, le soir ; qu'il salue sans pudeur ceux qui le dédaignent, qu'il aille au-devant des gens qui l'évitent ; que dans l'été il soit brûlé dans une chaussure étroite et neuve. »

Après un pareil morceau, où tous les vices de l'esclavage antique se montrent si bien dans leur complète et hideuse nudité, il n'est pas besoin, je pense, de rien ajouter. Il est évident que la race servile ainsi dégradée, ainsi perdue de vices, était indigne du christianisme et de la liberté par lui offerte. Elle se rendait justice en les repoussant. Les apôtres de la foi nouvelle n'en persévérèrent pas moins dans leurs nobles tentatives, ils s'obstinèrent toujours, et avec les mêmes efforts, à l'émancipation de ces misérables, qui les récompensaient par l'outrage et le martyre. Peut-être même, tant ils y mettaient une pieuse ardeur, se fussent-ils contentés d'atteindre leur but libérateur, sans atteindre en même temps celui de la foi ; peut-être, avec l'aide des empereurs et des familles patriciennes qu'ils gagnaient peu à peu à leur sainte cause, fussent-ils parvenus à obtenir pour les esclaves le bénéfice de l'affranchissement, avant d'obtenir pour la religion celui de leur conversion sincère. La partie alors eût été inégale, la foi chrétienne eût perdu autant que la charité y eût gagné ; mais les grandes invasions survinrent, qui y mirent bon ordre. Ce que le christianisme tentait de faire en faveur des esclaves et malgré eux, elles vinrent brutalement le défaire. Alors même que l'apôtre chrétien disait, la croix en main, avec la plus angélique ferveur, à cette tourbe avilie : « Soyez libres, soyez égaux, » le chef barbare, accouru des confins de l'Est et du Nord, s'écriait la framée au poing : « Courbez la tête, soyez encore esclaves. » Paroles sinistres qui furent l'arrêt d'une nouvelle servitude, imposée cette fois non seulement à la race servile, mais à la race affranchie, mais à la race libre et riche, au monde romain tout entier. La main de Dieu était là. Il fallait que toutes ces castes vieillies, que tout ce monde en décadence fût plongé dans un universel servage, et, s'y retrempant dans la souffrance et les rudes labeurs, apprît enfin à devenir digne des bienfaits de cette religion dont il avait d'abord renié les doctrines et repoussé les douces libertés.

Nous ne sommes pas les premiers à remarquer cet antagonisme du principe barbare consacrant un nouvel esclavage, et du principe chrétien cherchant à briser la servitude antique ; lutte singulière, de laquelle devait naître la féodalité, par un premier triomphe de l'élément barbare, mais de laquelle devait se dégager aussi peu à peu, par l'influence lentement victorieuse du christianisme, le principe de l'égalité et des libertés modernes. Un écrivain du *Westminster Review* disait en 1835, au sujet de cette longue lutte :

« Il arriva quelque chose d'étrange : d'un côté, le mouvement de la révolution chrétienne s'opérait en faveur de la liberté, de l'affranchissement et du droit du pauvre ; de l'autre, le mouvement politique de l'irruption barbare s'opérait en faveur d'un nouveau pouvoir, père d'un nouvel esclavage. L'action ne suivait pas la réaction ; les deux mouvements contraires étaient simultanés, et la combinaison singulière, née de cette contradiction, a peut-être été mal étudiée par les historiens. Maîtres romains devenus esclaves des conquérants ; anciens esclaves romains passant sous de nouveaux maîtres ; anciens esclaves des Germains et des Goths attachés à la destinée de leurs possesseurs ; prêtres chrétiens placés sur la limite des deux nations, conquise et conquérante, esclave et maîtresse ; cette immense complication remplit le moyen âge et fit la féodalité. Ces diverses nuances de servitude produisirent les divers degrés de vasselage. Il était si difficile d'anéantir l'esclavage, institution enracinée à la fois dans les mœurs du peuple conquérant et dans les lois du peuple conquis, que les monastères eux-mêmes eurent des esclaves. »

Les gens dont nous faisons ici plus spécialement l'histoire, les cabaretiers et les aubergistes devaient être, tout infimes qu'ils fussent, pour une assez large part d'influence vicieuse dans la longue persistance des rites païens, et dans l'opposition que rencontrait le christianisme au milieu des classes asservies et des castes viles. Instruments et refuges de la débauche païenne, ils étaient les ennemis-nés de l'austérité chrétienne. Comment eux, en effet, prêtres et ministres de tous les dieux gloutons, se fussent-ils accommodés d'une religion qui commandait le jeûne, et faisait une loi de l'abstinence? Le paganisme, avec ses divinités sensuelles, ses orgies, ses repas sacrés, ses libations dans les temples et sur les tombeaux, était le seul culte qu'ils pussent comprendre, et à la défense duquel ils dussent se vouer corps et âme. Non-seulement ils vivaient des débauches qu'il permettait, mais encore des sacrifices qu'il exigeait. Le *popa*, nous vous l'avons dit déjà, était tout ensemble un victimaire et un cabaretier. Il ne faut donc pas être surpris si, pressés par l'intérêt de leur double métier, nous les voyons des premiers à repousser les chrétiens, et des derniers aussi à tenir bon contre eux, sur la brèche du paganisme croulant de toutes parts.

Sous Alexandre Sévère, la lutte est déjà ouverte, et les chrétiens sont si faibles, sinon par le nombre au moins par l'autorité et les moyens de défense, qu'ils résistent à grand'peine contre cette tourbe indigne qui s'est levée contre eux. Il s'agit d'un terrain resté vague, dont ils se sont emparés pour y construire une église, et que la corporation des cabaretiers s'est mise à revendiquer nous ne savons à quels titres. Le procès devint sérieux par l'animation pleine de clameurs qu'y apportent nos cabaretiers, et à laquelle sans doute les chrétiens n'opposent qu'une contenance grave, mais ferme. La cause arrive enfin devant le tribunal de l'empereur. Et par bonheur c'était Alexandre Sévère, le premier prince dont le cœur se fût ouvert pour les chrétiens à des sentiments autres que le mépris et la haine. Il s'en tira en juge habile, c'est-à-dire, en homme qui, sans blesser l'ancien culte, ne veut pas manquer l'occasion de consacrer le droit du culte nouveau auquel il a voué des sentiments secrets, et même, dit-on, une adoration cachée. Nous allons laisser Lampride, son historien, vous dire quelle sentence il rendit dans ce curieux procès :

« Les chrétiens s'étant emparés d'un endroit qui avait été public, des cabaretiers (*popinarii*) le revendiquèrent; et Alexandre décida qu'il valait mieux de toute manière le consacrer au culte d'un Dieu que le laisser à des cabaretiers. »

Les chrétiens, ayant ainsi obtenu gain de cause par le jugement impartial d'Alexandre Sévère, restèrent en possession du terrain contesté, et purent bâtir leur église. C'est la première qu'ils édifiaient à Rome, leur culte n'ayant eu jusque-là pour refuge que les profondeurs des catacombes. On a cherché où pouvait être cette première église de Rome, élevée sur un sol que son premier usage et la revendication des taverniers prédestinaient si mal à cette pieuse fondation, et l'on a cru la retrouver dans la vieille basilique de Sainte-Marie, au delà du Tibre (*Sancta-Maria transtiberina*). L'antiquité de cette église, mère et prototype de toutes celles du monde, remonterait en effet, selon les topographes de Rome, au pontificat de Calixte, qui correspond lui-même, comme on sait, aux dernières années du règne d'Héliogabale, et à la première de celui d'Alexandre Sévère. Ce qui aurait fait, selon Eusèbe, que les chrétiens avaient préféré à tout autre, pour la construction de leur église, ce lieu que leur disputaient les cabaretiers, c'est qu'environ au temps où naquit le Sauveur, on y avait vu jaillir tout d'un coup une source d'huile ; détail miraculeux dont nous laissons la responsabilité à l'écrivain légendaire, comme Pitiscus l'a fait prudemment avant nous.

Les cabaretiers de Rome, en se mettant ainsi dès le règne d'Alexandre Sévère en lutte ouverte avec les chrétiens, semblaient pressentir le coup mortel que la nouvelle religion allait indirectement porter à leur métier par ses préceptes d'austère morale et de sobriété. En cherchant à détruire les sacrifices, elle les anéantissait eux-mêmes. Comment en effet leur commerce s'alimentait-il ? Moins par le débit du vin au détail et par les gens qui venaient boire dans leur *popine*, que par les libations dans les temples et sur les tombeaux. De quelle manière s'approvisionnaient-ils ? Nous vous l'avons fait voir déjà, avec les viandes de l'autel. Comment vouliez-vous alors qu'ils se fissent volontiers les croyants d'une religion qui, par les actes de ses conciles, celui d'Orléans en 533 en fait foi, excommuniait tout chrétien retournant aux sacrifices et y mangeant de la chair immolée, et qui inspirait continuellement à ses prêtres, contre les rites de l'ancien culte, des paroles d'anathème telles que celles-ci, prononcées par saint Gaudence, évèque de Brescia, dans un de ses sermons :

« Les hommes, cédant à leur gourmandise, commencèrent par manger les mets qu'ils avaient préparés pour les morts ; ensuite ils ne craignirent pas de célébrer en leur honneur des sacrifices sacriléges. Car il est difficile de penser qu'ils remplissent un devoir envers leurs morts, ceux qui, d'une main rendue tremblante par l'ivrognerie, dressent des tables sur les sépulcres, et disent d'une voix inintelligible : *L'esprit a soif*. Je vous en supplie, prenez garde à ces choses, de peur que Dieu irrité ne livre aux fureurs de l'enfer ses contempteurs et les ennemis qui ont refusé de porter son joug. » Comment encore les *cabaretiers*, les *bouchers*, les *baigneurs*, tous ces gens exerçant des métiers de gourmandise ou de débauche, eussent-ils pu ne pas combattre une religion qui, par ses préceptes de minutieuse austérité, mettait le Carthaginois Publicola, chrétien novice et peu instruit sur ses devoirs, dans l'obligation de poser à saint Augustin ces huit questions, dont l'exposé seul est un blâme amer contre les anciens rites et les usages qui les font vivre :

« 1° Un chrétien épuisé par une abstinence d'un, de deux ou de plusieurs jours, ne peut plus résister au besoin ; réduit à craindre de mourir de faim, il aperçoit des mets déposés aux pieds d'une idole ; il est seul, il ne trouvera pas ailleurs d'aliments : doit-il se laisser mourir ou prendre ce qui est aux pieds de l'idole ?

» 2° Un chrétien est invité à dîner par son ami, on sert de la viande. Le chrétien, apprenant que cette chair provient d'une immolation, s'abstient d'en manger. Passant en diverses mains, cette viande est mise en vente. Le chrétien, qui ne la reconnaît pas, l'achète ; ou bien, convié par d'autres amis, et toujours dans l'erreur, il en mange : commet-il un péché ?

» 3° Un chrétien peut-il sciemment acheter des légumes provenant des terres ou des jardins qui appartiennent aux idoles ou aux pontifes ?

» 4° Est-il permis de boire de l'eau d'une fontaine ou d'un puits dans lesquels les résidus du sacrifice se seraient écoulés ?

» 5° Peut-on boire de l'eau provenant d'un puits ou d'une fontaine situés dans l'enceinte d'un temple, quand cette fontaine ou ce puits n'ont pas été souillés ?

» 6° Le chrétien peut-il se laver dans des thermes où l'on sacrifie aux idoles ?

» 7° Peut-il fréquenter les thermes où les païens, aux jours de fêtes, font leurs ablutions, soit qu'il se baigne avec eux ou non ?

» 8° Des païens, un jour de fête, descendent dans les bains en revenant des idoles, ils y commettent quelques uns de leurs sacrilèges. Le chrétien, qui sait ce qui s'y passe, peut-il descendre dans le même bain ? »

Le saint évêque fit à Publicola des réponses tolérantes et conciliant tout, capables de tranquilliser sa foi timorée, sans trop effrayer sa conscience ; mais nous savons, par d'autres fragments de ses œuvres, ce qu'il pensait de ces repas d'idoles, gagne-pain des cabaretiers (*popæ*) et des marchands de bestiaux ; et de ces banquets dans les temples, avec lesquels fait si bien contraste la sobriété des agapes chrétiennes. Il n'a jamais assez d'anathèmes pour les proscrire, surtout quand il y trouve, fourvoyés parmi les gentils, quelques-uns de ces mauvais chrétiens, membres paresseux en trop grand nombre dans l'Église d'Afrique : « *Pleraque in Africa Ecclesiæ membra pigriora sunt.* »

« Que dit-on à ces mauvaises tables ? s'écrie-t-il. Des discours impies corrompant les bonnes mœurs. Vous ne pouvez pas parler de l'Évangile, mais vous entendez parler des idoles. La foule murmure des mots comme ceux-ci : « Est-ce que le Christ n'était pas un homme ? N'est-il pas vrai qu'il fut crucifié ? » Puis il ajoute avec une vigueur d'expression impossible à reproduire par la traduction : « Ce que vous buvez là, vous le rejetez dans l'église, *quod ibi bibis, in ecclesia vomis.* »

Les évêques eurent beau faire avec toutes leurs plaintes indignées, les repas sacrés se maintinrent longtemps dans les temples ; ils flattaient trop bien la sensualité païenne, ils étaient une occasion d'orgie trop commode, pour ne pas survivre à la plupart des autres rites du paganisme. Les épulons, véritables cabaretiers des temples, qui organisaient ces banquets et y présidaient, existèrent bien au delà du temps de Théodose, comme on le voit par plusieurs inscriptions conservées dans le recueil d'Orelli. Tous les gens de métier qui desservaient ces banquets par leurs fournitures ou par leurs mains-d'œuvre, restèrent tout naturellement attachés à l'ancien culte avec non moins de persistance. Ainsi, en l'an 390, alors que le christianisme triomphe de tous côtés et détruit partout les idoles et les superstitions, nous voyons les tueurs de victimes et les marchands de porc, élever un monument à L. Aradius Valerius Proculus, *Augur Pontifex minor*.

Voilà donc des corporations tout entières, et des plus influentes dans les villes et dans les campagnes, qui, à la face même du christianisme triomphant, se montrent attachées au paganisme, et qui rendent des hommages publics à ses derniers prêtres. Presque toutes les corporations ouvrières de Rome, même celles qui comme ici n'avaient pas l'intérêt de leur commerce pour enchaîner leur fidélité au culte des sacrifices, en avaient agi ainsi. Le paganisme était la religion de l'État, la vieille croyance nationale ; le christianisme, au contraire, un culte étranger voulant les forcer de rompre avec toutes les traditions et les rites du passé. C'en était assez pour qu'ils continuassent de se vouer à l'un et de persécuter l'autre. M. Beugnot, en plusieurs endroits de son excellent livre, écrit en 1835, et par conséquent tout à fait en dehors des préoccupations politiques si palpitantes aujourd'hui, revient sur cette haine des corporations ouvrières contre le christianisme, antagonisme étrange qui montre à lui seul combien nos socialistes s'égarent quand, se comparant en tout aux premiers chrétiens, ils prétendent agir sur les mêmes classes et par les mêmes moyens d'influence. Même sous les premiers successeurs de Constantin, lorsque le christianisme est déjà sur le trône, les corporations ouvrières ne lui sont pas encore acquises ; il faudra plus d'un demi-siècle, et la chute de Julien, le dernier appui des païens, pour qu'elles le décident enfin à venir à lui : « Les curies et les corporations, dit M. Beugnot, restèrent soumises à l'influence des païens jusqu'au milieu du siècle suivant... L'ancien culte tirait une grande force de l'appui de ces corps, surtout dans les provinces. »

Une des raisons qui, sous ces premiers empereurs chrétiens, bien loin de rallier les corporations à la nouvelle croyance, avaient dû la leur faire haïr davantage encore, c'est que les prêtres chrétiens, pour subvenir aux frais du culte, se livraient presque tous au négoce où ils faisaient rude concurrence aux commerçants païens, et qu'afin de mieux les y aider et d'écraser plus sûrement les autres, Constantin les avait dispensés de tous les droits payés au fisc par les mar-

chands ordinaires. C'était un mauvais vouloir flagrant des empereurs contre le
commerce et les métiers païens (*professiones gentilitiæ*). Il n'éclata pas qu'en
cela seulement. On le retrouve plus marqué peut-être encore dans les prohibitions dont ils frappèrent les *repas de confrérie* dont nous avons parlé plus haut,
et dans la confiscation de tous les revenus destinés aux dépenses de ces cuisines
confraternelles.

C'était certainement réprimer de grands abus et mettre fin à des débauches
trop longtemps consacrées par les priviléges des corporations, comme les repas
dans les temples l'étaient par la religion ; mais c'était aussi ameuter de bien
vives haines contre la croyance dont les austères doctrines suggéraient de pareilles rigueurs. Les progrès si lents déjà du christianisme près des classes ouvrières durent en être retardés non-seulement à Rome, mais dans tout l'empire.
Car partout, depuis les siècles les plus reculés, on retrouvait l'usage de ces banquets en commun. En Égypte, ils avaient été consacrés par Bacchus lui-même ;
les plus célèbres étaient ceux qu'on préparait pour les fêtes appelées *lagynophories*, et que le seul fragment qui nous soit resté de l'*Arsinoë* d'Eratosthènes
décrit ainsi :

« Un jour que Ptolémée, dans le dessein d'honorer principalement Bacchus,
instituait une fête et préparait des victimes de toutes sortes, Arsinoë demanda
à l'homme qui apportait les branches d'olivier, quel était le jour qu'on célébrait
et la fête qu'on s'apprêtait à donner ? Cet homme lui répondit : La fête s'appelle
les *lagynophories*, et les convives, couchés sur des lits de feuillage, se traitent
avec des mets qu'ils ont apportés, et boivent chacun à un *lagyne* particulier
qu'ils apportent aussi de chez eux. Dès que l'homme se fut retiré, la reine se
tournant vers nous : « Cette communauté de repas, dit-elle, a quelque chose de
dégoûtant, car la réunion doit nécessairement être composée d'un ramas
d'hommes de toutes sortes qui se fournissent des mets réchauffés et nullement
engageants. » Si d'ailleurs ce genre de fête eût convenu à la reine, elle n'eût
sans doute pas dédaigné de faire les frais du repas comme dans la fête des
conges ; car là aussi les convives sont servis à part, mais c'est celui qui les a
invités au repas qui leur fournit des mets. »

On voit que partout ces repas étaient de vrais banquets démocratiques, des
pique-niques de fraternité, quelque peu dédaignés des grands, gens au goût
difficile. Or, encore une fois, la religion qui, complice de ce mépris des nobles
et des princes, faisait supprimer ces festins, devait n'être pas populaire.

Nos cabaretiers perdirent plus que personne à cette abolition des repas de
confrérie, mais ce ne fut pas le seul malheur que lui réservaient les austérités et
les rigueurs du nouveau culte. En détruisant peu à peu tous les sacrifices,
remplacés par ses paisibles cérémonies, il leur avait enlevé leur meilleur approvisionnement ; en mettant ses prêtres sévères et sobres à la place des prêtres

païens ivrognes et gourmands, il décima de même leur clientèle la plus
assidue. Nous ne parlons pas seulement des prêtres de Cybèle, qui, malgré
leur habileté à servir partout la cause mourante du paganisme pour se perpétuer eux-mêmes, finirent pourtant par disparaître tout à fait des campagnes et
des villes, nous parlons encore d'une foule d'autres prêtres non moins débauchés, et, comme les *galli*, hôtes frivoles des *popines*. Les prêtres de Némésis, ou
Nemesiaci, étaient du nombre. D'abord, aussi bien que les *galli*, ils firent bonne
contenance devant les empiétements du christianisme. Pour mieux les repousser et combattre à coups plus sûrs sa vraie croyance par la superstition, ils
s'étaient faits diseurs de bonne aventure ; au IVe siècle, c'était à peu près leur
seul rôle. Leurs temples étant détruits, ils prenaient les cabarets et les carrefours
pour scène de leur divination. « C'est là qu'ils réunissaient le peuple, en se livrant
devant lui, dit M. Beugnot, à des danses bizarres et à des combats simulés.
Ivres et armés d'une fourche, ils tournaient sur eux-mêmes, et, feignant d'être
animés d'un esprit divin, ils prédisaient l'avenir. » Au siècle suivant, on ne les vit
plus. La police des empereurs chrétiens avait fini par en faire justice. Peut-être
cherchant un dernier refuge pour leurs momeries idolâtres, s'étaient-ils mêlés,
comme les *galli*, comme les *ambubaiæ*, à ces bandes nomades qui commençaient déjà leur course par le monde.

Le paganisme, avant de disparaître, avait cherché à se purifier. Quelques-
uns de ses prêtres, vrais croyants des faux dieux, et, tels que Symmaque, sin-
cèrement convaincus de l'excellence de leur culte, s'apercevant enfin que le polythéisme s'était perdu par le désordre et la débauche, tandis que le christianisme grandissait chaque jour par l'austérité, tentèrent de revenir eux-mêmes à
la pureté des mœurs, à la pratique des vertus chastes, et d'y ramener les derniers païens. C'était frapper d'un dernier coup tous les métiers vils, cabaretiers, aubergistes, baigneurs, courtisanes, qui, à moitié ruinés déjà par le
christianisme, n'avaient plus pour vivre que les derniers vices du paganisme.
Perdus désormais au milieu d'un monde qui les abandonne en cherchant à se
purifier, pris entre deux religions dont l'une tend de tous ses efforts vers les
bonnes mœurs, tandis que l'autre essaie d'y revenir, comment pouvaient-ils subsister? Julien lui-même semble ne s'être rattaché au polythéisme qu'à la condition qu'il suivrait désormais des errements meilleurs et des doctrines faisant
moins disparate avec les vertus des chrétiens. On le voit se préoccuper de la
manière de vivre des prêtres païens, leur recommander d'être chastes et sobres,
de fuir les spectacles et les tavernes, de pratiquer l'aumône et l'hospitalité. Il
leur fait honte de leur conduite en leur opposant comme exemple celle de ces
Galiléens qu'il traite d'impies, tout en les admirant. Ce zèle réformateur, qui,
s'il ne le justifie pas tout à fait, atténue du moins son crime d'apostasie, éclate
surtout dans sa cinquante et unième lettre (à Arsace), apologie complète de

ses intentions, et la meilleure réponse qu'on puisse faire aux déclamations saintement exagérées de saint Grégoire, qui nous le montre courant sans cesse les mauvais lieux et les tavernes, « *popinationes et pocula.* »

« Si l'hellénisme (le culte païen), dit Julien dans cette lettre, ne fit pas autant de progrès que nous l'espérions, c'est la faute de ceux qui le professent aujourd'hui. Ne tournons point nos regards sur les causes qui ont favorisé l'accroissement de la religion impie de nos adversaires, je veux dire sur leur philanthropie envers les étrangers, sur leur sollicitude à ensevelir et honorer les morts, sur la sévérité (quoique feinte et affectée) de leurs mœurs? Voilà en effet autant de vertus qu'il nous appartient, ce semble, de mettre réellement en pratique. Il ne te suffit pas de tendre à ce but sublime ; mais, il est de ton devoir d'y ramener pour toujours tous les prêtres répandus dans la Galatie, soit par la persuasion, soit par les menaces, soit même en les destituant de leur ministère sacré, s'ils ne donnent pas, eux, leurs femmes, leurs enfants et leurs serviteurs, l'exemple du respect envers les dieux ; s'ils n'empêchent pas les serviteurs, les femmes des Galiléens d'insulter aux dieux, en substituant leur athéisme (ἀθεορηζα) au culte qui leur est dû. Ne manque pas, en outre, de défendre à tout prêtre de fréquenter les spectacles, de *boire dans les tavernes*, et d'exercer un métier vil ou ignoble. Honore ceux qui t'obéiront, bannis ceux qui oseront te résister ; établis dans chaque cité des hospices pour que les gens sans asile ou sans moyen de vivre y jouissent de nos bienfaits, quelle que soit d'ailleurs la religion qu'ils professent. Il serait par trop honteux que nos sujets fussent dépourvus de tout secours de notre part, tandis qu'on ne voit aucun mendiant ni chez les Juifs, ni même chez la secte impie des Galiléens, qui nourrit non seulement ses pauvres, mais souvent les nôtres. »

A la lecture de cette lettre, on s'étonne vraiment que Julien ait apostasié ; on ne comprend pas que, pour une religion corrompue comme l'était le paganisme, et exigeant de si profondes réformes, il ait renié la croyance qui, malgré ses mépris, lui sert de modèle et lui fournit tous ses exemples. Mais ses ordres furent-ils suivis? Nous en doutons. Les prêtres à qui il les adressait étaient une caste trop avilie pour les comprendre, trop faible pour les faire exécuter. Le paganisme, le culte des sens, après avoir vécu par la débauche, devait finir sans l'avoir renié.

Les aubergistes eussent eu beaucoup à souffrir de l'exécution de ces ordres de Julien. S'il eût été obéi selon son désir, on eût vu renaître les vertus hospitalières de l'âge d'or ; plus de pauvres errants, plus de voyageurs sans asile et forcés de chercher un gîte mercenaire : donc plus d'hôteliers. Ce retour vers l'hospitalité des anciens âges était surtout ce qui préoccupait Julien, et lui tenait au cœur. Il rougissait de voir l'indifférence des païens si loin de la ferveur des chrétiens pour l'exercice de ces vertus. Plein du dépit qu'il en ressent, et certain d'ailleurs que dans ces pieuses pratiques est la cause de l'influence chaque jour plus active des chrétiens, il s'emporte jusqu'à les leur imputer à crime et jusqu'à voir en elles plutôt un moyen et un calcul, qu'un zèle désintéressé : « Il est arrivé, dit-il encore dans sa quarante-huitième lettre, que les pontifes n'ayant aucun soin d'assister les pauvres, ces abominables Galiléens, qui ont reconnu ce défaut, se sont attachés aux exercices de la charité, et ont fortifié leurs erreurs pernicieuses par ces témoignages d'une bonté apparente..... C'est ce qui a donné lieu à leurs agapes, à leurs banquets d'hospitalité et à leurs tables des pauvres ; car ces choses sont ordinaires parmi eux, et c'est là qu'ils ont commencé et qu'ils continuent à porter les fidèles au mépris des dieux, et à les engager à l'impiété. »

Les empereurs chrétiens, pour mieux faire revivre ces vertus d'hospitalité dans la pratique desquelles Julien ne veut voir qu'hypocrisie et ruse, se sont avisés d'une mesure habile, qui, tout en atteignant ce but, doit ruiner non seulement les aubergistes, mais un des collèges de prêtres les plus riches de l'ancien culte, les Flamines. C'est en Afrique qu'ils ont commencé l'exécution de leur système, et les municipalités se sont montrées fort dociles à les servir. Ils ont ordonné que tous les citoyens revêtus précédemment des hautes fonctions du *flaminat* et du sacerdoce seront désormais contraints de se faire *præpositi mansionum* (maîtres des mansions), « c'est-à-dire, écrit M. Beugnot, d'entretenir à leurs frais des hôtelleries pour le service public. » Il était impossible de les ravaler plus bas, car c'était les forcer de se ruiner pour se faire les concurrents des aubergistes. On peut même dire qu'en cela, les chrétiens se faisaient trop ouvertement de la charité une arme de haine contre les prêtres du paganisme. Du reste, dans toute l'Afrique, même dans les provinces converties, ce ne fut qu'un cri contre cette illégalité. Constantin fut obligé en 335 de rendre une loi qui la supprimait. Les hôteliers africains en gardèrent longtemps rancune au nouveau culte ; les idoles, brisées partout, eurent leurs bouges pour derniers temples. Au vᵉ siècle on aurait pu dire encore, comme Tertullien au iiiᵉ : « Il n'est point de bains publics et d'hôtelleries sans idoles. » *Balnea et strabula sine idolo non sunt.*

Pour ruiner les corporations ouvrières et marchandes que nous avons vues contraires à la religion enfin régnante, les *suarii* (charcutiers), par exemple, les *pecuarii* (bouchers), et surtout les cabaretiers à qui le christianisme avait déjà fait éprouver tant de pertes dans leur clientèle et dans leurs approvisionnements ; les empereurs s'y prirent d'une manière différente, mais non moins hostile : ils les accablèrent de redevances dont nous n'avions pas trouvé de traces jusque-là, et qui sembleraient être, pour les taverniers surtout, la condition onéreuse de la tolérance qu'on leur accordait en les laissant subsister. Tout le poids de l'approvisionnement, de la salubrité de Rome, de la conservation des propriétés, dut désormais reposer, à titre gratuit, sur ces corporations. « Vous savez, écrit Symmaque à Valentinien, que sur ces corps pèse tout entier l'entretien de cette immense ville. L'un fournit la viande des bêtes à cornes, l'autre la chair des pourceaux. Celui-là transporte les bois nécessaires aux bains publics, ceux-ci s'emploient à la confection des objets destinés à un service auguste; d'autres s'occupent d'arrêter les incendies à leur naissance. Il serait superflu de les nommer tous et de spécifier les *taverniers*, les boulangers publics, ceux qui voiturent le froment et l'huile; enfin, les nombreuses classes qui, à des titres divers, fonctionnent pour la patrie. »

Sans doute ces redevances existaient auparavant; nous croyons même volontiers que les vins vendus par Aurélien dans le temple du Soleil, et que Lampride appelle *fiscalia vina*, n'avaient pas une autre provenance, quoique nous leur en ayons nous-mêmes assigné une différente : mais il n'est pas moins singulier que nous n'en trouvions trace que dans le code théodosien et dans les lettres de Symmaque, c'est-à-dire, à une époque où les empereurs, nouveaux chrétiens, étaient plutôt disposés à opprimer qu'à protéger les corporations.

Les cabaretiers, comme tous les autres corps de métier ainsi organisés, avaient pour chef un officier impérial. Il prenait le titre de *vinarius*, et tenait sans doute, à la cour de Constantinople, la charge occupée sous les Capétiens et les Valois par le *bouteiller*, puis par le grand échanson. Un certain Longimarus y fut promu du temps de Symmaque, et, par la lettre de félicitations que celui-ci lui adresse, on peut juger de l'importance que donnait cet emploi. La perception de la redevance indiquée tout à l'heure était sans doute dans ses attributions. Aussi devait-il entendre de belles clameurs. Jamais personne n'a crié si fort qu'un cabaretier qu'on écorche. Il paraîtrait même qu'ils firent un tel tapage sous Théodose, que cet empereur, bien qu'assez peu l'ami des gens de désordre, les exempta de cette contribution en nature. C'est du moins ce qui semble ressortir d'un passage d'une autre lettre de Symmaque adressée à Théodose et à son fils Arcadius.

Il faut avouer que ces pauvres taverniers commençaient à faire pitié. Ils ont été vraiment éprouvés trop durement et de trop de façons différentes. Leur condition n'est plus tenable : leur clientèle est perdue; ils sont privés de leurs fêtes païennes, des sacrifices dont ils avaient les restes, des repas de confrérie, etc.; bien plus, jusqu'à ce que l'édit de Théodose soit venu leur en faire grâce, nous les trouvons grevés de cette redevance onéreuse. Encore la perçoit-on sans préjudice des droits que la douane n'a cessé de mettre sur leurs marchandises, et de ces taxes personnelles dont ce passage de M. Rabanis dans son traité sur les *Dendrophores* va vous expliquer la nature : « Les taxes personnelles sont prélevées sur les industries libres, depuis le *tavernier* jusqu'à l'usurier, depuis l'armateur jusqu'à la courtisane; capitalistes, marchands forains, vendeurs en gros, vendeurs en détail, tous y passent. Leur contribution s'appelle *aurum lustrale*, parce qu'on la demande, ou plutôt parce qu'ils l'apportent tous les cinq ans. » A toutes ces vexations on ajoute encore l'infamie. Le livre VIII du code théodosien, renchérissant sur la pruderie des vieilles lois romaines, déclare que d'un noble et de la fille d'un tavernier, même s'il y a eu mariage entre eux, il ne pourra naître que des enfants illégitimes. « Nous considérons comme illégitimes les enfants des personnes viles qui se sont mariées avec les nobles de la cour : tels sont les commerçants, les esclaves, les cabaretiers, les femmes de théâtre et les filles de celui qui tient un lieu de prostitution ou qui a été condamné à combattre dans l'arène. » Tertullien avait donc eu bien raison de faire dire par les chrétiens, au chapitre XLIII de son *Apologétique*, que, bien qu'ils fréquentassent les marchés, les foires, les bains et les hôtelleries, les mauvais lieux, les tavernes, les traficants de femmes perdues, etc., n'avaient rien à gagner avec eux.

Sous les derniers empereurs païens, le sort de ces métiers avait été bien différent. Tout alors avait prospéré pour eux. La fortune et la protection des princes ne leur faisaient jamais défaut. Au temps de Marc-Aurèle et de Commode, ainsi qu'une inscription recueillie par Orelli le constate, un règlement impérial avait statué définitivement sur les contestations qui survenaient entre les *publicains* (agents du fisc) et tous ces marchands de denrées compris sous le nom collectif de *folli cullearii;* et c'est en faveur de ces derniers qu'il avait conclu.

Sous Dioclétien, le prix du vin avait sensiblement diminué : c'était tout avantage pour les taverniers qui, bien que recourant plutôt à la citerne qu'à la vigne pour la fabrication de celui qu'ils vendaient, ne profitaient pas moins de cette forte hausse. Les frais de manipulation restaient les mêmes, et le prix de la chose manipulée doublait : c'était, je le répète, un profit clair. L'inscription si curieuse de Stratonicée nous a conservé ce tarif des vins de toutes sortes. Nous allons le reproduire avec l'évaluation des prix anciens en prix modernes :

Vins de *Picenum* (le *sextarius*, 1/2 litre)	75 c.
— de Tibur	75
— de la Sabine.	75
— d'Aminée.	75
— de Sorrente	75
— de Falerne	75
Vieux vin ordinaire de première qualité, hors des crus ci-dessus	60
Vin commun	20
Cervoise.	10
Bière	05

M. Dureau de la Malle, d'après lequel nous donnons ce tarif, le fait suivre de ces réflexions : « Le vin, qui était à si bas prix en Grèce et même en Italie, du temps de Caton, était, comme on le voit, plus cher sous Dioclétien qu'il ne l'est aujourd'hui en France, dans les pays de vignoble, car le vin commun ne s'y vend pas ordinairement 40 centimes le litre, tandis que le vin vieux ordinaire y coûte 24 sous la bouteille. La culture de la vigne, ajoute-t-il, avait dû souffrir plus que toute autre de la dévastation des barbares et du fléau des guerres civiles. » Suivant une estimation de M. Moreau de Jonnès, ce tarif des vins aurait été encore plus élevé, et le profit des cabaretiers se serait accru dans une même proportion. Selon le savant économiste, le vin de dernière qualité aurait été de 80 centimes le litre.

La dévastation des campagnes, que M. Dureau de la Malle donne pour cause de la cherté des vins, est constatée par un passage de Lactance, où il est parlé en outre des déprédations exercées par Maximin sur les biens des petits propriétaires, et de la fermeture forcée des boutiques particulières où ils vendaient le produit de leur récolte ; ce qui tourna aussi à l'avantage des taverniers, débarrassés ainsi d'une concurrence gênante.

Voici le passage de Lactance :

« Si peu que Dioclès et Maximinien avaient laissé, Maximin le ravit sans pudeur aucune. Les particuliers fermèrent leurs greniers, leurs boutiques, « *itaque horrea privatorum claudebantur, apothecæ obsignabantur.* » On poursuivait le paiement des dettes avant que le terme fût achevé. Les campagnes étaient rendues infertiles ; il vint une famine et une cherté inouïe. »

A ces malheurs dont nos cabaretiers tiraient si bon parti, Maximin ajoutait le scandale de ses continuelles impiétés, qu'ils savaient de même faire tourner à leur profit. C'est ainsi que pour donner une nouvelle vie au culte des faux dieux, un nouvel éclat à leurs sacrifices, il faisait enlever des troupeaux entiers dans les campagnes. Or les restes de cet approvisionnement forcé des temples s'en allaient, comme toujours, bouillir sur les fourneaux des *popines*. Maximin fit plus encore ; par un excès de grossièreté injurieuse pour la nouvelle croyance, il chassa les chrétiens de leurs églises ; puis, afin de mieux profaner leurs autels, il y fit sacrifier, non par les prêtres païens, mais par ses cuisiniers, les viandes dont il devait se nourrir : « raffinement d'impiété ! » s'écrie Lactance.

Déjà, en mille endroits, nous avons fait l'éloge de la sobriété chrétienne, qui contrastait si bien avec les scandales de la gourmandise païenne, et qui tout d'abord avait menacé de mettre à néant le commerce des taverniers. Il nous faut, par malheur, faire à présent la palinodie de nos éloges, et revenir sur notre admiration. La plupart de ceux qui désertèrent l'ancien culte, ne quittèrent pas ses mauvaises mœurs. Chrétiens par l'intention, non par les vertus, ils restèrent païens par la manière de vivre. On ne secoue pas si vite la fange d'un passé sensuel ; quelque pure que soit la piscine où l'on court laver son âme, elle n'en sort jamais complétement purifiée, et il est bien rare qu'on ne porte pas, dans la voie nouvelle où l'on entre, quelque souillure du sentier qu'on abandonne. Les néophytes renonçaient bien volontiers aux faux dieux, à leur culte obscène, à leurs sacrifices ; mais aux repas des temples, à ces régals sacrés qui avaient fait leur joie depuis l'enfance, c'était autre chose. Ici l'appétit de l'homme l'emportait sur le zèle du croyant. L'ancien culte prenait sa revanche sur le nouveau ; l'église était à son tour désertée pour le temple, et la sobriété commandée par le Christ, le jeûne, loi de l'Église, étaient sacrifiés aux libations de Bacchus.

« Mes frères, s'écrie saint Ambroise, j'ai contre le plus grand nombre d'entre vous un sujet de graves reproches. Je m'adresse à ceux qui, après avoir célébré avec nous la naissance du Seigneur, interviennent dans les fêtes des gentils. Quiconque veut participer aux choses divines, ne doit pas se faire l'allié des idoles. L'effet des cérémonies païennes est de troubler l'esprit par les vapeurs du vin, de fatiguer le ventre par l'excès de la nourriture, de torturer les membres par les danses, et d'occuper tellement l'esprit à des actes de dépravation, que l'on ne peut plus se souvenir de Dieu. Comment est-il possible que vous assistiez à l'épiphanie du Seigneur, quand déjà vous avez célébré les calendes avec toute la dévotion imaginable ? Mes frères, éloignons-nous scrupuleusement des solennités et des féeries païennes. Quand les gentils sont plongés dans la joie et dans les festins, nous, soyons faibles et jeûnons, afin qu'ils comprennent que notre abstinence condamne leur voracité. »

La plupart, dociles à ces conseils donnés par tous les pasteurs, ne fréquentaient plus les repas sacrés ; mais ils ne se corrigeaient pas pour cela de leur penchant à l'ivrognerie. Ne pouvant plus l'assouvir dans les temples, ils cherchaient à le satisfaire dans les fêtes si pures de l'église. C'était une double profanation. Les *agapes* chrétiennes des catacombes étaient déjà souillées par ces excès ; et Julien, si injuste et si menteur d'ordinaire dans ses invectives contre la religion qu'il a reniée, a malheureusement trop bien pour lui la vérité et la justice quand il parle des scandales de ces repas. Pas de fête qui ne fût une occasion d'orgie ; pour les plus solennelles, c'était une orgie plus grande, voilà tout. Il n'y avait pas un martyr à qui l'on ne fît l'honneur de se griser annuellement en son honneur. Pour ces chrétiens indignes, vrais païens de fait, il n'y avait rien de changé que le prétexte de la débauche, la fête d'un saint au lieu de la fête d'un dieu. Les libations restaient les mêmes : « Comment, s'écrie saint Augustin, comment croit-on permises les débauches et les ivrogneries au point qu'on les tourne en fêtes et en solennités, pour honorer la mémoire des martyrs, non seulement aux jours qui leur sont spécialement consacrés, mais encore à tous les jours de l'année. » Saint Cyprien tient le même langage ; car aussi bien que l'évêque d'Hippone, il a continuellement sous les yeux les désordres des chrétiens d'Afrique : « L'ivrognerie, dit-il, est si commune en Afrique, que boire un muid d'un seul coup serait à peine regardé comme un péché. » Puis il ajoute : « Ne voit-on pas les chrétiens s'exciter mutuellement à l'ivresse, pour célébrer la mémoire des martyrs? »

Ce qui est étrange, c'est qu'il y eut des prêtres chrétiens assez indulgents pour ne pas voir dans ces orgies prétendues saintes un outrage aux vertus chrétiennes, et pour les regarder presque comme un hommage doux au Seigneur. Ainsi saint Paulin, évêque de Nole, après avoir montré quelles étaient ces libations, ne craint pas de les excuser en disant : « Je pense qu'il faut pardonner, à ceux qui s'y livrent, les joies de ces repas. L'erreur est ordinaire aux esprits grossiers. Il ne vient pas à la pensée de ces gens simples qu'ils commettent un péché. Crédules mal à propos, ils s'imaginent que les saints se réjouissent de l'odeur du vin dont on arrose leur tombe. »

> ..... ignoscenda tamen puto, talia parvis
> Gaudia quæ ducunt epulis, quia mentibus error
> Irrepit rudibus, nec tantæ conscia culpæ
> Simplicitas pietate cadit, male credula sanctos
> Perfusis halante mero gaudere sepulcris.

C'était le paganisme des banquets païens prenant pied dans les églises comme dans les temples. La dépense en était couverte par une cotisation des conviés; ou bien c'étaient des *pique-niques*, comme les *lanygynies* d'Égypte, où chacun apportait sa bouteille et son plat. On les appelait alors *commensalia*. C'est sous ce nom que le concile de Laodicée, au IV⁰ siècle, les proscrit par son 55⁰ canon : « Il punit les bigames, les prêtres qui s'occupent de magie, d'enchantements, d'amulettes, ou qui célèbrent des festins à frais communs, « *ex symbolis, quæ vulgus commensalia convivia celebrare.* » Ces banquets et l'ivresse qui en était la suite ne suffisaient pas encore à ces prêtres ivrognes, ils portaient à la taverne ce qui leur restait de soif et d'appétit, et s'y abreuvaient largement. Les canons de l'Église d'Afrique, qu'on trouve reproduit au tome I⁰ʳ de la *Collection des conciles* du père Hardouin, gourmandent vertement ces prêtres, piliers de cabarets; et le concile de Carthage, qui nous donne de si curieux détails sur les membres du clergé se livrant à l'usure, séjournant dans les villes étrangères et tenant le commerce; sur les fils des évêques et des prêtres qui suivent les spectacles, épousent les femmes païennes et s'émancipent avant l'âge, mêle aussi à tous ces reproches ceux qu'il adresse aux prêtres, hôtes assidus des tavernes.

Il paraît, comme le passage de saint Ambroise cité tout à l'heure vous l'a, du reste, déjà fait voir, que c'était aux calendes de janvier, époque correspondante aux premiers jours de notre carnaval, que ces chrétiens, ramenés aux rites païens par l'ivrognerie, affluaient surtout dans les tavernes. Ils s'étaient laissé enlever les Saturnales et leurs licences ; mais ces féeries des calendes si universellement célébrées pour les cadeaux d'étrennes dont elles étaient l'occasion, et pour les libations qu'elles ramenaient, ils ne pouvaient consentir à les voir disparaître. Aucune déesse ne leur tenait plus au cœur que cette Anna Perenna, nymphe du Numicus, à laquelle on avait élevé un temple à quelque distance au nord de Lavinie, et dont la fête, qui revenait le 15 mars de chaque année, était la continuation et le couronnement des réjouissances des grandes calendes. Figurez-vous le mardi gras après le jour de l'an, en admettant, pour rattacher ensemble ces deux grands jours, une suite non interrompue de fêtes. Le christianisme, qui avait détruit tant de rites divers, dispersé sous son souffle tant d'idoles et de superstitions, ne put réussir dans tout ce qu'il tenta pour supprimer ces anniversaires, et déshabituer le peuple des débauches qui les signalaient. Cette fois, il fut obliger de transiger. Il permit les cadeaux du premier de l'an, « le paganisme des étrennes » comme ils furent appelés longtemps dans les actes des conciles et les sermons des évêques ; puis, par une de ces substitutions singulières, dont nous avons parlé, d'Anna Perenna, la joyeuse déesse, il fit une sainte, Anna Petronilla, mère de la Vierge. Le peuple alors se laissa faire, il fêta la sainte au lieu de la déesse ; c'était le même nom, la fête arrivait le même jour, et ce qui est mieux, les réjouissances étaient pareilles. C'est ainsi que l'Église, par une concession indirecte, permit le carnaval. Car, encore une fois, la fête d'Anna Perenna, qui allait se perpétuer par celle de sainte Anne Pétronille, n'était pas autre chose. « C'étaient, dit M. Ch. Didier, les jours gras du paganisme ; et, ajoute-t-il, une nouvelle preuve de la persistance des mœurs populaires, c'est que notre carnaval tombe juste à la même époque que celui des Romains. Le tableau qu'Ovide nous a laissé de ces jours de délire a tout l'intérêt, toute la vie de l'actualité ; à deux mille ans de distance, ce sont les mêmes divertissements, les mêmes folies ; on y retrouve les chansons équivoques, les danses que l'on ne nomme pas, tout en un mot, jusqu'à la descente de la Courtille.

« Bien loin de s'effaroucher d'honneurs si profanes, la nymphe du Numicus les encourageait au contraire, en accordant autant d'années de vie que l'on buvait de fois à sa santé ; la langue latine lui doit même deux mots : *annare* et *perennare. Commodè perennare*, c'était boire des années ou se perpétuer en buvant. »

Avant d'en arriver à tolérer ces réjouissances profanes, les prêtres, nous le répétons, les avaient incessamment proscrites. Leur éloquence n'avait pas eu trop de foudres contre elles. Il n'était pas jusqu'à ces innocentes *étrennes* qu'ils n'eussent déclarées une coutume impie et sacrilége. Ils avaient frappé d'un même anathème les habitants des villes, distributeurs de ces présents, et les habitants des campagnes, qui, les calendes venues, accouraient pour les recevoir. L'ivrognerie à laquelle ils se livraient alors dans les cabarets et les auberges était la cause de cette proscription bien plutôt que les étrennes elles-mêmes, toute profane que fût leur origine. On le voit bien par ce fragment de la 103ᵉ homélie de saint Maxime, évêque de Turin.

« La plupart des habitants, encore fidèles aux folles coutumes de l'ancienne superstition, considèrent le jour des calendes comme l'époque d'une joie excessive. Ils semblent courir après le plaisir, afin de rendre ensuite leur tristesse plus grande, car ils affectent une telle débauche, ils boivent et ils mangent avec une telle incontinence, que celui qui, toute l'année, a été chaste et tempérant, devient ce jour-là ivrogne et crapuleux ; et s'il en faisait moins, il dirait qu'il a perdu son temps, parce qu'il ne comprend pas que c'est son âme qu'il a perdu pendant ces féeries.

» Il se lève de grand matin, et va au-devant de chacun avec de petits présents qu'on appelle *étrennes*, et, voulant saluer ses amis, il leur fait un cadeau avant de leur souhaiter le bonjour. Les lèvres se pressent, les mains se serrent, non pas pour faire échange de témoignages d'amitié, mais pour obtenir que les politesses de l'avarice soient payées. C'est ainsi qu'ils embrassent à la fois et rançonnent un ami..... Ils ajoutent encore d'autres fautes à toutes celles dont nous venons de parler : ainsi, ils entrent chez eux, portant à la main des rameaux, comme s'ils venaient de prendre les augures, et retournent à l'auberge (*ad hospitium redeant*), chargés des présents qu'ils ont recueillis ; ils ne comprennent pas, les misérables, qu'ils rentrent accablés non de cadeaux, mais de péchés. »

L'année, pour ces mauvais chrétiens, malheureusement en majorité à Rome comme à Constantinople, commençait par l'ivrognerie et se continuait de même. C'était tellement un vice d'habitude, que les Pères sont forcés de la tolérer chez leurs diocésains. Ils leur permettent tacitement de s'enivrer, mais à la condition que ce sera en secret, sans scandale; chez eux et non à la taverne.

« La corruption des mœurs, écrit saint Augustin à Alipe, évêque de Thagaste, nous avait réduits au point de souhaiter, je ne dis pas qu'on ne s'enivrât point dans les maisons particulières, mais qu'on ne s'enivrât que là. »

Saint Chrysostôme tient le même langage à ses ouailles de Constantinople dans son *Homélie sur les martyrs*.

« Le vin, dit-il, est certainement un don de Dieu, mais l'usage immodéré qu'on en peut faire est une inspiration du diable... Vous voulez jouir des délices qu'il donne ! Jouissez-en dans votre maison, où quand bien même vous tomberiez en état d'ivresse, tout abritera et cachera votre vice; mais, de grâce, n'allez pas dans le cabaret (*capeleia*), où vous vous donnerez en spectacle à ceux qui seront là, et où vous serez pour tous une occasion de scandale. Je ne dis pas cela pour vous commander de vous enivrer chez vous, mais pour vous défendre de fréquenter les cabarets. Voyez combien il est ridicule, après s'être mêlé à une assemblée comme celle-ci, après Vigiles, après la lecture des saintes Écritures, après la participation aux saints mystères et aux largesses spirituelles, d'être vu, homme ou femme, passer des journées entières dans les tavernes. »

Parmi les gens qui écoutaient l'éloquent prélat, il s'en trouvait donc bon nombre tout prêts à courir du sermon au cabaret. Il le savait, et son cœur de chrétien sincère en saignait douloureusement. Ce n'est pas tout, scandale plus grand encore et qu'il ne connaît pas moins! Dans cette foule qu'il prêche, se trouvent des voleurs et surtout des voleuses, les mêmes qui dérobent dans les bains. Il les dénonce du haut de sa chaire, et au moment où il parle, il en est qu'on pourrait surprendre en flagrant délit, et faire passer, de l'église qu'ils profanent, dans les geôles où l'on enferme les esclaves meurtris de coups de fouet. Que nous sommes déjà loin des temps de la pureté et de l'innocence des chrétiens primitifs, alors qu'ils pouvaient se vanter par la bouche de Tertullien? de n'avoir pas dans leurs rangs un seul criminel, un seul voleur, bien qu'ils ne fussent pas assez dédaigneux des choses du commerce et de l'industrie, pour se priver d'aller dans les marchés publics, dans les foires, dans les hôtelleries, etc.

« J'en prends à témoin vos registres, disait Tertullien au chapitre XLII de son *Apologétique*, en s'adressant aux magistrats païens, vous qui jugez les criminels, y en a-t-il un seul qui soit chrétien? L'innocence est pour nous une nécessité, l'ayant apprise de Dieu, qui est un maître accompli. On nous reproche d'être inutiles à la vie, et pourtant nous allons à vos marchés, à vos foires, à vos bains, à vos boutiques, à vos hôtelleries... *Non sine foro, non sine macello, non sine balneis, tabernis, officinis, stabulis nundinis vestris, cæterisque commerciis cohabitamus hoc sæculum.* »

Alors aussi, quand on les accusait d'être des factieux et des intempérants, ils avaient droit de répondre, toujours par l'organe de leur éloquent défenseur : « La faction des chrétiens est d'être réunie dans la même religion, dans la même morale, la même espérance. Nous formons une conspiration pour prier Dieu en commun, et lire les divines Écritures. Si quelqu'un de nous a péché, il est privé de la communion, des prières de nos assemblées, jusqu'à ce qu'il ait fait pénitence. Ces assemblées sont présidées par des vieillards dont la sagesse a mérité cet honneur. Chacun apporte quelque argent tous les mois, s'il le veut ou le peut. Ce trésor sert à nourrir et à enterrer les pauvres, à soutenir les orphelins, les naufragés, les exilés, les condamnés aux mines ou à la prison, pour la cause de Dieu. Nous nous donnons le nom de frères ; nous sommes prêts à mourir les uns pour les autres. Tout est en commun entre nous, hors les femmes. Notre souper commun s'explique par son nom d'*agape*, qui signifie *charité*. » En ce temps-là encore les chrétiens pouvaient apposer aux invectives de leurs adversaires l'exemple édifiant de leurs pieuses diaconesses, dont les premiers devoirs étaient d'être chastes, sobres et fidèles. « Les veuves choisies

pour cette fonction , écrit M. de Chateaubriand , d'après la Vᵉ épître de saint
Paul à Timothée , ne pouvaient compter moins de soixante ans ; elles devaient
avoir nourri leurs enfants , exercé l'hospitalité , lavé les pieds des voyageurs ,
consolé les affligés. »

Mais encore une fois ces temps-là ne sont plus. L'heure est venue où Salvien
pourra faire, au livre VII de son *Traité du Gouvernement de Dieu* , ce tableau
des débauches de la Septimanie chrétienne , revers effrayant , par le contraste
de celui que Tertullien nous a tracé tout à l'heure.

« La gourmandise et l'impureté dominent partout, s'écrie Salvien ; les riches
méprisent la religion et la bienséance, la foi du mariage n'est plus un frein , la
femme légitime se trouve confondue avec les concubines. Les maîtres se servent de leur autorité pour contraindre leurs esclaves à se rendre à leurs désirs.
L'abomination règne dans les lieux où des filles n'ont plus la liberté d'être
chastes. On trouve des Romains qui se livrent à tous les désordres , non dans
leurs maisons, mais au milieu des ennemis et dans les fers des barbares.

» Les villes sont remplies de lieux infâmes , et ces lieux ne sont pas moins
fréquentés par les femmes de qualité que par celles d'une basse condition.
Elles regardent ce libertinage comme un des priviléges de leur naissance , et
ne se piquent pas moins de surpasser les autres femmes en impureté qu'en
noblesse. »

Revenons enfin à nos vrais personnages, allons à ces tavernes vers lesquelles
saint Jean Chrysostôme voyait ses auditeurs chrétiens courir si ardemment.
Tous s'y précipitent et s'y entassent pêle-mêle, hommes et femmes, laïques et
prêtres. Déjà , tant les vices ont su glisser vite à travers les vertus , suivant la
belle expression de Chateaubriand , l'homme d'église aime l'oisiveté et l'ivrognerie ; et l'on pourrait dire comme Boileau le dira plus tard :

..... De chantres buvant les cabarets sont pleins.

Mais ce que l'on y voit abonder surtout, ce sont, comme toujours, les gens en
haillons que le christianisme , malgré sa charité ardente , a laissés dans leur
misère et dans leur fange, et qui viennent toujours chercher au cabaret la consolation des mêmes ennuis : « Aux portes des tavernes, dit saint Ambroise, sont
assis des hommes qui n'ont point de tuniques, qui n'ont pas de quoi vivre demain, et qui prononcent sur le sort des empereurs et des autres puissances de
la terre. Que dis-je, ils croient régner et commander des armées ; pauvres en
réalité, ils deviennent riches par l'ivresse : ils prodiguent l'or, ils se disputent
les biens du peuple, ils bâtissent des villes, eux qui n'ont pas de quoi payer les
aubergistes ; le vin les échauffe , et ils ne savent ce qu'ils disent. Opulents tant
qu'ils sont ivres, quand ils ont cuvé leur vin, ils s'aperçoivent qu'ils ne sont
que des mendiants ; ils boivent en un jour le travail de plusieurs. »

Chose singulière et déjà remarquée, du reste, par M. Ampère, ce tableau de l'ivresse de l'homme du peuple est à peu près le même, sauf la rime, que celui tracé par Berchoux quinze siècles après. C'est à croire que l'auteur de la *Gastronomie* s'était inspiré du *Traité sur le jeûne* quand il écrivit ces vers souvent cités :

> Avez-vous quelquefois rencontré vers le soir
> Un brave campagnard regagnant son manoir,
> Après avoir à table employé sa journée?
> Sa tête est vacillante et sa jambe avinée.
> Il trébuche parfois, mais toujours sans danger,
> Car un Dieu l'accompagne et le doit protéger.
> Il s'avance, incertain du chemin qu'il doit suivre,
> Guidé par la liqueur qui l'échauffe et l'enivre.
> La joie est dans ses yeux; son cœur est délivré
> Des ennuis dont la veille il était ulcéré.
> Après mille détours il retrouve son chaume.
> Il se croit devenu souverain d'un royaume;
> Ou plutôt l'univers, réclamant son appui,
> Dépend de son domaine et relève de lui.
> Il lègue à ses enfants des trésors, des provinces;
> Sa femme est une reine, et ses fils sont des princes;
> Il triomphe au milieu de cet enchantement,
> Demande encore à boire et s'endort en chantant.

Il est, ce nous semble, impossible de finir mieux ce long chapitre que par la citation de ces deux morceaux rapprochés et comparés. Ainsi, le peuple fut toujours le même : saint Ambroise le surprit au iv⁰ siècle dans les mêmes vices où Berchoux devait le rencontrer au commencement du xix⁰. Au temps où une religion nouvelle lui offrait la prière comme refuge de ses douleurs, et comme consolation de ses misères, c'est au cabaret qu'il court, c'est dans l'ivresse qu'il vient noyer ses peines; et à cette autre époque, encore si récente, où la liberté, que cette même religion avait préparée et qui ne se levait pourtant que sur ses ruines, vient se dresser triomphante aux yeux de l'homme du peuple et briser ses liens; c'est encore au cabaret qu'il court fêter et profaner sa conquête, au cabaret où, depuis lors, toutes les révolutions l'ont retrouvé et laissé. Est-ce donc qu'il faut désespérer de sa régénération par la tempérance, et regarder comme autant d'utopies et de rêves tout ce qu'on tente pour améliorer ses mœurs? Faut-il, devant ce peuple devenu souverain, mais que ses mauvaises mœurs rendent toujours indigne de sa souveraineté, faut-il s'écrier comme Salvien à la face de ces chrétiens du iv⁰ siècle, indignes, eux aussi, de la foi qui les avait émancipés : « Venez, Saxons et Huns, voyez ces chrétiens, ils lisent l'Évangile et font la débauche (*impudici sunt*); ils écoutent les apôtres et ils boivent jusqu'à s'enivrer (*apostolos audiunt et inebriantur*); ils suivent le Christ et ils sont des voleurs (*Christum sequuntur et rapiunt*)! » Ou bien, plus indignés et désespérant de ce monde qui se renouvelle, qui se bouleverse sans cesse sans s'améliorer jamais, faut-il répéter l'anathème que le païen Merobaude lançait au vieux monde romain vainement rajeuni par la foi : « Tu changes ; moi, je reste inflexible! tu dégénères, je te brave! tu te perds, je te maudis! »

CHAPITRE IV.

LES HOTELLERIES ET LES CABARETS

AU MOYEN AGE.

———❦———

le vin, le jeu des dés et le jeu de boules. — Mauvaise cuisine des collèges. — Rixe sanglante entre les écoliers et les gens du prévôt, ayant pour motif la querelle d'un valet d'étudiant avec un cabaretier. — Autre querelle des écoliers avec un cabaretier du bourg Saint-
Marcel. — Ses suites graves. — Ce que dit Rutebeuf de la vie des écoliers de son temps.—
Voleurs à la taverne. — Le *segretain* de Cluny. — Hôteliers voleurs. — Les faussaires du
comte d'Artois à l'hôtel de *l'Aigle*, rue Saint-Antoine. — Les ouvriers monnayeurs débitants de vin. — Leurs privilèges. — Serments qu'ils prêtent. — Les faux monnayeurs dans
une auberge de Saint-Benoît-sur-Loire. — Conspiration dans un cabaret de Nîmes. —
Ordonnance de 1407 sur les registres à tenir dans les hôtelleries. — Autres ordonnances
des XIIIe, XIVe et XVe siècles. — Étrangers à la taverne. — Le bon hôtelier et les compagnons
de du Guesclin. — Richard Cœur-de-Lion fait prisonnier dans un cabaret du duché d'Autriche pendant qu'il tourne la broche. — Rapprochement avec le grand Condé qui, pendant
la Fronde, manque d'être pris dans une auberge du Gâtinais en faisant une omelette.—
Le courrier Aubéron au cabaret. — Scène de joueurs à la taverne, d'après le mystère de
saint Nicolas. — Les voleurs de trésors et le tavernier leur complice. — Un miracle de
saint Nicolas. — Baudouin de Sebourc et autres chevaliers et barons à l'hôtellerie. —
Froissart à l'auberge. — Le pèlerin passant. — Hôtelleries qu'il fréquente. — Où les pèle-
rins vont loger d'ordinaire. — Hospitalité monastique. — *Xenodochia*, hospices, etc. —
Légendes sur l'hospitalité. — Patrons de l'hospitalité : saint Jacques, saint Julien, saint
Martin. — Les pauvres à l'abbaye de Saint-Gall. — Auberges orientales. — Hôtelleries des
Templiers, des Hospitaliers, des Frères-Pontifes. — Auberges-postes des chevaliers teuto-
niques. — Défense aux moines et aux prêtres d'habiter les auberges. — L'archevêque de
Rouen, Odon Rigault, forcé de s'arrêter à l'hôtellerie. — Affaire grave qui s'ensuit. —
Hospitalité dans les châteaux. — Hôtes anthropophages. — Retour aux tavernes. — Noms
de quelques cabarets de Paris au XIVe et au XVe siècle. — Statuts des taverniers. — Crieurs
de vin, *courratiers*, etc. — Leur corporation. — Ménage d'un cabaretier. — Tavernage. —
Droits de taverne. — Chantelage, etc. — Petits cabarets dans les rues. — Rôtisseurs. —
Seigneurs marchands de vin. — Le ban du roi. — La légende de saint Liesne et du vicomte
de Melun. — Cervoise, Godale. — Étymologie du mot *godailler*. — Un mot sur les tavernes
anglaises du moyen âge. — Edgard fait fermer les tavernes. — Singuliers vases à boire
inventés par saint Dunstan pour punir les buveurs. — Le moine de Chaucer, etc. — Marchands de vin flamands. — Le vin du marché, à Dinan. — Si Artevell le *brasseur-roi* fut
brasseur. — Cabaretiers-vidangeurs à Strasbourg. — Cabarets d'Allemagne. — La taverne
des nains de l'Osenberg. — Sorcières dans une auberge de Berlin. — Dame Hollé, la sorcière, dans un cabaret de Schwarza en Thuringe. — Le diable au cabaret. — Comment on
bâtit la tour de Glatz en Bohême. — Auberges et cabarets d'Italie, d'Espagne, etc.

Le moyen âge, obéissant, d'un côté, à la tradition chrétienne dont la charité était si inépuisable pour le pauvre et pour le passant, de l'autre, à la tradition barbare si propice elle-même aux étrangers, devait être naturellement une époque vouée au respect et à l'assistance du voyageur, au culte de l'étranger, enfin, mieux que toute autre, une ère d'hospitalité et de secours. C'est ce qui arriva, et ce qui fut cause de la rareté et du peu de fréquentation des hôtelleries pendant un fort long temps.

Nous avons déjà dit comment chez tous les peuples de race celtique et germaine, même chez les nations d'origine gothique, la pratique des vertus hospitalières était trop bien une coutume innée pour que le christianisme ait eu jamais besoin de les initier à ses bienfaits. Nous ne reviendrons donc qu'en peu de mots sur ce détail de leurs mœurs, seul côté par lequel elles fussent accessibles d'avance aux idées chrétiennes et au progrès de la civilisation : « Il n'y a pas de nation, dit Tacite, où l'on se plaise plus à manger ensemble et à recevoir des étrangers, que les Germains. Ils regardent comme un crime de refuser l'entrée de leur maison à qui que ce soit. Chacun apprête à manger à ses hôtes, à proportion de ses moyens. Quand les provisions viennent à manquer, celui qui jusqu'alors avait été l'hôte, montre à l'étranger un autre asile et l'y accompagne (*monstrator hospitii et comes*). Ils vont ensemble, sans être invités, dans l'une des maisons voisines. Il n'importe même où ils aillent, partout ils sont reçus avec la même humanité. On ne met aussi point de différence entre les personnes connues et inconnues, par rapport aux droits de l'hospitalité. » Les aubergistes ne pouvaient donc point avoir affaire chez des peuples pareils ; aussi n'en trouvons-nous pas trace, non plus que des cabaretiers. C'est dans sa hutte que le Germain s'enivrait, et qu'en s'enivrant il réglait ses affaires. Aux assemblées générales, quand il s'agissait de l'élection d'un chef, d'une déclaration de guerre, d'un traité de paix, on s'enivrait encore ; et il paraît que tout n'en allait que mieux : « Boire nuit et jour, dit encore Tacite, n'est pas honteux chez eux ; ils font des alliances, des réconciliations tout en buvant. C'est en buvant qu'ils élisent leurs chefs et qu'ils font la guerre et la paix. Dans les festins, dit-il, il n'y a pas de dissimulation. Le vin anime aux entreprises hardies. » C'est presque une éloge de l'ivresse barbare ; mais il ajoute un peu plus loin comme correctif : « Si vous flattez le penchant qu'ils ont à l'ivrognerie, et que vous leur donniez à boire autant qu'ils en demandent, vous en viendrez plus facilement à bout qu'avec les armes. » Cette ardeur pour l'ivresse resta de tradition en Germanie. Julien retrouva les Germains tels que Tacite les avait vus, buvant du vin, non pas autant qu'il leur en fallait, mais autant qu'ils pouvaient, c'est-à-dire, jusqu'à n'en pouvoir plus. Procope dit à peu près la même chose des Hérules ; mais ceux-là n'étaient vraiment Germains que par le goût du vin et non point par la sincérité qu'il inspire d'ordinaire, car en même temps qu'ivrognes ils étaient traîtres et perfides. Jusqu'au temps de Luther, on se souvint chez les Allemands de ce que Tacite avait dit, avec une apparence d'éloge, de l'ivrognerie des Germains leurs ancêtres, et l'on vit des buveurs s'en faire comme une excuse de leur vice, et s'en autoriser comme d'un louable exemple. Voici un bon conte qu'on lit à ce sujet dans les *Propos de table de maître Martin :*

« Maître Georges Spalatin dit une fois à la cour de l'électeur de Saxe, Frédéric, que Corneille Tacite a écrit que, parmi les anciens Allemands, il n'y avait aucune honte à boire le jour et la nuit. Un gentilhomme entendit cela, et demanda depuis combien de temps c'était écrit. Spalatin répondit que c'était depuis quinze cents ans, et ce gentilhomme dit : « Ah ! Seigneur, puisque copieusement boire est une coutume d'aussi vieille et honorable race, ne la laissons jamais de côté. »

Les Burgundes (*Bourguignons*), les plus humains entre ces barbares, et ceux qui eussent le mieux mérité peut-être cette épithète de doux (*mitis*) que saint Remi donna au Sicambre Clovis en le baptisant, avaient surtout fait une loi de l'hospitalité, mais sans vouloir qu'aucune habitude de débauche et d'ivresse vînt en entacher le bienfait. Toutefois ils n'avaient pas prétendu que cette coutume si favorable à l'étranger fût une charge trop lourde pour celui qui la pratiquait. Il était dit au titre trente-huitième de leur loi, ainsi que Montesquieu en a fait la remarque, que tous les habitants d'un bourg devaient être solidaires pour les frais de l'hospitalité exercée par l'un d'eux : « celui qui recevait un étranger était dédommagé par les habitants, chacun pour sa quote part. » Jaloux d'être seuls à pratiquer cette vertu, ou ne voulant pas peut-être que le peuple chez lequel ils étaient venus s'établir par la conquête eût, en outre des charges de leur possession, celle de leurs voyageurs à héberger, ils avaient décrété une peine contre quiconque renverrait chez un Gallo-Romain le passant venant lui demander asile : « Si un homme qui voyage pour ses affaires vient demander le couvert à un Bourguignon, et que l'on puisse prouver que celui-ci ait montré à l'étranger la maison d'un Romain, le Bourguignon paiera au Romain trois écus et une pareille somme au fisc. » Ces barbares débonnaires avaient voulu agir en toute chose à l'égard du peuple conquis avec des ménagements semblables. En venant prendre pied sur son sol, ils s'étaient donnés à lui comme un hôte, non comme un conquérant. Mais cette distinction fut bientôt illusoire, ce n'était qu'un euphémisme de mot, non de fait. Le Burgunde, malgré ses douces manières, fit bien voir, et trop tôt, qu'il était un maître et non pas un hôte, que son droit s'exerçait en vertu de la force et non pas en vertu de l'hospitalité. C'est ce que M. Guérard a fort bien fait remarquer.

« Le nom d'*hospes*, dit-il, qui désigna d'abord et l'étranger qui logeait chez autrui, et le maître de maison qui recevait l'étranger, ne rappela pas toujours dans la suite l'idée d'une hospitalité bienveillante et désintéressée. Le Bourguignon, après s'être établi chez le Romain, auquel il enleva les deux tiers des terres labourables, la moitié des bois, des maisons et des vergers, et le tiers des esclaves, fut appelé son hôte, de même que le Romain fut appelé l'hôte du Bourguignon. » L'hôte burgunde, enfin, puisqu'il voulait qu'on l'appelât ainsi, prenait, vous le voyez, la plus large place au foyer, quand par grâce il ne la prenait pas tout entière.

Chez les autres barbares, nous pourrions citer des prescriptions semblables à celles qui, chez les Bourguignons, faisaient de l'hospitalité une loi si rigoureuse ; mais ce qui nous donnerait aussi à croire qu'elles étaient moins fidèlement suivies, c'est que, chez ces mêmes peuples, nous trouvons ce que nous n'avons pas rencontré chez les premiers : des auberges, ces malheureux asiles qu'on voit s'ouvrir aussitôt que les vertus hospitalières tombées en décadence ont laissé se fermer les vrais refuges du pauvre et du passant. Il est vrai que les premières hôtelleries que nous ayons à vous montrer, s'établissant ainsi sur un sol conquis par les barbares, se trouvent dans les États de Théodoric, c'est-à-dire, en Italie. L'hôtelier italien, quoi que pussent faire les barbares, et malgré l'action de leur hospitalité bienfaisante, n'avait pu être dépossédé et disparaître. En vain les ruines de cette vieille civilisation dont il avait si complaisamment servi les vices s'étaient entassées autour de lui, il avait survécu à tout. Il était resté debout au milieu des peuplades nouvelles, avec ses vieilles habitudes, son amour du vol, son astuce, son effronterie, tout prêt à tromper les lois du code barbare, comme il avait trompé les lois romaines. C'est par une tentative de ce genre qu'il se révèle tout d'abord à nous dans ce nouveau monde.

L'aubergiste italien voulait recommencer sous le roi ostrogoth ce qui lui avait si bien réussi sous les empereurs romains, c'est-à-dire, avoir deux poids et deux mesures, les uns pour les habitants de la ville qu'il ne rançonnait que raisonnablement, les autres pour les étrangers qu'il écorchait sans merci. C'était sa manière d'entendre le droit des gens et l'hospitalité. Mais Cassiodore, ministre honnête homme, Romain par l'intelligence, et digne ministre d'un roi goth par son amour du juste et du vrai, sut bien faire raison de ces friponneries d'auberge. Voici ce que Sainte-Marthe, son naïf biographe, raconte à ce sujet :

« Il (Cassiodore) eut soin de mettre un prix modéré aux vivres, afin que ceux qui les vendaient n'y perdissent pas, mais aussi n'y gagnassent que médiocrement, et que ceux qui les achetaient n'eussent pas occasion de se plaindre. Dans l'édit qu'il fit sur ce sujet, il spécifia toutes les différentes denrées et taxa leur prix, condamnant ceux qui y contreviendraient à une amende, et même au supplice des bastonnades, afin que tout ensemble, la crainte de la perte du bien et celle de la peine corporelle réprimassent la cupidité et servissent de frein à l'avenir.

» Et parce que ceux qui tenaient les hôtelleries interprétaient mal cet édit, prétendant qu'il n'était fait qu'en faveur des citoyens et non des étrangers qui logeaient chez eux, de sorte qu'ils refusaient de se réduire à leur égard au prix porté par l'édit, Cassiodore en donna un second, par lequel il leur était enjoint de se soumettre au premier sous les mêmes peines qui y étaient portées.

» Car, si l'on a réglé un juste prix en faveur d'un peuple qui vit en repos dans son pays et dans sa ville, à combien plus forte raison, dit Cassiodore, doit-on avoir compassion des étrangers et des passants qui souffrent assez d'ailleurs, et pourvoir à leurs besoins? La bonne réception qu'on leur fait, ajoute-t-il, doit calmer leurs inquiétudes et adoucir leurs chagrins. Qu'on prenne donc garde qu'il n'arrive que ce qui a été établi pour le soulagement des peuples ne soit une occasion de leur faire souffrir de cruelles vexations, et ne les expose à un traitement tyrannique. Que les hôtes soient reçus en ne payant que le prix réglé. Que celui qui est invité à l'hospitalité comme à une grâce et à une faveur qu'on veut lui faire, ne soit pas la proie d'une avarice injuste. C'est imiter les voleurs de grand chemin, que d'attirer chez soi les voyageurs dans le dessein de les dépouiller. Qu'on ne s'imagine pas être à couvert des recherches de la justice par l'éloignement des lieux. »

« Enfin, il ordonne qu'on n'excède pas le prix qui sera fixé par les gentilshommes qu'il enverra sur les lieux pour régler toutes choses de concert avec les bourgeois et les évêques, afin que ceux qui tiennent hôtellerie se contentent de gagner honnêtement, et qu'on ne puisse pas dire d'eux qu'ils demeurent sur les passages comme des voleurs et des bandits qui assiégent les chemins et y exercent leurs brigandages. »

Cette comparaison que Cassiodore établit entre les hôteliers et les voleurs n'est que trop juste pour le temps dont nous nous occupons. Comme aux époques vicieuses que nous avons traversées, l'aubergiste est le complice ordinaire de tous les mauvais coups qui se commettent sur les chemins. Sa maison est le coupe-gorge d'où les bandits s'élancent sur la proie, et où ils la ramènent pour en achever le partage. Quand Foulques, l'archevêque de Reims, fut assassiné, c'est d'une auberge qu'étaient partis les brigands ses meurtriers, et c'est dans une auberge que son corps, relevé sur le chemin, meurtri de mille coups, fut rapporté par ses serviteurs.

Souvent aussi les hôtelleries étaient des lieux de recel. Nous en avons la preuve dans le récit que fait Grégoire de Tours d'un vol commis de nuit dans la basilique de Saint-Martin, et dont les auteurs, trahis par une querelle survenue entre eux, furent saisis dans l'auberge qui leur servait de repaire.

« En ce temps-là, dit le saint historien, des voleurs entrèrent par effraction dans la basilique de Saint-Martin, plaçant contre la fenêtre de la chapelle un treillage qu'ils trouvèrent sur un tombeau, et montant par là, ils pénétrèrent en brisant les vitres. Ils emportèrent beaucoup d'or et d'argent, des voiles de soie, et ne craignirent pas, en s'en allant, de poser le pied sur le saint sépulcre où nous osons à peine appliquer notre bouche. Mais, la puissance du saint voulut faire éclater, par un châtiment terrible, la punition de cette témérité. Car, ceux qui avaient commis ce crime, s'étant rendus à Bordeaux, il s'éleva entre eux une querelle, et l'un d'eux en tua un autre. Le fait s'étant découvert par ce moyen, on retrouva ce qui avait été volé, et l'on prit dans leur auberge (*de hospitali eorum*), l'argenterie mise en morceaux, et les voiles de soie. La chose ayant été annoncée au roi Chilpéric, il ordonna qu'ils fussent enchaînés et conduits en sa présence. Mais alors, ajoute Grégoire de Tours, craignant que des hommes ne mourussent à cause de celui qui, durant sa vie corporelle, avait souvent prié en faveur de ceux qu'on voulait mettre à mort, j'envoyai au roi une lettre de prières pour qu'il ne fît pas mourir ces hommes, puisqu'ils n'étaient pas accusés par nous à qui en appartenait la poursuite. Il reçut favorablement ma demande et leur accorda la vie. Il fit soigneusement remettre en état l'argenterie qui avait été brisée, et ordonna qu'elle fût replacée dans le lieu saint. »

Quand des assassinats étaient commis en plein champ, entre deux *villas*, dit la loi salique, sur le grand chemin, ou dans une auberge; comme la recherche du coupable était chose fort difficile, presque impossible même, dans ces campagnes désertes, la police mérovingienne suppléait par les mesures de la plus adroite sévérité à ce qui lui manquait comme moyen d'investigation. Elle savait même triompher des obstacles résultant de l'isolement des lieux où les meurtres se commettaient d'ordinaire. Vous allez voir que notre police moderne n'eût pas fait mieux.

Sitôt que le cadavre d'un homme assassiné avait été trouvé dans les champs, le comte, haut justicier de la province, se rendait sur le lieu du meurtre, convoquait à son de corne tous les habitants des maisons voisines, et les sommait de faire connaître le meurtrier. S'ils ne pouvaient faire droit à sa réquisition, il donnait ordre qu'on plaçât le corps au milieu d'un champ, sur un échafaud, de cinq pieds au moins de hauteur, afin qu'on pût l'apercevoir de loin ; il enjoignait formellement qu'on laissât ainsi le cadavre exposé pendant sept jours. Puis, il se retirait en commandant aux voisins d'avoir à se présenter à son tribunal dans les quatorze jours. Il les prévenait en outre que si l'assassin n'était pas connu à cette époque, ils seraient tenus eux-mêmes de se justifier du crime par l'entremise de cojureurs, sous peine d'être déclarés coupables.

« A coup sûr, dit M. du Méril à propos de ces prescriptions qui rappellent l'usage slave cité plus haut d'après Helmoldus, à coup sûr nos officiers de police ne s'y prendraient pas mieux. Ces moyens d'instruction tendaient même à leur but d'une manière plus directe et plus sûre que les nôtres ; grâce à eux, aucun crime du moins ne restait impuni. Seulement, et c'était là le défaut de ces mesures, il n'était pas également certain que le vrai coupable fût toujours atteint. »

Si nous voulions refaire, pour les temps barbares, le tableau des désordres que nous avons déjà tracés pour l'époque romaine, la tâche ne serait pas difficile. Nous n'aurions qu'à retourner aux mêmes lieux, nous y trouverions les mêmes débauches. Il n'y aurait rien de changé : seulement les héros de ces orgies seraient des hommes nouveaux, s'y jetant avec des appétits étranges, plus sauvages et moins blasés, avec une sorte de rage ardente. Ils aiment avec frénésie la luxure et l'ivresse, ils n'ont pas l'ardeur, mais la brutalité du désir, ils ne sont pas gourmands, mais voraces ; et, pour se satisfaire, ils ont la violence, la raison du plus fort. Qui donc eût pu résister ? Les Romains ne l'ont pas tenté ; au contraire, dans cette impétuosité que montrent les barbares pour courir aux festins et aux lieux de débauche, ils ont vu leur revanche toute prête. Vaincus par la force, ils triompheront par la gourmandise et la luxure, leurs seules armes, les dernières qu'aient en main les peuples corrompus : « Le très-féroce roi des Goths, écrit un contemporain à saint Ferréol, subissant l'influence de ta parole emmiellée, grave, piquante, inusitée, a fait ce que tu voulais, il s'est éloigné des portes d'Arles, et ce que les armées d'Aétius n'avaient pu accomplir, tu en es venu à bout par un dîner. »

Il faut lire dans Sidoine Apollinaire la description d'un repas gallo-romain pour bien juger des piéges que la vieille société mourante tendait aux désirs grossiers de ses vainqueurs, pour bien savoir par quel luxe de banquets, mets

choisis et multipliés, vaisselle d'or, ameublements splendides, elle savait les af-
friander et les séduire : « ... Le jour tombe, dit Sidoine, que le vin, les danses
et le bien-vivre remplissent de joie ces dernières heures ! Voici les lits couverts
de pourpre, où viennent s'asseoir ceux qui boiront avides le nectar empourpré !
Voyez, tout est riche, tout étincelle, tout flatte les yeux ! Ces meubles viennent
d'Asie, ceux-ci de Grèce ; partout des sculptures et des peintures ; des chasses
meurtrières où personne ne meurt, des groupes blessés dont le sang ne coule
pas ! C'est plaisir d'errer à travers ces fleurs épanouies qui penchent leurs corolles
sur les urnes d'albâtre ; plaisir de livrer son corps à la danse souple et brisée,
et d'imiter la tremblante ivresse des Bacchantes :

> Juvat ire per corollas
> Alabastra ventilantes,
> Juvat et vago rotatu
> Dare fracta membra ludo,
> Simulare vel trementes
> Pede, veste, voce Bacchas.

« Le plat du milieu se couvre du lin le plus fin et le plus blanc ; le lierre et le
pampre vert le couronnent ; de belles guirlandes courent autour des armoires et
des couchettes. Voici des cytises, des lis, des jonquilles ! Déjà la lampe suspendue se remplit d'encens moissonné en Arabie, et la fumée s'élève vers le toit
éclatant. Ici l'huile est inconnue ; c'est le baume odorant qui nous verse la
lumière. »

> Arabumque messe pinguis
> Petat alta tecta fumus.
> Veniente nocte nec non
> Numerosus ungatur
> Laquearibus coruscis
> Camera in superna lychnus !

« Venez, esclaves ! pliez vos têtes sous le poids du métal travaillé avec un soin
exquis ! Venez, musiciens et musiciennes ! Et que vos cordes animées, vos doigts
qui chantent, votre airain sonore, vos flûtes passionnées, ravissent nos cœurs !
Donnez-nous tout ce que la poésie a de plus doux, tout ce que l'éloquence a de
plus ravissant ! »

Que vous semble de ce banquet de Petrus Magister, vrai Mécène gallo-romain ? N'est-ce pas, sauf quelques détails, qui par leur magnificence sentent
plutôt la villa somptueuse que la taverne même la mieux hantée, n'est-ce pas
comme chez la *copa* de Virgile ? Rien ne manque presque, pour qu'il y ait simi-
litude complète entre les deux descriptions, qu'un même génie dans ceux qui
ont décrit. Virgile était un poëte, et Sidoine n'est qu'un versificateur, différence
qu'il n'est pas besoin d'apprécier, et, selon nous, la même qui se trouve entre
le soleil ruisselant à pleins rayons sur le repas de la cabaretière, et la lampe un

peu pâle qui luit sur le banquet de Petrus Magister. Au reste, c'est toujours un
festin poétique et champêtre : fleurs et fruits, lyres et chansons, esclaves chantants, *ambubaiæ* dansantes. Mais le temps n'est plus où nous trouvions dans
une simple taverne des environs de Rome tous ces raffinements d'une exquise
et voluptueuse simplicité. Aujourd'hui, pour les avoir, il faut pénétrer sous
les ombrages d'une riche villa. Les tavernes, bien loin d'offrir rien de pareil,
sont des bouges enfumés où l'on ne sert qu'une misérable piquette frelatée, telle
que le vin trempé d'eau qui valut à je ne sais quel cabaretier de Nanni les véhé-
ments anathèmes de l'évêque de Camerine, saint Ansuin. Les mets qu'on y apprête sont aussi misérables. Des légumes mal cuits, de la viande de porc ladre,
de la vache maigre, voilà l'ordinaire. Mais jamais de plats choisis, jamais de volailles surtout, car c'est là un mets d'élite alors, un mets de roi; on en jugera
par sa cherté. D'après les calculs de M. Guérard, une poule en ce temps-là
n'aurait pas coûté moins de cent quatre-vingts francs. Aussi, je le répète, n'en
trouve-t-on que sur les tables royales, aux meilleurs jours. Chilpérick, voulant
apaiser la colère de Grégoire de Tours, ne trouve rien de mieux que de le
prier de prendre place à sa table, et sur un premier refus, il le supplie de tâter
au moins d'un potage *où il n'y avait que de la volaille;* invitation trop flat-
teuse pour que l'austère évêque n'y cède pas.

Ce qu'on pouvait se faire servir de mieux dans les cabarets, c'était du poisson
de rivière. Ausone, dans son poëme de la *Moselle*, nous montre les brochets de
ce fleuve cuisant ainsi sur les fourneaux des cabaretiers, et même ne trouvant
que là un refuge; car, plus dédaigneux qu'aujourd'hui, on le repousse même des
tables bourgeoises.

« Là aussi, dit-il, ce poisson plaisamment désigné par un prénom latin, l'hôte
des étangs, l'ennemi acharné des criardes grenouilles, le brochet, recherche des
trous abondants, les herbes et la vase. Sans attrait et sans usage pour nos tables,
il va bouillir dans les tavernes enfumées de sa vapeur fétide. »

Voulait-on des huîtres, voulait-on même savoir quelques renseignements sur
les meilleures, il ne fallait pas s'adresser aux cabaretiers. C'était là une délicatesse trop grande pour qu'ils en fussent instruits. Aussi Ausone, cherchant qui
l'initiera à ces détails gastronomiques, se garde-t-il bien de s'adresser à eux :
« Je ne les ai pas cherchés dans les tavernes, ces précieux renseignements, dit-
il, ni parmi le peuple, ni dans les réunions des parasites de Plaute. Mais,
comme souvent, aux jours de fête, j'ai traité quelques amis qui, à leur tour,
m'appelaient à leur table, soit aux solennités du jour natal, soit aux repas des
noces, ou à celui du lendemain sacré pour les pères, j'ai entendu là plus d'un
bon juge, et je n'ai point oublié leurs nombreux éloges. »

Ce qui, à l'époque dont nous parlons, faisait grand tort aux cabarets, et les
empêchait de s'approvisionner de bon vin et de denrées de choix, c'est qu'on

était d'usage de faire ses galas chez soi sans jamais s'adresser à la taverne. C'est chez lui, à sa propre table, que le plus ivrogne se grisait. La débauche alors était casanière, mais pour cela n'en était pas plus retenue. Ses excès ne perdaient rien à ne pas avoir un cabaret pour théâtre. On en juge par ce que dit saint Césaire dans ses sermons. A chaque point c'est une virulente invective contre les ivrognes, et pourtant pas un mot des tavernes! Saint Augustin et saint Jean Chrysostôme, qui permettaient presque l'ivresse, du moment qu'elle n'était pas publique, eussent peut-être été moins rigoureux que Césaire.

Son quatre-vingt-onzième sermon est surtout d'une grande véhémence contre les ivrognes de tous rangs, d'abord contre les gens de la campagne.

« Lorsqu'ils ont du vin, dit-il, ou qu'ils se sont fait quelque boisson, ils invitent leurs parents et leurs voisins, comme à un festin de noce, et ils les retiennent pendant des quatre et cinq jours à boire et à s'enivrer à toute outrance, de manière qu'ils ne quittent point cette déplorable débauche pour retourner chez eux, qu'ils n'aient épuisé toute la boisson qu'avait celui qui les a invités. »

Nous ne sommes plus au temps des Mérovingiens, et pourtant les gens de nos campagnes agissent-ils avec plus de retenue et une soif moins ardente quand vient le temps du vin nouveau?

Césaire parle ensuite d'une petite ruse propre à exciter la soif de celui qui ne se sent pas assez altéré. « D'autres, dit-il, se font préparer des ragoûts salés et épicés, afin d'irriter par là leur soif, et de pouvoir se plonger dans l'ivrognerie la plus excessive. » Détail curieux qu'il complète par celui-ci plus singulier encore, et dont l'usage dut se perdre vite : « Le repas fini, pour mieux boire, chaque convive prend le nom d'un ange ou d'un saint patron, et croit lui faire honneur en s'enivrant sous son nom. » Que dites-vous de cette sorte de baptême par le vin, où la religion n'est invoquée que pour venir en aide à l'ivrognerie? De telles choses ne pouvaient se passer que dans une époque transitoire entre le paganisme et le christianisme, c'est-à-dire, tenant encore à un culte par ses mœurs, tandis que par la foi, il tâche de s'attacher à l'autre.

Les hommes les plus riches et les mieux titrés ne rougissaient pas de se ruer dans ces débauches; et au sortir de la table où ils s'étaient ainsi enivrés, ils faisaient fustiger tout esclave qu'ils trouvaient un peu pris de vin. Césaire leur fait honte de cette conduite; il leur dit entre autres choses : « Je voudrais bien savoir si quelqu'un de ceux d'entre vous qui ont plusieurs domestiques souffrirait patiemment qu'un seul d'entre eux fût un ivrogne; de quel front donc, et en quelle conscience, voulez-vous être un ivrogne vous-même? » Après ce beau mouvement d'indignation oratoire, pour rappeler ces buveurs à l'égalité dans la vie sobre, il nous parle des rivalités singulières qui s'élevaient entre les buveurs, de leurs défis à qui boirait le plus, de leurs moqueries contre celui qui ne boit pas ou qui boit mal. Dans son sermon précédent, c'est-à-dire, le quatre-vingt-dixième, il avait déjà parlé de ces ivrognes fanfarons qui luttent de débauche et de capacité ; et il n'avait pas omis certaine coutume païenne, encore en faveur dans les festins, qui consistait à choisir trois buveurs au hasard, et à leur faire boire quand même une mesure de vin déterminée d'avance, mais toujours énorme : « Je sais, dit-il, que dans les festins que vous vous donnez les uns les autres, vous êtes en usage d'une pratique qui nous est restée des observations superstitieuses des païens, et qui était bien digne d'eux : savoir, de choisir parmi les convives trois hommes pour boire à grands coups et outre mesure, de gré ou de force ; coutume honteuse et infâme ! »

La gourmandise et l'ivrognerie étaient si bien passées dans les habitudes des Francs, que chez eux on ne faisait rien sans qu'un banquet y intervînt pour quelque chose. C'était une formalité qu'en certains cas la loi elle-même avait exigée, bien sûre que cette fois elle ne serait que trop bien obéie. Il en était ainsi, par exemple, lorsqu'il s'agissait de la prise de possession d'un bien donné entre-vifs. Voici comment on procédait en vertu du quarante-sixième titre de la *Loi salique*.

Le donateur, armé de son bouclier, se rendait à l'audience du comte, y laissait juger trois causes, puis prenant un brin de paille (*festucam*), le jetait dans le sein d'un homme à lui étranger (*qui ei non pertineat*), en disant à haute voix qu'il entendait donner à cet homme tout ce qu'il possédait ou une partie désignée de son bien, à la condition qu'il le remettra à une autre personne aussi dénommée dans la déclaration. Cela fait, le tiers se rendait au domicile du donateur, y tenait table pour trois convives, à qui il prouvait par là qu'il avait complète jouissance des biens à lui transmis. Ensuite il devait se rendre chez l'héritier près duquel il était l'intermédiaire du donateur, puis procédant comme celui-ci, il lui jetait dans le sein un autre fétu de paille en prononçant son nom à haute voix, et en indiquant les biens qu'il prétendait lui transmettre dans leur intégrité. Ensuite commençait un second repas avec trois convives, au choix du donataire cette fois. Il les traitait en maître du logis. Il leur servait avant tout le *pultis*, ragoût national des Francs, brouet indigeste fait d'eau et de farine d'avoine, le même que mangent encore les paysans du Bocage, et qu'on appelle *poult* dans le patois normand. Cette formalité de manger le *pultis* était si importante, que si l'on y manquait, la donation était nulle. On était donc exact à la remplir, et comme vous pensez, on l'arrosait largement, droit que laissait la loi, et que les Francs se gardaient bien de méconnaître. Si, par suite, la donation était attaquée, le donataire, par l'attestation de trois témoins, pouvait prouver que tout avait été fidèlement exécuté. Or nous sommes sûrs que celle du *pultis* et du repas dont elle était le prétexte l'était toujours rigoureusement. Les Francs étaient trop bons ivrognes pour y manquer.

Peut-être que l'usage de faire un grand repas en prenant possession d'une nouvelle demeure, et en y appendant, comme on dit, la crémaillère, dérive de la
vieille coutume franque, et n'est qu'un reste de la tradition du banquet du
pultis.

Il est un mot de l'argot populaire qui nous semble aussi dater de cette époque, et dériver, non pas d'une coutume, mais d'une légende : c'est le mot *poisson* pris par les buveurs de nos plus infimes cabarets pour désigner une de ces
petites mesures de vin qu'on boit sur le comptoir. Grégoire de Tours nous raconte qu'un pauvre pêcheur des bords de la Loire, n'ayant plus ni dans sa cave
ni dans son buffet (*promptuario*) une seule goutte de vin pour se ranimer au
travail, se mit à prier saint Martin de lui faire la grâce d'une pêche heureuse au
premier coup de filet qu'il jetterait, et qu'en effet, lorsqu'il fut en pleine Loire,
il prit de son premier coup de filet un magnifique poisson. Revenu bien vite sur
le bord, il entra au cabaret le plus voisin, et le poisson pêché par l'intercession
du saint fût le prix du vin qu'il y but. Il nous semble, je le répète, que ce dut
être assez de cette légende, propagée de buveur en buveur pendant des siècles,
pour faire créer cette expression de *poisson*, encore en cours dans l'argot de
nos tavernes.

Ce n'est pas la seule chose que nous apprend cette légende de Grégoire de
Tours, nous lui devons encore de savoir que les saints n'étaient pas toujours
contraires au goût des gens du peuple pour le vin, et que les buveurs n'ont
pas fait un choix déraisonnable quand ils ont pris saint Martin pour patron.

Prêtres et moines savaient bien tous, et des premiers, qu'il y avait dans le ciel
des saints indulgents pour la gourmandise, cléments pour l'ivrognerie, et ils
se hâtaient d'en abuser. Seulement, comme les prêtres n'osaient s'enivrer
dans leurs presbytères, et les moines dans leurs cloîtres, de peur d'ameuter
trop de scandales ou de s'attirer de trop rudes châtiments, c'est au cabaret
qu'ils allaient chercher leur ivresse. Sauf les gens de la campagne qui, las de se
griser chez eux toute la semaine avec leur piquette ou leur mauvaise cervoise,
s'en viennent le dimanche à la taverne, boire et chanter à plein gosier, et y
manger, comme nouvel aiguillon de la soif, les rouges boudins au serpolet
qu'on voit pendre aux solives par longues guirlandes, les prêtres et les moines
sont les seuls chalands assidus que nous y trouvions alors. Se modelant sur
l'exemple de quelques hauts dignitaires de l'Église de France, tels que l'évêque
de Gap, dont Grégoire de Tours nous raconte les excès honteux, c'est dans les
tavernes que nous les voyons dépenser les loisirs que leur laissent les offices.
Ils y viennent surtout faire de copieuses collations. Un concile de l'an 847, dont
la collection du père Labbe nous a transmis les actes, se préoccupa de ces
scandales, et statua sur les peines dont on devait frapper ceux qui s'y adon-
naient ; déjà, un demi-siècle auparavant, le concile de Francfort, avait cru devoir

s'en inquiéter, tant il est vrai que cette fréquentation des tavernes était un vice ecclésiastique et monacal. Il avait ordonné de rechercher tout prêtre ivrogne et querelleur, tout prêtre buvant dans les cabarets : « *Inquirendum si presbyter sit ebriosus, vel litigiosus, si in tabernis bibat;* » mesures sages, mais inutiles, puisque le capitulaire de l'an 803 dut en renouveler les prescriptions déjà inobservées, et qu'on les retrouve de nouveau formulées et à plusieurs reprises dans le recueil d'Anségise. Au ixᵉ siècle même, ces habitudes de débauche s'étaient étendues en s'invétérant. Elles avaient gagné tous les rangs de la hiérarchie sacerdotale. Le pénitentiel d'Angers, en statuant par un chapitre spécial contre l'ivrognerie des prêtres, avait dû y comprendre l'évêque aussi bien que le simple clerc : « Si un évêque, y est-il dit, ou tout homme engagé dans les ordres, a l'habitude de s'enivrer, qu'il cesse ou qu'il soit déposé; le prêtre ou diacre qui aura vomi à la suite d'un excès de table sera condamné à faire pénitence pendant quarante jours; le moine pendant trente jours; le clerc pendant vingt jours, ou, suivant l'avis de quelques conciles, à se priver de lard pendant sept jours. Le laïque qui s'enivrera subira trente jours de pénitence en s'abstenant de lard, de bière et de vin. Il jeûnera dix jours de plus s'il a grisé son prochain par méchanceté. »

Ces pénitences sont sévères, mais peut-être eussent-elles dû l'être encore davantage. Pourquoi, par exemple ces fautes contre la sobriété n'eussent-elles pas été aussi rigoureusement punies que toute inobservance des jeûnes et du carême? Pour ces péchés-là, l'Église était inexorable, et les historiens sacrés, qui glissent assez volontiers sur les châtiments dont Dieu frappe les prêtres débauchés, ne nous racontent jamais assez longuement ceux qui viennent accabler quiconque désobéit aux commandements de l'Église. Grégoire de Tours s'emporte souvent en violentes invectives contre les ivrognes : il nous parle en termes indignés des excès d'Eberulph, l'un des domestiques du roi Chilpéric, et des débauches du prêtre breton Winoch ; dans sa *Vie de saint Martin*, et sous le nom du pieux apôtre des Gaules, il se plaît à peindre des plus hideuses couleurs le vice des ivrognes ; mais là s'arrête son indignation : il ne trouve pas à raconter contre eux de punition miraculeuse, il ne donne pas leur châtiment en exemple. Mais a-t-il à parler, au contraire, d'un homme qui manque à tous ses devoirs de chrétien, tel que le duc du Maine Roccolène, il s'empresse de nous dire qu'il fut frappé de mort « pour avoir mangé des lapereaux en carême. » Ainsi les péchés n'étaient pas égaux devant l'Église; ceux qui étaient une contravention à ses préceptes passaient pour plus punissables que ceux qui s'attaquaient seulement à la chasteté ou à la sobriété. Il fallait bien faire quelques concessions aux vices du temps, quelque cynique et brutale que fût cette dépravation.

L'Église fit plus : non-seulement elle laissa ses prêtres aller au cabaret sans trop les réprimander, mais elle admit le cabaret chez elle.

A certains jours, le portail de quelques basiliques fut une taverne ouverte à tous, où le vin coulait à flots pour tous ; et l'on vit dans le préau de certaines églises (*intra sanctos ambitus*) s'ouvrir toute l'année maint cabaret effronté (*cauponaria officina*), aussi bien que dans les lieux les plus voisins, et presque dans le cloître des monastères. Au milieu du bourg qui s'éleva autour de la riche abbaye de Saint-Riquier, il y avait la rue des cabaretiers, qui, chaque jour, s'obligeaient à servir la redevance collective de trente setiers de cervoise aux bons moines, trop friands sans doute pour se faire payer cet impôt autrement qu'en nature. Les conciles déployèrent souvent, et par des actes spéciaux, leur sévérité contre ces scandales. Il en est un du VIIIe siècle, par exemple, dont le père Labbe nous donne les statuts, qui défendit d'ouvrir aucune taverne dans une enceinte consacrée. Saint Remi fit les mêmes défenses, surtout en ce qui concernait la vente du vin sous le portail des églises, quoique, pour autoriser cet usage, on pût opposer à ses rigueurs l'exemple de saint Abraham qui, les jours de fête, se plaisait à donner à boire au peuple sur les marches mêmes de son église. Ce scandale, si bien patronné, s'était si fort invétéré, que le saint évêque ne vint à bout de le déraciner dans son diocèse, qu'en faisant un miracle. Rouillard le raconte ainsi dans son *Histoire de Melun*, d'après le chroniqueur rémois Flodoart.

« Le flascon de vin que benit saint Remy et le donna au roy Clovis, ne s'épuisa ni ne défaillit point ; ains, à mesure qu'il en buvoit, miraculeusement redevenoit tout plein : au contraire, fit défaillir celui que sans respect on vendoit en son église, comme si c'eust esté quelque estape publique. »

C'est toujours du meilleur vin que voulaient les prêtres, soit qu'ils allassent au cabaret, soit qu'ils vinssent s'enivrer sous le porche de leur église changé en taverne, soit même seulement qu'ils célébrassent la messe. A l'autel ils buvaient le calice à pleins bords ; et l'on en vit qui, bien loin d'observer fidèlement la loi de l'abstinence imposée à quiconque va communier, se chargeaient l'estomac de viandes et de vin avant de se présenter à la sainte table. Ils prétendaient ainsi imiter mieux la cène apostolique. Souvent des prêtres officiants, même des évêques ainsi gorgés, furent saisis de nausées au pied de l'autel, et vomirent l'hostie avec les débris de leur orgie.

Nous n'en finirions pas si nous voulions reproduire ici tout ce que nous ont transmis les *légendaires*, les *chroniques*, les *pénitentiels* sur l'ivrognerie et l'appétit vorace et irrassasiable des gens d'Église. Jean de Cluny, par exemple, dans sa *Vie de saint Odon*, nous raconte les excès justement punis de deux moines de son temps, qui, échappés de leur cloître, courent le monde en gourmands et en ivrognes, prennent les cabarets pour stations, et même, les jours maigres, se gorgent de gras gigots et de volailles.

Le premier, après une longue course, entre chez sa sœur, et son premier mot est pour demander à manger. On lui offre des poissons frais qu'on vient de pêcher en abondance. « Fi ! des poissons ! crie le moine. Pour qui me prend-on ? Des poissons ! j'en suis las. J'en mange tous les jours depuis de si longues années, qu'il m'est impossible d'en voir sans dégoût. » La bonne femme, alors, veut se mettre à lui faire rôtir un gigot ; mais notre affamé lui prend la viande des mains, en taille une tranche, la jette sur les charbons, tout en criant qu'on lui apporte du vin, et après le premier coup, se met à mordre à belles dents la viande toute saignante. Mais la bouchée lui reste au gosier et l'étrangle ; il tombe par terre suffoqué et râlant.

L'autre moine arrive chez son père comme il fait à peine jour, et tout d'abord il veut déjeuner. On lui remontre que l'heure est indue pour se mettre à table : « Comment, s'écrie-t-il, j'ai marché toute la nuit, et vous voudriez m'obliger à jeûner ! Non, de par le diable ! servez-moi vite ce que vous avez. » Alors on lui apporte du poisson ; mais indigné, comme l'autre, il le repousse avec colère et dédain. Tout en grondant, il cherche des yeux s'il ne trouvera pas dans quelque coin une pâture plus digne, avise une poule auprès de l'âtre, l'assomme d'un coup de bâton, et s'écrie tout triomphant : « Voilà qui me tiendra lieu de poisson (*hæc erit hodie mihi piscis*). » Les valets lui font observer qu'on est en carême, et lui demandent si par hasard il a dispense de son abbé pour faire gras. « Bah ! dit-il, haussant les épaules, la volaille n'est pas de la viande. Les oiseaux et les poissons n'ont-ils pas été créés en même temps ? ils sont donc de la même espèce ! » On trouve la raison bonne, et, sans plus de remontrance, on lui sert la poule. Mais à la première bouchée il s'étrangle ; et pendant qu'il agonise, tous ceux qui se trouvent là, pour ajouter à son châtiment, l'accablent d'injures et de soufflets (*pugnos tamen et cervicatos pro mercede suæ improbitatis in opprobrium antequam moreretur, sumpsit*).

Ce qui rendait les moines du ixe siècle gourmands pour la volaille, c'est que, depuis Charlemagne, c'était pour eux un mets défendu. On ne la leur permettait que huit jours par an, à Pâques et à Noël. Encore était-ce en vertu d'un acte d'extrême indulgence du concile d'Aix-la-Chapelle, en 817, auquel les princes avaient bien voulu souscrire. Charles le Chauve même fit mieux que d'autoriser cette permission, il donna ordre à ses intendants de fournir des volailles nécessaires à ces grands galas de Pâques et de Noël les couvents de Notre-Dame de Soissons, et de Saint-Denis, auxquels il accorda en outre pour ces mêmes fêtes onze cents œufs et cinq muids de froment « pour faire la bouillie, » comme il est dit textuellement dans les diplômes de 862 et 868.

Les moines, nous venons de le voir, ne s'en tenaient pas à ces ripailles permises en vertu de dispenses qu'ils s'octroyaient à eux-mêmes : tous les jours leur étaient bons pour manger oies grasses et poulets ; même en carême, ils ne s'en faisaient faute, et pour s'en justifier, ne se contentant point des raisons de notre moine impudent de tout à l'heure, qui donnait comme maigre la chair du poulet aussi bien que celle du brochet ou de la perche, parce que oiseaux et poissons furent créés le même jour et par la même parole, ils eussent volontiers fait comme ce drôle de Bois-Dauphin, si bien mis en scène par M. Mérimée au chapitre xxviii de sa *Chronique de Charles IX*, où M. Alexandre Dumas alla s'inspirer pour pareille aventure de son moine Gorenflot ; comme l'hôte tapageur du cabaret de Beaugency, disons-nous, nos moines du ixe siècle eussent volontiers baptisé carpe et perche tout poulet dodu, afin de pouvoir ainsi le manger sans péché.

La rareté et la cherté des volailles, dont nous avons déjà parlé, et qui ne permettaient pas qu'elles devinssent alors des mets de cabaret, étaient seules des obstacles pour l'âpre gourmandise des moines. Leur soif pouvait se satisfaire à moins de frais. Les vendanges étaient aussi abondantes qu'elles le sont aujourd'hui, et le prix du vin n'était guère plus élevé. Malgré les nombreuses redevances royales ou ecclésiastiques qui grevaient la vente des boissons, entre autres l'impôt du *forage* créé par Chilpéric Ier, selon Grégoire de Tours et Aimoin, et qui consistait en la huitième partie du vin de chaque récolte, le muid ne se vendait que sept deniers, ou 16 francs 45 centimes de notre monnaie ; prix très bas, comparé surtout à celui du froment qui, en 868, se vendait huit sous (227 francs 12 centimes) le muid, et en 877 aussi bien qu'en 976, jusqu'à vingt-quatre sous (676 francs).

Le vin étant à si bon marché, les moines se croyaient en droit de se montrer difficiles ; il ne fallait donc leur servir que du meilleur, de ce vin exquis de Dijon, digne ancêtre de nos vins de Bourgogne, dont Grégoire de Tours vante déjà les mérites, et de ces vins champenois dont on connaissait déjà si bien les vertus, que Pardule, évêque de Laon, donnant à Hincmar, archevêque de Reims, des conseils d'hygiène, crut pouvoir s'étendre ainsi sur ces nectars bienfaisants : « Prenez, dit-il, des vins de qualité moyenne, qui ne soient ni trop forts ni trop faibles, qui proviennent des flancs des coteaux et non du sommet des montagnes ou des profondeurs des vallées. Tels sont ceux du mont Ebon à Épernay, de Chaumussy, de Milly et de Comicy dans le Rémois. Quant aux autres, ils sont trop forts ou trop faibles, et me paraissent entretenir les humeurs. »

Les moines s'accommodaient encore assez de ces petits vins d'Auvergne, qui ruisselaient dans les banquets vantés par l'Auvergnat Sidoine ; et certains vins de composition, tels que la *brumalis canna*, boisson mousseuse faite d'orge, de gingembre et de fruits ; le *claretum*, mélange de vin et de miel relevé par l'arome de quelques plantes balsamiques ; le *moritium* ou vin de mûres ; la potion de fenouil, si recherchée jusqu'au xiie siècle, et l'*alixone*, citée dans le testament de saint Aldric, leur agréaient volontiers. Mais il ne fallait pas leur parler des boissons de qualité inférieure. On jugera de leur dédain pour ces breuvages par ce que dit Raoul Tostaire, moine de Saint-Benoît-sur-Loire, du mauvais cidre qu'on lui servait entre Caen et Bayeux, dans une tournée qu'il fit en Normandie :

> Ingredior noti mediocria tecta sophistæ
> Jentatus quoniam, vina peto, fueram :
> Et succus pomis datus est extortus acerbis :
> Ori proposui, dum reor esse merum.

« J'entre dans le pauvre taudis d'un frelateur (*sophista*) connu dans le pays, et, voulant déjeuner, je demande du vin ; mais voilà qu'on me sert je ne sais quelle boisson faite de pommes acerbes, que j'ai le malheur d'approcher de mes lèvres, croyant que c'est du vin. »

Remarquez le nom de *sophista* (sophiste) que notre moine dédaigneux donne au pauvre tavernier normand. Les gens d'Église traitaient volontiers ainsi les cabaretiers ; ils allaient même jusqu'à les comparer, eux qui frelatent le vin, aux hérétiques frelateurs de la religion. Cette comparaison singulière se trouve textuellement dans les actes d'un concile du ixe siècle.

Toutes les sortes de vins que nous avons citées plus haut étaient du ressort du juge à deux titres différents : d'abord à cause de l'impôt qu'il devait percevoir sur chaque mesure, en vertu de son droit d'inspection sur les récoltes, comme le veut ce passage du célèbre capitulaire *De villis* : « Le jour de Noël de chaque année, chaque juge nous fera connaître le produit des terres labourables,... des vignes, du *vin mis en vente*,... du vin de mûres, du vin cuit, du *medum*, du vinaigre, de la bière, etc. » ; ensuite, parce que la privation du vin comptait parmi les punitions les plus rigoureuses qu'un juge civil ou militaire pouvait faire subir à tout délinquant. « Tout homme, est-il dit dans les capitulaires, qui tient des honneurs de nous, et qui, mandé à l'armée, manque au rendez-vous général, s'abstiendra de chair et de vin autant de jours qu'il aura été en retard. » Il est dit encore dans le même recueil des lois de Charlemagne : « Quand un intendant de nos domaines n'aura pas accompli les ordres du roi, de la reine, du sénéchal ou du bouteiller, il sera mandé à la cour, et tenu de s'abstenir de vin, depuis le jour de sa citation jusqu'à celui de la comparution. De même, lorsque l'intendant sera à l'armée ou de garde ou en mission, les officiers subalternes coupables d'inexécution des ordres qu'ils ont laissés, devront se rendre à pied au palais et s'abstenir de vin et de viandes jusqu'à ce qu'ils soient justifiés ou condamnés. » Ces punitions singulières sont une nouvelle et dernière preuve du goût des Francs pour le vin.

Ils étaient loin d'en avoir un aussi prononcé pour la bière ou cervoise. Ils la laissaient volontiers à leurs esclaves. Tout ce que brassaient les *siceratores* (cervoisiers) dont il est parlé au chapitre xiv du capitulaire *De villis* s'écoulait d'ordinaire loin de la table du maître, dans les *manses* et les *gynécées*. Nous trouvons même sur le dédain des seigneurs francs, et surtout sur le mépris de leurs femmes pour cette boisson d'esclaves, une anecdote assez curieuse dans l'*Histoire de la Flandre chrétienne au* vi°*et au* vii° *siècle*, d'Olivier Vred.

Un seigneur flamand, nommé Gomer, revenait d'une entreprise lointaine, quand il rencontra, au bord de la petite rivière de Dieppemorch, un de ses esclaves couvert de contusions, la tête rasée, comme s'il eût été un serviteur coupable et puni, et pleurant amèrement tout en menant sa charrue. Tout ému, Gomer, qui avait l'âme bonne, lui dit : « Qui t'a maltraité ainsi, frère? qui t'a fait raser la tête?» Et l'esclave, interdit d'abord, ne sait que répondre. Enfin, le maître ayant insisté, il lui dit : « C'est votre femme qui nous a tourmentés pendant votre absence, et qui a dépouillé toute votre famille. » Et Gomer lui répliqua : « Suis-moi, et je te rendrai bonne justice. » Arrivé dans sa maison, il assembla tous ses serviteurs, les interrogea, et ce fut à qui d'entre eux se plaindrait le plus fort des vexations dont ils avaient été victimes. « Ayez patience, dit-il alors, désormais vous serez plus heureux. Aujourd'hui je vous convie tous à ma table, vous apporterez seulement votre bière ; j'en boirai comme vous, ma femme de même, et si en buvant elle s'avise de la trouver mauvaise, ne craignez pas de dire tous que c'est une boisson excellente. » C'est dans ce démenti donné par des esclaves à la femme orgueilleuse qu'était la vengeance du bon seigneur Gomer. Mais auparavant il se rendit près d'elle, lui fit les plus durs reproches de sa conduite, lui disant entre autres choses : « Si Dieu est juste, il te rendra les tourments que tu as infligés à autrui, toi qui n'as pas su être bonne pour tous, et qui n'as pas songé qu'esclaves ou libres nous sommes tous un seul corps en Jésus-Christ. » Le dîner venu, les serviteurs prennent place à table ; on sert la bière, et à la première gorgée, la dame se récrie sur l'amertume de ce détestable breuvage ; mais les convives, tous d'une voix, déclarent qu'il est délicieux. Alors elle se lève furieuse et quitte la table, où Gomer, continuant à boire avec ses esclaves, leur promet à l'avenir aide et protection, et leur fait rendre les pécules que sa femme leur avait ravis.

Cette anecdote n'est pas aussi puérile qu'elle paraît l'être ; elle nous fait voir au mieux quelle justice précaire le seigneur, même le plus équitable, rendait à ses serviteurs, quelle médiocre satisfaction il leur accordait en dédommagement des tourments les plus rudes. Il les admet à sa table, boit avec eux, et en buvant, leur permet de démentir sa femme. C'est tout ce que la condescendance féodale lui permet de faire. Nous sommes bien loin de nos temps d'égalité.

Un détail nous importe aussi dans cette histoire : c'est celui du dédain ou plutôt du dégoût de la femme de Gomer pour la boisson des esclaves. Les dames de ce temps-là, en effet, n'étaient pas accoutumées à ces breuvages. Il n'en était pas pour elles comme pour les dames de Rome, à qui le vin fut si longtemps interdit : elles buvaient largement, en vraies barbares. Rien ne leur répugnait, même pour satisfaire leur penchant à l'ivrognerie. Sainte Liutbirge, assaillie au milieu de ses austérités par un millier de rats qu'elle finit par expulser à force d'oraisons et de litanies, fut ainsi apostrophée, à propos de ses anciennes débauches, par le nain infernal qui avait dirigé contre elle la bande des rats : « Tu n'as pas toujours été si délicate. Un jour que tu soupais avec une de tes compagnes, tu as trouvé dans le vin un rat mort ; tu l'as pris par la queue, tu l'as jeté en riant, et en disant qu'il n'avait rien d'impur. Puis tu as bu, contrairement aux préceptes de la religion que tu affiches aujourd'hui. »

Ces ivresses de femmes avaient pour secret théâtre, non pas la taverne, mais la maison conjugale ou bien le *gynécée* retiré, à l'ombre duquel, comme nous le ferons voir d'après M. Guérard, se réfugiaient d'autres infamies et d'autres désordres. Si nous les rencontrons au cabaret et à l'hôtellerie, ce n'est point comme les hommes, avec des intentions d'ivrognerie et de gourmandise, mais dans le but de débauches plus dévergondées ; dans le but du plus honteux trafic. Ces bouges immondes ne se sont pas purifiés depuis les temps antiques. Ils sont toujours restés des lupanars où l'aubergiste fait le métier de *læno*, où la servante, que nous devrions désigner par un autre nom, fait marchandise de ses caresses, où la première venue trouve à abriter ses désordres.

Hrosvita, ayant à nous montrer, dans son drame d'*Abraham*, Marie, nièce et disciple du saint ermite, quittant la vie austère de la cellule pour l'existence fangeuse des prostituées, ne nous la fait pas voir ailleurs que dans une hôtellerie. L'homme qui lui a donné asile, le *læno* qui met ses charmes en vente, est un aubergiste (*strabularius*). C'est là que, parée de beaux habits, elle se livre à l'amour des étrangers dont elle partage les orgies, et qu'elle entraîne ensuite dans la chambre bien close, inaccessible à tous, où la luxure dévore ses nuits. Cependant le saint homme qui l'appelait sa fille, qui la voulait sainte et pure comme lui, la pleure avec amertume, et demande à tous ceux qui passent des nouvelles de sa brebis perdue. Enfin, après deux ans ainsi passés dans le désespoir, un ami, qui a vu Marie dans l'hôtellerie infâme, vient tout apprendre à l'ermite, et, par cette révélation, met le comble à sa peine.

L'AMI. Elle loge chez un entremetteur, qui reçoit chaque jour de grosses sommes des amants de Marie.

ABRAHAM. Des amants de Marie !

L'AMI. Oui.

ABRAHAM. Qui sont-ils ?

L'AMI. Un grand nombre.

ABRAHAM. Malheur à moi ! ô bon Jésus ! quelle monstruosité j'apprends ! celle que j'avais élevée pour être ton épouse se livre à des amants étrangers.

L'AMI. C'est l'usage antique des courtisanes, de se complaire à des amants étrangers.

Abraham. Donne-moi un cheval de selle et un habit militaire, je veux me présenter à elle sous les dehors d'un amant.

L'ami. Voilà le cheval et l'habit.

Abraham. Donne-moi aussi un *pileum* à larges bords, afin de cacher ma tonsure.

L'ami. Tu en as besoin pour n'être pas reconnu.

Abraham. Ne ferais-je pas bien d'emporter le seul sou que je possède?

L'ami. Sans doute, autrement tu ne pourrais t'entretenir avec Marie.

Le saint homme part, et arrive chez l'hôtelier: alors commencent des scènes qui ne sont pas seulement curieuses par les détails qu'elles nous transmettent sur les auberges-lupanars du XIᵉ siècle, mais qui sont aussi d'un intérêt dramatique réel, d'une entente scénique singulière, chose tout à fait remarquable pour le temps. A tous ces titres, nous allons les reproduire d'après l'excellente traduction de M. Ch. Magnin.

SCÈNE V.

Abraham. Salut, bon hôtelier (*strabulari*).

L'hôtelier (*strabularius*). Qui me parle? Hôte, salut.

Abraham. Avez-vous de la place pour un voyageur qui veut passer la nuit chez vous?

L'hôtelier. Oui, sans doute; nous ne devons refuser notre humble hôtellerie à personne (*nostra hospitiola nulli sunt neganda*).

Abraham. C'est très-louable.

L'hôtelier. Entrez, on va vous préparer à souper.

Abraham. Je vous dois beaucoup pour ce gracieux accueil; mais j'ai à vous demander un plus grand service.

L'hôtelier. Dites ce que vous désirez, vous l'obtiendrez à coup sûr.

Abraham. Acceptez ce petit présent que je vous offre, et faites en sorte que cette très-belle fille, qui, je le sais, demeure chez vous, vienne prendre place à notre table.

L'hôtelier. Pourquoi avez-vous envie de la voir?

Abraham. Parce que je me fais une grande joie de connaître cette femme, dont j'ai entendu louer si souvent la beauté.

L'hôtelier. Ceux qui vantent ses charmes ne mentent point; car par les grâces de son visage elle éclipse toutes les autres femmes.

Abraham. De là vient que je brûle d'amour pour elle.

L'hôtelier. Je m'étonne que vous puissiez, vieux et décrépit comme vous êtes, soupirer d'amour pour une jeune femme.

Abraham. Il est très-certain que je ne suis venu ici que pour la voir.

SCÈNE VI.

LES PRÉCÉDENTS. MARIE.

L'HÔTELIER. Avancez, avancez, Marie, et faites admirer votre beauté à ce néophyte.

MARIE. Me voici.

ABRAHAM (*à part*). De quelle contenance, de quelle fermeté d'esprit ne dois-je pas m'armer, quand je vois celle que j'ai nourrie dans la solitude de mon ermitage, chargée des parures d'une courtisane! Mais il n'est pas temps que mon visage révèle ce qui se passe dans mon âme, je retiens avec un mâle courage mes larmes près de s'échapper, et je couvre sous une gaieté feinte la profonde amertume de ma douleur.

L'HÔTELIER. Heureuse Marie, réjouissez-vous, car non-seulement, comme de coutume, les jeunes gens de votre âge, mais les vieillards eux-mêmes vous recherchent et accourent en foule pour vous témoigner leur amour (*te ad amandum confluunt*).

MARIE. Tous ceux qui m'aiment reçoivent de moi en retour un amour égal.

ABRAHAM. Approchez, Marie, et donnez-moi un baiser.

MARIE. Non-seulement je vous donnerai les plus doux baisers, mais je caresserai et j'entourerai de mes bras ce cou que les ans ont courbé.

ABRAHAM. Volontiers.

MARIE. Quelle est l'odeur que je sens? Quel est le parfum extraordinaire que je respire? Cette saveur particulière me rappelle celle de mon ancienne abstinence.

ABRAHAM (*à part*). C'est maintenant qu'il faut feindre, à présent qu'il faut me livrer à de joyeux ébats, comme un jeune étourdi, de peur que ma gravité ne me fasse reconnaître, et que la honte ne la pousse à rentrer dans sa retraite.

MARIE. Hélas! malheureuse. D'où suis-je tombée! et dans quel abîme de perdition ai-je roulé!

ABRAHAM. Ce lieu où se rassemble la foule des convives (*ubi convivarum confluit conventus*) n'est pas fait pour entendre des plaintes.

L'HÔTELIER. Dame Marie, pourquoi soupirez-vous? pourquoi versez-vous des larmes? N'habitez-vous pas ici depuis deux ans? et jamais je ne vous ai entendue gémir, jamais je n'ai remarqué que vos propos aient été plus tristes.

MARIE. Oh! plût au ciel que la mort m'eût enlevée il y a trois ans; je ne serais pas descendue à une vie aussi criminelle.

ABRAHAM. Je ne suis pas venu pour pleurer vos péchés avec vous, mais pour partager votre amour.

MARIE. Un léger repentir m'attristait et me faisait ainsi parler; mais soupons et livrons-nous à la joie, car, comme vous m'en faites souvenir, ce n'est ni le moment ni le lieu de pleurer nos péchés.

ABRAHAM. Nous avons largement soupé, largement bu, grâce à votre libérale hospitalité (*tua largitate administrante*), ô digne hôtelier! Permettez-moi de me lever de table, pour aller étendre dans un lit mon corps fatigué, et refaire mes forces par un doux repos.

L'HÔTELIER. Comme il vous plaira.

MARIE. Levez-vous, mon seigneur, levez-vous, je vais me rendre avec vous dans la chambre à coucher.

ABRAHAM. Je le désire, rien ne m'aurait fait sortir d'ici si vous n'aviez dû m'accompagner.

SCÈNE VII.

MARIE, ABRAHAM.

MARIE. Voici une chambre où nous serons commodément; voici un lit qui n'est point composé de pauvres matelas (*haud vilibus stramentis*). Asseyez-vous, que je vous épargne la fatigue d'ôter votre chaussure.

ABRAHAM. Fermez d'abord les verrous avec soin, pour que personne ne puisse entrer.

MARIE. Que cela ne vous inquiète pas; je saurai faire en sorte que personne n'arrive aisément jusqu'à nous.

ABRAHAM (*à part*). Il est temps maintenant d'ôter le grand chapeau qui couvre ma tête, et de montrer qui je suis. (*Haut.*) O ma fille d'adoption, ô moitié de mon âme! Marie, reconnaissez-vous en moi le vieillard qui vous a nourrie avec la tendresse d'un père, et qui vous a fiancée au fils unique du roi céleste?

MARIE. O Dieu! c'est mon père et mon maître Abraham qui me parle! (*Elle demeure frappée de crainte.*)

ABRAHAM. Que t'est-il arrivé, ma fille?

MARIE. Un grand malheur.

ABRAHAM. Qui t'a trompée, qui t'a séduite?

MARIE. Celui qui a fait tomber nos premiers pères.

ABRAHAM. Où est la vie angélique que tu menais sur la terre?

MARIE. Tout à fait perdue.

ABRAHAM. Où est ta pudeur virginale? Où est ton admirable chasteté?

MARIE. Perdue.

ABRAHAM. Si tu n'entres dans la voie du salut, quel prix peux-tu espérer recevoir de tes jeûnes, de tes veilles, de tes prières, lorsque, tombée de la hauteur du ciel, tu t'es comme noyée dans les profondeurs de l'enfer?

MARIE. Hélas!

ABRAHAM. Pourquoi m'as-tu méprisé? pourquoi m'as-tu abandonné? pourquoi ne m'as-tu pas instruit de ta chute? Aidé de mon cher Éphrem, j'aurais fait pour toi une complète pénitence.

MARIE. Après que je fus tombée dans le péché, souillée comme je l'étais, je n'osai plus m'approcher de votre sainteté.

ABRAHAM. Qui fut jamais exempt de péché, si ce n'est le fils de la Vierge?

MARIE. Personne.

ABRAHAM. Pécher est le propre de l'humanité; ce qui est du démon, c'est de persévérer dans ses fautes. On doit blâmer, non pas celui qui tombe par surprise, mais celui qui néglige de se relever aussitôt.

MARIE. Malheureuse que je suis! (*Elle se prosterne.*)

ABRAHAM. Pourquoi te laisses-tu abattre? pourquoi rester ainsi, immobile, prosternée à terre? Relève-toi, et écoute ce que je vais te dire.

MARIE. Je suis tombée frappée de terreur; je n'ai pu surmonter le poids de vos remontrances paternelles.

ABRAHAM. Songe, ma fille, à ma tendresse pour toi, et cesse de craindre.

MARIE. Je ne puis.

ABRAHAM. N'est-ce pas pour toi que j'ai quitté mon désert si regrettable, et renoncé à l'observance de presque toute discipline régulière? N'est-ce pas pour toi que moi, véritable ermite, je me suis fait le compagnon de table de gens débauchés (*factus sum lascivientium conviva*)? Moi, qui depuis si longtemps m'étais voué au silence, n'ai-je pas proféré des paroles joviales pour n'être pas reconnu? Pourquoi baisser les yeux et regarder la terre? Pourquoi dédaignes-tu de me répondre et d'échanger avec moi tes pensées?

MARIE. La conscience de mon crime m'accable; je n'ose lever les yeux vers le ciel, ni mêler mes paroles aux vôtres.

ABRAHAM. Ne te défie pas ainsi du ciel, ma fille, ne te désespère pas; mais sors de cet abîme de désespoir, et mets ton espérance en Dieu.

MARIE. L'énormité de mes péchés m'a plongée dans le plus profond désespoir.

ABRAHAM. Vos péchés sont bien grands, je l'avoue; mais la miséricorde divine est plus grande que toutes les choses créées. Bannissez donc cette tristesse, et profitez du peu de temps qui vous est donné, pour vous repentir; car la grâce divine abonde où ont le plus abondé l'abomination et les désordres.

MARIE. Si l'on avait le moindre espoir de mériter son pardon, on ne manquerait pas de se livrer avec ardeur à la pénitence.

ABRAHAM. Ayez pitié, ma fille, des fatigues auxquelles je me suis exposé pour vous; renoncez à ce funeste découragement, qui est, je le déclare, plus coupable que toutes les fautes; car celui qui désespère de la miséricorde de Dieu envers les pécheurs commet un péché irrémissible. En effet, comme l'étincelle qui jaillit du caillou ne peut embraser la mer, l'amertume des péchés ne peut altérer la douceur de la clémence divine.

MARIE. Je ne nie pas la grandeur de la bonté suprème, mais quand je considère l'énormité de mon crime, j'ai peur qu'il n'y ait pas de pénitence qui puisse suffire à l'expier.

ABRAHAM. Je me charge de votre iniquité; seulement retournez au lieu que vous avez quitté, et reprenez le genre de vie que vous avez abandonné.

MARIE. Je ne m'opposerai jamais à aucun de vos désirs, j'obéis respectueusement à vos ordres.

ABRAHAM. Je vois bien à présent que j'ai retrouvé ma fille, celle que j'ai nourrie; à présent, c'est vous que je dois chérir par-dessus toutes choses.

MARIE. Je possède un peu d'or et quelques vêtements précieux, j'attends ce que votre autorité décidera à cet égard.

ABRAHAM. Ce que vous avez acquis par le péché, il faut l'abandonner avec le péché.

MARIE. Je pensais à distribuer ces objets aux pauvres, ou bien à les offrir aux saints autels.

ABRAHAM. Le produit du crime n'est certainement pas une offrande agréable à Dieu.

MARIE. Je ne me préoccuperai plus de cette idée.

ABRAHAM. L'aurore paraît, le jour est venu, partons.

MARIE. C'est à vous, père chéri, de précéder, comme le bon pasteur, la brebis que vous avez retrouvée, et moi, marchant derrière, je suivrai vos traces.

ABRAHAM. Il n'en sera pas ainsi, j'irai à pied, et vous monterez sur mon cheval, de peur que l'aspérité du chemin ne blesse la plante de vos pieds délicats..

MARIE. Oh! comment vous louer dignement! Par quelle reconnaissance payer tant de bontés! Loin de me forcer au repentir par la terreur, vous m'y amenez, moi indigne de pitié, par les plus douces, par les plus tendres exhortations.

ABRAHAM. Je ne vous demande rien autre chose que de demeurer fidèle au Seigneur pendant le reste de votre vie.

MARIE. Je m'attacherai à Dieu de toute ma volonté; de toutes mes forces, et si le pouvoir me manque, du moins jamais la volonté ne me manquera.

ABRAHAM. Il convient maintenant de servir Dieu avec la même ardeur que vous aviez mise au service des vanités du monde.

MARIE. Je demande à Dieu que par vos mérites sa volonté s'accomplisse en moi.

ABRAHAM. Hâtons notre retour.

MARIE. Oui, hâtons-nous, car tout délai m'est pénible.

Sous cette histoire édifiante est un tableau complet de la vie des prostituées dans les hôtelleries, leur refuge ordinaire au XIᵉ siècle. Pas un détail n'est omis : voici les étrangers, amants de passage de ces malheureuses qui se vendent à tout venant, voici l'hôtelier qui reçoit le prix de la luxure, voici la chambre où se passent ces heures coupables de la débauche journalière. Et ne croyez pas que ce soit là un tableau isolé, un épisode capricieusement inventé par l'abbesse allemande Hrosvita ; à quelque auberge que nous allions frapper alors, nous trouverons désordres pareils. Partout même effronterie de l'hôtelier, même ardeur dans son trafic infâme, mêmes appâts jetés aux chalands que le besoin de l'hospitalité n'aurait pas attirés seul sous ses abris immondes. Ainsi, sans quitter ces scènes de l'histoire sacrée qu'un anachronisme heureux transplante en plein moyen âge, leur attribuant pour détails les mœurs du XIe au XIIe siècle, voyez la vie de l'Enfant Prodigue telle que nous la racontent les légendes et les fabliaux. Elle se passe toute dans les auberges, parce que là, au sentiment de ces naïfs conteurs, le jeune homme débauché de l'Écriture devra trouver tous les plaisirs dont il est altéré, toutes les jouissances qu'il appelle de ses désirs. Où rencontrons-nous le *Courtois d'Arras*, par exemple, ce véritable Enfant Prodigue du XIIe siècle, pour lequel le nom seul a été changé, afin que le *dit* du trouvère rajeunît au moins l'Écriture en quelque chose ? Nous le trouvons dans une auberge ; mais non point dans une de ces hôtelleries d'aspect barbare, comme nous aurions pu vous en montrer aux temps mérovingiens, alors que, pour tout ornement des salles de festins, on voyait à chaque coin une tonne défoncée ; pour toute cuisine, des sangliers et des daims servis entiers et encore embrochés ; pour vases à boire, des cornes d'urus dont les rebords étaient doublés d'argent, quand ils étaient à l'usage des chefs germains. Nous sommes au XIIe siècle, et le luxe a marché ; les raffinements les plus voluptueux ne manquent même pas dans cette auberge où notre Courtois vient prendre gîte. Pour peu qu'il veuille y mener une vie joyeuse et tâter de tous les plaisirs qu'on y vend, il trouvera vite à dépenser les soixante sous que son père lui a donnés pour sa part d'héritage.

L'hôtelier est là sur le seuil, qui invite le passant de la voix et du regard, comme faisait le tavernier antique, et qui, enseigne vivante, faisant l'office du crieur que nous trouverons à la porte de tous les cabarets du moyen âge, crie à plein gosier : *Bon vin de Soissons à six deniers le lot*[1], etc. Notre Courtois, pris à l'amorce du doux regard du cabaretier et de son annonce, entre dans l'auberge. On lui fait mille politesses, et tout d'abord on lui offre une chambre dans laquelle il trouvera lit moelleux *haut de paille et mou de plume*, oreiller tout parfumé de violettes, et, pour se laver les mains et le visage, les plus fines odeurs, l'électuaire et l'eau de rose. Voyez quelles délicatesses et quelle propreté ! Mais Courtois commence par demander à boire : on le sert ; et, tout ravi d'être si vite et si bien

---

[1] Mesure de deux bouteilles environ.

servi, le voilà qui s'applaudit de s'être mis en voyage, et qui se moque encore une fois des conseils prévoyants de son père. Il s'écrie, se voyant si bien à l'auberge, *qu'il fait meilleur là qu'à l'église.* Et il serait tenté de dire, comme Gautier d'Aupais, personnage d'un autre fabliau : « Ma foi, il faut l'avouer, la belle chose qu'une hôtellerie ! On vous reçoit bien, on vous sert, par-dessus le marché on vous fait des compliments. Nul embarras que de payer. » Ce dernier point était l'important, et cet étourdi de Gautier d'Aupais commençait seulement à y penser. Pour se faire des ressources et payer l'hôte, il se mit de la partie de quelques voyageurs qui jouaient aux dés dans un coin, et perdit tout ce qu'il pouvait donner comme enjeu, sa cape, son surcot, son cheval ; et roué de coups par l'hôte qui ne pouvait se payer qu'en cette monnaie, accablé d'injures, il partit. Assez triste aventure, qui fut pourtant aussi à peu près celle de notre Courtois d'Arras, quoique lui, du moins, il fût arrivé à l'hôtellerie l'escarcelle assez bien garnie. Mais les filles de joie et le jeu l'attendaient au piége.

Voici d'abord Perrette, la fille de joie, drôlesse au flair subtil, qui, ayant dépisté cette belle proie, arrive à l'auberge. Elle s'approche de Courtois, le caresse du sourire et du regard, et lui présentant la tasse d'argent, lui fait mille compliments sur ses beaux yeux et sur sa bonne grâce : « Que je serais heureuse, dit-elle, d'avoir si bel ami ! Je voudrais qu'il n'eût jamais rien à faire, et qu'il n'y eût duc ni comte en France aussi bien vêtu que lui. »

Là dessus, et comme le cœur de Courtois d'Arras commence à s'émouvoir, ses désirs à s'allumer, survient une seconde fille. C'est la commère de l'autre, et elles échangent tout d'abord un regard d'intelligence ; pourtant elle feint d'être entrée dans cette auberge par hasard, et, s'approchant de notre Courtois, elle lui chuchote à l'oreille mille propos agréables sur les mérites de sa compagne. Elle ne cesse de le féliciter sur sa bonne aventure. S'il lui faut un cœur fidèle et sûr, il tient là son fait, et même ne saurait mieux trouver. Les agaceries redoublent de la part des deux femmes ; on boit ensemble, on mange largement, et, pour qu'il y ait plus complète sympathie, véritable communauté amoureuse, on boit à la même tasse, on mange à la même écuelle, ainsi qu'il était d'usage en de telles fiançailles. Nos drôlesses, prévenues à temps par l'aubergiste, ont flairé l'argent ; mais il tarde trop à sortir de l'escarcelle. Elles proposent de jouer : Courtois accepte, et l'on se met à une partie de merelle. Mais le jeu, la tricherie même aidant, ne les satisfait pas encore assez vite. Pour en finir avec cette bourse trop lente à se vider, elles l'escamotent et s'enfuient. Quand elles sont parties, l'hôtelier vient donner le coup de grâce au malheureux Courtois. Il demande son paiement, et, comme le pauvre diable n'a plus rien en poche, on le dépouille et on l'abandonne presque nu sur le grand chemin. C'est alors qu'à l'exemple de l'Enfant Prodigue de l'Écriture, se trouvant sans argent, sans ressources, il se rappelle les bons conseils de son père, et qu'il pleure sur ses fautes. Mais il est trop tard, et lui aussi, il est forcé de se mettre aux gages d'un paysan et de garder les pourceaux, n'ayant pour nourriture qu'un dur pain d'orge tout rempli de paille.

Tout finit comme dans l'Évangile.

Chaque fois que la légende biblique se retrouvera dans les récits du temps, elle aura toujours, nous le répétons, les tavernes pour théâtre ; un hôtelier fripon, des courtisanes ivres, pour personnages ; des truands attablés pour comparses. Le prédicateur Michel Menot fait-il de cette parabole un sermon, il ne prend pas une autre mise en scène. Vrai Teniers de la chaire, il nous pose son Enfant Prodigue dans les cabarets les plus immondes, en pleine truandaille : « Il récite, dit Henri Estienne dans l'analyse qu'il fait de ce curieux sermon, au livre Ier, chapitre 34 de son *Apologie pour Hérodote*, il récite comment, allant par pays, il faisoit banquet aux uns et aux autres, et tenoit table ronde, ayant toujours, par les hostelleries, les joueurs de farces, et des garces et truandes. »

Quelque part que nous allions, il faut le répéter, à quelque taverne que nous heurtions, nous trouverons compagnie de même sorte, partout truandes et jongleurs. Les débauchés novices, comme le Prodigue de l'Écriture, qui cherche l'amour et le plaisir tout faits, ne devaient donc pas frapper ailleurs.

Pour bien être assuré des métiers divers, mais tous impurs, qu'exerçait le tavernier, et de l'infamie qui résultait pour lui de ce honteux cumul, il faut lire les invectives que lui adresse Dadouville dans son sermon joyeux : *Les Moyens d'éviter merencolye, soy conduire et enrichir en tous estatz par l'ordonnance de Raison*, etc. :

> Toy, tavernier, que tiens bordeaulx.
> Aussi gens de maulvaise vie,
> Ne fais plus tous ces cas tant faulx.
> Cy d'honneur avoir as envye,
> Plus tost desire que devye
> Que de retirer meschans gens
> Tant à la ville comme aux champs.

Ce qu'on lit en plusieurs passages du *Roman de Garin le Loherain* prouve encore bien quelles gens hantaient les tavernes, et comment, par leur fréquentation, ils les transformaient en lieux d'une pire renommée. Il suffira de citer les vers dans lesquels il est parlé du cabaret où se tenait Manuel Galopin :

> Il s'en torna maintenant, sans respit ;
> En la taverne tot maintenant s'en vint.
> Iluec trouva Menuel Galopin
> Lez le tonnel, en sa main trois dés tint
> Et trois put...., tels estoient ses délis.

Puisque ce mot de *galopin* a été amené sous notre plume par cette citation, disons qu'il était, aussi bien que celui de *gamin*, le nom ou plutôt le sobriquet commun à la plupart des taverniers. Il leur venait de la mesure *galo* ou *galona* dont parle du Cange à propos de l'étymologie de *galopin*, laquelle mesure, encore en usage chez les Anglais, contenait huit pintes et était la huitième partie d'un muid. Au xviie siècle, comme on le voit dans le *Dictionnaire de Trévoux* à ce mot, on appelait encore *galopin* la ration de vin qu'on servait aux clercs et aux écoliers pour leur déjeuner. Elle n'était pourtant que d'un demi-setier. Enfin, à cette même époque, c'est-à-dire, au temps de Regnard, on désignait toujours par *galopins* les garçons cabaretiers et rôtisseurs. Merlin dit à M. Grasset, à la scène II de la comédie du *Bal* :

> Et souvenez-vous bien, vous et vos *galopins*.
> De mieux, à l'avenir, enfermer vos lapins.

Mais revenons à nos hôtes les plus assidus des tavernes. Pour y tenir tête aux truands et aux ribaudes, on y voyait d'ordinaire une bande criarde et débraillée de chanteurs et de chanteuses, *menestriers* et *menestrelles*, qui venaient s'y louer pour faire danser, ou pour tendre l'escarcelle aux buveurs, après avoir chanté quelques *vers* ou couplets d'une chanson de geste, ou récité quelque gai fabliau. De tout temps il en avait été ainsi, et l'usage, on le voit par nos goguettes et nos cafés chantants, est même loin d'en être perdu. Au vi^e siècle, Taliessin reproche déjà aux *klers*, ou bardes bourgeois de l'Armorique, d'aller chanter dans les cabarets. Voici sa virulente invective, dont ce reproche est l'un des points principaux :

« Les *klers*, s'écrie-t-il, les vicieuses coutumes, ils les savent ; les mélodies sans art, ils les vantent ; la gloire d'insipides héros, ils la chantent ; des nouvelles, ils ne cessent d'en forger ; les commandements de Dieu, ils les violent ; les femmes mariées, ils les séduisent par de tendres pensées ; les pures vierges, ils les corrompent, et toutes les solennités qui ont lieu, ils les fêtent ; les honnêtes gens, ils les dédaignent ; leur vie et leur temps, ils les consument inutilement.

« La nuit, *ils s'enivrent* ; le jour, ils dorment ; fainéants, ils vaquent sans rien faire ; l'église, ils la haïssent ; *la taverne, ils la hantent* ; de misérables gueux forment leur société ; les cours et les fêtes, ils les recherchent ; tous propos pervers, ils les tiennent ; tous péchés mortels, ils les chantent ; tout village, toute ville, toute terre, ils les traversent sans demander permission ; toutes les frivolités, ils les aiment... Les oiseaux volent, les abeilles font du miel, les poissons nagent, les reptiles rampent ; il n'y a que les *klers*, les vagabonds et les gueux, qui ne se donnent aucune peine... »

Au xiiie siècle, Lanza Marques (*le marquis*), faisant un sirvente contre Vidal, troubadour, qui, dans ses jeux, avait la manie de prendre le rôle d'empereur, lui adressera des reproches pareils : « Nous aurons, dit-il, un empereur fait de telle manière, qu'il n'a ni jugement, ni savoir, ni mémoire. Jamais plus grand ivrogne ne s'assit sur le trône, ni plus poltron ne porta la lance et l'écu, ni plus méchant poëte ne composa des chansons... Pour lui faire honneur, nous lui donnerons du vin et un vieux chaperon rouge sans cordons ; un long bâton sera sa lance : en cet état, il pourra aller en sûreté en France. » Un autre troubadour, Rainolds d'Ayet, reproche aussi à Magret, l'un de ses rivaux, qui mourut en Espagne, à l'hôpital, de débauche et de misère, ses visites trop assidues au cabaret. Ce qui prouve que, chez les troubadours, de telles habitudes passaient pour vicieuses. Les auteurs de l'*Histoire littéraire de la France* font même, de ce mépris pour l'ivrognerie, un trait caractéristique de leurs mœurs : « Les troubadours n'ont pas chanté le vin, disent-ils, c'est là un des traits marquants de l'histoire de leur siècle. »

Il en est bien autrement chez les trouvères ; bien loin de se faire un mutuel reproche de leur fréquentation des tavernes, ils se vantent d'y aller et d'y dépenser tout ce qu'ils gagnent. Un trouvère du xive siècle, mis en scène dans *li Romans de Bauduin de Sebourc*, au chant XII, dit franchement à ceux qui l'écoutent, en finissant une branche de chanson de geste :

> Et si j'ai vostre argent, si ne le plaindés pas ;
> Car si tost que je l'ai, li tavernier l'ara.

D'après cela, il est très facile de comprendre quelques-uns des anathèmes qu'un trouvère, parodiant les excommunications de l'Église, prête à un ribaud, vaurien comme lui :

« J'excommunie... l'homme riche qui mange seul,... ivrogne qui répand du vin ou qui arrache la vigne, gentilhomme qui ferme son entrée aux ménétriers quand ils viennent chez lui chanter Roger, Olivier et Roland.

» J'excommunie... joueur qui ne laisse pas au tremerel cotte et manteau, jongleur qui ne ment point, moine qui n'aime point la table, plaideur qui n'est pas prêt à faire un faux serment.

» J'excommunie et celui qui hait les conteurs, et celui qui boit de l'eau quand il a du vin, et celui qui fit les dés, auteurs de ma ruine, et tout moine qui enlève l'amie d'un chevalier.

» J'excommunie enfin tous ceux qui trompent ou qui volent d'une manière ou d'une autre, excepté les catins et leurs amis. Pour ceux-là, que Dieu les maintienne en paix, et que toute leur vie ils portent chapel de roses et de fleurs ! »

Aller dans les tavernes, y égayer les repas, y faire danser et s'y enivrer au par-dessus, était si bien de la profession des *menestriers*, maîtres ou apprentis, que, dans le projet de règlement présenté, le 14 septembre 1321, par Pariset, *menestrel le roy*, et par les trente-sept jongleurs et jongleresses de la corporation « pour la reformacion du mestier et le proufit commun, » ainsi que le dit l'acte d'approbation de Gilles Haquin, garde de la prévôté, on statua sur ces visites des *menestrels*, et sur la manière dont ils devaient se louer et se faire payer par les taverniers ou par les convives qui les prenaient en service. On régla surtout ce qui concernait les apprentis. Le *menestreur* apprenti qui joue dans les tavernes ne peut conclure marché que pour lui-même. Défense lui est faite d'inviter les pratiques ou même de faire aucune mention de son métier, soit par paroles, soit par signes. Il ne peut conclure marché que pour ses enfants non encore mariés, ou celles de ses filles dont les maris seraient allés en pays étrangers ou séparés de leurs femmes. Si on lui demande un ménestrel jongleur, il ne doit point en indiquer un nominativement, mais répondre : « *Seigneur, je ne puis alouer autrui que moy-mesmes par les ordenances de nostre mestier; mais se il vous fault menestreus ou apprentis, allés en la rue aux Jongleurs, vous en trouverez de bons.* » Qu'on remarque ici, en passant, combien était puissant l'esprit de corps dans ces associations du moyen âge, et comment, dans les corporations des métiers, même les moins utiles, l'intérêt de tous l'emportait sur l'intérêt de chacun.

Entre autres gens qui, avec les *menestreus*, fréquentaient les cabarets, se trouvaient les charlatans de toutes sortes, les marchands d'onguents et de thériaque nommés *triacleurs*, du nom altéré de cette dernière drogue, et les *pardonneurs*, vendeurs de reliques et d'indulgences, trafic qui, du reste, fut toujours en faveur dans les cabarets de tous les pays, puisque la vente des indulgences, qui amena la grande lutte de Luther contre le saint-siège, n'eut pas d'autre théâtre. Une farce, dont l'exemplaire unique se conserve au Musée britannique, nous montre au cabaret ces charlatans de faux remèdes et de fausses reliques. C'est *la Farce nouvelle, très-bonne et fort joyeuse, à trois personnaiges, d'un pardonneur, d'un triacleur et d'une tavernière*. Elle est ainsi analysée à la page 48 de l'ouvrage si intéressant, paru à Londres en 1849, sous le titre de *Description bibliographique et analyse d'un livre unique qui se trouve au Musée britannique*, etc. :

« Le triacleur ou marchand d'onguents, et le vendeur de reliques ou pardonneur, expliquent tous deux au public le mérite de leurs marchandises, et finissent par s'injurier, parce qu'ils s'interrompent mutuellement dans leurs discours. Enfin, ils s'entendent pour aller boire ensemble, et trompent la tavernière en lui laissant des hauts-de-chausses comme un objet précieux.

LE TRIACLEUR.

— Yrons-nous boire?
Je te pry, allons-y, beau sire.
Nous ne faisons qu'entre-nuire,
Se nous ne faisons quelque accord.
Tu scez par ton mesme record
Que deux coquins ne valent rien
A un huys.

LE PARDONNEUR.

Tu dis très-bien,
Il nous faut aller gourmander ;
A quelqu'un nous fault demander
Où est le bon vin d'Orléans.

LA TAVERNIÈRE.

C'est céans, seigneurs, c'est céans :
Venez, entrez, j'ay de bon vin.

LE TRIACLEUR.

Ainsi l'entends-je en latin ;
Tenez, gardez-moy ce coffre.

LA TAVERNIÈRE.

Messieurs, dictes, s'il vous plaist,
De quoy vous meslez-vous tous deux ?

LE PARDONNEUR.

De quoy ? Nous sommes pardonneur,
Dame, à vostre commandement,
Au moins, moy véritablement ;
Mais cestuy-cy est triacleur.

LA TAVERNIÈRE.

Par saint Jehan je me tiens seur,
Se mon mary estoyt icy,
Certes, il seroit bien marry
Se très-bien ne vous festoyoit :
Car aussi certes il souloit
Se mesler de vostre mestier.

LE TRIACLEUR.

Comme quoy ?

LA TAVERNIÈRE.

Il estoyt ouvrier
Excellent d'arracher les dents.

LE PARDONNEUR.

Sangbieu ! il estoit de nos gens.

» Au nombre des principales reliques mentionnées dans cette pièce, se trouvent :

. . . . le groing
Du pourceau de monsieur saint Anthoine ;
. . . . la creste
Du coq qui chanta cheuz Pylate,
Et la moitié d'une late
De la grande arche de Noé ;
. . . . l'aisle
D'un des séraphins d'emprès Dieu ;
. . . . . la pierre de quoy David
Tua Golias le géant.

Si encore il n'y eût eu dans les cabarets et les auberges que des gens de cette sorte, vendant de faux remèdes et de fausses reliques, comme le cabaretier vendait du vin faux, il n'y eût eu que demi-mal et demi-danger ; mais de pires gens y venaient et y dressaient leurs embûches. D'abord c'étaient tous les joueurs de merelle et de dés, sachant, sans en omettre un seul, tous les mauvais tours, toutes les mauvaises tricheries du métier, et comment, par exemple, au jeu du *tremerel* ou des trois dés, si fameux dans les fabliaux, on pouvait, avec grand profit, se servir de *dés pipés*. Il en est parlé dans plus d'un conte du temps. Il semble même que les marchands ne se cachaient pas d'en vendre ; car dans le *Dit du Mercier*, énumération rimée que fait l'un de ces marchands de tous les objets qu'il a dans sa boutique, il est fait mention des dés de Paris, de Reims, de Chartres, et de ceux aussi qui *tombent toujours sur l'as*. L'abus de ce jeu et de ses tricheries était devenu si grand, que saint Louis avait non-seulement défendu le jeu, mais encore la fabrication des dés dans ses États. En 1279, des statuts non moins sévères, donnés aux Juifs de Pamiers, leur interdirent tout amusement pour lequel les dés seraient nécessaires, à moins pourtant que ce ne fût dans un jour de noces ou de fête judaïque.

Mais toutes ces défenses furent illusoires : le jeu continua de faire rage, non-seulement dans les tavernes où s'assemblaient les ribauds, mais encore dans les cloîtres où les moines savaient déjà mieux manier le damier et remuer le cornet que feuilleter le bréviaire. Parfois ribauds et gens d'Église se rencontraient pour une même partie, et il fallait voir alors quelle ardeur de part et d'autre, quelle adresse et souvent même quelles tricheries. Le fabliau du *Curé et les deux Ribauds* nous donne un bien curieux exemple de ces brûlantes parties, où ribauds et prêtres, mis aux prises, savaient toujours par la ruse corriger le hasard. C'est le curé qui perdit tout, même son cheval ; il avait affaire à des partenaires si forts et si madrés ! Mais, plus fins que ses gagnans, et sachant les effrayer à propos sur l'humeur rétive de sa monture, son enjeu perdu, il leur persuada que lui seul pouvait la brider sans crainte. Ils le laissèrent donc faire, et à peine l'eut-il pu saisir par la bride, qu'il l'enfourcha, piqua des deux, et disparut comme un trait. Ces ribauds-là n'étaient adroits qu'au jeu. Voici, du reste, comment ces deux joueurs types nous sont représentés dans le fabliau : « J'ai connu deux ménétriers qui étoient les plus déterminés ribauds que jamais on ait vus. L'un ne gagnoit pas une obole qu'il ne la risquât sur un tablier ; l'autre y seroit venu apporter, je crois, le seul pain qu'il auroit eu à manger pour toute sa semaine ; en un mot, c'étoit chez eux une telle rage, que, si en plein hiver, il eussent rencontré quelqu'un sur le grand chemin, Français ou Allemand, n'importe, ils l'eussent arrêté pour le faire jouer. A ce goût pour les dés, ils joignoient encore l'adresse de les manier ; mais ils n'en étoient pas plus riches, et, en les voyant sous leurs haillons déchirés montrer aux passants les

coudes et les fesses, on se disoit à soi-même : « Voilà de quoi faire deux beaux
» *soudoyers* pour le service de notre prince. » Tels étoient, en somme, nos deux
escrocs. Si vous voulez maintenant savoir leurs noms, je vous dirai que l'un
s'appeloit Thibault, et l'autre Renier. »

Jouer et boire étaient alors les seules délices du coin du feu, et la coutume
n'a guère changé. Le poëte Wandalbert conseille ce double et charmant ébat
quand viennent les longues soirées de novembre. Le jeu, le vin nouveau, puis
après, un bon somme, voilà pour lui le seul bonheur, et, à vrai dire, ce ne sont
pas des souhaits trop barbares :

> Tunc dulces ludi, tunc et gratissimus ignis,
> Atque novo oblectat somnum invitare lyæo.

On pouvait se donner ces joies en sa maison ; mais, de préférence, on allait
les chercher toutes faites à la taverne.

Écoutez le *Credo du Ribaud* conservé au manuscrit 7218 de la Bibliothèque
nationale. En quoi le ribaud a-t-il foi? Plutôt dans les joies de la taverne que
dans les béatitudes du ciel. Quelles sont ses délices? Boire à pleins verres le vin
d'Orléans, de la Rochelle et d'Auxerre ; se chauffer les doigts en tournant la
broche pour quelque rôti vermeil qu'il arrose de verjus, puis s'étaler sur la paille
fraîche qui jonche le cabaret, ou digérer longuement, étendu sur les longs
escabeaux de bois :

> En terre lait toute ma joie.
> Et cuidiez-vous or que je croie
> Mieux *in Jhesum* qu'en la taverne?
> J'aim miex cil qui la gouverne
> *Quam Christum, filium ejus.*
> Quant j'avoie o le verjus,
> Mon haste en la broche torné,
> Et j'avoie mon vis torné
> Vers le vin qui est cler ou voirre
> D'Orliens, de Rocele ou d'Aucoirre,
> De ce est la joie *unicum.*
> Bien boire et manger à foison,
> Dormir, reposer, solacier,
> Despendre assez, moi envoisier.
> *Dominum nostrum* apeler,
> Le tavernier por rapeler
> Au vin et por son escot prendre
> Por juer et fere despendre
> Por XI, por XII prester,
> Por le jeu des dez aprester

Vous voyez encore une fois, par ces derniers vers, que jouer aux dés était le
fond, presque le mobile unique de ces hantises de la ribaudaille au cabaret.
Cependant, d'année en année, les ordonnances royales en renouvelaient la
défense. Ainsi, celle du 27 février 1350 dit formellement que « les taverniers
ne doivent recevoir ni receler chez eux aucuns joueurs de dez et autres gens

diffamez. » Mais on avait toujours mille moyens d'éluder l'ordonnance. Si l'on ne jouait pas pour de l'argent, on avait le recours de jouer pour des oublies, des échaudés, des roinsolles et autres menues friandises, *denrées aux dés* (comme les appelle le *Dit des cris de Paris*) que les petits marchands venaient vendre dans les cabarets. Une farce allégorique du temps, où la Vertu paraît sous la figure d'une marchande d'oublies, et le Pouvoir temporel sous les traits d'un prêtre joueur, nous montre comment ces petits débitants de gourmandises venaient s'installer dans les tavernes.

« La femme nommée Vertu entre, ayant un corbillon à oublieur sur ses espaulles, en cryant :

> Oublie! oublie! oublie!
>
> POUVOIR TEMPOREL.
>
> Desployez-nous icy contant
> Les dez dessus le corbilon.
>
> LA FEMME.
>
> Sans nulle faute, compaignon,
> Voulentiers je vous l'ouvriray.
>
> HONNEUR SPIRITUEL.
>
> Avez-vous donc point le moyen
> De me faire ung moulin bien gent
> Pour engrener heures et matines?

Quelquefois le joueur, bien servi par le sort, pouvait gagner tout ce que portait l'oublieur : alors le corbillon lui revenait de droit, et, en signe de triomphe, dit Jean de Garlande, il l'appendait à l'huis de la taverne.

C'est le soir surtout, comme aujourd'hui les marchandes de plaisir, que les oublieurs couraient les rues et s'installaient dans les tavernes. Or leur présence dans les cabarets à cette heure tardive suffirait seule à prouver combien on observait mal un autre article de l'ordonnance du 27 février 1350 citée tout à l'heure, qui disait : « Les cabaretiers ne doivent point recevoir de buveurs chez eux, lorsque le couvre-feu de Notre-Dame sera sonné. »

Enfreindre les lois et s'en moquer, était abus coutumier dans les tavernes. Pensez-vous, par exemple, qu'on ne s'y raillât pas à toute heure des ordonnances contre les blasphémateurs? Vingt passages des romans, fabliaux et poésies du temps, nous montrent que les cabarets étaient des écoles de jurements et d'impiété :

> Mais ils sont pluseurs gens en che siecle regnant
> Qui ne croient en Dieu, le pere roy amant,
> Se che n'est sus bon gaige qu'avoir voelent devant :
> Bonne fin en taverne che vont-ils desirant.

Voilà ce que nous lisons au chant V, vers 84 de *li Romans de Bauduin de*

Seboure, *IIIᵉ roy de Iherusalem*. Guillaume de Machaut, en son poëme de *la Prise d'Alixandre*, en dit plus encore :

> Mais Dieu, qui est lassus en hault,
> A ses amis onques ne fault,
> Ains les conforte et les gouverne
> En terre, en mer et en taverne.
> Qui est la chappelle au dyable.
> Et vraiement ce n'est pas fable :
> Car s'i on aprend à jurer,
> A mentir et à parjurer,
> Ordure, luxure et usure,
> De jour, de nuit et à toute heure.

C'est là, comme aux halles et à la place Maubert, qu'on parlait déjà le pur langage populaire, ce véritable *gofe parisien*, que dégoisait si bien Catherine de Médicis, selon le *Scaligerana*, et que Montaigne préférait en toute franchise au jargon des maîtres ès arts : « Veoid-on, dit-il au chapitre VIII du livre III de ses *Essais*, plus de barbouillage au caquet des harengières qu'aux disputes publicques des hommes de cette profession ? J'aimerois mieulx que mon fils apprinst aux tavernes à parler, qu'aux escholes de parlerie. »

En cherchant bien et commentant soigneusement les divers articles des ordonnances portées sur les taverniers, on verrait que, dans leur conduite, tout était infraction et désobéissance. L'ordonnance déjà citée voulait qu'ils ne pussent donner à leur vin d'autre nom que celui du pays où il était crû. Or, je vous demande si, à toute heure, ils ne se gaussaient pas de cette loi, quand, au lieu du vin de tel ou tel cru, ils servaient aux buveurs la piquette manipulée à bas bruit dans leurs propres celliers, et qui leur méritait déjà ces reproches plaisants que nous trouvons dans le sermon d'un *Cartier de mouton* :

> Nous prirons pour ces taverniers
> Qui sont souvent sy coustumiers
> A braser le goust du ressin,
> Qu'i puissent estre en leurs seliers
> Noyés avecques leur brasin.

Un autre article servait de tarif, et marquait le prix qu'ils devaient mettre aux diverses espèces de vins. Je n'ai pas besoin de vous dire que celui-là fut enfreint mieux encore que les autres. Nous allons le transcrire pourtant, parce qu'on y trouve nommés quelques uns des vins alors en vogue : « Les taverniers ne pourront vendre le meilleur vin du royaume, comme celui de Saint-Pourçain, Beaune et Saint-Jean, que dix deniers la pinte, et le meilleur vin blanc, six deniers parisis, et les autres au-dessous, à proportion. » Les vins cités ici sont à peu près les mêmes dont il est parlé dans les fabliaux du temps, aussi bien dans la *Bataille des vins*, qui en donne la liste la plus complète, que dans le *Chemin de povreté et de richesse* par Jean Bruyant. Cette pièce étant moins connue, nous allons en citer les quelques vers qui nous importent ici :

> Pain de bouche et estrange vin,
> Bourgouing, Gascoing et Angevin,
> Beaune, Rochelle et Saint-Pourçain,
> Que l'on met en son sein pour sain.

Vous voyez que les vins de l'Aunis, de l'Anjou et du Poitou avaient alors grand renom. On lit dans le *Roman du Renard* :

> Et si burent bon vin d'Anjou
> De la Rochele et de Poitou.

Les vins d'Orléans avaient aussi leur prix, comme on l'a vu déjà en maints passages. Mais on se gardait des vins du Maine, que Basselin invective ainsi :

> De Colinou ne buvez pas,
> Car il mène l'homme à trépas ;
> Laval rompt la ceinture :
> Ce sont bailleurs de tranchaisons,
> Ennemis de la nature.

On se défiait aussi des vins capiteux du Midi, et des boissons mélangées, telles que l'hypocras, dont ils étaient la base. Eustache Deschamps, dans une de ses *Poésies morales, d'un notable enseignement pour continuer santé en corps d'omme*, donne à leur sujet ces conseils hygiéniques aux buveurs :

> De boire vous veuillez garder
> Ypocras, Claré et Garnache,
> Gros vin vormeil, trouble qui saiche
> La fumée de la doleur
> Au chief, et fait au cuer ardeur,
> Es costez et en la vessie,
> Et es reins gendre maladie
> Souvent de pierre et de gravelle.

Si, se moquant des ordonnances, le tavernier, au lieu des vins nommés ici, et qu'il annonçait lui-même à haute voix à sa porte, servait à ses buveurs des vins frelatés ou *brouillés*, pour employer le mot alors en usage, il trouvait souvent, parmi ses dignes pratiques, des gens tout prêts à prendre sur lui une bonne revanche, tout disposés à lui rendre tromperie pour tromperie. Il n'en faut pour preuve que *la farce nouvelle, très-bonne et fort joyeuse, à troys personnages : C'est assavoir le chauldronnier, le savetier et le tavernier*. Le livre cité tout à l'heure l'analyse de cette manière :

« Le chaudronnier et le savetier se querellent et en viennent aux coups pour une chose assez futile ; enfin, ils s'apaisent et vont boire ensemble. Après avoir bu, ils s'aperçoivent qu'ils n'ont d'argent ni l'un ni l'autre. Pourparlers avec le tavernier auquel ils promettent de le payer le lendemain. Mais, comme celui-ci vient chercher son argent, le chaudronnier s'est déguisé en femme du savetier, et le savetier se feignant enragé, distribue coups de pieds et coups de poings à droite et à gauche :

LE TAVERNIER.

Pour Dieu, tenez vostre mary.
Puis qu'il est ainsi enragé.
La mort bien je serai payé,
Ou je n'irai hors de céans.
Prestez vostre argent à tels gens.
Qui n'ont pas vaillant un festu.
Encore s'ay-je esté battu ;
Qui pis vault j'ay esté trompé.

Adieu, messieurs, je m'envoys.

Des pratiques plus mauvaises, plus hargneuses et plus récalcitrantes encore au paiement que ces gens de métier, c'étaient les écoliers *galoches*, *compains*, *capettes* de Montaigne, *coquillars* et *goliars*, pour leur donner les surnoms divers dont ils se baptisaient eux-mêmes. Personne qui fût plus qu'eux assidu à la taverne, et une fois qu'ils y étaient, personne qui fît plus grand tapage avec plus maigre dépense, soit qu'ils s'attablassent dans la salle, jouant au *tremerel* ou à la *merelle*, et perdant jusqu'aux aiguillettes de leurs chausses, ainsi que nous l'apprendra Rabelais ; soit qu'ils s'en allassent jouer à la boule dans le petit préau qui attenait à toute taverne un peu bien famée. Le cabaret de la *lamproye*, où Rabelais naquit à Chinon, avait, lui aussi, son jeu de boule, dont on montra longtemps la place aux visiteurs dévots de *pantagruélisme*, et plus tard il ne se trouva pas aux environs de Paris un seul cabaret borgne, une seule *maison de bouteille* appartenant à petites gens, poëtes ou petits procureurs, les *factums* et les satires de Furetières en font foi, qui n'eussent dans leur dépendance un petit préau, bien uni, bien sablé, tout disposé enfin pour le patriarcal amusement. Au temps où nous parlons, il était moins innocent, à cause des gens qui en faisaient leur plaisir dans les cabarets. Car, si ce n'étaient des écoliers, c'étaient des ménestrels ou *jongleurs*, piètres sires comme vous savez. Celui qui est mis en scène dans le fabliau de *Saint Pierre et du Jongleur*, ne voulait pas d'autre passe-temps :

En la taverne est ses retors,
Et de la taverne au bordel ;
A ces deux portent le cembel,
Les dez et la taverne amoit
Tout son gaaing i despendoit.
Toz jors voloit estre en la *boule*.
En la taverne et en la foule.

Il nous semble entendre d'ici le tapage que font ces drôles, leurs éclats de rire, leurs jurons, la querelle qui s'allume, la rixe qui commence, les bancs qu'on brise, les brocs et les boules qu'on se jette à la tête.

D'ordinaire, qui disait écolier disait tapageur, ivrogne et gourmand. Or, pour qu'ils fussent ainsi tout eux-mêmes satisfaisant à leur aise, leur amour du bruit, du vin et de la goinfrerie, il leur fallait la taverne. Dans leur collége, force leur était de se tenir bouche close, ne rien dire, ne rien boire et ne rien manger. A Montaigu, un demi-hareng, une pomme cuite, un peu de beurre, tel était tout l'ordinaire pour le plus affamé. Ailleurs, c'était un peu mieux, mais fort maigre encore. Ainsi, Jeanne de Bourgogne n'avait alloué que trois sous par semaine pour la nourriture et l'entretien de chacun de ces pauvres écoliers du collége de Navarre. Ce que dit, sur cette maigre chère scolastique, Jean d'Antville en quelques vers de son *Archithrenius*, assez heureusement traduits par M. Jacques Demogeot, n'a donc rien d'hyperbolique :

> Près du tison murmure un petit pot de terre,
> Où nagent des pois secs, un oignon solitaire,
> Des fèves, un poireau, maigre espoir du dîner :
> Ici, cuire les mets c'est les assaisonner ;
> Et quand l'esprit s'enivre aux ondes d'Hippocrène,
> La bouche ne connaît que les eaux de la Seine.

Comment s'étonner si, après de pareils écots, se sentant l'estomac mal abreuvé et mal rassasié, les écoliers couraient à la taverne et y passaient leurs journées de vacance, s'y grisant pour toute la semaine ? Quelquefois, quand ils étaient libres et logeaient hors des colléges, ils faisaient pourtant chère lie chez eux entre amis, et se contentaient d'envoyer leurs valets chercher le vin chez le cabaretier du coin. C'est ainsi surtout que faisaient les plus raisonnables, qui s'épargnaient de cette manière le spectacle d'orgies dégoûtantes et de rixes fâcheuses. Il arriva pourtant en 1192, en plein règne de Philippe-Auguste, qu'à propos d'un de ces *cuistres* ou valets de collége, envoyé par un écolier pour chercher du vin, et, pris de querelle avec le cabaretier qui finit par le rouer de coups, il s'éleva l'un des plus sanglants conflits qui eussent jamais mis aux prises l'Université de Paris et la prévôté. Ce valet appartenait à un écolier noble de la nation allemande. Quand le cabaretier l'eut bien rossé, l'histoire ne dit pas pourquoi, mais c'était sans doute à cause du prix, sur lequel notre *cuistre* voulait surfaire pour s'en réserver quelque chose, il revint chez son maître et se plaignit bien fort. L'écolier se leva furieux, et se faisant suivre de quelques autres bons drôles de sa nation, il s'en alla tout briser chez le cabaretier. Ils ne se retirèrent qu'après avoir laissé le pauvre homme pour mort. Mais bientôt arrivèrent le prévôt et ses gens que les voisins effrayés étaient allés avertir. La maison qu'habitaient les Allemands fut entourée par la garde prévôtale et par les bourgeois indignés qui lui prêtaient main forte ; les écoliers voulurent faire une sortie ; la lutte s'engagea, cinq écoliers restèrent parmi les morts. Le maître du *cuistre* malencontreux était du nombre.

L'Université s'émut de ce meurtre de cinq des siens, et en demanda justice au roi; ce qui fut fait. Le prévôt fut arrêté et incarcéré, et l'on fit de même main basse sur tous les bourgeois qui avaient prêté leur aide à ses violences. Encore n'était-ce là que le prélude d'autres rigueurs. Philippe-Auguste ordonna que le prévôt resterait en prison toute sa vie, à moins qu'il ne voulût subir publiquement l'épreuve de l'eau, qui, s'il en triomphait, le renverrait à demi absous et puni seulement d'un bannissement perpétuel, mais qui, s'il y succombait au contraire, le ferait condamner à mort. Pour les autres gens arrêtés, rigueur égale, épreuve pareille; seulement, on en laissa quelques uns à la discrétion des écoliers, qui eurent le droit de demander leur grâce. Ceux qui s'étaient enfuis furent considérés comme coupables, et, sans désemparer, on démolit leurs maisons et l'on dévasta leurs champs.

Les écoliers, pourtant, prirent en pitié le prévôt et les bourgeois ses complices; ils demandèrent qu'on les livrât à la justice de l'Université, qui se contenterait de leur infliger la flagellation, châtiment bénin à son usage. Philippe-Auguste n'y consentit pas. Il répondit fièrement qu'il n'était pas de sa dignité de confier, à d'autres qu'à ses officiers, le soin de punir ceux de ses sujets qu'il avait jugés coupables.

Un accident vint tout terminer. Le prévôt, après quelques jours de détention, chercha à franchir un mur pour s'évader, tomba d'une grande hauteur, se cassa la jambe et mourut des suites.

Et tout cela pour un valet allemand rossé par un cabaretier !

En 1229, pendant la régence de Blanche de Castille, ces scènes se renouvelèrent pour une cause à peu près semblable, mais avec des péripéties et un dénouement tout autre.

C'est dans un cabaret du faubourg Saint-Marceau, sorte de courtille hors des murs, comme celle qu'on voyait de l'autre côté de Paris, vers la porte du Temple et le *clos Malevart*, que la rixe s'engagea, et, ce qui va nous surprendre sans doute, des écoliers en théologie furent les provocateurs. Il est vrai que, s'il faut en croire la *Bataille des VII arts*, ces suppôts de la haute science n'étaient pas des moins ivrognes :

> Madame la haute science,
> . . . .
> A Paris s'en vint, ce me semble,
> Boire les vins de son celier.

Mais laissons Mathieu Paris vous conter cette grave affaire :

« Cette même année (1229), dit-il, la seconde et la troisième féerie avant les calendes, jours auxquels les écoliers en théologie ont coutume de se livrer à la joie, quelques uns d'entre eux sortirent de Paris, du côté de Saint-Marceau. Le temps était beau, et le lieu propice pour s'y récréer comme d'habitude. Arrivés à Saint-Marceau, et échauffés par le jeu, ils entrèrent dans un cabaret où se trouvait par hasard (*casu*) d'excellent vin, très-agréable à boire. Une discussion s'étant élevée sur le prix du vin entre les cabaretiers et les clercs attablés, on commença à se donner des soufflets, à s'arracher les cheveux; mais les gens de l'endroit accoururent, délivrèrent les cabaretiers des mains des clercs; de plus, ils accablèrent de coups ceux-ci qui résistaient, et les forcèrent à prendre la fuite, après les avoir bien et bellement fustigés. Les clercs rentrèrent tout meurtris à la ville, et appelèrent leurs camarades à la vengeance. Le lendemain, ils se rendirent à Saint-Marceau armés de glaives et de bâtons, entrèrent violemment dans la maison d'un cabaretier, défoncèrent tous les tonneaux de vin et le répandirent sur le pavé, puis ils parcoururent les rues, assaillirent avec fureur tous ceux qu'ils rencontrèrent, hommes et femmes, les blessèrent et les laissèrent demi-morts sur la place. Le prieur de Saint-Marceau, instruit de la violence exercée sur ces hommes, qu'il était tenu de défendre, déposa sa plainte entre les mains du légat romain et de l'évêque de Paris. Ceux-ci vinrent trouver la reine, alors investie de la régence du royaume, et lui demandèrent d'ordonner la punition d'un pareil attentat. La reine, avec une légèreté ordinaire aux femmes, et n'écoutant que le premier mouvement de colère, ordonna au prévôt et à deux de ses routiers de s'armer et de sortir en toute hâte de la ville, pour punir les auteurs de cette violence, sans épargner personne. Ceux-ci, toujours bien disposés quand il s'agissait d'être cruels, franchirent en armes les portes de la ville, et rencontrèrent hors des murs plusieurs clercs occupés à jouer et qui n'étaient aucunement coupables de l'excès qu'on voulait punir. Ceux en effet qui avaient causé le combat, les vrais auteurs du désordre, étaient de ce pays qui touche à la Flandre, de ces gens qu'on appelle vulgairement Picards. Sans prendre plus d'information, les satellites se jetèrent sur ces innocents qu'ils voyaient désarmés; ils tuèrent les uns, blessèrent les autres, accablèrent ceux-là de coups, les dépouillèrent et les traitèrent inhumainement. Quelques uns d'entre eux échappèrent par la fuite et se cachèrent dans les vignes et dans les carrières. Parmi ceux qui périrent de leurs blessures se trouvèrent deux clercs fort riches et de grande réputation; l'un d'eux était d'origine flamande, l'autre Normand de nation. Cet énorme abus d'autorité étant venu aux oreilles des maîtres de l'Université, ils commencèrent par suspendre toutes les leçons et argumentations; puis ils allèrent tous se présenter à la reine et au légat, leur demandant avec instance de leur faire rendre justice pour telle violence. « Il est inique, disaient-ils, qu'on ait profité d'un prétexte si léger pour faire tourner au préjudice de l'Université tout entière un désordre imputable seulement à quelques misérables et méprisables clercs. C'est celui qui a commis la faute qui doit en supporter le châtiment. » Mais la reine, le légat, l'évêque de Paris s'étant complètement refusés à leur faire rendre justice, les maîtres de l'Université, ainsi que les écoliers, se dispersèrent ; les docteurs cessèrent leur enseignement, et les écoliers leurs études ; en sorte que, de tous ces hommes au nom fameux, il n'en restait plus un seul dans la ville. Ainsi, Paris demeura privé de ses clercs qui faisaient sa gloire. Parmi ceux qui se retirèrent se trouvaient de célèbres Anglais, tels que maître Alain de Bécoles, maître Nicolas de Fernham, maître Jean le Blond, maître Raoul de Maidenston, maître Guillaume de Durham, et plusieurs autres qu'il serait trop long de nommer. La plus grande partie des maîtres choisit la ville d'Angers pour y fixer le siége métropolitain de l'Université. Alors, en quittant la ville de Paris, nourrice de la philosophie et élève de la sagesse, les clercs vouèrent à l'exécration le légat romain, maudirent la reine et son orgueil de femme, et lui reprochèrent son honteux commerce avec le légat. En s'en allant, les valets ou goujats des clercs, ceux que nous appelons d'habitude *goliards*, chantaient des vers grotesques de leur façon :

« Aïe ! aïe ! nous mourrons ; on nous renverse, on nous attache, on nous noie, on nous dépouille. C'est pour le beau... du légat que nous souffrons ces maux.

> Heu morimur strati, vincti, mersi, spoliati.
> Mentula legati nos facit ista pati

« Un versificateur plus réservé s'est servi d'une apostrophe ou prosopopée dans laquelle la ville de Paris s'adresse aux clercs en gémissant :

« Mes clercs, je tremble de crainte parce que vous voulez m'abandonner ; je suis accablée de douleurs. Je pleure sur mes pertes, pleurez sur les vôtres :

> Perfundor fletu, mea damna fleo, tua fleto.

» Enfin, par les soins de personnes prudentes, on travailla à faire des deux côtés les concessions qu'exigeaient des torts mutuels. La paix fut rétablie entre les clercs et les habitants, et l'Université vint se réinstaller à Paris. »

C'est en souvenir de ces désordres que Rutebeuf décocha contre ces clercs guerroyeurs et mutins les traits les plus mordants de son âcre sirvente, *Li diz de l'Université de Paris*, où il peint d'ailleurs, en vers si vrais, la vie fainéante et dissolue de ces étudiants venus à Paris pour apprendre, et qui n'y restent que pour mener la débauche, regarder la *bele musarde*, se griser et se battre :

> . . . .
> Li filz d'un povre païsant
> Venrra à Paris por apranre :
> Quanques ces pères porra panrre
> En un arpant ou .ij. de terre,
> Por pris et por honeur conquerre.
> Baillera trestout à son fil,
> Et il en remaint à escil

Quant il est à Pariz venuz
Por faire à quoi il est tenuz,
Et por mener honeste vie,
Si bestorne la prophétie.
Gaaing de soc et d'aréure
Nos convertit en armeure,
Par chacune rue regarde
Où voie la bele musarde.
Partout regarde, partout muze ;
Ces argent faut et sa robe uze :
Or, est tout au recoumancier.
Ne fait or boen ci semancier
En quaresme, que hon doit faire
Choze qui à Dieu doie plaire.
En lieu de haires, hauberts vestent,
Et boivent tant que ils s'entestent.
Si font bien li troi ou li quatre
Quatre cent escoliers combattre,
Et celleir l'Universitei :
Na ci trop grant aversitei.
Diex ! jà n'est-il si bone vie,
Qui de bien faire auroit envie,
Com ele est de droit escolier !
Ils ont plus poinne que colier,
Por que ils vuelent bien aprendre ;
Il ne pueent pas bien entendre
Aseoir asseiz à la table.
Lor vie est aussi bien metable,
Com de nule religion :
Por quoi sait hon sa région,
Et va en estrange païz,
Et puis si devint foulz naïz,
Quant il y doit aprendre sens ?
Si pert son aveir et son tens,
Et c'en fait à ses amis honte,
Car il ne seivent qu'oneurs monte.

Avouons que ce tableau de la vie des écoliers du xive siècle, toujours en querelle ou au cabaret, toujours guerroyant ou ivrognant, siéerait à merveille à nos étudiants du xixe siècle, qui usent leur jeunesse en débauches ou en émeutes, ne quittant l'estaminet, où ils font de la politique avinée, que pour faire à tout propos, et contre tous les pouvoirs, des démonstrations sottement menaçantes.

Les écoliers, même ceux de la plus hargneuse et de la plus guerroyante humeur, n'étaient pas la pire engeance qui hantât les tavernes et les rendît funestes aux gens inoffensifs. Déjà, au temps de Grégoire de Tours, nous y avons rencontré des voleurs et des assassins, et nous les avons trouvées trop complaisantes complices de tous ces coupables, recéleuses pour les uns, repaires pour les autres. A l'époque où nous sommes, au temps des écoliers et des trouvères, c'est pis encore. Il est rare qu'on s'y arrête longtemps sans péril.

Un très amusant fabliau de Jean le Chapelain, ayant pour titre *Le sacristain* de Cluny (*Li ditz dou soucretain*), nous fait voir, dans une singulière et plaisante péripétie, deux de ces voleurs dont les auberges étaient le repaire. Ils ont volé à **Thibaut**, le métayer du couvent de Cluny, un porc qu'il engraissait pour les fêtes de Noël, et qu'il venait de tuer. Ils l'ont mis dans un sac et l'ont caché dans un tas de fumier ; puis ils sont allés attendre dans la taverne que la nuit soit venue pour leur rendre possible l'enlèvement de cette grasse proie. Cependant un certain Hue a tué d'un seul coup de bâton le sacristain du couvent, qui venait caresser sa femme, la belle Idoine ; pour cacher le cadavre, il l'a aussi mis dans un sac, puis il est venu l'enterrer sous le même tas de fumier. A la brune, nos voleurs décampent du cabaret, reviennent au fumier, et en retirent leur sac, qu'ils traînent à grand'peine jusque chez le tavernier. Ils se remettent à boire. L'envie les prend bientôt de manger une grillade pour aiguillonner la soif. L'un tire son couteau, l'autre ouvre le sac et se met en devoir de faire sortir le porc ; c'est le moine qui paraît. Ils s'étaient trompés de sac. Nous ne vous dirons pas leur stupeur ni le reste de l'histoire, que nous avons d'ailleurs fort abrégée dans plus d'un détail. Qu'il vous suffise de savoir par là à quel point les tavernes étaient, pour les voleurs, un abri utile et effronté. Comment en eût-il été autrement ? Tout maître de cabaret ou d'hôtellerie était lui-même, le plus souvent, un hardi coquin, un détrousseur de passants, qui ne laissait jamais sortir de chez lui un voyageur sans l'avoir rançonné et volé. Bien heureux encore le voyageur qui pouvait en sortir, et qui n'y trouvait pas la mort de la main de l'aubergiste lui-même, ou sous les coups des assassins auxquels il ouvrait son auberge. Les morts violentes dans les hôtelleries, et la disparition des effets du mort, devenus la proie de l'hôtelier, furent choses si communes au xive siècle, qu'une ordonnance de 1315, conservée par Laurière, décida que « l'hoste qui retient les effets d'un étranger mort chez lui, doit rendre le triple de ce qu'il a retenu. » •

Il ne faudrait pas croire qu'il en était ainsi seulement dans les auberges des grandes routes, et que celles des villes fussent en comparaison des lieux de sûreté. C'étaient de même de vrais coupe-gorge, à Paris aussi bien et peut-être mieux encore qu'en tout autre lieu du royaume ; quiconque avait quelque trame sombre à ourdir, quelque mauvaise action à machiner dans l'ombre, venait s'y cacher et y dresser ses plans. Jeanne de Divion, l'adroite complice de Robert d'Artois, pour la falsification des titres de la succession de la comtesse Mahaut, se garda bien de prendre un autre gîte qu'une auberge quand il lui fallut venir à Paris et y faire séjour, pour mener à bonne fin ses criminelles machinations.

L'hôtellerie où elle prit son logement était l'une des plus connues de Paris, elle s'appelait l'*Hôtel de l'Aigle*, et elle était située dans la rue Saint-Antoine, dont une partie s'appelait rue de l'Aigle, « *vicus de aquila*, lit-on dans les cartu-

laires, *per quam itur ad sanctum Antonium*, » tout près de la place Baudoyer
où se réunissaient alors les ouvriers foulons qui voulaient se louer. Cet hôtel
était, selon le commissaire Lamare, une propriété de l'abbaye de Saint-Maur-
des-Fossés.

C'est là que Jeanne ouvrit son atelier de faussaire, et que de complicité avec
un certain Jean Oliete et sa femme, elle falsifia les sceaux royaux et les écritures, contrefaçons odieuses et maladroites qui n'aboutirent qu'à sa perte et à
celle du comte d'Artois son instigateur, dégradé de noblesse, et mort dans l'exil
après un procès fameux, le plus grand scandale du règne de Philippe de
Valois.

Voici comment M. Le Roux de Lincy, dans un des curieux articles qu'il a
consacrés à cette grande affaire, raconte le séjour de Jeanne de Divion à l'*hôtel
de l'Aigle*, et les actes de faussaire qu'elle y commit.

« Ce fut à la porte Baudoyer, à l'hôtel de l'Aigle, dit-il, que Jeanne prit un
logement. C'était un petit séjour situé au bord de la rivière et plus loin que la
Grève, partie de la ville alors presque déserte, et seulement fréquentée aux
heures de la promenade. Jeanne avait, depuis quelque temps, fait connaissance
avec un certain Jean Oliete, qui non seulement lui vendit plusieurs sceaux, mais
encore lui indiqua la manière de les appliquer. Jeanne, aussitôt arrivée à Paris,
manda cet homme et lui fit connaître la raison qui l'avait amenée. Oliete était
marié avec la fille de Robert Rossignol, écrivain juré, vendeur de thèses à
l'Université de Paris. Il jugea qu'une telle affaire devait être largement payée,
et qu'il en pouvait partager les profits avec son beau-père, qui garderait, dans
tous les cas, le plus profond silence. Maître Rossignol, tenté par les beaux discours de Jean Oliete, son gendre, étourdi par la puissance et le nom de celui
pour qui il fallait travailler, consentit à se rendre la nuit dans la maison de
Jeanne de Divion. Il s'était d'abord excusé en disant qu'il ne pouvait porter
avec lui ni parchemin ni encre; mais Oliete lui répondit que sa demoiselle lui
donnerait tout ce qui serait nécessaire, et le conduisit à l'*hôtel de l'Aigle*. Jeanne
pria maître Rossignol de copier un acte par lequel le feu comte d'Artois,
deuxième du nom de Robert, investissait de son comté Philippe d'Artois son fils
et les enfants mâles de ce dernier; en témoignage de ce, les trois grands baillis
d'Artois et trois autres chevaliers du même pays appendaient leur scel audit
acte. Maître Rossignol vit bien que c'était *mauvaiseté* et fausseté que la demoiselle lui ordonnait de faire; mais, craignant de la refuser, au lieu de mettre
pour date 1302, comme portait le modèle qu'il avait sous les yeux, il écrivit
treize cent vingt-deux, sans que damoiselle eût remarqué cette erreur volon-
taire; puis maître Rossignol, *à qui tout le cuer trembloit de cette faussoté*, se
leva et voulut prendre congé : « Non, non, répliqua Jeanne; tu ne sortiras pas;
tu verras ce que je ferai. » Alors elle ouvrit un coffret posé sur une table; elle

en tira des sceaux, les étala sur la table, et alluma plusieurs torches; puis jetant de côté sa coiffe, elle arracha quelques uns de ses longs cheveux, et s'en servit comme de fil pour séparer en deux chaque sceau, que Jean Oliete échauffait à la lumière des torches; ensuite, elle les fixa au parchemin sur lequel Rossignol venait d'écrire. Ce dernier, tremblant de tous ses membres, s'écria : « Haï! haï? damoiselle, qu'est-ce que vous faites? qu'est-ce que vous avez fait? C'est fausseté, trahison et desloyauté. On vous devrait brûler, et je crois bien que vous le serez. » Mais Jeanne, souriant de pitié, lui cria : « Tais-toi, chétif; c'est pour monseigneur Robert d'Artois, qui est si grand homme, si puissant, comme tu sais, et tu ne seras jà si hardi que tu en parles, ni que tu oses dire que tu l'aies écrite; si tu parles, tu es mort. »

D'autres faussaires, les faux-monnayeurs, cachaient souvent aussi leur frauduleuse industrie dans les tavernes et dans les auberges. On s'en étonnera moins quand on saura qu'en plusieurs villes, telles que Paris, les ouvriers qui travaillaient aux gros ouvrages dans les hôtels de monnaie étaient en même temps débitants de vin, et même débitants privilégiés, car une ordonnance royale, rendue à Bourges le 3 mars 1508, les exempta de l'impôt du huitième établi même sur le vin que les nobles vendaient au détail, par ordonnance de Blois du 22 septembre 1506. A Orléans, les ouvriers qui travaillaient à la monnaie étaient presque tous des vignerons. Un hameau qui fait partie de la commune d'Orléans, dans la paroisse Saint-Marc, et qui sans doute fut habité jadis par un certain nombre de ces vignerons-monnayeurs, en a même gardé le nom de hameau de *la Monnaie*.

Il est facile de s'imaginer que des gens pratiquant à la fois deux métiers, et dressés par l'un, celui de cabaretier frelateur, à tromper et à falsifier dans l'autre, fussent tout disposés à faire de la fausse monnaie, et n'y missent pas plus de scrupule qu'à fabriquer du faux vin de Bourgogne, etc. Cela était si naturel, qu'en 1360, l'idée vint d'y mettre un empêchement. Une ordonnance fut rendue qui obligeait le cabaretier de jurer qu'il observerait les lois nouvellement promulguées sur la valeur des monnaies. Mais qu'était-ce pour de pareilles gens que le lien d'un serment?

Sous Charles VII, une lettre longtemps inconnue de Jacques Cœur l'argentier, nous met sur la trace d'une bande d'*argiuneurs* ou faux monnayeurs établis dans la ville abbatiale de Saint-Benoît-sur-Loire; et c'est dans une auberge, celle de l'*Omme sauvage*, qui, je crois, y existe encore, qu'elle nous les fait voir exerçant leur métier en toute impunité. Cette lettre s'adresse à M. Barbançois, capitaine de la ville de Saint-Benoît; elle lui fait savoir :

« Que hier, après vêpres, est venu le trouver, lui Jacques Cœur, un homme inconnu qui lui a dit vouloir lui parler moyennant la promesse de tenir sa parole secrète, lequel lui a dit que le receveur des aides à Saint-Benoît avait des

accointances avec des *arginneurs*, par le moyen desquels il faisait écus d'ar-
ginnes, lesquels employait au payement des gens d'armes, ainsi que des lingots
qui semblaient d'or, mais qui n'étaient que laiton doré, *et que se devoit réunir le
dit receveur avec les dits* arginneurs *de nuyt en une ostellerie du dit saint Benoist
où pend l'ensoingne de l'Omme sauvage.* »

En voilà assez pour que nous comprenions que l'auteur du *Renart contrefait*, dont le manuscrit in-4° se conserve à la Bibliothèque nationale sous le
n° 6985 du fond Lancelot, n'ait pas oublié les faux monnayeurs dans l'énumération qu'il fait, au folio 32, des brigands de toute sorte qui se réunissaient
dans les cabarets :

> C'est hostel de gloutonnie,
> Plain de trestoute ribaudie,
> Recept de larrons et houlliers (*suppôts de mauvais lieux*),
> De bougres, de *faulx monnoiers*.
> Quant tous malvais voeullent trichier,
> Es tavernes se vont muchier (*cacher*),
> Hostel de bourdes et vantance,
> Plain de male perseverance.

En temps de guerre, on avait toujours les tavernes en défiance et en suspi-
cion, parce qu'on savait qu'elles étaient souvent d'utiles refuges pour les traîtres et les espions, détail qui n'est pas omis non plus dans ce même passage du
Renart contrefait :

> C'e est l'hostel aulx *trayteurs*,
> Et a trestous ces malfaitteurs,
> . . . .
> A gens qui ont malvaisez mains.

A Nîmes, en 1356, au temps qu'on se précautionnait fort contre les Anglais,
on fit fermer la porte des Arènes, à cause d'une auberge qui en était tout
proche, et qui, si cette porte fût restée ouverte, eût pu servir de repaire aux
ennemis du roi, « qui là, dit Mesnard, eussent pu s'entendre de nuit avec ceux
du dehors, et peut-être même les eussent fait entrer par ladite porte ou par-
dessus les murailles. »

Les fauteurs de troubles et d'hérésies venaient aussi dans les cabarets et y
tenaient leurs prêches ; il faut ajouter pourtant que tous ne l'osaient pas, et
que les plus hardis seuls s'y hasardaient. Les Chartes du prieuré de Mazangues,
citées par Ducange au mot *Albergum* de son Glossaire, parlent, sous la date
de 1258, d'un certain Grillonus qui s'en allait ainsi prêcher dans toutes les
auberges (*in albergata omnia*), chose que personne n'avait osé faire (*quod
nullus auderet*).

De tout cela naissaient des désordres qui, aussi bien que les vols et les assassinats qu'on y commettait de jour et de nuit, faisaient activement surveiller
les cabarets et les auberges, et les mettaient sous le coup des ordonnances

les plus sévères. Nous en avons déjà cité quelques unes, en voici d'autres d'une rigueur peut-être plus directe encore.

Dans l'ordonnance rendue par Louis IX à Paris en décembre 1254, pour la réformation des mœurs dans le Languedoc et le Languedoil, se trouve un article, le vingt-neuvième, qui enjoint aux hôteliers de n'héberger que les gens en passage. « Item, est-il dit, nul ne soit receu à faire demeure en taverne, se il n'est tres passant, ou il n'a aucune mansion en la ville. » C'était restreindre de beaucoup la population des cabarets, et par conséquent la rendre moins dangereuse. Cette disposition, reproduite sous le même règne dans l'article douze de l'ordonnance pour *l'utilité du royaume*, était sans doute encore en vigueur en 1405, et les hôteliers s'en faisaient fort pour ne pas recevoir les gens qui leur paraissaient suspects ; car cette année-là, nous voyons un certain hôtelier nommé Adam Corbel, refuser le logis à des gens d'assez mauvaise mine. « Iceulx compagnons, lisons-nous dans le *Recueil des lettres de rémission*, se vouldrent loger dans l'ostel Adam Corbel, lors hostellain publique, lequel les refusa à hosteler céans. »

C'est à deux années de là, le 29 novembre 1407, que fut rendue l'ordonnance enjoignant aux aubergistes de tenir un registre où ils inscriraient le nom des gens qu'ils logeaient ; mesure prudente, souvent renouvelée depuis, et que vous vous souvenez sans doute d'avoir trouvée déjà à Rome, et, suivant Marco Polo, dans les États de Cathaï.

C'est en vue des étrangers, les seuls qui eussent droit de prendre gîte dans les auberges, suivant l'ordonnance de saint Louis, que toutes ces précautions étaient prises. La manie des longs voyages à petites journées et des pèlerinages lointains les rendait fort nombreux et ne laissait jamais les hôtelleries désertes. On les y rançonnait à outrance, sans grâce ni merci, car tous les aubergistes n'avaient pas le naturel bon et dévoué de l'hôte qui hébergea si généreusement les dix compagnons de Duguesclin, et leur fit de si belles offres de service, à en croire la chronique rimée de Cuvelier :

> En une hostelerie furent tous .X. entrez ;
> Ils ont l'oste appelé, qui les a escoutez :
> « Apportez-nous du vin, hostes, se vous volez. »
> Et li hostes respont : « De coi vous le paierez ? »
> Et dit .I. escuier : « De coi vous effraez ?
> Il a ci chevaliers et escuiers assez. »
> — « Chevaliers, dit li hostes qui fut bien escolez.
> Où avez-vous laissiez vos esperons dorez ?
> J'eusse vos chevaux céens bien establez,
> Encore ai-je estable, fain et avaine assez
> Pour .L. chevaux nourrir .X. mois passez. »
> Et dit .I. escuier qui de Nantes fu nez :
> « A beaux hostes ! dit-il, pour Dieu ne nous gabez.
> Nous venons de Bordeaux, s'avons des maux assez ;
> Et Bertran du Guesclin, qui nous y ot menez.

Delivres fu l'autr' ier, .I. chevalier loez,
A .LX. M. doubles d'or fin fu rançonnez.
Tous li mondes en fu forment espoantez
Comment .I. tel avoir porra estre trouvez. »
Et li hostes respont : « Il en ara assez.
Encore ai .X. chevaux dont j'a henne les blez.
Et V cent gras moutons et de pourceaux lardez.
Du vin en mon cclier .XXX. tonneaux passez,
Que pour lui venderai ; et tous les draps forrez
Que ma fame achetai, quand je fu mariez.
Mais s'il en a mestier, par Dieu qui fu penez !
Il en ara plus tost c'un pestaux n'est lavez.
Et pour l'amour de ce que de lui me parlez ,
Je vous ferai servir de ros et de pastez,
Et tous les meilleurs vins que j'aray buverez,
Et vous coucherai bien se demourer volez :
Car du meilleur du monde aujour d'ui me parlez :
C'est tous li plus hardis et li plus redoubtez ,
Et li plus eureux et li plus fortunez ,
Qui soit en tout le monde ne qui onques fu nez :
Car avec tout ce qu'il est ainsi fondez ,
C'est si maint convoiteux qui soit en .C. citez ,
C'est tous li plus courtois qui puist estre trouvez ,
C'est li mains orgeilleux et li plus beaux parlerz .
Qui soit en tout le monde environ de tous lez. »
Lors dit à sa maisnie : « Cette gent ci servez
De tous les biens que j'ai et que Dieux m'a prestez. »
Lors fu la table mise ainsi con vous oez ;
Li .I. à l'autre dit : « Dieux nous a amenez .
Saint Julien nous a richement hostelez. »

Nous avons cité ce long morceau , non pas que nous ayons grande fo dans
tous les détails qui s'y trouvent, mais parce que, faisant un heureux contraste
avec nos précédents tableaux, où la misère et les mœurs viles des taverniers
s'étalent si bien à l'aise, il nous montre que, parmi ces gens misérables et tarés ,
il pouvait s'en rencontrer parfois de riches, et même de généreux, chose plus
rare.

Tel n'était pas toutefois l'hôtelier allemand chez lequel Richard Cœur-de-
Lion chercha un asile, et qui, bien différent de l'hôte si dévoué des compagnons
de Duguesclin, le livra sans vergogne, ou plutôt le laissa volontiers prendre par
les gens du duc d'Autriche.

Il est avéré que Richard , poursuivi par la vengeance de ce duc, dont il
avait froissé l'orgueil durant la croisade, fut pris au retour dans un misérable
cabaret, tandis que, pour se cacher mieux, il tournait chapons à la broche. Philippe Mouskes, du moins, le dit positivement dans sa *Chronique rimée*, ainsi
que nous le verrons tout à l'heure. Le continuateur de Guillaume de Nangis est
moins formel. Son récit cependant diffère peu de celui de Mouskes. L'arrestation, selon lui, aurait eu lieu de même dans une auberge (*ostel*) dépendant d'un
château ou ville appartenant au duc.

Voici du reste ce qu'il raconte :

« Quand le roi et les templiers furent débarqués, ils cherchèrent des chevaux et montèrent dessus, et allèrent par l'Allemagne, tant qu'ils s'hébergèrent en un château du duc d'Autriche en Allemagne. Il arriva que le duc séjournait alors dans ce château ; et, quand celui qui était alors avec le roi d'Angleterre pour le faire prendre sut que le duc était au château, il vint à lui et lui dit : « Sire, c'est à ce moment qu'il faut bien faire ; le roi d'Angleterre est hébergé dans cette ville, gardez qu'il ne vous échappe. » Le duc fut très-joyeux de ces nouvelles, car, à ce que disent certaines gens, le roi lui avait fait affront devant Acre. Il commanda que les portes du château fussent toutes fermées, que ses gens s'armassent, et alla lui-même à la maison (*à l'ostel*) où le roi était hébergé, et mena avec lui celui qui lui avait apporté ces nouvelles, pour qu'il le reconnût. On fit savoir au roi que l'on venait dans la maison pour le prendre ; il fut surpris, et ne sachant que faire, prit une mauvaise soubreveste, entra à la cuisine, et s'assit près du feu, pour tourner les chapons qui rôtissaient. Je ne dis pas cela pour vrai, mais quelques gens l'ont dit. Les gens du duc entrèrent dans la maison, cherchèrent de çà de là, et ne trouvèrent personne, si ce n'est le templier et ceux qui accommodaient la viande à la cuisine. Celui qui avait dénoncé le roi entra en la cuisine, le vit qui tournait les chapons, à ce qu'on dit, et dit aux chevaliers : « Le voici, prenez-le. » Ils le prirent, et il fut prisonnier du duc jusqu'à ce qu'il vînt à rançon. »

La scène est presque la même dans la chronique de Mouskes, comme nous l'avons dit. Seulement, les détails sont plus positifs ; le fait surtout du roi déguisé et tournant la broche, qui est donné comme douteux par le continuateur de Nangis, est exposé comme incontestable par le chroniqueur belge.

Richard et les siens se donnent pour marchands. Ils viennent à la taverne avec deux barils. Un homme qui buvait là, reconnaît ces barils pour les avoir vus à Acre, sort aussitôt et court avertir le prévôt, qui vient en hâte avec des sergents :

> L'ostes, ki les vit venir,
> A dit : « Signor, quel le ferès,
> Vesci le provost, ja l'aurès.

Le roi reste étonné,

> Moult durement s'est esbahi :

Et s'asseyant près du feu,

> Si prist à torner les capons
> Tot ausement comme uns garçons.

Ses compagnons, de leur côté, se mettent à préparer le reste du dîner. Le prévôt entre, demande quels sont ces gens qui font ainsi la cuisine, et dit qu'on lui a menti, que ce ne sont pas des marchands. L'homme, qui a reconnu les barils, renouvelle sa dénonciation :

> Prouvos, dist-il, Carius itens
> Avoit li rois Ricars en l'ost
> Il est caiens, querès le tost.

Puis, il s'approche du roi qui tournait les chapons, et lui ôte son feutre. On le reconnaît. Il met la main sur un couteau, veut se défendre, mais le prévôt le fait saisir :

> Li cavaliers vint la tout droit,
> U li rois les capons tornoit.
> Î capel do feutre li oste
> Pris de son chief, tot voïant l'oste
> Le roi à tost reconneu :
> « Prouvos, dit-il, je l'ai s'eu
> Le roi vès-le-ci ou il siet,
> Or le prendre, quar il me siet.
> Moult sot, quand il se bestorna,
> Qui roi iers et capons torna. »
> Et quant li rois çou entendi,
> Sus est saillis, plus n'atendi,
> Et mist sa main à Î coutiel
> Qu il portoit, ameure moult biel.
> Défendre se vot durement,
> Mais li provos tot esraument
> Li a dit : « Si Pierx me faut.
> Nule desfense ne vos vaut ;
> Rendès-vous, car vous estes pris. »
> Et dist li rois : « Jou sari soupris,
> Mais jà siergans avant ne viegne :
> Ki cavaliers est si me tiegne,
> Je me rene, que vaut li des rois?
> Voirement sui Ricars li rois. »

Pour compléter ce récit de Philippe Mouskes, et donner un contraste à sa naïveté, nous allons vous dire les emphatiques déclamations que cette même arrestation de Richard Cœur-de-Lion, si simple, si vulgaire dans ses détails, a suggérées à Philippe le Breton, au IVe chant de sa *Philippide* :

« Hélas ! qui peut échapper aux coups imprévus du sort, et éviter les périls que le destin lui a d'avance assignés. Souvent, on tombe par hasard dans des violences pires que celles qu'a préparées l'astuce, et souvent il arrive, par l'enchaînement des destins, qu'un ennemi rencontré à l'improviste est plus dangereux que celui qui va cherchant de tous côtés. A quoi bon dresser des mets, servir dans la cuisine? à quoi bon que le seigneur s'avilisse aux fonctions de l'esclave? à quoi sert à ce roi de s'être détourné de sa route, d'avoir changé de vêtements, de s'être fait moindre que le moindre des serviteurs?..... Un roi ne dissimule pas, non plus qu'une montagne ne se cache..... Ainsi donc, tout en se cachant, le roi fut fait prisonnier par celui-là même qu'il redoutait le plus, et qu'il voulait le plus éviter, ainsi il fut pris, en se cachant, de celui qui ne le cherchait point, et qui certainement n'avait aucun espoir de le rencontrer. »

Nous ne savons rien de plus singulier, après cette arrestation du Cœur-de-Lion, tournant la broche, déguisé en garçon de cabaret, et voulant se défendre avec un couteau de cuisine, que les dangers courus, sous un déguisement à peu près semblable, par le grand Condé, homme d'une trempe pareille, sinon plus forte et plus vigoureuse encore, lorsque, pendant la Fronde, il fit cent vingt lieues pour rejoindre son armée, campée près de Briare.

Il s'était déguisé en palefrenier, et à chaque fois qu'il lui fallait exercer son métier, il y était noblement inhabile, héroïquement maladroit. M. de Saint-Aulaire s'est étrangement trompé lorsque, racontant cette fuite et le travestissement du prince, il a écrit : « Qu'il s'acquittait mieux qu'aucun de ses compagnons des différents métiers que lui imposait la nécessité. » L'académique historien de la Fronde n'avait lu ni la relation de Chavagnac, l'un des guides du prince, ni celle de Gourville. Ceux-ci, moins flatteurs pour le prince leur maître que M. de Saint-Aulaire pour le prince mort depuis deux siècles, ne nous laissent ignorer aucune de ses gaucheries de valet, et s'en raillent même à leur aise. Peut-être, après tout, était-ce encore une façon de le flatter. A les en croire, un jour qu'on commanda à Condé de brider un cheval, il ne sut comment s'y prendre. Mais ce fut bien pis encore, un jour que, dans un mauvais cabaret de village, on lui donna à tenir la queue de la poêle pour faire cuire une omelette qu'il jeta dans le feu en voulant la retourner.

Nous allons laisser Gourville vous raconter cette aventure du grand Condé faisant une omelette, digne pendant, il faut l'avouer, de Richard Cœur-de-Lion tournant la broche :

« Dans une des courses militaires du prince, dit Gourville, toutes ses provisions consistaient en quelques paniers de pain, auquel j'avais fait ajouter du vin, des œufs durs, des noix et du fromage. Avec ces provisions, nous marchâmes bien avant dans la nuit, et entrâmes dans un village où il y avait un cabaret. On y demeura trois ou quatre heures ; et n'y ayant trouvé que des œufs, le grand Condé se piqua de bien faire une omelette. L'hôtesse lui ayant dit qu'il fallait la tourner pour la mieux faire cuire, et lui ayant enseigné à peu près comme il fallait faire, l'ayant voulu exécuter, il la jeta bravement du premier coup dans le feu. Je priai l'hôtesse d'en faire une autre, et de ne pas la confier à cet habile cuisinier. »

Ce que nous vous avons dit des compagnons de Du Guesclin à l'auberge et de Richard Cœur-de-Lion qu'on y fait prisonnier, suffit pour nous faire voir qu'elles trouvaient surtout leurs hôtes dans les gens revenant des pays lointains, des régions d'outre-mer. Les croisés s'en allant en Palestine ou bien ceux qui en revenaient, y faisaient halte, les courriers royaux y prenaient leurs relais.

Nous allons, à ce propos, vous donner, d'après un mystère du moyen âge, LE JEU DE SAINT NICOLAS (*li Jus de saint Nicholai*), la scène du courrier Auberon chez un hôtelier, scène curieuse qui nous amènera à vous citer celles qui suivent dans le même mystère, et qui sont plus intéressantes encore, en ce qu'on y trouve, dans toute sa vérité et tout son relief, le tableau complet d'une taverne avec les gens qui la fréquentent de jour et de nuit, jouant, buvant, se querellant, puis volant pour couvrir les frais du jeu et de l'ivresse, et ne trouvant l'hôte complaisant qu'en deux seules choses, le vol et le partage des choses volées.

Mais il est temps d'entrer en scène, c'est le tavernier qui l'ouvre, en criant son vin sur le seuil, suivant l'usage :

LE TAVERNIER. Céans il fait bon dîner, céans il y a pain chaud et harengs chauds, et vin d'Auxerre à plein tonneau.

AUBERON (le courrier). Que vend-on céans?

LE TAVERNIER. Ce qu'on y vend? ami, du vin qui point ne file.

AUBERON. A combien est-il?

LE TAVERNIER. Au tarif de la ville. Je ne tromperai personne, ni à la vente ni à la mesure. Asseyez-vous en cette enceinte.

AUBERON. Hôte, tirez une pinte, je boirai tout debout ; je n'ai cure de tant rester : il faut que je prenne garde à moi.

LE TAVERNIER. A qui es-tu?

AUBERON. Je suis au roi, je porte son sceau et son bref.

LE TAVERNIER. Tiens, celui-ci te montera à la tête : bois bien, le meilleur est au fond.

AUBERON. Ce hanap n'est pas profond. Il serait bon à goûter le vin. Dites, combien dois-je payer? j'ai tort de tant demeurer.

LE TAVERNIER. Paie un denier, et une autre fois tu auras pinte pour maille ; c'est à douze deniers sans mentir ; paie un denier ou bois encore.

AUBERON. Vous prendrez à présent la maille, et au retour, le denier.

LE TAVERNIER. Veux-tu déjà faire le panier? au moins me dois-tu trois parties. Avant que tu sois parti d'ici, je saurai bien à quoi m'en tenir.

AUBERON. Hôte, mais quand je reviendrai vous aurez (à me donner) la pinte pour un denier.

LE TAVERNIER. Par (ma) foi, ce sera à chandelle éteinte. Tu peux te donner de la peine pour rien.

AUBERON. Je ne puis régler avec vous que si je ne coupe une maille en deux.

CLIQUET (valet du tavernier). Qui veut faire une partie, à ce coup, petit jeu pour s'amuser?

LE TAVERNIER. Avez-vous entendu, sire courrier? allez arranger votre affaire.

Auberon. Soit, pour une partie, pour faire la paix.

Cliquet. Pour un, mais pour tout ce que tu dois.

Auberon. Alors fais-le donc dire à l'hôte auparavant.

Cliquet. Ce ne sera pas mal fait. Dites, hôte, en est-il paix?

Le tavernier. Oui, avant qu'aucun ne s'en aille.

Auberon. Jette à qui aura le plus de points, sans tricherie.

Cliquet. Ils s'en vont, je n'en ai pipé aucun.

Auberon. Par ma foi! tu n'as ni cinq ni six; mais il y a deux ternes et un as.

Cliquet. Ce ne sont que sept points. Hélas! comme je réussis peu aux dés!

Auberon. Toutefois, je jette après, beau doux ami; quoi que tu aies, tu n'en goûtes pas, et (cependant) paie-le. J'ai quaterne, le plus mauvais jeu.

Cliquet. Honnis soient tous les courriers; car toujours ils sont à la fuite.....

Un peu plus loin, après une scène où interviennent deux crieurs, l'un pour le vin du roi, l'autre pour le vin de la taverne, et que nous reproduirons en son lieu, se trouve encore une partie de dés entre Cliquet, Pincedé, et autres joueurs, puis vient le vol du trésor du roi d'Afrique, vol commis par ces joueurs fripons, la connivence de l'hôte, et nombre de curieux détails que nous nous reprocherions de ne pas donner ici.

Cliquet. Or çà, Pincedé, sois le bien venu! aussi bien étais-je tout seul.

Pincedé. Certes, Cliquet, entre nous deux, nous avons bu souvent ensemble.

Cliquet. Pincedé, que te semble du vin? pour lui, je me suis déjà débarrassé de mes nippes.

Pincedé. Tant qu'il sera sur la barre, je ne me soucie pas de passer mon chemin.

Cliquet. Buvons un denier toutefois; tire-nous demi-lot, Caignet.

Caignet. Sire, comptez avec Cliquet, avant qu'il commence un nouvel écot.

Le tavernier. Cliquet, tu devais un lot, et puis un denier de ton jeu, et trois parties pour le courrier; ce sont cinq deniers, peu s'en faut.

Cliquet. Cinq deniers soit, il ne m'importe; jamais hôte ne me trouva dur.

Le tavernier. Caignet, à cette heure, tire tout pur pour Pincedé qui est venu.

Caignet. Par (ma) foi! il y a ici pauvre conquête; car nous n'y gagnons guère.

Cliquet. Caignet, honni soyez-vous de tirer à aussi fausse mesure! Que demande si souvent à saint Jacques un homme qui écorche et dépouille les gens?

Pincedé. Apportez-nous de la chandelle, si vous savez faire autant de bien.

Caignet. Çà vite! vous l'avez en la main. Tenez, il y a maintenant deux deniers (de vin); tu n'es pas paresseux à compter ni à te tromper, si l'on veut s'en rapporter à toi.

PINCEDÉ. Verse, Cliquet, et fais-moi boire ; il s'en faut de peu que ma lèvre ne se fende.

CLIQUET. Bé, bois assez ; qui (te) le défend ? Bois, de par Dieu, qu'il te fasse profit !

PINCEDÉ. Dieu, quel vin ! il est plus froid que glace. Bois, Cliquet, il y a ici bonne convention, l'hôte ne sait ce qu'il vend. Il (le vin) fut à seize dehors auparavant.

Arrive un troisième interlocuteur, ayant le nom assez étrange de Rasoir ; on le fait mettre à table, on lui fait payer à boire, et il avale bien, sans faire le coq mouillé, comme il dit. Si bien que Pincedé lui crie : « Rasoir, as-tu mangé des harengs ? Enfin, en parlant de mille choses, ils mettent l'entretien sur certain trésor du roi d'Afrique, qui n'a plus pour se garder ni serrure, ni clef, ni valet, et qu'ils pourraient bien aller prendre à eux trois. Rasoir n'y croit guère et dit même : « Voyez si l'on peut faire crédit là-dessus. » Pincedé, joueur avant tout, joueur comme son nom, est d'avis qu'il vaut mieux faire une partie. Ils en tombent d'accord, et ils se demandent seulement quel jeu ils doivent choisir.

CLIQUET. Pincedé, jouons-nous aux croix ?

RASOIR. (Non), mais à la mine entre nous trois ; sur ce gain, il y a bonne étrenne.

Mais avant, Pincedé veut régler avec l'hôte, et là-dessus s'élève une petite discussion qui nous montre de quelle nature étaient celles qui devaient à toute heure s'élever dans les tavernes. Toujours un buveur qui veut payer moins que son écot, et un tavernier qui réclame plus que son dû.

PINCEDÉ. Bel hôte, prête-moi une onzaine ; je te devrai dix-sept en tout.

LE TAVERNIER. Tu te trompes.

PINCEDÉ. De combien ?

LE TAVERNIER. De beaucoup, et j'ai peur qu'il t'en arrive malheur.

PINCEDÉ. Or, comptons donc chaque pièce.

LE TAVERNIER. Ton premier lot, ce fut trois.

PINCEDÉ. Eh ! en vérité.

LE TAVERNIER. Et puis un de l'*octroi*, et les trois parties de la perte ; ceci vous semble-t-il un compte clair ?

PINCEDÉ. Ce sont cinq, si je veux encore ; et vous m'en prêterez onze maintenant ; cela fait dix-sept, ce compte va-t-il bien ?

CLIQUET. Pincedé, regarde ce que tu empruntes ; tu dois bien savoir que je voudrais avoir bon gage ; tu es très serré dans ta cape, j'ai peur qu'elle ne t'échappe avant que tu sortes de la maison.

Une autre partie s'engage, et cette fois on se met à jouer aux dés. C'est Caignet qui en prête, et ce sont des dés non pipés, mais de bon aloi, bien autorisés : « Regardez, Rasoir, dit Caignet, je les fis tailler par échevins. » On joue pour le vin bu, et celui-là gagné ou perdu, on jouera pour le vin à boire. Pincedé, plus hardi, veut faire une partie à sec argent. « Oui vraiment, » dit Rasoir ; et ce qui est dit est fait. Mais le jeu se prolonge, et Caignet se plaint pour sa chandelle qu'on brûle. « Vous éclairera-t-on pour rien ? dit-il... Vous gâtez ici une grosse chandelle, et tout notre monde veille pour votre jeu dans la maison. » On ne l'écoute pas et l'on continue ; bientôt la querelle s'engage entre Cliquet, qui ne veut pas déposer les deniers qu'il a perdus, et Pincedé, qui les réclame. Entre de tels joueurs, on en vient bien vite aux coups.

Pincedé. Tiens, comme paiement, ce soufflet ; je commence et je vaux mieux que toi.

Cliquet. Et je te rends la pareille ; maintenant tu peux voir si je te redoute.

Ils se prennent aux cheveux, s'arrachent et se déchirent leurs habits, la seule garantie du tavernier ; aussi Caignet, qui les a laissés faire tant qu'ils ne s'en sont pris qu'à leur peau, se met-il à crier.

Caignet. Sire, sire, vous perdez tout ; accourez vite, nos gages sont en danger ; car ces ribauds se déchirent tout, et ils n'ont habit qui beaucoup vaille.

Sous le holà du tavernier, la paix se fait ; mais comme il faut toujours un peu se disputer après s'être battu, on revient sur la partie, cause du combat ; mais Caignet, à qui Cliquet a dit en le prenant pour arbitre : « Maintenant, jugez comme ami, » Caignet met tout d'accord en disant à Cliquet de verser à boire à Pincedé, en ordonnant à tous deux de boire, après quoi il s'écrie : « Je veux que vous soyez réconciliés, puisque je suis votre juge. »

Cliquet. Pincedé, je vous fais amende honorable ; pour la paix, je vous donne le vin.

Pincedé. Cliquet, de mon côté, je vous le pardonne ; je sais bien que c'est le vin qui vous le fit faire.

Curieux détails de mœurs ! On ne s'embrassait pas pour se réconcilier, on buvait ; c'était plus sincère, si tant est que la sincérité puisse être en quelque chose dans le vin de cabaret.

Mais voici bien d'autres affaires : quand il s'agit de payer définitivement le tavernier, nos joueurs reviennent sur la question du trésor : « Bonne affaire, dit Cliquet, le gain sera très-grand. » Ils veulent mettre de ce complot l'hôte, qui est tavernier trop complet pour refuser. « Nous prendrons tout notre soûl, dit encore Cliquet, là où nous savons le trésor, chacun aura son cou chargé de grands lingots d'or et d'argent. Je veux faire un marché si avantageux que jamais vous n'en fîtes un tel. Vous recélerez céans, en votre maison, notre gain, et vous y participerez et prendrez dessus nos écots ; n'ayez aucune crainte au sujet de votre paiement..... Votre argent vous sera si bien rendu que vous aurez plein un bac d'or fin ; mais faites-nous prêter un sac dans lequel nous mettrons l'avoir. »

Le sac est prêté, un sac de deux mesures. Nos filous sortent et reviennent bientôt après chargés d'or ; car ils ont trouvé le roi endormi, et ses barons de même, « aussi profondément que s'ils étaient morts. » Et ils ont profité de ce sommeil pour prendre un « bon et lourd coffre tout rempli de besans. »

Rasoir. Ah ! vif diable, qu'il pèse ! Pincedé, mets ce sac plus près ; ce coffre pèse comme un grès, il s'en faut de peu qu'il ne me crève.

Pincedé. Jette ici tout d'un coup, je n'ai pas envie d'y laisser le coffre ; j'aime bien mieux me faire mal. Je veux ici éprouver ma force, et ne consentirai pas à ce qu'un autre que moi l'emporte. Chargez-le-moi, s'il vous plaît.

Rasoir. Prends, nous t'aiderons cependant.

Cliquet. Maintenant, mettons-nous donc en route pendant que nous sommes en telle veine de bonheur.

Rasoir. Hôte, hôte, ouvrez-nous la porte ; votre sac ne revient pas vide. Nous ne voulons pas vous tromper.

L'hôte ouvre en effet, et voyant tout cet or, il s'écrie émerveillé :

« Seigneurs, vous aurez et bon feu et bon siége, n'en doutez nullement, et du vin qui n'est pas frelaté ; mais il crut sur le flanc d'une roche. »

Rasoir. Caignet, abaisse un peu la broche, et laisse-nous tâter jusqu'au trouble.

Cliquet. Bel hôte, et faites-nous apporter une chandelle double avec.

Le tavernier. Il n'en viendra pas sans cela, comme je pense et devine.

Caignet. Seigneurs, voici la chandelle et vins meilleurs que ceux que vous eûtes d'abord.

Rasoir. Par ma foi ! bénie soit l'heure à laquelle un pareil vin fut entonné.

Après le vin, le jeu, et le vin encore pendant la partie ; elle s'anime vite, car on n'y joue plus seulement des deniers et des mailles, mais de beaux et bons besans ; le sommeil arrive toutefois, et Rasoir, qui gagne le premier, est d'avis de se reposer.

Rasoir. Hôte, entendez un peu ; nous sommes quelque peu peu fatigués, nous avons veillé toute la nuit ; nous partagerons bien comme amis ; mais nous dormirons auparavant.

Pendant qu'ils dorment, saint Nicolas, que le prudhomme du roi d'Afrique a supplié de lui découvrir les voleurs du trésor, et de les amener à restitution, leur apparaît en songe, et leur dit d'une voix courroucée : Malfaiteurs ennemis de Dieu, allons, vous avez trop dormi ; vous êtes pendus sans aucune ressource. Vous eûtes tort de voler le trésor et l'hôte a mal agi en le recelant.

Pincedé. Qui est-ce qui nous a réveillés ? Dieu ! comme à cette heure je dormais profondément !

Et saint Nicolas continue, en saint qui a son franc parler :

« Fils de p....., vous êtes tous morts ; à cette heure, les fourches sont faites ; car vous avez forfait votre vie, si vous ne croyez mon conseil..... Je suis saint Nicolas, qui remet dans la voie les égarés. Remettez-vous tous en chemin, rapportez le trésor du roi. Vous fîtes très grande folie quand vous osâtes jamais penser à le prendre. L'image qui était placée sur le trésor aurait bien dû le protéger ; ayez soin qu'elle y soit remise aussitôt, ainsi que le trésor, si vous tenez à vos corps, et mettez l'image dessus. Je m'en vais sans aucun retard.

A ces saintes paroles, Pincedé, Rasoir et Cliquet sont persuadés qu'ils ont forfait, et qu'il faut réparer leur crime. Ils se mettent en devoir de reporter le trésor où ils l'ont pris. L'hôte, que la grâce n'a pas touché, et dont la scélératesse est plus endurcie, ne veut pas entendre parler de restitution, ou tout au moins il veut qu'on le paye bien avant de sortir.

L'hôte. Seigneurs, je ne prends rien sur moi, si vous avez commis quelque méfait ; mais videz-moi vite ma maison, car je n'ai cure de tel gain.

Pincedé. Hôte, vous fûtes complice, puisque le temps vient de dire la vérité, et vous devez avoir part égale du péché et de l'avoir.

Le tavernier. Hors d'ici, fils de p....., gloutons ! Voulez-vous me couvrir de blâme ? Caignet, va-t-en recevoir l'écot, puis mets-les hors de ma maison.

Caignet, pour bien obéir, se met à débarrasser Cliquet de sa cape ; quand on ne trouve rien dans les poches d'un habit, c'est l'habit qui paye lui-même.

Pincedé se ravise pourtant, et avant de reporter le trésor, il veut dessus prélever une dîme.

Seigneurs, croyez ma hardiesse ; que chacun prenne une poignée de ces besans, il n'y paraîtra pas.

Cliquet. Tais-toi, félon, il nous mésadviendrait ; nous pourrions en être punis.

Rasoir. Mets-le ici, car ici il fut pris ; et remets l'image dessus.

Mais ces bonnes pensées ne leur durent pas. Une fois le trésor rendu, la pensée leur vient de faire d'autres vols, de guetter d'autres proies. Seulement, chacun ira de son côté, et fera son coup à part.

« Que chacun aille désormais seul, dit Cliquet, l'un ou l'autre sera heureux. »

Pincedé. Soit ! certes.

Rasoir. Soit, et que Dieu m'aide, car jamais le bien ne nous chercherait. J'ai épié une paroi que j'aurais bientôt creusée, pour le trousseau d'une mariée, qui est en une huche de chêne.

Cliquet. Seigneurs, et moi je m'en vais à Fresnes..... Si je puis faire occasionner une querelle, le maire y aura dommage.

Pincedé..... Je ne veux pas me lasser en allant si loin ; près d'ici, à une longueur de rue, j'ai épié une lessive que j'aiderai à faire.

Rasoir, Pincedé, maintenant, il s'agit de bien pincer.

Voilà bien toute la vie de taverne au moyen âge, ivrognes, joueurs et voleurs partout, le cabaretier menant le branle, et sachant être toujours le plus altéré ivrogne, le plus effréné joueur, le plus endurci voleur. Saint Nicolas trouve tous les autres prêts au repentir : le cabaretier seul est impénitent. Cette scène vaut à elle seule tout ce que nous avons dit, tout ce que nous pourrions dire encore sur l'infamie des gens de ce métier, placés si à propos par nous à la tête des gens honnis, parmi les premières recrues des classes réprouvées. C'est la preuve complète que l'auteur du *Renart contrefait* ne se trompait point et ne forçait point les teintes de son portrait quand il peignait ainsi les cabaretiers de son temps :

> Et des taverniers que diray ?
> Je ne sçay que je en feray.
> Je y tenroye bien mon lieu,
> Car j'ayme bon vin et bon feu ;
> Et une chose si m'en tient,
> Car qui loialment se maintient,
> Sans tricherie et sans tolst (*larcin*),
> Il feroit de la livre solzt.
> De trestous mestiers c'est le pire,
> Qui la verité en veult dire ;
> De nulz preudhommes n'est amé,
> Sur tous aultres est diffamé.

Enfin pour en revenir à cette scène du *Jeu de saint Nicolas*, rien, encore une fois, n'est comparable au tableau naïf qu'elle présente pour la vérité et la variété des détails. C'est le cabaret complet avec ses vrais hôtes, avec ces joies ignobles et fangeuses le jour, avec ses périls la nuit. Nous ne savons, pour lui être mis en parallèle et lui servir de pendant, sinon de complément, que ce curieux fragment de la *Griesche d'esté*, où Rutebeuf, revenant avec complaisance sur les habitudes des vauriens à la taverne, nous les montre y faisant large dépense d'un argent qui leur vient on ne sait d'où ; riches aujourd'hui, pauvres demain, mais toujours ivres ; payant avec leur cape quand l'argent leur manque, mais toujours joyeux, toujours chantant, même quand au jeu la chance des dés leur a été contraire :

> Au tavernier font du vin trere ;
> Or entre boule
> Ne boivent pas, chascun le coule.
> Tant en entonent par la goule,
> Ne lor sovient
> Se robe achater lor covient.
> Riche sont, mès ne sai dont vient
> Lor grant rlchece :
> Chascun n'a riens quant il se drece.
> Au paier sont plain de perece :
> Or faut la feste,

Or, remainent chançons de geste ;
Si s'en vont nu comme une beste
              Quant ils s'esmuevent.
A lendemain povre se truevent ;
Li dui dé povrement se truevent...
Tout ont joué, tout ont béu.
Li uns à l'autre déceu...
Por lor tabar qui n'est pas nués...
              Et avril entre,
Et ils n'ont riens de fors le ventre
Lors sont-ils viste et prunte et entre,
              S'il ont que metre,
Lors les verrüés entremetre
De dez prendre et de dez jus metre.

En temps de guerre, quand les troupes se mouvaient d'un pays à un autre, les hôtelleries, surtout celles des grands chemins, se remplissaient d'hommes d'armes de toutes sortes, archers, argoulets, francs-taupins, etc. Mais la présence de ces hôtes armés n'amenait pas la sécurité dans ces bouges : au contraire, ils n'en devenaient que plus dangereux ; car je ne sache pas de bandes de brigands plus à craindre que ne l'étaient ces troupes de gens de guerre, toujours dispos au pillage, ardents à la maraude et à la picorée. Il leur fallait toujours quelqu'un à dépouiller. Quand ils ne mangeaient pas le bourgeois, ils mangeaient l'aubergiste, et si celui-ci manquait, ils se rejetaient sur le paysan. « Aller à la picorée, pour les gens d'armes qui vont manger le bonhomme aux champs, est de notre siècle. » Voilà ce que dit Estienne Pasquier au chapitre 3 du livre VIII de ses *Recherches de la France*, et il eût pu ajouter qu'en cela le XVIᵉ siècle ne faisait que suivre l'exemple de ses aînés, et que si d'aventure il créait le mot *picorée*, inconnu jusque là, il n'était pas l'inventeur de la chose. Tout était bon à ces maraudeurs, le gibier, la volaille, etc., enfin, tout ce qui se vend, se donne et se vole, voire des vêtements, ce qui nous a valu cette jolie phrase d'un conte d'Eutrapel, sur je ne sais plus quel vaurien, « accoustré de bons habillements que la damoiselle Picorée avait faits et filés. »

Les ordonnances, pourtant, étaient sévères, et les châtiments des plus rigoureux pour le fait de ces maraudes. Non seulement l'archer en séjour chez un bourgeois ou chez un homme de la campagne ne devait rien lui prendre, mais il devait payer tout ce qu'il y consommait, donner dix deniers pour un chapon, quatre pour une poule, et cinq sous pour un mouton. C'était la taxe, comme on peut le voir dans l'ordonnance du 20 janvier 1514, recueillie par Fontanon. Encore, le mouton étant dépouillé, l'archer était-il tenu de rendre la graisse, les pieds et la peau. Tout homme d'arme ne devait passer qu'une nuit chez le même bourgeois, et son nom devait être écrit sur la porte de la maison par le fourrier qui relevait ensuite tous ces noms étiquetés, et en remettait la liste à l'officier, dont la charge était d'aller s'informer de la conduite de chaque homme chez le bourgeois. Celui qui avait dérobé quelque chose ou qui s'était permis quelque privauté défendue envers l'épouse, la fille ou la servante, était pendu incontinent, sans autre jugement que celui du capitaine et du lieutenant, et sans appel. Mais toutes ces rigueurs légales, dont on peut lire le détail au chapitre 4 du livre IV de la *Milice française*, par le P. Daniel, étaient le plus souvent illusoires. Le bourgeois, et surtout le paysan, *le bonhomme*, comme l'appelle un édit de François Iᵉʳ, n'en étaient pas moins rançonnés sans merci par l'homme de guerre. C'était bien pis encore quand la cabane du pauvre *Jacques* se trouvait sur le passage de ces routiers des grandes compagnies, Brabançons, Écorcheurs ou Malandrins, brigands enrégimentés, qui prenaient leur vivre et leur solde dans la huche et dans l'escarcelle du campagnard. Tout alors était saccagé sans pitié, pillé, volé, et même incendié en cas de résistance. Mais si, en s'éloignant, ces terribles bandes laissaient des traînards derrière elles, si même quelques uns des routiers cherchant un gîte s'enfonçaient dans les terres et s'éloignaient trop du reste de la compagnie, alors il y avait d'affreuses représailles. Le routier perdu était impitoyablement massacré et volé. C'était la peine du talion dans toute sa rigueur, la vengeance dans toute sa justice. Les lois l'avaient compris ainsi elles-mêmes ; aussi les voyons-nous toutes portées à l'indulgence pour ces meurtres de routiers par les paysans. Nous trouvons dans le *Trésor des Chartes*, sous la date du 10 février 1447, une lettre de rémission signée de Charles VII, par laquelle il est fait grâce à plusieurs paysans pour le meurtre commis à Saint-Just d'Avray en Beaujolais, sur la personne de deux hommes d'armes de la compagnie de Rodrigue de Villandrando, en des circonstances ainsi détaillées par ladite lettre de grâce :

« Charles, etc., savoir faisons, etc. Nous avoir reçeu l'umble supplicacion de Anthoine de saint Pol, laboureur de terres, parroissien de Saint-Just d'Avray, ou mandement d'Amplepuys, Jehan Baron, Martin Dumont, Barthelemi Chavel et Perrerin Fournier, tous parroissiens dudit lieu de Saint-Just d'Avray, et habitans ou mandement de Chamelet, ou pays de Beaujoulys, contenant : Que, quatorze ans ou environ, au temps que Rodriguo de Villendrade, capitaine de gens d'armes, et ses gens demeuraient en la ville de Charlieu, deux hommes de guerre de la compagnie dudit Rodriguo alèrent en l'ostel dudit Anthoine, et lui dirent qu'il les logeast en sondit hostel, et qu'ils le payeroient de ce qu'il leur bailleroit. Lequel Anthoine les logea en sondit hostel, et leur bailla foin, avoine, pain, char et autres choses à eulx nécessaires, excepté vin, pour ce que il n'en avoit point ; et, quand lesdites gens de guerre eurent souppé et pansé leurs chevaulx ; et eulx dormans ilec, ledit Anthoine voyant lesdites gens de guerre endormiz, et considérant les afflictions, raençons, pilleries et bateures et autres maulx énormes et innumérables et dommaiges, que les gens dudit Rodriguo et des autres capitaines suivant les rotes (routes), faisaient es

pays de Beaujouloys et aux habitants d'icelluy, yssit hors de son dithostel, et
s'en alla hastivement, sans le sceu de sa femme ne aultre de son hostel, ès hos-
telz et domiciles desdit Jehan Baron et Martin Dumont, ès quels il trouva les
dessusdiz ; et d'ilec s'en ala en l'église forte dudit Saint-Just d'Avray, où il trouva
Barthelemy Chavel et ledit Perrin Fournyer, parroissiens dudit Saint-Just ; à
ung chascun desquels particuliérement ledit Anthoine de saint Pol dist que en
son hostel étaient logiez deux hommes de guerre, lesquels estoient bien montés
et avoient de l'or et de l'argent, et que, pour ce, il les convenoit destrousser et
avoir ce qu'ils avoient ; et que pour ce faire et adviser entre eulx la forme et
manière, leur dist qu'ils veinssent vers la chapelle Saint-Laurens, prés à ung
trait d'arbalette de ladite église forte. Lesquels ensemble, ledit Anthoine, incontinent après, se assemblérent auprès de la chapelle et auprès d'ung pillier
estant au suel de Estienne Gerry et Hecques, les dessusditz Anthoine de saint
Pol, Jehan Baron, Martin Dumont, Berthelemy Chavel, Perrin Fournyer, supplians, parlans des dessusditz hommes de guerre, et doubtant que s'ils les dé-
troussoient seulement que la chose ne fut sceue, disdrent entre eux qui les convenoit tuer ou les laisser aller sans leur faire du mal ; et à la fin, délibérérent
de les prendre, tuer et destrousser, et de fait les dessusditz, embastonnez chacun
d'un épicu, excepté ledit Martin, qui portoit une serpe à son col, s'en alérent
auprès de l'ostel dudit Anthoine, et eulx estant près dudit hostel, ledit Anthoine
entra dedans sondit hostel et au cellier ou estable où estoient dormans lesdites
gens de guerre et leurs chevaulx ; ledit Antoine ouvrit la porte du celier ou estable où estoient dormans lesdites gens de guerre, tellement que les autres, ses
complices entrérent un et prindrent lesdites gens de guerre, et les lièrent et
iceulx menèrent, ensemble leursdits chevaulx, jusques au milieu du bois appelé
du Sapey ; et eulx estant illec, environ mynuyt, lesditz Anthoine de saint Pol,
Berthelemy Chauvet et Perrenin Fournier, tenans le plus vieil desditz hommes
d'armes, et ledit Jehan Baron, le plus jeune, ledit Perrenin Fournier dist aus-
dites gens de guerre qu'ilz se confessassent l'un à l'autre. Laquelle chose ils ne
vouldrent faire ; mais de fait s'efforça ledit vieil homme d'eschapper desditz
Anthoine et ses compagnons. Et ce voyant ledit Anthoine, et doubtant que,
s'ils leurs eschappoient, qu'ils ne fussent perduz et destruiz par ledit Rodriguo
et autres gens de guerre, ledit Anthoine de Saint-Pol mist parmy la gorge
audit plus vieil desdites gens de guerre l'épée dudit homme de guerre, laquelle
ledit Anthoine lui avoit osté en le prenant et lyant en sondit hostel, et semblablement ledit Jehan Baron tua ledit autre jeune homme de guerre du coustel
propre d'icellui homme de guerre, lequel il lui avoit semblablement osté de son
cousté ; et ce pendant ledit Martin Dumont tenoit lesditz chevaulx desdites gens
de guerre, à un trait d'arbalestre ou environ, hors ledit bois. Et illec les dessusdiz laissérent lesdites gens de guerre mors, vestuz seulement de leurs che-

mises, chausses et soliers, pour ce que, avant qu'ilz les tuassent, leur avoient
osté robbes, chapperons, chappeaulx et aultres habillements qu'ilz povoient
avoir, combien que lesdiz supplians ne leur ostèrent, ne trouvèrent ung seul
denier. Après lesquelles choses, lesdiz supplians s'en alèrent en ce point, chacun
d'eulx en leur hostel et ailleurs, ou bon leur sembla ; et ledit Martin emmena
lesdiz chevaulx au boys appelé le Fraymer, où il les tint jusqu'au lendemain
au soir, qu'il les mena en l'ostel appelé de les Salles ; et illecques garda lesdiz
chevaulx deux ou trois jours, et jusqu'à ce que tous lesdiz supplians, une nuit,
se assemblèrent ou dit hostel de les Salles, et délibérèrent tous ensemble que
lesdiz Perrenin Fournyer et Martin Dumont yroient vendre lesditz chevaulx au
lieu de Vienne. Lesquels Perrenin et Martin alèrent à Vienne vendre lesditz
chevaulx, ledit Perrenin, vestu de la robbe dudit jeune homme de guerre, et
ledit Martin, vestu de la robbe d'un nommé André Peupet, ygnoscent toutes
voyes dudit cas. Auquel lieu de Vienne les dessusdiz vendirent lesdiz chevaulx
le prix et la valeur de neuf bons escus ; et ce fait, s'en retournèrent tous ensemble audit hostel de les Salles, et illecques environ l'eure de nonne firent
partaige et division entre eux des biens et destrousses qu'ils avoient desdites
gens de guerre, telement que, à leur povoir, ils départirent entre eux par
égale porcion, et le plus justement qu'ils peurent ladite destrousse. Lequel cas
ainsi fait et avenu, est demouré sans venir à notice de justice, jusques à naguère que lesdiz supplians, doubtant qu'il ne viengne à la notice et cognoissance de nos officiers et ceulx de notre très chier et très-amé cousin, le duc de
Bourbonnoys, et craignant rigueur de justice, se sont, à l'occasion dudit cas,
absentez du pays, et n'oseroient jamais y retourner, se nostre (pardon) et miséricorde ne leur étoient sur ce imparties ; hublement requerant que, actendu ce
que dit est et que lesdiz supplians, pour les grans et énormes pilleries, robe-
ries, raençonnements, boutemens de feux et aultres maulx, dommaiges, incon-
véniens, innumérables cruaultez et tyrannies, que faisoient au povre peuple
souffrir lesdites gens de guerre qui étaient audit pays de Beaujouloys, et mesme-
ment que, au temps dudit cas advenu, tous les manans et habitans de Saint-
Just ou la plupart d'iceulx étaient retraiz en ladite église forte, pour doubte
desdites gens de guerre, à l'occasion desquels lesdiz supplians estoient comme
tous forcenez et hors de sens et comme gens desesperez, et cuidoient recouvrer
leurs pertes sur lesdites gens de guerre, et que, en autres choses, ils sont gens
de bonne fame, renommée et honneste conversacion, etc... Pourquoi nous, etc...
avons remis et pardonné, etc. »

Cette lettre de grâce est longue, mais nous avons dû la reproduire, non seulement à cause du caractère si curieux des détails qui s'y trouvent, que parce
qu'un de nos personnages, un aubergiste, l'hôte de l'ostel des Salles s'y trouve
intéressé et compromis pour l'asile qu'il offre d'abord au paysan Martin ame-

nant avec lui les chevaulx volés, puis à tous les assassins qui viennent de nuit partager dans son auberge l'argent, produit de la vente de ces chevaux, et le reste du butin fait sur les gens de guerre assassinés. C'est une preuve nouvelle qu'après tout mauvais coup et tout vol accompli, il était d'usage de prendre l'hôtellerie la plus proche pour refuge et pour lieu de partage. Ici l'hôte des Salles a pour excuse de sa connivence de recéleur ce qui fait aussi l'excuse des assassins, le besoin de se venger des routiers, et de prendre enfin sur quelques uns d'entre eux les représailles méritées par le pillage et la férocité de tous. Les aubergistes, d'ailleurs, à cause de leur isolement sur les routes, devaient toujours être des premiers à souffrir de ces ravages, et même à en être détruits. Qu'on lise dans les chroniques comment se comportaient ces bandes qui ne laissaient pas une cabane debout ni dans les champs ni sur les chemins, et l'on verra s'il était possible qu'une seule hôtellerie échappât à leur pillage : « Dans la guerre de la Praguerie, lisons-nous, le dauphin, le duc de Bourbon et maints seigneurs, avec un grand nombre des plus larrons qui fussent au monde et qu'on nommait les *écorcheurs*, faisoient à Jacques Bonhomme si forte guerre, qu'on n'osoit issir des bonnes villes. Quelques personnes qu'ils rencontrassent, ils leur mandoient : *Qui vive?* s'il étoit de leur parti, il n'étoit que dérobé ou mis à rançon. *Pour certain on alloit bien douze lieues sans trouver que boire, que manger*..... et tuaient et coupaient les gorges aux autres, que ce fussent prêtres, clercs, moines, nonnains, ministres, hérauts d'armes, femmes ou enfants. » Les ordonnances n'en disent pas moins au temps de Charles VI : « Dés partroubleurs de paix, desquels aucuns pour leurs péchés furent bannis par la justice de notre royaume, ayant assemblé gens de mauvaise volonté et perverse condition, chevauchent le royaume, envahissent les châteaux, tant à nous qu'à nos vassaux nobles et gens d'église ; prenant par force femmes mariées, nonnains, pucelles ou autres ; violant icelles, comme bêtes muettes, mettant à mort les bons et simples gens, laboureurs, marchands, bourgeois qui n'y pensent à mal, lesquels maux ne pouvoient pis faire nos anciens ennemis les Anglois. » Le passage suivant d'une chronique rimée de l'époque complétera le tableau de ces ravages, qui faisaient de nos campagnes la proie d'un ramas de bandits recrutés dans la plus fangeuse populace de toutes les nations, et qui, dans leur farouche acharnement, n'accordaient grâce ni merci à âme qui vive :

Mais au noble royaume y avoit confusion
D'une grand' compagnie. Y estoient à foison
Gens de maint pays et mainte nation.
L'un Anglais, l'autre Escot, l'y avoit maint Breton,
Hennuyers et *Normands* y avoit à foison,
Par le pays alloient prendre leur mansion,
Et mettoient partout les gens à rançon.
Vingt cinq capitaines trouver y pouvoit-on,

Chevaliers, écuyers y avoit, ce dit-on,
Qui de France piller avoit dévotion,
Et n'y demeuroit bœuf, vache, ne mouton,
Ne pain, ne chair, ne oye, ne vin, ne chapon.
Tout pillard meurdrier, tout traistre et tout félon,
Estoient en la *route* dont je fais mention.

Il suffira de ces détails pour prouver combien ces ravages de grandes compagnies étaient funestes aux campagnes, et combien le meurtre des deux routiers de la bande de Villandrando, la pire de toutes, avait été une représaille méritée. On est tenté d'excuser même le vol qui en fut la suite, vol qui, en réalité, n'était qu'une restitution forcée, et même la part qu'y prit, comme recéleur, le maître de l'*ostel des Salles*; ces pauvres gens, cabaretiers ou aubergistes, avaient tant à souffrir, encore une fois, de la présence des gens de guerre dans leur pays! Qu'il y vînt des routiers ou des francs-archers, des soudards sans foi ni loi ou des soldats disciplinés, ils étaient toujours assurés d'être mis à rançon, d'être pillés, dévorés, rossés même à l'occasion; c'était immanquable. Or, ces hôtes dangereux abondaient toujours chez eux, de droit et de nécessité. Dans quelques villes, telles que Bordeaux, où les bourgeois furent exemptés de la charge de loger les gens de guerre, par lettres royales du 20 juin 1451, relatives au traité fait avec les gens des trois États, force était aux hôteliers d'héberger toute cette canaille armée; dans les autres villes où ce privilége n'existait pas, ils devaient encore donner la table et l'abri à la pire espèce de ces drôles. L'ordonnance de 1514 sur la gendarmerie, qu'on peut lire dans le recueil de Fontanon, ne disait-elle pas que tout homme d'arme monté sur un courtaud, ce qui prouvait sa petite condition, ne devait aller loger qu'à l'hôtellerie, le gîte chez les bourgeois étant réservé aux cavaliers de haut grade et de haute naissance, montés sur grands chevaux. A cela, l'aubergiste perdait les hôtes qui seuls eussent pu le bien payer. Les autres étaient hors d'état de le faire; eussent-ils eu la volonté de payer leur dépense, qu'ils n'en eussent pas eu le pouvoir. Combien en effet l'ordonnance leur accordait-elle de solde par jour? Deux sous. Et quel était le prix de la table d'hôte chez l'aubergiste? Deux sous par repas, comme on le voit par un compte de la prévôté de Paris en 1441, recueilli par Sauval. Vous voyez que l'aubergiste, dans le cas même où le soudoyer eût voulu lui abandonner toute sa solde d'un jour, ne pouvait se payer que d'un repas, et devait par conséquent donner tout le reste gratis. Mais c'était pis cent fois encore quand il avait affaire à des soudoyers sans solde, à qui le licenciement n'avait laissé que la cape et l'épée. De ceux-ci il n'avait que des horions à attendre, s'il se risquait à demander un écot. C'était là, du reste, ses profits les plus ordinaires, qu'il fût apre ou non à demander son dû; car il ne se passait pas un jour qu'il ne s'élevât dans son auberge quelque querelle suivie bientôt d'une rixe, où, en voulant mettre le holà, il attrapait les meilleurs coups de part et d'autre. Déjà les bretteurs abondaient dans les tavernes, et, gris ou non, y ferraillaient à tout propos, surtout quand il s'agissait de payer l'écot. Le quart-d'heure fatal arrivé, ils élevaient une dispute, cassaient plats et verres, mettaient flamberge au vent, ameutaient autour d'eux tous les gens qui se trouvaient là, même les gens du dehors, puis après quelques bons coups donnés à tort et à travers, ils disparaissaient dans la bagarre. Le Mercutio de Shakespeare eût déjà pu dire à Benvolio, comme il le fait dans la première scène du troisième acte de *Roméo et Juliette* : « Tu ressembles à ces hommes qui, entrant dans une taverne, prennent leur épée et la posent sur la table en disant : « Dieu me fasse la grâce de » n'avoir pas aujourd'hui besoin de toi ! » Et bientôt, au second verre de vin qu'ils avalent, les voilà aux prises avec le premier venu, sans motif et sans nécessité. »

Par bonheur, il venait parfois dans les hôtelleries des personnages d'une plus haute importance et d'un commerce moins dangereux. On en voyait plus d'un qui, soit qu'ils préférassent à toute autre hospitalité l'abri indépendant de ces gîtes publics, soit qu'ils n'eussent, dans les villes où ils arrivaient, aucun parent, aucun ami, venaient, en simples passants, demander à l'aubergiste le vivre et le coucher. Nous avons de cela mille exemples, tant dans les chroniques que dans les romans de chevalerie. On appelait cela *prendre hostel*, comme il appert de ces deux vers du *Roman de la Violette* :

> Gerars vint vers ians, s'es salue,
> Puis lor requiert et *prie hostel*.

Et comme on peut le voir encore dans cet autre passage du même roman :

> D'illuec est venu à Couloigne,
> Par les rues a tant marchié,
> Qu'il est venus au grant marchié.
> Son *ostel prist* ciés .j. borgois
> Con apiele Adan le Grigois.

Au départ, on demandait son compte à l'hôte, et l'on partait après avoir payé. Dans le *Roman de la Violette*, c'est à la fille de l'hôte que Gérars de Nevers demande ce qu'il peut devoir, et c'est elle qu'il paye. L'un des plus intéressants épisodes d'un autre roman de la même époque, *Li romans de Bauduin de Sebourg*, a pour scène un cabaret. Le héros du poème, *IIIe roy de Jhérusalem*, vient à l'auberge avec sa mie déguisée en écuyer, et après de longues scènes souvent imitées depuis, et dont il est inutile de rien citer, il part, laissant à son hôte son cheval et ses armes, ainsi qu'il était convenu.

Nous ne taririons pas si nous voulions citer tous les personnages des romans, poésies ou chroniques de ces temps-là, que nous voyons aller prendre gîte à l'auberge. Ainsi, nous lisons à la stance neuvième de la pièce de Martial de Paris, ayant pour titre *Comment le Pont de l'Arche fut prins :*

> De là s'en vint le soir logier
> Auprès dudit Pont ès fauxbourgs,
> En la maison d'un tavernier
> Qui logeoit lors gens tous les jours.

Dans l'*Histoire et plaisante chronicque du petit Jehan de Saintré*, etc., au chapitre LV, les Lombards « l'ung chevalier et l'aultre écuyer » à qui Saintré eut affaire et qui vinrent à Paris « en très belle compagnie, » nous sont montrés par Antoine de la Salle, descendant rue Saint-Antoine et « logiés à l'hostel de *l'Ours*, à la porte Baudoier ; » auberge des plus fameuses alors, car nous la trouvons nommée dans une charte de 1377 (*ex archivo Camberiaci*), et dont l'enseigne devait survivre longtemps, car, à trois siècles de là, Gueulette écrivait en note pour le passage cité de *Jehan de Saintré* : « Il y a, à cent pas de Saint-Gervais, une très-vieille maison qui porte encore pour enseigne un ours. »

Vous voyez donc, quoi que nous ayons pu dire, qu'il y avait assez bonne compagnie dans les auberges, et que souvent le champion qui voulait rompre une lance n'avait pas où chercher ailleurs un second ou un tenant. Il en fut ainsi pour Montigny, dont il est parlé sous la date de 1406, dans l'*Histoire de Charles VI, roy de France*, par Junéval des Ursins :

« De Montigny venoit à cheval le long de la rue aux Febves, et en passant au coin où avoit un hostel, auquel pendoit pour enseigne *la Croix d'or*, et y demeuroit un bourgeois nommé Colin du Pont, qui estoit assez riche homme, il vit par une fenestre trois compagnons touz armez, etc. »

Mais parfois aussi, les chevaliers venant dans ces hôtelleries, étaient contraints de se compromettre avec toute la ribeaudaille qui y pullulait, et de ferrailler avec le premier ivrogne à qui il prenait envie de les insulter. Nous avons une scène de cette espèce dans *la Chevalerie Ogier de Danemarche*. Bertrand trouve à la porte d'une taverne un ribaud nommé Richard, qui prend son cheval par la bride, lui demande hardiment qui il est, le somme de lui donner dix marcs d'argent, et de jouer avec lui aux dés dans la taverne, le cheval gris de fer (*auferrant*) sur lequel il était monté. Bertrand ordonne fièrement à ce drôle de laisser les rênes de son cheval ; mais l'autre, qui est ivre, ne répond à cet ordre qu'en faisant reculer la pauvre bête et la forçant de se cabrer et de tomber sous son cavalier. Bertrand est descendu à temps, par bonheur. Il fond l'épée haute sur le ribaud, et l'a bientôt jeté par terre :

> Li quens Bertrans est après aroutés ;
> Vint à la porte, illuec est ariestés.
> Es un ribaut, Richars est apelés,
> Nièsiert au duc de Digon li dervés ;

Où voit Bertran , cele part est alés ,
Saisist le resne du destrier pomelé :
« Vassal, dist-il, de quel terre estes nés ?
Estes espie, Sarrazin ou Esclers ?
Vostre tréu tantost me paierés ,
Dix mars d'argent de deniers monées.
En la taverne avec moi en verrés ,
Et l'auferrant sor qoi estes montés.
Tote vo robe a hasart jucrés. »
Bertrans l'entent, ne si vint pas à grès ,
Mult cruelment fu Richars regardés :
« Vassal, dist-il, qui ma resne tenés,
Laissiez-le-moi, ou vos le comperrés. »
Et c'il respont, qui estoit enivrés :
« Certes, dist-il, jà avant n'en irés. »
Puis si l'enpaint par mult grant crualtés :
En un tai est si cevalx reculés ;
Iluec caï, à paine est relevés.
Bertrans descient, a poi qu'il n'est desvés ;
L'espée a traite, vers celi est alés :
Tel li dona , li chiés li est volés.

Parfois, les seigneurs ne se contentent pas de prendre à l'auberge le vivre et
le gîte de passage, ils y prennent leurs maitresses, et y contractent des liaisons
qui ne laissent pas d'avoir des suites. En 1560, époque un peu plus récente que
celle dont nous devons nous occuper, et dont nous ne parlons ici que par anticipation, François de Vendôme, vidame de Chartres, eut ainsi un commerce
intime avec la fille d'une hôtelière. Il en naquit un enfant qu'il n'eut garde
d'oublier, non plus que sa mère, dans le curieux testament que M. de Pétigny
a reproduit dernièrement au tome Ier de la troisième série de la *Bibliothèque
de l'école des Chartes*. On y trouve spécialement mentionnés : « La fille de l'hostesse qui solloyent tenir l'hostellerie de Saint-Nicolas de Dreux , et l'enfant
dont elle est ensaincte du fait de luy. »

Allons pour un instant en Allemagne, et la manière dont nous verrons s'y
conduire par les cabarets et les auberges un plus noble personnage encore, le
duc Henry de Liegnitz, nous fera nous étonner moins des mœurs dévergondées
et des accointances plus que roturières de ce bon vidame de Chartres. Notre
duc, lui, ne se prend point à séduire les filles d'auberge, il est bien mieux
avisé. Il ne prend des hôtelleries que la meilleure chère, les lits moelleux et les
bons vins. A couvert sous son titre, qui semble une hypothèque plus que suffisante pour toutes les dépenses qu'il peut faire, il se laisse accabler de bien-être
et d'honneurs, puis, un beau jour, quand il est bien repu, il part sans rien dire
et rien payer.

C'est son écuyer, Hans de Schweinichen, qui nous a donné cette odyssée de
gourmandise et de friponnerie, en des mémoires, publiés il y a vingt ans seulement, sous le titre prétentieux de *Lieben, Lust und Leben der Deutschen der*

Sechszeherten Jarhunderts (Amours, plaisirs et vie des Germains au xvi⁰ siècle).
Or, le brave Hans, le Falstaff, ou le Sancho Pança de ce don Quichotte, n'était
pas indigne de celui qu'il servait, comme on l'a fort bien remarqué dans
l'article de la *Revue Britannique* où ces curieux mémoires sont longuement
analysés. Il méritait à tous égards d'être le chroniqueur de ces bombances et
de ces ivresses. Sa jeunesse passée tout entière, comme celle de tout bon
gentilhomme allemand de ces temps-là, entre les brocs et les dés, l'y avait prédestiné de longue date. Pour s'en convaincre, on n'a qu'à lire la première page
venue de la partie de son journal qui le dessine lui-même ; cette page-ci par
exemple où se résume tout entière cette existence bizarre ; dans laquelle, en
quelques phrases, il se fait voir tout à la fois économe, religieux, libertin,
vaniteux, buveur, avide de gain, prodigue d'argent, enfin un Allemand au
complet :

« Cette année, dit-il, j'ai eu le malheur de perdre ma mère ; que Dieu ait son
âme, je la pleurerai jusqu'à la fin de ma vie. — Le blé se vend deux *grosschens*
le setier. — Mon père a augmenté ma pension de onze thalers — Il m'a donné
un bel habit de deuil en velours noir, qui pourra ne pas manquer de plaire
à Augustine. — Il y a demain grande réunion à la taverne des *Trois-Anges*,
on y boira rudement. — Dieu me fasse la grâce de vivre dans la paix, l'innocence et la santé, *amen!* — Voici quelle est la valeur actuelle des comestibles, etc. »

Il nous semble que voilà bien le résumé par anticipation de la vie d'un
homme qui s'apprête à être le factotum d'un duc magnifique et libertin, le
majordome de ses plaisirs, le premier ministre de ses gourmandises, tenant le
tout en partie double, mais ayant par malheur au passif d'insatiables désirs,
grande soif et grand appétit, tandis que, à l'actif, se trouve peu d'argent et peu
de crédit.

A Augsbourg, Hans eut fort affaire : « Liegnitz, lisons-nous dans l'analyse
qui nous sert de guide, demeura longtemps dans cette ville, que la bonhomie
des habitants et leur facilité de duperie lui rendaient précieuse. Ses jours et ses
nuits se passaient à la table de jeu, dont il corrigeait habilement les chances,
selon Schweinichen : trois ou quatre cents ducats par séance étaient le résultat
de ses travaux. » Mais ces gains énormes ne suffisaient pas. Ils ne faisaient que
passer par la bourse mal close de Liegnitz, sans en combler jamais le vide.
Les dettes s'accumulaient. L'hôtelier chez qui Liegnitz logeait et faisait grande
chère, commençait à maugréer bien fort ; les autres fournisseurs en faisaient
autant. Il fallut songer à calmer ce vacarme de créanciers, et pour cela recourir au grand expédient des aventuriers, à un emprunt.

Le duc s'adressa d'abord aux plus gros banquiers d'Augsbourg, aux Fugger,
ces Rothschild du xvi⁰ siècle, que Rabelais ne devait pas oublier, mais qu'il rend

presque méconnaissables en les appelant les Fourques d'Augsbourg, au chapitre VIII du livre Ier de son *Gargantua*. Le vieux Fugger, chef de la famille,
commença par refuser, mais très-respectueusement, en alléguant qu'il venait de
prêter au roi d'Espagne une somme de 4,000 ducats d'or comptant, et même en
accompagnant son refus, comme lénitif et calmant, d'une invitation à un splendide banquet. Liegnitz accepta, mais n'en resta pas là. Il alla au grand conseil
de la ville, éblouit de son faste ce corps de bourguemestres et de marchands, et
d'éblouissements en éblouissements, les amena à lui prêter mille ducats d'or,
sur sa reconnaissance pure et simple, sans intérêts, et sous la seule condition de rendre cette somme dans un an. Mille ducats d'or, c'était beaucoup ; il
eut pourtant là à peine de quoi satisfaire son aubergiste. Il laissa donc crier les
autres fournisseurs, lesquels, du moment qu'un bon lit et une bonne table lui
étaient assurés pour longtemps, lui importaient beaucoup moins.

Le séjour du noble aventurier put ainsi se prolonger à Augsbourg ; mais
l'heure où les mille ducats et quelques autres sommes produites par d'autres
expédients furent épuisés, et la patience des bourgeois à bout, arriva enfin.
Alors il fallut bien partir et chercher des dupes ailleurs. Voici comment l'intéressante analyse que nous suivons à la trace résume cette curieuse partie du
Journal de Hans.

« Tant que les Augsbourgeois voulurent être dupes, le duc leur fit la grâce
de les duper ; mais cette résidence à Augsbourg, cet âge d'or du prince et de son
compagnon, ne pouvait durer longtemps. A force de traiter l'altesse et sa suite,
à force de la combler de présents, les bourgeois tâtèrent leurs poches, consul-
tèrent leur caisse, y trouvèrent un déficit considérable, et réfléchirent aux incon-
vénients que peut entraîner le plaisir d'avoir un duc souverain pour hôte et pour
commensal..... Ils pensèrent que la leçon était complète, que l'honneur de
défrayer un noble, de le fêter, était payé un peu cher, et qu'il était temps de
congédier cet honorable escroc. Tout fut fini pour Liegnitz. Se présentait-il à
une table de jeu, les joueurs disparaissaient. On savait ce qu'il en coûtait de
résister à la supériorité de sa fortune et aux chances qu'il maîtrisait. Le ministre des finances Schweinichen frappait en vain à toutes les portes ; marchands,
juifs, usuriers, brocanteurs, nobles vaniteux, boutiquiers timides, femmes honnêtes, religieuses, et filles folles de leur corps, étaient devenus sourds et insensibles. Chacun trouvait de bonnes raisons pour échapper à la contribution pré-
levée par Schweinichen et son maître. Les fonds des deux aventuriers baissaient
tous les jours, et le bon Hans, touché de la détresse du prince, fut obligé de
vendre, pour une somme de soixante-cinq ducats, la belle chaîne d'or que lui
avait donnée son père.....

» On partit d'Augsbourg pour se rendre à Cologne. Dès le début, le duc,
dont l'escarcelle était déserte, invita à dîner toute la ville, donna grande fête,

et, huit jours après, il devait cinq cents ducats au maître de son auberge.

» Les antécédents du suzerain vagabond étaient parvenus jusqu'aux oreilles du tavernier. Il réclama vivement son solde de compte, et ne l'obtint pas. A force de diplomatie, Hans gagna quelque répit; mais le délai de quinze jours expiré, l'aubergiste devint plus menaçant que jamais. Que faire? quelles ressources trouver dans cette circonstance difficile? Le duc avait si bien réussi près du conseil général d'Augsbourg, qu'il résolut de se soumettre à la même épreuve auprès du conseil général de Cologne.

» Hans reçut plein pouvoir de son maître pour traiter avec les bourgeois. Il ne demandait qu'un faible emprunt de dix mille ducats, seulement pour deux années, avec tous les intérêts imaginables. Hans se présenta devant la vénérable assemblée, qui le reçut avec le respect dû à un si digne plénipotentiaire. On l'écouta d'autant plus patiemment qu'on était résolu d'avance de ne pas lui prêter un denier. Tout le monde se leva quand l'éloquente oraison fut terminée. On vota à l'unanimité qu'une garde d'honneur serait accordée à l'orateur, que cette garde le reconduirait jusqu'à son domicile, et que l'on délibérerait en séance solennelle avant de donner réponse au noble duc.

» Trois jours après, la députation des bourgeois revint trouver Hans de Schweinichen, et lui apporter la réponse écrite et la délibération du conseil. Cette réponse était aussi longue, aussi verbeuse, aussi respectueusement hypocrite que le discours de l'ambassadeur avait été adroit et diffus. « On admirait, » disait-on, l'éloquence brillante de Hans; on avait, pour le duc et ses aïeux, » grande admiration. Toutefois, dans l'impossibilité où se trouvait la ville de » prêter de l'argent aux grands seigneurs, elle se contentait d'offrir à son altesse, » non le prêt, mais le don gratuit de deux cents ducats. » Cette offre humiliante fut acceptée par la bassesse. »

Il n'est pas besoin d'ajouter que le duc, devant cinq cents ducats à son hôtelier, pour les grandes bombances qu'il avait menées chez lui, et n'en ayant reçu que deux cents par cette aumône, partit sans rien payer du tout.

Une pareille dépense de cinq cents ducats, faite en assez peu de temps, nous donne à présumer qu'il y avait grand luxe et grande abondance dans les hôtelleries du moyen âge, et que, pour le confortable, elles ne devaient pas le céder à nos hôtels garnis le plus en renom. Nous ne nous étonnerons donc plus d'y avoir vu courir avec empressement et préférence tant de gens de haute considération, et nous donnerons volontiers raison à tous ces seigneurs anglais ou français, que Froissart, commensal assidu lui-même et hôte cosmopolite des auberges qu'il rencontre dans ses longues courses, nous montre, en maint passage de ses chroniques, se contentant de pareils gîtes. Voyez, au chapitre XXIV du IVe livre, les chevaliers anglais qui arrivent à Paris; ils ne manquent certes pas de maisons amies où aller frapper; c'est pourtant à l'hôtellerie

qu'ils s'adressent : « Si descendirent ces chevaliers d'Angleterre, messire Thomas
de Percy et les autres, en la rüe qu'on dit la Croix du Tirouer, à l'enseigne du
Chasteau de festu. » Or, il paraît que cette hôtellerie du *Chasteau de festu* ou
festu, était célèbre et le resta longtemps, car nous la retrouvons indiquée au
chapitre XVII du livre II de *Pantagruel*, sous le nom de *Cabaret du Chasteau* :
« Brief, quand nous feusmes de retour, il (Panurge) me mena boire au *cabaret
du chasteau*, et me monstra dix ou douze de ses bougettes pleines d'argent; »
nous savons de plus que l'on désignait par le nom de rue du *Chastiau* ou
chatiau festu la partie de la rue Saint-Honoré, comprise entre la rue Tire-
Chappe et le coin de la rue de l'Arbre-Sec, ou carrefour de la Croix du Trahoir.
Guillot dit en effet, dans son *Dit des rues de Paris* :

> Més par la crois de Tirouer,
> Ving en la rue de Néèle.
>
> . . . .
>
> Droitement de *Chastiau-festu*
> M'en vint à la rue à Prouvoires, etc.

Ce quartier de Paris était déjà, à ce qu'il paraît, un centre de population et
de commerce; et les hôtelleries qu'on y retrouve encore en assez grand nombre,
y abondaient aussi déjà. Ainsi, sans rappeler l'*ostel de la Croix d'or*, situé tout
près de là, au coin de la rue aux Febvres, et dont nous vous avons parlé d'après
Juvénal des Ursins, nous pouvons citer celui du *Lion d'argent* qui avoisinait
davantage la *Croix du Trahoir*. Froissart en parle au chapitre XXVIII de son
IVe livre. Quand il nous dit que Poullain, l'un des amis du duc de Tourraine,
« demeuroit à la croix du Tiroir, assez prêt de l'ostel du *Lion d'argent*. »

Mais, puisque nous en sommes venus à parler de Froissart, il ne faut pas
nous arrêter seulement à ces hôtelleries de Paris, il faut le suivre vers celles
qu'il rencontre sur son passage, lors de sa grande course dans le midi de la
France, vers Tarbes et Orthez. Chroniqueur aussi consciencieux qu'hôte re-
connaissant, il n'oublie aucune des auberges où il s'arrêta, celles surtout où
il fut bien logé. Or, il faut bien le dire en l'honneur des aubergistes : celles-ci
sont les plus nombreuses.

Ici Froissart nous parle de l'hôtel de *l'Ange*, à Montpellier, où descend un
certain Le Mongat; ailleurs, il nous dit son arrivée à Cassères sur la Garonne,
avec messire Espaing de Lyon, sans oublier le souper qu'il fait disposer par
ses varlets, et pendant les apprêts duquel il va visiter la ville. « Quand nous
fûmes outre, nous cheimes à Cassères et demeurasmes là tout le jour; et entre-
mentes que les varlets appareilloient le souper, messire Espaing de Lyon me
dit : « Messire Jean, allons voir la ville. » Sire, dis-je, je le vueil. » Suit alors un
récit de la visite aux murailles de Cassères, et une longue narration du bon
sire Espaing, laquelle se termine ainsi : « A ces mots retournasmes-nous à

l'hostel, et trouvasmes le souper tout prêt, et passasmes la nuit ; et au lende-main nous nous mismes à cheval et chevauchasmes tout contremont la Ga-ronne. » Un long récit égaie d'ordinaire cette chevauchée de Froissart et de son compagnon, à travers champs, par monts et par vaux ; et d'ordinaire encore c'est messire Espaing qui le fait, car il est mieux renseigné sur les lieux qu'ils parcourent, et à tout instant le curieux Froissart le harcelle de questions. L'ar-rivée à une auberge interrompt presque toujours le narrateur ; par bonheur pour son habil et la curiosité de Froissart, il peut se réserver de le continuer le lendemain, la route qu'ils ont à faire ensemble étant fort longue. Ainsi, après un assez long propos du bon sire sur le bourg d'Espaigne et sur le comte de Foix, il s'arrête tout d'un coup ; on vient d'entrer dans la ville de Tournay, et peut-être même d'apercevoir l'auberge où l'on veut aller loger. Alors Frois-sart écrit : « A ces paroles vinsmes-nous à la ville de Tournay, où nostre giste s'adonnoit. Si cessa le chevalier à faire son conte, et aussi je ne lui enquis plus avant ; car bien savois là où il l'avoit laissé et que bien y pouvois recouvrer, car nous devions encore chevaucher ensemble ; et fusmes ce soir logiés à l'ostel à *l'Estoile*, et là tenus tout aises. » Cette enseigne de *l'Estoile*, si commune pour les hôtelleries du moyen âge, et qu'ailleurs nous trouvons modifiée en enseigne de *la belle Etoile*, d'où la locution ironique *coucher à la belle étoile*, dont vous connaissez tous le sens, portait bonheur aux auberges où descen-dait Froissart. Il se trouve au mieux dans toutes celles qui la portent. A Tarbes, où leur arrivée interrompt encore un récit du bon sire d'Espaing, c'est à pa-reille enseigne qu'ils vont loger, et ils n'ont de même qu'à s'en louer très-fort : « A ces mots, dit-il, je laissai le chevalier en paix, et assez tost après, nous vinsmes à Tarbes, où nous fusmes tout aises à l'ostel, à *l'Estoile;* et y séjour-nasmes tout ce jour, car c'est une ville trop bien aisée pour séjourner chevaux de bons foins, de bonnes avoines et de belles rivières. » A Orthez, gîte et bien-être pareils, pour Froissart. Ce n'est pas à *l'Etoile* qu'il descend cette fois, mais à *la Lune*, ces asiles pour la nuit se mettant volontiers sous l'invocation des astres protecteurs.

« A lendemain, nous partismes et vinsmes disner à Mont-Gerbiel, et puis montasmes et busmes un coup à Ercier, et puis venismes à Ortais, sur le point de soleil esconsant. Le chevalier descendit à son ostel, et je descendis à l'ostel à *la Lune*, sur un escuyer du comte, qui s'appelait Ernauldon du Pan, lequel me reçut moult liement, pour la cause de ce que j'estois François. »

Ces derniers détails ne manquent pas d'intérêt, mais demandent une expli-cation, celui surtout qui a trait à cet Ernauldon du Pan, qui, bien qu'écuyer du comte de Foix, tient à Orthez une hôtellerie publique. Nous devons d'abord vous dire qu'en Espagne et dans toutes les provinces limitrophes, il en était ainsi. Les vraies auberges, je ne parle pas des misérables hangars qu'on appelle *rentas*, et où l'on trouve à peine un abri, étaient la propriété des seigneurs, qui, lorsqu'ils ne les tenaient pas eux-mêmes, comme ce passage de Froissart le donnerait à penser, les affermaient à des gens de leur domaine, mais le plus souvent à des bohémiens, ainsi que nous le montrerons plus tard. C'était un abus, car, se faisant un monopole de l'hospitalité non gratuite, les seigneurs empêchaient que les hôtelleries se multipliassent sur les chemins. Si du moins ils eussent eu soin de bien fournir de vivres et de tenir en bon état celles dont ils étaient les propriétaires, et au profit desquelles ils s'opposaient ainsi à ce que d'autres auberges fussent établies, le mal eût été moins grand, l'abus moins dommageable aux voyageurs ; mais il en était tout autrement. « La principale cause de la cherté des vins en Espagne, lisons-nous dans un livre excellent, qui, pour être daté de 1765, n'en donne pas moins au mieux le détail des mœurs espagnoles, dans les temps plus anciens, est le désordre des cabarets et auberges sur les routes, où les voituriers et marchands, forcés de s'arrêter, paient fort cher un mauvais gîte qu'on donne à leurs mulets, sans y trouver pour eux de quoi vivre. Aussi, tant qu'ils ont la facilité de nourrir ces animaux dans quelques pâturages sur la route, ils n'entrent point dans les auberges qu'ils ne soient arrivés au lieu de leur destination. Ce mal vient de ce que les seigneurs ou les juridictions des lieux ont érigé en ferme le droit de tenir cabarets et auberges dans leur territoire, en sorte qu'ils ne permettent pas qu'il s'en établisse de nouvelles au-delà du nombre qu'ils ont fixé.

« Ajoutez à cet abus celui de charger les aubergistes des passages, du logement des troupes, des officiers de justice, et des commensaux de la maison du roi. »

Nous ne savons si ce droit de suzerain ou plutôt de propriétaire, exercé par les seigneurs espagnols et portugais sur les auberges, avait fait accorder à ces lieux, si bien décriés ailleurs, plus de considération et de crédit. Le passage dont la citation précède ne nous le prouve en rien, loin de là ; cependant nous serions presque tentés de le croire, en lisant certain *auto* du vieux poëte portugais Gil Vicente, dans lequel se trouve hasardée et fort au long détaillée, une comparaison entre une auberge et l'église. Certes, si les hôtelleries eussent été tout à fait dans la Péninsule ce qu'elles étaient ailleurs au moyen âge, des mauvais lieux, asiles de tous les vices et de toutes les débauches, le vieux poëte, s'adressant à un public dévot, ne se fût point avisé de cette téméraire comparaison.

Nous allons vous donner, d'après l'excellent article consacré à Gil Vicente et à son théâtre, dans le numéro de février 1847 de la *Revue britannique*, l'analyse de cette curieuse allégorie :

« Voici en peu de mots, y lisons-nous, le sujet de *l'auto da alma*. Si les aubergistes sont nécessaires aux voyageurs de ce bas monde pour s'y reposer des fatigues de la route et y réparer leurs forces, il n'importe pas moins à l'âme de rencontrer une hôtellerie hospitalière dans son pèlerinage vers l'éternité. Cette hôtellerie, c'est l'église ; elle est desservie par quatre de ses pères, saint Augustin, saint Ambroise, saint Jérôme et saint Thomas. Un ange gardien est chargé d'y conduire une âme, et, chemin faisant, il échange avec elle les discours les plus édifiants. Par malheur, l'ange croit devoir prendre les devants sur sa compagne de route, et le diable ne manque pas de profiter de l'occasion pour essayer de la séduire. Il est sur le point de réussir à force de flatteries et de séduction ; il la couvre de riches joyaux, de somptueux habits qui gênent sa marche et la fatiguent, en sorte qu'elle est sur le point de renoncer à poursuivre son voyage, quand l'ange gardien vole à son secours. Ce n'est pas sans peine qu'il la décide à persévérer ; elle arrive enfin à l'auberge, épuisée de fatigues. Les bons conseils qui lui sont donnés par les saints, et un repas spirituel, symbole de l'eucharistie, restaurent ses forces. Elle se dépouille des ornements maudits, et, pleine d'humilité, avec une contrition sincère, elle se remet en marche. Le tentateur a perdu son temps. »

Quelle différence entre cette pieuse comparaison de l'église, asile du pécheur, avec une hôtellerie, refuge du voyageur, et le singulier tableau que d'Assoucy devait faire au XVIIe siècle, de l'Olympe mythologique comparé à un cabaret ! Selon nous, et vous serez certainement de notre avis quand vous connaîtrez cette folle description du burlesque poëte de l'*Ovide en belle humeur* et du *Ravissement de Proserpine*, il y a, dans la différence de ces deux tableaux, l'un sérieux et dévot, l'autre de la plus nauséabonde impudence, toute la mesure de l'estime qu'on avait encore dans la Péninsule au XVe siècle, pour les hôtelleries, gîtes misérables, mais honnêtes, et celle du mépris qu'inspirait en France, au XVIIe siècle, la vie dégoûtante des tavernes.

Vous avez vu l'esquisse sévère du tableau dessiné par Gil Vicente ; voici maintenant la pochade hardie crayonnée par Charles Labitte, d'après celui de d'Assoucy :

« Toute la science comique de d'Assoucy consiste à réduire la vie des dieux aux proportions de la vie bourgeoise, dans ce qu'elle a de plus trivial et de plus pudiquement caché ; à prêter aux immortels habitants de l'Olympe les allures et le langage des. « tripières du Petit-Pont. » Dans cet ignoble travestissement, le palais des dieux n'est plus qu'une taverne où l'on suffoque à l'odeur rance du « lapin aux choux. » De lourds sabots de bois mal taillés remplacent, aux pieds des déesses, les brodequins aux agrafes d'or ; l'inquiète et jalouse Junon, le poing sur la hanche, parle comme une harengère à ses rivales. Quand Hébé paraît à la table céleste, une écuelle toute farcie de pois au lard remplace dans ses mains la coupe d'ambroisie. Ce n'est plus le puissant sourcil de Jupiter qui fait trembler le monde, c'est la boule de son jeu de quilles. On ne trouve plus dans Bacchus le vainqueur de l'Inde, qui courbe au joug de son char les tigres obéissants, et marche au milieu de danses joyeuses, le front ceint de pampres et de grappes dorées : il est devenu un ivrogne trapu, carré des épaules, bourgeonné, à cheval sur sa futaille. Le Dieu des vers mange du pain bis sur les hauteurs du Pinde, et remplace sa cithare par des cliquettes. Quant aux innocents plaisirs de l'âge d'or, d'Assoucy s'en inquiète peu ; la soif inextinguible n'a que faire des ruisseaux de lait et des larmes de l'Aurore, qui ne sont à son sens que de l'eau claire. Il raconte comment, dans ce temps de l'innocence, on mangeait à satiété, et sans cuiller, des soupes épaisses, après avoir dormi une bonne partie des matinées ; comment des bœufs entiers, tout ruisselants de jus, venaient d'eux-mêmes cuire aux flammes pétillantes, et il se plaît à décrire ces merveilles des cuisines primitives.

» Au milieu de ce dévergondage d'idées, d'Assoucy, fort dévot du reste, tourne parfois en ridicule les pieuses traditions. Ainsi Pluton répète le *benedicite* avant de souper. De cet entassement confus de souvenirs mythologiques, de mœurs de tavernes et de grossier jargon, le poëte, si on peut lui donner ce nom, a formé un ensemble singulièrement répugnant, et, comme il le dit lui-même, « un ragoût à donner la nausée. »

On peut bien se scandaliser, avec M. Ch. Labitte, de ces dernières impiétés de d'Assoucy, et de ce *benedicite* marmotté par Pluton : mais on ne doit pas s'en étonner de la part de ce dernier des *trouvères* errants, comme nous prouverons que le fut l'étrange auteur de l'*Ovide en belle humeur*. Dans ces échappées de verve burlesque, qui dépassent si bizarrement les bornes de l'anachronisme profane, il ne fait que suivre l'exemple de ces farceurs du moyen âge, ses devanciers, qui, prêtant leur mœurs pillardes aux personnages du vieux et du nouveau Testament, mènent, comme nous l'avons vu déjà, l'Enfant prodigue de tavernes en tavernes, et dressent dans une hôtellerie borgne la table des noces de Cana. Bien mieux, il suit les errements d'hommes dont la parole eût dû être bien plus grave et ne tomber jamais dans les écarts du burlesque. D'Assoucy le parodiste ne fait ici que ce qu'ont fait avant lui, en maint sermon, les prédicateurs du XVe siècle ; Olivier Maillart, par exemple, pour qui le Dieu d'Israël n'est qu'un bon évêque à longue barbe, à belle mitre dorée, bague au doigt et cape rouge sur la tête, et Satan un ivrogne, amateur de *repue franche*, qu'un dernier excès a forcé de garder le lit. « Voulez-vous, lui disent les médecins, du poisson d'eau douce ou de la marée, du veau, du bœuf ou du porc, de la volaille ou du gibier ? » Et Satan répond : « Merci, j'ai le cœur affadi et ne me sens de goût que pour une sorte de viande ; c'est celle que mangent les femmes aux bains des accouchées : c'est du pâté de langues. » Et depuis ce temps, dit le prédicateur, le pâté de langues fut fort en vogue, surtout dans les couvents. Maillard a-t-il à parler de la venue de Joseph et de Marie à Bethléem, il s'y prend de la même sorte, poussant jusqu'à leurs derniers excès la parodie et l'anachronisme. Il nous montre les deux époux s'en allant, avec leur âne et leur maigre bagage, d'auberge en auberge, et demandant partout un gîte, que les hôteliers, examen fait de leur chétif équipage, leur refusent toujours, dans la crainte de n'être pas payés. Ces aubergistes de Bethléem ne parlent pas autrement que ceux de Paris au temps de Maillard. Ils font fièrement fi des pauvres gens; n'ont-ils pas à loger, ceux-ci des grands seigneurs, ceux-là toute une bande de gros marchands, *grossorum mercatorum*. Après cela, ce sont les propos des passants, qui jasent et dégoisent, comme l'eussent fait les gabeurs de la place Baudoyer, voyant s'arrêter à l'ostel de *l'Aigle* une belle jeune fille et un barbon avec son âne. « Voyez donc, leur fait dire le prédicateur, voyez donc ce vieux papelard qui conduit un âne par le licol. Est-ce que cette jolie petite femme est la sienne? » Et tout cela dans un sermon, devant des gens qui se signaient chaque fois qu'ils entendaient prononcer le nom de Dieu, sans se douter qu'ils n'assistaient là qu'à une parodie, qu'ils ne voyaient là qu'une caricature.

Toutes ces choses mi-partie pieuses, mi-partie burlesques, nous ont peu à peu amenés à parler des derniers hôtes que nous avons à voir dans les hôtelleries et les tavernes, gens faisant, eux aussi, métier et comédie de la religion.

Les pélerins, car c'est d'eux que nous voulons parler, logeaient aussi dans les auberges, et cela depuis longtemps, quoiqu'ils eussent toujours eu droit, plus que personne, à l'hospitalité gratuite des monastères; mais soit qu'ils préférassent, et pour cause, comme nous le ferons bientôt voir, la liberté et même la licence de ces gîtes mercenaires et fangeux; soit qu'en plusieurs endroits écartés, abbayes, prieurés et même simples ermitages venant à manquer, force leur était bien d'aller heurter à l'hôtellerie pour trouver un abri, il est de fait que nous les trouvons, en un grand nombre de circonstances, prenant l'auberge diffamée pour station de leur pieux voyage. A l'époque des invasions normandes, époque déjà reculée pour les temps dont nous parlons, les jeunes pirates qui voulurent reprendre par ruse et amener à l'armée les barques enlevées par le duc Hugues, ne surent rien faire de mieux que de se déguiser en pélerins, et de venir sous ce costume demander un gîte au meunier qui tenait une sorte d'hôtellerie sur la Seine, près du bourg de Saint-Germain, et qui était en même temps le chef des pêcheurs du duc et le gardien de ses barques. L'épisode est curieux et mérite que nous le rapportions, d'après le chapitre LVII du livre II de l'histoire de la chronique de Richer : « Le duc prévoyant l'attaque des Normands, avait ordonné d'enlever toutes les barques, dans une étendue de vingt milles, sur le rivage où allait arriver l'ennemi, afin de lui ôter toute facilité d'effectuer le passage; mais on sait que son dessein manqua, et

qu'il en arriva tout autrement qu'il ne pensait. Dix jeunes gens, qui avaient
pris la ferme résolution de braver tout danger, changèrent leur costume
militaire en habit de voyage, et vinrent en avant des rois, feignant de vouloir accomplir un pèlerinage; ils s'avancèrent donc portant des paniers sur
leurs épaules, des bâtons ferrés à la main. À la faveur de leurs faux habits
de voyageurs, ils traversent la ville de Paris, passent la Seine sur des ponts
sans que personne les inquiète, et gagnent l'autre bord où étaient retenues les
barques. Ils vont loger dans l'hôtellerie d'un meunier, et racontent qu'ils sont
venus de la rive opposée pour visiter les tombeaux des saints. Le meunier
voyant de beaux jeunes gens, bien qu'ils fussent couverts d'habits très-communs,
leur accorde une gracieuse hospitalité, et même les soigne de son mieux.
Ceux-ci, méditant leur stratagème, donnent de l'argent pour avoir du vin, et
enivrent leur hôte; ils passent ainsi tout le jour dans les plaisirs de la table:
puis, voyant que le vin rend le meunier plus facile, ils lui demandent quel est
son métier: celui-ci répond qu'il est meunier; ils poursuivent, et lui demandent s'il n'a pas d'autre emploi; il leur dit qu'il est encore le chef des pêcheurs
du duc, et qu'il retire quelque profit en louant des barques. Ils reprennent:
« Puisque nous te trouvons si bon pour nous, nous te demanderons encore
autre chose, et si tu sers nos vœux, c'est-à-dire, si tu nous portes de l'autre
côté du fleuve, nous te promettons de te donner dix louis, car, fatigués de la
longueur du chemin, nous ne pouvons aller prier plus loin. » Et comme l'hôte
leur répondait que, par édit du duc, les barques avaient été attachées sur
cette rive, afin d'ôter aux Germains, qui marchaient sur lui, le moyen de passer,
ils lui dirent que, pendant la nuit, ils pourraient faire la chose sans s'exposer
au blâme. Le meunier, avide d'argent, reçut le prix offert, et engagea sa foi
qu'il ferait ce qu'on demanderait. Quand vint la nuit, les jeunes gens exi-
gèrent l'exécution de sa promesse; l'hôte, prenant avec lui un jeune enfant.
son beau-fils, s'avance dans l'ombre vers les barques avec les deux jeunes gens.
Ceux-ci l'entourent, et se voyant seuls, ils prennent l'enfant et le précipitent
dans la rivière; le meunier s'efforce de crier, ils le saisissent par le cou, et le
menacent de mort s'il ne fait pas ce qu'ils veulent, c'est-à-dire, s'il ne leur
livre les bateaux. Le meunier, pressé par eux, obéit effrayé. Ils se concertèrent
ensuite, attachèrent leur hôte dans l'une des barques, et chacun d'eux en conduisit une à l'autre bord; puis, déposant à terre leur hôte toujours attaché, ils
montèrent tous sur la même, revinrent aux premières et en emmenèrent
neuf encore. Huit fois ainsi, ils traversent le fleuve, et emmènent soixante-
douze barques. »

Si les pèlerins, quels qu'ils fussent, avaient fidèlement observé leur vœu, qui
leur montrait un but pieux au bout de leur voyage, et leur commandait l'honnêteté et la sobriété sur la route, jamais ils ne fussent allés frapper à la porte

d'une hôtellerie ; plutôt que de s'adresser à ces gîtes maudits, et de s'y souiller de corps et de pensée par un seul repas pris, par une seule nuit passée, en gens de cœur et de piété, ils fussent allés coucher dans la grange du premier villageois, ou même en plein air ; toutes les intempéries du ciel étant préférables pour une âme pieuse, même à la plus légère occasion de scandale. Or, à quoi bon le redire, ces occasions-là étaient fréquentes dans les auberges, et celles de piété et de prières fort rares. Nous ne savons guère qu'une histoire dans laquelle deux cabaretiers se trouvent mêlés aux choses de la religion, et vous allez voir si c'est à leur avantage. Mais il faut vous apprendre d'abord que l'anecdote se lit dans l'un des plus amusants *ana* du XVIe siècle, réimprimé au XVIIe, sous le titre du *Réveille-matin des esprits mélancholiques*, etc., et que le héros de l'aventure est certain *maître Gonin*, accoutumé à larder le premier venu de ses bons mots, et à mettre toujours les rieurs de son côté : « Une fois, est-il dit, que ce bouffon passoit au travers les faux-bourgs de la ville de Blois, il vit une fort belle croix dressée depuis peu, laquelle il considéra longuement ; et voyant qu'elle étoit entre deux cabaretiers, il s'escria : « Voilà une croix bien placée, car elle est entre deux larrons. » Aussitost un des cabaretiers, qui estoit assis sur le pas de sa porte, entendant cela, luy dit : « Monsieur, vous » vous trompez, nous ne sommes point larrons ; nous vendons notre marchan- » dise, et logeons chascun sans extorquer rien de lui qui ne soit raison- » nable. » — « Hé ! mon amy, dit le bouffon, soyez seulement bon larron, si vous » voulez estre sauvé. » A quoy le cabaretier ne seut que repartir. » Voilà un tavernier bien malmené. Eh bien ! quel que fût celui que notre maître Gonin eût ainsi pris à partie, qu'il fût de Paris ou d'Orléans au lieu d'être de Blois, il eût pu de même l'apostropher en tout esprit et toute justice, voire ne pas lui marchander tant la verte raillerie, et en toute franchise le traiter de mauvais larron. En effet, qui eût voulu trouver un aubergiste ou un tavernier honnête au moyen âge, n'eût pas moins perdu ses pas, nous l'avons prouvé de reste, que s'il l'eût cherché dans l'antiquité, et le cherchait encore de nos jours. Nous n'en avons rencontré qu'un seul jusqu'ici ; c'est celui qui accueillit si bien les compagnons de du Guesclin, suivant la *Chronique* de Cuvelier ; et depuis, demandant partout le pareil de cet homme rare, et désespérant de le trouver dans les récits vrais, dans les chroniques croyables, nous avons été forcés de nous en référer aux légendes et autres récits fabuleux. C'est au recueil célèbre des *Gesta Romanorum cum applicationibus moralisatis et mysticis* que nous devons d'avoir enfin rencontré une seconde fois cette curiosité introuvable, ce mythe de l'aubergiste honnête homme. Il n'en faudrait pas plus pour faire arguer de faux et d'invraisemblables la plupart des autres récits de ce livre tant vanté pourtant, et dont M. Thomas Wright faisait encore un si grand éloge en 1846 dans son *Essay on the Litterature, Superstions and History of England in the middle ager*. Le conte dont notre rare hôtelier est le héros s'appelle les *Trois Pâtés*. Nous ne vous en ferons pas grâce, car ne fût-il pas curieux par le type unique qui s'y trouve, qu'il le serait certainement par l'étrangeté de ses péripéties et de ses détails, et parce qu'il est l'origine du conte des *Trois Cassettes*, tant répété et remanié par les conteurs du moyen âge, puis enfin si bien mis en scène par Shakespeare dans son *Marchand de Venise* :

« Il y avait une fois un riche orfévre qui vivait dans une certaine ville près de la mer. C'était un homme méchant et avare. Il avait amassé une grosse somme d'or, et il en avait rempli un tronc d'arbre creusé, qu'il laissait exposé à la vue de tout le monde, dans un coin de son foyer; en sorte que personne ne pouvait soupçonner que son trésor fût caché là. Mais il arriva qu'une nuit, tandis que tous les habitants dormaient, les eaux de la mer s'élevèrent, entrèrent dans la maison, et soulevèrent la bûche. Quand la mer se retira, elle emporta avec elle la bûche, qui, après avoir flotté longtemps, fut enfin jetée sur un rivage, près d'une ville, à un endroit où était une auberge. Le maître de l'auberge s'étant levé de bon matin, vit la bûche près de sa porte. Il pensa que ce n'était rien de plus qu'un morceau de bois jeté par hasard ou abandonné par quelqu'un. C'était un homme très-généreux et très-charitable envers les pauvres et les étrangers. Un jour, des voyageurs étant venus loger chez lui par un temps bien froid, l'aubergiste voulut faire du feu. Il prit une cognée pour fendre la bûche; mais, après deux ou trois coups, il entendit un bruit singulier; il frappa encore et découvrit l'argent. Il le recueillit, et l'enferma dans un coffre avec l'intention de le rendre à son propriétaire légitime, si celui-ci venait le réclamer. De son côté, l'orfévre s'en allait errant de ville en ville pour chercher son trésor; et, à la fin, il arriva dans l'auberge de l'homme qui avait trouvé la bûche. Lorsqu'il eut parlé de la perte qu'il avait faite, l'hôte dit en lui-même : « C'est sans doute à cet homme que l'argent appartient; il faut que » je fasse une épreuve pour savoir si c'est la volonté de Dieu que je le lui rende. » Alors l'aubergiste fit faire trois grands pâtés de farine. Il remplit l'un de terre, un autre des ossements d'un mort, et dans le troisième, il plaça l'argent qu'il avait trouvé dans la bûche. Ayant fait cela, il dit à l'orfévre : « Voulez-vous » que nous mangions ces trois pâtés de bonne viande? celui que vous choisirez » sera pour vous. » L'orfévre pesa dans ses mains les trois pâtés, et ayant trouvé que celui qui était rempli de terre était le plus lourd, il dit à l'hôte : « Je prends celui-ci; et si je n'en ai pas assez, je choisirai ensuite cet autre » (il montrait celui qui était plein d'ossements); quant au troisième, gardez-le » pour vous. » L'hôte, voyant cela, se dit en lui-même : « Maintenant, je le vois » clairement, Dieu ne veut pas que cet homme ait l'argent. » Et aussitôt, il fit venir les pauvres et les faibles, les aveugles et les boiteux; puis, en présence

de l'orfévre, il ouvrit le pâté et lui dit : « Vois, malheureux, je t'ai remis ce
» pâté entre les mains, et tu as préféré à ton argent la terre et les ossements
» d'un mort, parce qu'il ne plaisait pas à Dieu que ton argent te fût rendu. »
Ensuite l'hôte partagea sous ses yeux le trésor entre les pauvres, et l'orfévre
se retira plein de confusion. »

Voilà certainement un saint homme d'aubergiste, et nous souhaiterions,
pour l'honneur du corps, que le récit fût plus véridique. Chez cet homme-là,
du moins, nos pèlerins eussent pu venir demander asile sans trop craindre de
fourvoyer leur piété. Mais qui sait, des hôteliers si honnêtes gens n'étaient
peut-être pas ce qu'ils demandaient. D'après la vie qu'ils menaient, vie débauchée sous des dehors pieux; d'après le trafic qu'ils faisaient de coquilles et de
fausses reliques, nous serions tentés de croire qu'il leur fallait plutôt pour hôtes,
et tout ensemble pour compères et pour complices, des aubergistes fripons.
Nous le pensons d'autant mieux, que les cabarets et les auberges devaient être
naturellement les boutiques où ils faisaient impudemment marchandise des
choses saintes, comme ils furent plus tard, en Allemagne, du temps de Luther,
le lieu choisi par les moines Augustins pour la vente des indulgences. Les pèlerins qui revenaient de Saint-Jacques de Compostelle, en Espagne, ou ceux, non
moins nombreux, qui étaient allés au mont Saint-Michel, vendaient surtout à
foison des coquilles sculptées ou non sculptées. Les papes Alexandre III, Grégoire IX et Clément X avaient pourtant donné à l'archevêque de Compostelle
le droit d'excommunication contre tous ceux qui feraient ce trafic ailleurs que
dans la ville de Saint-Jacques. Nos pèlerins n'en tenaient compte, et, se croyant
aussi libres dans leur trafic lorsqu'ils revenaient du pèlerinage de Compostelle,
que s'ils fussent revenus de celui de Saint-Michel, que le même interdit ne frappait pas, ils colportaient partout et vendaient chèrement leur marchandise
pieuse. De cette cherté et des ruses qu'ils mettaient en usage pour bien vendre,
sont restées plusieurs locutions proverbiales : *Il ne donne pas ses coquilles;*
— *Portez vos coquilles ailleurs;* — *C'est vendre des coquilles à ceux qui reviennent de Saint-Michel.*

Il n'en faut pas davantage pour que vous sachiez ce qu'étaient les pèlerins,
et compreniez bien pourquoi nous les avons admis dans ce livre au double titre
d'hôtes des cabarets et de fripons. Nous voulons pourtant que vous les connaissiez mieux encore, et, pour cela, il suffira de vous citer ici certain fragment d'un
traité fort rare, paru en 1662, temps où ces scandales duraient encore, sous
le titre de *Discours sur le renfermement des pauvres.*

« Quant aux pèlerins, il est à propos d'observer que la pluspart ne sont que
des vagabonds, qui n'ont qu'une fausse pauvreté et une dévotion apparente, et
qui se couvrent du prétexte de leurs voyages pour commettre les crimes avec
impunité. Il y a longtemps que le monde est infecté de ces coureurs : les pre-

miers chrestiens y estoient trompés, comme nous, à toute heure; et c'est ainsi que Pérégrinus, ce fameux imposteur, les surprit, et que, tirant avantage du droit d'hospitalité, qui estoit sacré et inviolable chez eux, il en reçut des courtoisies et des bienfaits sans exemple. Mais le nombre de ces affronteurs s'accrut en sorte qu'ils fussent enfin contraints de restraindre dans des limites plus resserrées la charité qui les animoit, et de ne rendre plus tant de bons offices aux estrangers qui visitoient les sépulcres des martyrs, et les lieux célèbres en sainteté et en miracles, s'ils n'apportoient des attestations de leur piété et de leur indigence.

» Nous voyons la forme de ces attestations dans les actes du concile de Nicée qui fut tenu sous l'empire de Constantin. L'église en a gardé la pratique avec fruit durant plusieurs siècles; mais le temps, qui n'espargne point les meilleures choses, l'a enfin abolie..... Cependant ce malheur a été cause de mille désordres, et a fait que, quelque saincte que soit l'institution des pèlerinages, ils sont dégénérés, à l'esgard de plusieurs, en une malheureuse occasion de débauche et de scandale. »

Voyons maintenant, par un exemple, comment, au lieu d'aller de monastère en monastère, nos pèlerins s'en allaient, nomades, paillards et gourmands, d'hôtelleries en hôtelleries. Or, cet exemple, nous n'irons pas loin le chercher, le type demandé est sous notre main, au complet, dans l'une des pièces qui composent la collection de *Farces, moralités, sermons joyeux*, etc., publiée par Techener, en 1837. Elle a pour titre le *Pèlerin passant; monologue seul, composé par maître Pierre Tasserye.*

On y voit d'abord notre homme, qui, pour commencer ses pérégrinations, s'en va à *l'Escu de France*, hôtellerie à la description de laquelle il consacre dix-neuf vers insignifiants, et qu'il quitte pour *l'Escu de Bretaigne*,

> Dont la dame estoit de hait,
> Et dame de bien en effaict,
> De noble race et bien famée,
> Par la commune renommée.

Réflexion curieuse de la part d'un dévot pèlerin, et singulière, vu la personne qui en est l'objet. C'est, je pense, la seule hôtelière que nous pourrions trouver à cette époque, étant *dame de bien..... de noble race et bien famée*. Par malheur, la belle dame ne veut du bien qu'aux jeunes gens de son pays, et est assez rude aux étrangers; le pèlerin ne s'arrête donc point chez elle, quelque désir qu'il en ait. Il s'en va à *l'Ancre*, puis à *l'Escu d'Alençon*; mais il ne trouve à se loger à sa guise, ni dans l'une ni dans l'autre auberge, et il va se décider pour *le Chaspeau rouge*,

> Un grant logis, une grant court...
> C'estoyt un paradis terrestre:

Quand il est forcé de rétrograder et d'aller plus loin, par l'affluence des gens

> Qui attendoyent estre logé,
> Muchés en un coin à requoy.
> Tant du pays que d'estranges.

A *l'Escu d'Orléans*, où il veut alors trouver un gîte, c'est autre chose. Là plus de maîtres, plus de valets, volets fermés, porte close, il n'y a plus d'auberge :

> Mais plus n'y a d'ostellerye :
> Car le droict seigneur de céans
> A bien changé de seigneurye.
> C'est celuy qui tient l'armarye
> De France la possession :
> O la noble succession !

Remarquez ici, à propos de cette auberge de *l'Escu d'Orléans* fermée et délaissée, une allusion transparente à la maison d'Orléans, tombée en grand désarroi, après l'assassinat du duc Louis, par Jean-sans-Peur, et plus encore, par suite de l'emprisonnement du duc Charles, en Angleterre, après Azincourt. Il n'en faut pas davantage pour nous permettre d'assigner à cette pièce singulière la date de 1415 environ.

Peut-être dans les vers qui suivent, à propos de l'auberge à *l'Escu de Bourbon*, faut-il trouver une allusion semblable, et y voir indiqué le fait récent de la mort d'un des sires de Bourbon. Cette hôtellerie, peut-être imaginaire, comme beaucoup de celles que notre pélerin a nommées, est, dit-il,

> Une maison de grand abord,
> Où aultre fois il a fait bon :
> Mais l'oste de céans est mort, etc.

Plus loin, à l'enseigne de *la Ville de Chateaudun*, il a plus de bonheur ; là, du moins, il peut faire séjour et prendre sa *repue*, mais, toujours nomade, il ne tarde pas à repartir :

> De là je fus à *Chasteau-Dun*,
> Où pas grand sejour je ne fys.....
> J'eus la repue, et puis adieu.

A quelques vers de là, il dit :

> Je fus à *l'Escu de Calabre*.....

et c'est la dernière auberge qu'il trouve désignée ainsi par les armes d'un pays. Il est donc temps de dire d'où venait cet usage, encore persistant dans quelques villes, de donner de telles enseignes aux hôtelleries, et de les armoirier, pour ainsi parler, à l'écusson d'une ville, d'une province ou d'une seigneurie. La raison en est d'abord dans l'appel que les hôteliers pouvaient faire ainsi à tous les nouveaux arrivés d'un même pays, joyeux de venir prendre gîte sous le patronage du nom de leur province, et de se donner pour point de ralliement l'enseigne portant les armes de leur seigneur. Peut-être encore, si toutefois il en était à Paris de même qu'en Espagne et en Navarre, que l'écuyer d'un seigneur se faisait hôtelier sans honte, comme nous avons vu que l'était cet écuyer du comte d'Orthez qui hébergea si bien Froissart. Dès lors, il ne serait plus surprenant que chacun de ces écuyers tenant auberge prît pour enseigne l'écu que son grade en chevalerie lui ordonnait de porter partout. Malheureusement, nous n'avons pour appuyer cette opinion que le passage de Froissart invoqué ici, et, d'un autre côté, la façon d'être des hôteliers ne nous prouve que trop qu'entre eux et le titre d'écuyer, ou tout autre titre de noblesse et de chevalerie, il ne pouvait y avoir rien de commun.

Mais nous n'en avons point fini avec le *Pèlerin passant*. Il nous tarde pourtant de le suivre et d'achever sur sa trace la curieuse tournée des auberges de Paris au xv° siècle.

Après bien des courses, il arrive à l'hôtellerie du *Chef saint Denis*, et il y trouve la perle, le phénix (*fenys*) des hôteliers.

> Quand j'eus couru longue saison.
> Je m'en vins au *Chef sainct Denys*.
> Dont le maistre de la maison
> En aultres c'estoyt un fenys.

Mais voyez le malheur, et comme il est vrai de dire que les prodiges ne durent guère; cet honnête homme d'hôtelier, cet aubergiste phénomène, vient à mourir, et notre pèlerin passant, désespérant d'en retrouver un semblable, s'en retourne chez lui, de guerre lasse et après avoir, au passage, tâté encore de la cuisine de quelques auberges, qu'il nous énumère brièvement ainsi :

> Je m'en vins au *port Sainct-Ouen*.
> Et de là au *port de Sainct-Iore ;*
> Mais le maistre estoyt à Rouen.
> Ainsi qu'on me mist en mémoyre.
> De là alay plus oultre encore
> En un logis d'antiquité
> Qui se nomme *la Trinité.*

Voilà donc comme les pèlerins s'en allaient d'hôtelleries en hôtelleries, promenant de table en table leur gourmandise nomade. Si le Passant ne parle pas des cabarets, c'est certainement par pudeur et respect humain, et non parce qu'il s'abstint d'y entrer pour ivrogner à l'aise. Le pèlerin tenait de trop près à l'homme d'église pour n'avoir pas les mêmes goûts; d'ailleurs, mieux que lui, n'avait-il pas pour prétexte d'ivresse, pour excuse d'une soif insatiable, ses longues courses par les chemins poudreux et par les chaleurs brûlantes? et puis, comme le plus ivrogne des hommes de lutrin et de sacristie, n'était-il pas lui-même chantre à plein gosier, chantre, malgré le vent et la pluie, de cantiques monotones, toujours rhythmés sur la même coupe, psalmodiés sur le même air ? Les pèlerins de Saint-Jacques, par exemple, chantaient celui-ci, dont la mélodie, fortement accentuée, devait rester populaire :

> Quand nous fûmes sur le pont qui tremble,
> Hélas ! mon Dieu !
> Quand nous fûmes dans la Saintonge,
> Hélas ! mon Dieu ! etc.

Pour ce qui est des chantres d'église, dont nous venons de parler, et que nous ne voulons pas quitter sans avoir dit quelque bon conte sur leur amour du vin et leur assiduité aux tavernes, quoiqu'ils ne chantassent pas à journée faite et en plein air, comme les pèlerins, on ne les trouvait pas moins toujours altérés, et tellement insatiables qu'on en trouvait qui allaient par les cabarets, lécher les hanaps encore humides, et égoutter sur leurs lèvres les pots oubliés sur les dressoirs. Certain cabaretier d'Orléans joua un jour un malin tour à je ne sais quel chantre de la cathédrale, qui avait cette coutume déplorable de ne point faire grâce aux dernières gouttes des pots, et de faire rubis sur l'ongle avec le vin des autres buveurs :

« En l'église de Saincte-Croix d'Orléans, lisons-nous dans le *Facétieux réveille-matin*, recueil déjà cité, il y a d'ordinaire une très-belle musique composée de chantres très-excellents qui n'attendent guère volontiers la grande messe sans boire. Ils ont coustume d'aller à un cabaret assez proche de l'église, où souvent ils déjeunent. Entre eux autres, la basse-conte avoit de coustume, sitost que la chambrière estoit allée tirer le vin, de s'en aller hocher les pots qui sont d'ordinaire sur les armoires, et quand il y trouvait du vin, il les mettoit sur le nez et les vuidoit. La chambrière s'estant aperçeu plusieurs fois de cela en advertit son maistre, qui au mesme-temps fit tendre la sourissière, où l'on prit une souris qui fut tout aussitôt mise avec du vin dans le pot, et y demeura toute la nuit. Nos chantres ne manquant pas de venir le lendemain pour desjeuner, et le basse-conte, selon sa coustume, se met à hocher les pots, où, trouvant du vin dans celuy où estoit la souris, le vuida d'une traicte, adonc ayant senty quelque chose, il dit : Parbleu j'ay avallé un pépin de raisin. — Vrayment, lui dit l'hoste, c'est bien une souris que j'ay mise dans le pot, pour vous apprendre une autre fois à boire le vin qui est dans mes pots. — Ce pourroit être gribouri avec ses cornes, si n'a-t-il pas laissé de passer. »

Pour en revenir à nos pèlerins, et pour en finir avec leur séjour assidu dans les auberges, nous ne pouvons rien faire de mieux que de vous mener, en la compagnie du vieil Anglais Chaucer, à l'hôtellerie où il assemble les héros si variés de ses contes, son *Decameron* à lui ; et qui, bien qu'on soit d'abord en droit d'en douter d'après le gîte où on les trouve et les récits assez peu dévots qu'ils content à tour de rôle, sont tous des pèlerins prêts à partir pour Canterbury.

Afin qu'on ne se scandalise pas trop de cette station au moins profane, surtout quand on songe que c'est la dernière d'un pieux voyage, et afin qu'on ne croie pas que c'est une téméraire invention du conteur narquois, nous vous dirons que de tout temps il en avait été ainsi aux abords de la vieille métropole britannique. Alors même qu'on n'avait pas pour prétexte de sa pieuse visite à l'église de Canterbury le désir de voir et d'adorer les restes de saint Thomas Becket, il était rare qu'on y entrât sans s'être reconforté d'une boisson copieuse, sans s'être grisé *théologalement*, comme eût dit Rabelais. Sous le règne d'Edgard, au temps de l'évêque Dunstan, des cabarets toujours pleins infestaient la ville et les villages d'alentour. Le saint homme éveilla contre eux la colère du prince. Par ordonnance royale, ils furent tous fermés à l'exception d'un seul pour chaque bourg ou chaque petite ville. Ce n'est pas tout, les rigueurs d'Edgard, guidées par le zèle de Dunstan, s'étaient attaquées même à la quantité du vin que tout buveur devait consommer, sous peine de punition sévère. Les mesures prises à cet effet furent singulières, s'il faut en croire Guillaume de Malmesbury cité par Joseph Strutt au tome Ier de son *Angleterre ancienne*, etc., traduite par Boulard : il avait été ordonné « qu'on attachât dans chacune des tasses servant à boire, des épingles ou des clous à différentes distances, afin que quiconque boirait d'un seul trait plus de liqueur qu'il n'y en avait d'une de ces distances marquées à l'autre, fût puni sévèrement. » Mais ces prescriptions étaient trop étranges pour être longtemps observées ; aussi ne nous étonnerons-nous pas de voir au XIVe siècle les pèlerins de Chaucer manger et boire à l'hôtellerie, sans aucune préoccupation de la police surannée d'Edgard et de saint Dunstan.

Cette hôtellerie choisie par Chaucer est située dans le bourg de Southwarch enclavé aujourd'hui dans l'immense enceinte de Londres ; et elle a une enseigne : *la Jacquette*, détail qui n'est point inutile ici, car, à lui seul, et quand même nous ne trouverions pas mentionnée tout à l'heure *la Couronne* qui servait alors d'enseigne à certaines tavernes anglaises, il prouverait de reste que si le proverbe « à bon vin point d'enseigne » était en cours en Angleterre, la première ligne de l'épisode de Rosalinde en fait foi ; il n'était pas toujours observé comme règle, et mis en pratique par les cabaretiers.

Mais il est temps d'écouter parler Chaucer par l'organe de son habile traducteur, M. J. Delecluze, et de savoir quelle était l'importance, le *confortable* de cette belle hôtellerie de *la Jacquette*, combien de personnes pouvaient s'y loger avec leurs équipages, et quelles gens de toutes sortes s'y étaient arrêtés ce soir-là. Il est bien entendu que nous ne donnerons place ici qu'aux détails qui nous importent, et que lorsqu'un personnage mis en scène par Chaucer ne rentrera pas dans notre catégorie ou ne tranchera pas curieusement sur le personnel ordinaire des tavernes, nous le tiendrons dans l'ombre avec discrétion.

« Depuis la fin d'avril jusqu'au commencement de mai, dit donc le vieux conteur, lorsque tout germe et fleurit, quand les oiseaux recommencent leurs chants, c'est alors qu'une foule de gens, impatients d'aller en pèlerinage, se dirigent vers différents pays. Canterbury est surtout fréquenté; il y arrive du monde de tous les comtés d'Angleterre, et la plupart de ceux qui viennent sur la tombe du bienheureux martyr Thomas accomplissent ordinairement, par cet acte, un vœu qu'ils ont formé pendant qu'ils étaient malades.

» Un jour de cette saison, m'étant rendu à l'hôtellerie de *la Jacquette*, située dans le faubourg de Southwarch, pour aller delà faire dévotement mon pèlerinage à Canterbury, il arriva que le même soir, vingt-neuf personnes, poussées par la même intention pieuse que moi, descendirent à la même auberge. Tous, nous convînmes de partir ensemble et de voyager à cheval. Cependant, les chambres et les écuries de l'hôtellerie étaient vastes; en sorte que nous et nos montures nous fûmes logés fort à l'aise.

» Dès que le soleil fut couché, je m'entretins avec chacun des pèlerins, et il fut convenu que l'on partirait de bonne heure, et que le voyage se ferait comme je vais vous le dire.

» Mais puisque j'ai du loisir, je crois convenable, avant de commencer cette narration, de vous mettre au courant de la condition, des mœurs et du rang de chacun des pèlerins, et de vous donner une idée de leurs allures et de leurs équipages. Commençons par le chevalier, car il y avait un chevalier parmi nous..... »

Suit alors le portrait exact de ce chevalier, brave homme tout bardé de fer, guerrier brave, qui, bien qu'il ait saintement combattu partout, en Lithuanie, à Algésiras, à Grenade, à Belmarry, à Leyes, à Satalie, ne croit pas déroger en s'arrêtant dans cette auberge de faubourg, et s'y acoquinant avec la société mêlée qui s'y abrite. C'est l'usage, la chevalerie ne le défend pas, et plus tard, nous verrons bien que don Quichotte, malgré ses dédains chevaleresques, ne fait pas fi des hôtelleries, même lorsqu'il les prend pour ce qu'elles sont et non pour des châteaux. « Quant aux gentilshommes,..... dit aussi Noël du Fail en ses *Contes d'Eutrapel*, ils iront comme ils pourront et sans ordre, en forme de gens de guerre, après avoir conduit leurs enseignes, et là boiront pinte à la taverne, si bon leur semble, et riront sobrement toutefois..... » Hantise et séjour à l'hôtellerie n'étant pas contraire à chevalerie et à noblesse, tout ceci le prouve suffisamment, Chaucer a donc bien fait de mener chez l'hôte de *la Jacquette* le brave croisé et son fils, qui lui sert d'écuyer. Pour celui-ci, « passablement grand, fort et svelte de corps, » on comprend mieux encore qu'il ne se trouve pas fourvoyé à la taverne; il est « toujours amoureux, dit Chaucer, et cherchant partout le plaisir. » Or, vous êtes assez de nos hôtes pour savoir qu'ici il trouvera certes à qui parler, et comment se satisfaire dans son ardente recherche. Au service du père et du fils est un rustre anglais, un franc *yeoman* qui de lui-même viendrait au cabaret si son devoir de varlet *(franc tenancier)* ne l'y conduisait à la suite de son seigneur. « Ce yeoman était vêtu d'un habit vert, et portait sous son ceinturon un faisceau de flèches aiguës garnies de plumes de paon. Il préparait admirablement bien une flèche ; jamais elle ne tombait. Dans sa main était un arc robuste. Il avait la tête ronde comme une noix, le visage brun, et s'entendait parfaitement au métier de bûcheron. Armé de brassards, la dague au côté, il avait encore une épée et un petit bouclier, le tout aiguisé, nettoyé et bien en état. Sur sa poitrine brillait un saint Chrysostome en argent, et de son baudrier vert pendait un cor. C'était un véritable forestier, si je ne me trompe. »

Quand on a lu ce portrait si vrai et si vivant, on trouve, qu'en dites-vous, que Walter Scott a eu peu de frais à faire pour dessiner et *pourctraire au vif*, figure et costume, le Robin Hood de son *Ivanhoe*.

Voici maintenant une personne que nous n'avons pas encore rencontrée ici, et que certes nous ne nous attendions pas à y trouver, tant elle devrait être par état toute confite en dévotion, et nourrie dans l'horreur des lieux pareils à celui-ci. C'est une prieure, modeste et dodue, ayant nom madame Églantine, vraie fleur de cloître en effet, et qui s'étiolerait à rester longtemps dans cet air malsain de vapeurs avinées et de blasphèmes. « Le plus grand jurement qu'elle se permit, dit Chaucer, n'était que *par saint Éloi !* » Prude et réservée comme elle est, combien elle doit souffrir d'être en lieu pareil : c'est à lui faire craindre de s'y pervertir et d'y contracter habitude mauvaise. Car ainsi qu'il est dit encore, à propos des tavernes, dans le *Renart contrefaict* :

> Riens tant ne fait maulvaise femme
> Comme hanter gens de diffame,
> Chascun jour poeut sur lui veoir
> Gens qui trop font à décheoir ;
> Putains et ribaus servira,
> Et toudis entour eulx ira.
> Verra leur dissolucion,
> Orra leur male intencion,
> Tout temps touteffois et toute heure.
> Qui avecquez tés gens demeure,
> Cuidiez-vous que ne l'en souviengne,
> Et que de leur ordre ne tiengne ?

Dame Églantine est de plus lisse, accorte et proprette, comme il sied à une nonne bien née ; elle ne saurait rien toucher que du bout des doigts et sans craindre de se salir. Comme le dégoût doit la prendre ici et l'écœurer, quand des bouffées nauséabondes lui viennent de la cuisine et de l'écurie :

« Elle avait les meilleures habitudes, dit Chaucer, et à table elle ne laissait

jamais tomber un morceau de sa bouche, ne salissait jamais ses doigts avec la
sauce, ni ne tachait sa bavette. Ses lèvres étaient toujours si bien essuyées,
que quand elle avait bu, il ne restait pas la plus petite parcelle de graisse à son
verre. Tous ses soins, en un mot, tendaient à la faire paraître à table et partout
avec distinction. Du reste, gaie, pleine de grâce et d'amabilité, elle affectait
des manières de cour et de personne opulente, afin de commander le respect
autour d'elle.....

» Sa guimpe, exactement serrée, faisait ressortir son nez heureusement proportionné, ses yeux d'un gris bleuâtre et sa petite bouche rose et souriante.
Quant à son front, il était admirable : il avait au moins un empan de largeur,
et cependant madame Églantine n'était pas grande.

» Son vêtement était fait avec élégance et d'une propreté extrême; à son bras
était suspendue une paire de chapelets de corail avec une garniture en argent,
que maintenait un bijou d'or poli sur lequel était gravé un A avec ces mots :
« *Amor vincit omnia.* »

» Une *nonne* l'accompagnait : c'était sa chapelaine. Outre cela, elle était suivie
de trois prêtres. »

Pour ceux-ci, ce sont bien des hommes de taverne et de plaisir, l'un d'eux
surtout, qui est *frère quêteur;* aussi nous garderons-nous bien d'omettre, et
pour ce dernier plus encore que pour les autres, aucun des traits de leur physionomie qui peut s'adapter à notre cadre.

« L'un était moine, dit Chaucer, maître homme s'il en fût, cavalier et chas-
seur déterminé, un homme enfin digne de faire un abbé. Son écurie était pleine
des meilleurs chevaux ; et quand il chevauchait, on entendait les grelots de sa
bride sonner aussi fort que les cloches de l'église qu'il gouvernait. Il trouvait la
règle de saint Maur et de saint Benoît choses bien vieilles et surtout bien sévères ; aussi ledit moine laissait-il tomber toutes ces antiques coutumes en
oubli, pour suivre les nouvelles habitudes du monde où il était lancé. Il n'aurait pas donné une parole du texte qui dit : « que les chasseurs ne peuvent passer
pour des hommes pieux, et qu'un moine sans règle et loin du cloître est comme
un poisson sans eau, » de ce texte, dis-je, il n'aurait pas même donné une
huître. Peut-être n'avait-il pas tort. A quoi bon étudier?... Sa tête chauve, ainsi
que sa face, brillaient comme s'ils eussent été frottés d'huile, ses yeux étincelaient comme des charbons ardents, et toute sa personne témoignait d'un parfait embonpoint. Avec ses bottes justes et son cheval noir bien caparaçonné, il
avoit tout l'air d'un beau prélat. Ce n'était pas un de ces prêtres pâles comme
un revenant, mais un moine qui aimait à avoir un cygne rôti sur sa table. »

Voilà certes un beau et splendide moine ; mais le frère quêteur, comme vous
l'allez voir, est encore un meilleur type, et partant, plus digne de poser ici en
pleine lumière et en pleine ripaille.

« Il y avait un *frère quêteur*, gars follâtre et gaillard. Dans les quatre ordres mendiants, on n'aurait pu trouver un frère égal à celui-ci pour plaisanter et donner de belles paroles ; plus d'une femme avait été mariée par lui et à ses frais. C'était le vrai pilier de son ordre. Aimé de tous, on le voyait familier avec les *frankelins* (francs tenanciers) du pays, et même avec les plus respectables dames de la ville. Car, ainsi qu'il le disait, il avait pouvoir de confesser, tout comme un curé, y étant autorisé par son ordre. Aussi écoutait-il la confession avec beaucoup d'indulgence, et savait-il donner l'absolution de manière à être agréable aux pécheurs. Il possédait surtout à fond l'art d'infliger des pénitences qui lui valussent des revenant-bon. Car, en donnant à un frère d'un ordre pauvre, c'est faire entendre qu'on est bien confessé, et que le frère vous a trouvé repentant. Or, pour beaucoup de gens dont le cœur est dur, il est si difficile de faire un retour sur soi-même, qu'au lieu de prier et de pleurer, ils préfèrent donner de l'argent aux pauvres frères. L'écharpe de celui-ci était remplie de petits couteaux et d'épingles pour donner aux belles dames. Sa voix était claire, et notre homme était également habile à chanter, à jouer de la vielle et à raconter des histoires. Bien que son col fût aussi blanc que la fleur de lys, le frère n'était pas moins fort comme un champion de combat, connaissant la bonne taverne de chaque ville, et bien plus empressé de hanter les hôteliers et les garçons d'auberge que d'aller assister les lépreux et les pauvres... » Passage curieux qui, pour la manière directe dont il rentre dans notre sujet et y ramène ce curieux personnage, mérite bien que nous le citions dans le texte du vieux poëte anglais :

> Of yeddings he bare utterly the pris.
> His nekke was white as the flour de lis.
> Therto he strong was a champioun,
> And knew well the taverns in every toun.
> And every hosteler and gay tapster,
> Better than a lazar or a beggere.

Le reste de l'esquisse répond à ces premiers traits et les complète : « Dans son couvent, il passait pour le plus habile frère quêteur, et il n'y avait pas de veuve, n'eût-elle eu qu'un soulier, dont il n'eût exigé quelque chose, tant il s'y prenait bien. Aussi *son pourchas valait-il mieux que sa rente*. Aux jours de fête d'amour, il folâtrait comme un jeune chien, et faisait très bien ses affaires. Mais il n'allait pas là, selon l'habitude des hommes de cloître ou des pauvres écoliers, avec des habits usés. Au contraire, il était paré comme un homme de qualité, comme un pape ; enveloppé d'un manteau court qui se tenait roide autour de lui comme une cloche, et affectant de se donner un air galant en bégayant son anglais de manière à le faire paraître plus doux. Tout en chantant et en jouant de la harpe, ses yeux étincelaient comme les étoiles au milieu d'une nuit d'hiver. Hubert était le nom de ce digne frère quêteur. »

Quand les gens d'église ou de cloître venaient dans les hôtelleries, on leur faisait toujours grande fête, on se ruait en cuisine, on dressait les meilleurs lits pour les maîtres et les valets, on jonchait la meilleure litière pour les bêtes. On a pu le voir par les quelques mots que dit Chaucer de l'accueil fait à nos trois prêtres et à tout leur train par l'hôte de *la Jacquette*. En France, il en eût été de même. Il suffisait, pour qu'un hôtelier devînt poli et serviable, qu'il eût flairé la venue prochaine de quelque prêtre, surtout d'un prélat. Il ne fallait que prononcer une fois devant lui le nom de *monsieur*, donné alors aux évêques, pour qu'il devînt tout empressé, et prodigue de souples courbettes envers celui qu'on saluait de ce bienheureux titre, car « c'est un grand mot que *monsieur*, dit l'Polygame dans le dix-septième des *Contes d'Eutrapel*, et qui pénètre bien avant aux cerveaux des poursuivants ces vains et caduques honneurs de ce misérable monde, et sous lequel sont beaucoup de gens trompez et abusez. » Sept ou huit vauriens, « bons compagnons qui revenaient de l'armée sans double ne liard » en connaissaient bien tout le pouvoir magique, et ils surent en tirer parti, comme vous allez voir, aux dépens d'un benêt d'hôtelier qu'ils prirent pour dupe, et d'un pauvre diable dont ils firent l'instrument de leur duperie :

« Voicy donc, lisons-nous dans le conte d'Eutrapel, cité tout à l'heure, qui se présenta tout à propos (ô nécessité que tu as de mains), c'est qu'ils trouvèrent un gros vilain gueux, auquel ils promirent monts et merveilles, s'il vouloit seulement dire *ita*, *ita*, sans autre parole, et que tous l'appelleroient monsieur et seroit, comme tel, traité à la fourche. Le maraut se laissa aller, et bien instruit et accoustré de bons habillements que la damoiselle Picorée avoit faits et filés, monté sur une vieille mule de bagage, arriva avec son train à la prochaine hôtellerie, où descendu reveremment, fut conduit en la plus belle et apparente chambre, parce que l'hoste s'estant enquis, avait ouy que c'estoit un riche prélat, qui ne vouloit être cogneu, pour être luy et les siens mal en point, à cause que ces méchants huguenots l'avoient dévalisé, et qu'il estoit contraint de faire quelque séjour, en attendant qu'un sien fermier lui eût dedans deux ou trois jours apporté argent : « Cependant hoste mon amy, disoit le faiseur de maistre d'hostel, n'espargnez rien à faire bonne chère à monsieur et à nous ses serviteurs, qui tous en avons bien besoin, ne vous enquerrant davantage plus curieusement qui il est ; car, son argent venu luy remonté, vous cognoistrez par monsieur de ce clergé, qui est grand, et qui indubitablement le viendroit saluer, qu'il n'est pas petit compagnon, mais mot pour cette heure. L'hoste cuidant bien enfiler son eguille, n'espargna rien pour cochoner et traiter friandement son monsieur, et messieurs qui là furent à gogo trois ou quatre jours. Il alloit parfois à la chambre par grand respect, mais introduit qu'il estoit, avec advertissement le faire court, n'avoit autre réponse que *ita*, *ita* ; et en l'instant le rideau tiré et la porte fermée, marchans les honnêtes gens si doucement, qu'ils n'eussent pas ecaché ne rompu un œuf : mais se faschans de trop grand aise, et estans bien refais, firent un matin porter les uns les selles de leurs chevaux, autres leurs bottes, feignant les faire racoustrer, et cependant envoyer leurs chevaux à la forge et à l'eau, et le rendez-vous à la maison neuve. Si bien que s'estant ainsi escoulez et eschapez, monsieur demeura tout seul pour les gages dormant en son lict bien profondément, et ses accoustrements nuptiaux de gueux fort pertinemment colloquez, et catégoriquement empaquetez près de luy.

» L'hoste, qui faisoit tourner et remuer broches au grand galop, s'estonnoit ou estoient les gens de monsieur, pas un desquels il n'appercevoit, quelque diligente recherche qu'il en fist. Néantmoins, sur les dix heures, il s'enhardist à frapper un petit coup à la porte de la chambre, puis deux, puis trois, et finablement, par ne luy estre respondu, il entre en la chambre, les verrières de laquelle estant bouchées et fermées claustralement, il cherchoit par cy et par là tastonnant ; mais il n'oyoit que monsieur qui petoit harmoniéusement et en homme de bien. « Il est onze heures, » crioit l'hoste qui peust estre en ces tenebres s'estoit heurté au manteau de la cheminée. Monsieur le disner est prest, en danger de se gaster ; monsieur vous plaist-il qu'on couvre ? Le vilain, tout endormy, respondoit en basse contre, *ita*, *ita*. Les fenêtres ouvertes, et tout bien espluché et diligemment examiné tant par l'hostesse qui avoit descouvert, comme les femmes sont toujours au guet, que les associez s'estoient retirez, que par les serviteurs et chambrières qui s'en disoient être bien apperceus, comme est leur coutume donner l'advertissement longtemps après le coup : fut trouvé ce beau monsieur de neige, lequel en pénitence fut quelque peu fouetté, et mis dehors par derrière, afin que les voisins perdissent entière cognoissance de telle fredaine. »

L'histoire, qu'en dites-vous, est assez bonne, et trop vraiment digne de figurer ici pour que vous nous teniez rigueur de l'avoir reproduite, et de nous être, à cause d'elle, éloigné un instant de l'hôtellerie de *la Jacquette*, et des hôtes du charmant Chaucer. Vous nous en voudrez d'autant moins qu'il est facile d'y revenir, et que le premier type qui nous tombe sous la main dans cette cohue de bons drôles est des meilleurs et des mieux posés :

« La barbe fourchue, la tête couverte d'un castor de Flandre, et bien botté, venait ensuite le *marchand*, parlant solennellement de son commerce, et faisant sonner bien haut l'accroissement de sa fortune. Il aurait voulu que toute l'étendue des mers fût comprise entre Midlebourg et Orewell, port du comté d'Essex, afin de gagner plus d'argent. Car c'était à cela que ce brave homme employait toutes les ressources de son esprit. Du reste, comme personne d'entre nous ne connaissait le montant de ses dettes, il parlait avec une confiance orgueilleuse de ses marchés et de ses emprunts. En somme, c'était un véritable marchand; mais, pour dire la vérité, je ne sais comment il se nomme. »

Ensuite vient l'étudiant, « un clerc ayant étudié la logique, » mais quoiqu'il fasse une fort comique figure « sur son cheval maigre comme un râteau, » nous ne vous en dirons rien. Nous connaissons depuis longtemps les plus joyeux types de l'espèce, celui-ci, « avec son parler toujours bref et sentencieux, ses discours roulant sans cesse sur la vertu et la morale, » celui-ci, disons-nous, déparerait le tableau, il est trop déplacé à l'hôtellerie pour être bien à sa place avec nous. Nous passerons de même sans en rien dire sur le *sergent aux lois*, pilier habituel du Parvis. Il a beau « se tenir fort bien sur son cheval, et avoir assez bonne mine avec son habit de couleur mélangée, noué avec une ceinture de soie à petites raies, » il est trop discret pour nous, trop sentencieux dans ses discours, et il a trop l'air, comme dit le vieux poëte, « d'assister toujours aux assises par commission officielle et patente. » Nous n'en parlerons pas davantage, et nous irons droit à un brave homme dont l'allure nous sourit bien autrement. C'est un *Franklein* ou magistrat campagnard « d'une complexion sanguine, ayant la barbe blanche comme la marguerite, et ne sachant pas se passer de prendre chaque matin une soupe au vin. » Vous voyez déjà l'homme. Le reste du portrait, que Chaucer semble avoir écrit avec amour, est à l'avenant. « Véritable enfant d'Épicure, dit-il, il ne pensait qu'à vivre agréablement; car Épicure regardait le plaisir comme la félicité parfaite. C'était le chef de famille par excellence, le saint Julien de la contrée. Chez lui, le pain et la bière ne manquaient jamais. Aucun habitant n'était aussi bien fourni que lui, et toujours des plats de poissons et de viande étaient apprêtés d'avance. On peut dire que dans sa maison la mangeaille et la boisson pleuvaient en quelque sorte. Vers l'arrière-saison, tous les mets changeaient de nature. Le magistrat engraissait des perdrix dans les mues, des brochets et des brèmes dans son vivier. Malheur à son cuisinier si les sauces n'étaient pas bien relevées, et si l'attirail du fourneau n'était pas en bon état. Quant à la table, elle était constamment dressée, et chargée tout le long du jour. Aux sessions de paix, notre homme devenait lord, seigneur, souvent même chevalier du comté. Au milieu de nous, il paraissait avec une dague et une gibecière en soie blanche comme du lait, pendue à sa ceinture.

Excellent et joyeux juge, n'est-ce pas, et qui certainement ne devait pas rendre des arrêts moroses. Il est bien à sa place dans cette grasse hôtellerie; au milieu des brocs qu'on emplit à rasades, des tables qu'on dresse, et des broches qui tournent. Si l'auteur gaillard des *Contes d'Eutrapel* l'eût connu, il l'eût certainement donné pour compagnon de table et de tribunal à cet autre juge-modèle, patriarche de la Basse-Bretagne, dont il parle ainsi dans son chapitre *Que les juges doivent rendre justice sur les lieux:* « Et si parfois il se veoit trop chargé d'affaires, il condamne tous les habitans du village à disner ou à souper, et faire grande chère ensemble : de quoy il n'y a pas un seul appelant, ne intimé, ne appelé en désertion. » Et delà notre auteur prend occasion d'ajouter quelques mots d'éloge sur la bonne coutume qu'on avait alors en Bretagne de prendre le cabaret pour premier tribunal, et de n'en appeler au juge que lorsque l'arbitrage par la bouteille avait été reconnu inutile. « Pour tout vray, dit Lupolde, il se juge plus de procés en un jour à *la Pie qui boit* en la rue Haute, ou au *Rabot*, derrière la *Cohue* de Rennes, qu'il ne s'en juge au Présidial en trois mois, et estre le plus grand moyen qu'on puisse trouver pour avoir raison d'un procés, que faire boire les parties ensemble. » Du reste, en ce temps-là, il en était ainsi pour toute chose, rien ne se réglait bien qu'en taverne ; un marché n'était solide et valable qu'autant que les verres s'étaient heurtés pour sa conclusion, et que le clairet du cabaretier l'avait arrosé. « Car, lisons-nous encore dans un des *Contes d'Eutrapel*, à propos d'un gentilhomme « estant à bâtir quelque marché en belle taverne, » rien ne se fait en ce pays avec les paysans, ne fust cas que de louée journalière, qu'il n'en faille boire. » Par suite de cette manière de terminer les différends, et comme disait un chansonnier de l'autre siècle, de vider les débats en vidant les pots, il arrivait que les gens de loi et tous leurs suppôts restaient oisifs, ne sachant où mordre. A Orléans par exemple, ville où l'on apprenait le droit mieux qu'ailleurs sans avoir presque jamais occasion d'en pratiquer la science, il en était ainsi. Le petit vin du terroir attirait tant de clients au cabaret et les rendait d'esprit si conciliant, d'accommodement si facile, qu'il ne restait plus personne pour le tribunal. Le plus gros litige se jugeait sans appel à la taverne, si bien que dans cette bonne ville, il n'y avait de piteux et de contrits que les juges et leurs gens : « J'ay ouy conter à l'hoste de l'*Escu de France* d'Orléans, lisons-nous encore dans les *Contes d'Eutrapel*, qu'en icelle ville n'y avoit qu'un seul sergent royal, exploitant : lequel, pour ne gaigner que peu ou rien, mouroit de faim en son estat, fut contraint à nouveau mestier, ayant néantmoins sa gaule ou baguette pendue à sa boutique pour ne manquer à être destitué de tel précieux joyau. »

Prendre ainsi un second métier, quand on était homme de justice et que la justice ne donnait pas de l'eau à boire à cause de la concurrence du cabaret, était ce qu'il avait de plus raisonnable à faire. Une autre ressource restait encore, c'était, le tribunal se déplaçant ainsi, de se faire soi-même pilier de taverne. Certain *huissier crieur* que nous trouvons buvant et braillant dans l'hôtellerie de *la Jacquette* n'avait pas d'autre méthode.

« L'huissier crieur qui était avec nous, dit Chaucer, avait le visage rouge, comme celui d'un chérubin, les yeux petits, la barbe rare ; le front noirci par d'affreux boutons ; les petits enfants en avaient peur. Luxurieux, d'ailleurs, comme un moineau franc, on aurait vainement employé, pour faire disparaître les saletés qui couvraient son visage, le mercure, la litharge, le soufre, le borax, la céruse, l'huile de tartre ou tout autre onguent; rien n'aurait pu le débarrasser des écailles et des verrues qui hérissaient sa figure. Éternel buveur de vin, il aimait l'ail, l'oignon et les poireaux. Quand il devait faire la criée, c'était l'instant où il criait davantage, et à-peine s'était-il enivré qu'il ne voulait plus parler que latin, ce qui n'est pas étonnant, puisqu'il en entendait répéter tout le jour. Mais vous savez bien qu'un geai peut aussi bien apprendre le nom du premier venu que celui d'un pape. Aussi, lorsque l'on pressait notre huissier sur son savoir, ne répétait-il jamais que ces trois mots : « *Quœstio: quid juris?* » C'était un drôle plus que complaisant. Pour un quarteau de vin, il aurait prêté sa maîtresse pendant douze mois à un ami, sans avoir l'air de s'apercevoir de ce qu'il laissait faire. Escamotant l'argent de ses camarades avec talent, il leur apprenait à se débarrasser des terreurs qu'inspire la malédiction de l'archidiacre. « N'ayez pas peur, leur disait-il, à moins que votre » âme ne soit dans votre bourse, car alors il pourra la poursuivre là, pour la » mettre en enfer. » Il portait sur sa tête une couronne plus grande que celle qui sert d'enseigne à un cabaret, et en guise de bouclier, il avait une galette.

Ainsi voilà un hôte tout à fait digne de nos tavernes. Chaucer, pour le prouver mieux, a malicieusement amené, comme dernier trait de ce type singulier, la comparaison de sa coiffure avec l'enseigne de ces cabarets qu'il aime tant; de telle sorte, qu'il est de toute façon prédestiné à y faire bonne figure. Mais il n'est pas venu seul à l'hôtellerie de *la Jacquette;* avec lui se trouve un autre bon drôle bien capable de le comprendre et de le compléter. C'est le *pénitencier* de Roncevaux, qui est homme d'église, comme l'autre est homme de justice, c'est-à-dire ivrogne et fripon avant tout.

« Avec le crieur, dit Chaucer, venait son ami, son compère, le *pénitencier* de Roncevaux arrivant de Rome. En marchant, il chantait toujours cette chanson connue : *Amour, viens ici,* » et son ami l'huissier lui faisait la basse avec une voix en bourdon, qu'aucune troupe n'aurait pu couvrir. Le pénitencier avait les cheveux jaunes comme de la cire, lisses et flottans sur ses épaules, comme des flocons de filasse, marchant sans son capuchon qui était plié dans sa valise; il allait donc tout échevelé, à peine vêtu, lançant de tous côtés ses yeux brillants comme ceux d'un lièvre, portant un bonnet auquel était une image de sainte Véronique, et tenant sur ses genoux sa valise, dans laquelle il rapportait tout chaud, de Rome, un paquet d'indulgences. Sa voix était aigre et menue comme celle d'un bouc; seulement il n'avait pas de barbe, n'était pas de nature à en avoir, et conséquemment ne s'était jamais rasé. Toutefois, c'était un pénitencier comme il y en a peu, car il prétendait avoir dans son porte-manteau le voile de Notre-Dame, et posséder un morceau du vaisseau dans lequel saint

Pierre vint pour retrouver Jésus. Avec toutes ses reliques, il allait chez les pauvres gens de campagne, et en un jour, il leur enlevait plus d'argent qu'ils n'en
pouvaient gagner en deux jours de travail. Mais dans une église, c'était un
prêtre qui représentait bien, soit qu'il lût une histoire, qu'il donnât une leçon,
ou qu'il chantât à l'offertoire. Il soignait surtout ce dernier talent, persuadé
qu'il était, qu'en chantant, on perfectionne sa prononciation et que l'on prêche
mieux, ce qui rapporte de l'argent, chose importante pour lui. Aussi entrete-
nait-il sa voix en chantant toujours gaiement et à haute voix. »

Cet homme nous eût manqué pour compléter ce que nous vous avions dit des
gens d'église coureurs de cabarets, des *pardonneurs* ou vendeurs de reliques
y colportant leurs marchandises dévotes, pour en faire argent par la montre
ou par la vente. Il faut en convenir, de tous les charlatans de choses saintes,
celui-ci est le mieux dessiné, le plus fièrement campé; et si dans ce livre
il ne fait pas disparate avec le reste des gens qui s'y groupent et qui sont
nos héros, dans le récit de Chaucer, il fait un étrange contraste avec certain
prêtre, « bon curé d'une ville, bien pauvre d'argent, mais riche en paroles et
en œuvres. » Celui-là, comme vous en pouvez juger par ce peu de mots, est
trop homme de bien pour être des nôtres et pour entrer ici en scène; nous n'en
parlerons donc pas, non plus que de son frère le laboureur, autre brave homme,
tout aussi indigne d'être de nos gens, à cause de son honnêteté. « Qu'il fût en
gain ou en perte, dit Chaucer, il n'en aimait pas moins Dieu de tout son cœur,
et son voisin tout autant que lui-même. Il était si bon, qu'il eût labouré la terre
et battu son grain pour l'amour du Christ et sans se faire payer, si la chose lui
eût été possible. » Vous voyez bien encore une fois qu'un pareil homme ne
mérite pas de figurer ici. Mais en revanche, nous ne vous ferons point grâce
de son voisin de table le meunier, gredin éhonté qui revient de droit à notre
justice.

« Le meunier était un des plus hardis gaillards de son temps. Les os et les
membres gros, il ne trouvait jamais son maître, et, à la lutte, il eût fait reculer
un bélier. A l'aide de ses larges épaules, de sa taille ramassée et de ses articu-
lations noueuses, il n'y avait pas de porte dont il n'eût enlevé les barres et fait
sauter les panneaux. Sa barbe était rousse comme le poil d'un renard ou d'une
laie, et sur le côté droit de son nez s'élevait une verrue hérissée d'une touffe
de poils rouges comme ceux de l'oreille d'un cochon. Ses narines étaient grandes
et noires. De sa bouche, large comme un four, s'échappaient continuellement de
grosses plaisanteries, et ce qui est pis encore, de laides paroles indécentes. Il
dérobait le blé, et demandait jusqu'à trois fois son paiement; aussi le drôle était-
il cousu d'or. Sa cotte et son capuchon étaient bleus; une épée et un bouclier
pendaient à sa ceinture, et de plus il portait une cornemuse au son de laquelle
il nous fit tous sortir de la ville. »

Auprès est une commère qui serait bien digne, de toutes façons, d'être la femme de ce drôle. Ils n'ont qu'à se donner la main et se mettre à tenir taverne ou hôtellerie. Quiconque a peur d'être rançonné sans merci n'aura qu'à se bien garer de leur bouge. En attendant, le compère est meunier, comme vous l'avez vu, et la commère, brave femme de Bath, comme Chaucer la nomme, est fabricante de draps. Mais voici son portrait, esquissé, aussi bien que les autres, de main de maître.

« Dans toute la paroisse, nulle autre femme n'osait passer devant elle à l'offrande; et si cela était arrivé, la bonne dame en serait devenue furieuse et ne l'aurait jamais pardonné à sa hardie rivale. Ses coiffures étaient de soie lamée, et je n'oserais pas affirmer que ce qu'elle portait sur la tête le dimanche ne pesât pas au moins une livre. Ses bas, rouge écarlate, soigneusement tirés, brillaient doux et neufs sur ses jambes. Haute en couleur, le regard décidé, son attitude seule laissait deviner qu'elle avait été une maîtresse femme pendant toute sa vie. Sans compter les galants de sa jeunesse, ce dont nous ne parlerons pas, elle avait conduit cinq époux à l'autel. Trois fois elle avait été à Jérusalem; on l'avait vue à Rome, à Bologne, à Cologne et à Saint-Jacques en Galice, non sans qu'elle se fût souvent égarée en chemin. Pour tout dire, c'est une égrillarde du premier ordre. Elle monte avec aisance un cheval marchant au pas d'amble. Coiffée d'un chapeau large comme un bouclier, sa figure est entourée d'une jolie guimpe. Son corps est entouré d'un manteau, ses pieds armés d'éperons, et tout en trottant, elle cause et badine avec ceux qui l'entourent, parlant à présent des remèdes contre l'amour, art moins nécessaire pour elle aujourd'hui, mais qu'elle a sans doute bien connu et fréquemment exercé. »

Nous ne vous dirons rien des quelques artisans qui se trouvent aussi dans l'hôtellerie de Southwarch, le petit mercier, le charpentier, le tisserand, car en dépit de leur métier, qui devrait les conduire au cabaret et les mettre en la compagnie de nos drôles ordinaires, ce sont gens de trop grave allure et de mine trop honnête. Voyez comme ils ont une belle tenue! A en croire Chaucer, leurs couteaux, leurs ceintures et leurs poches sont ornés, non pas de cuivre, mais de bel et bon argent bien travaillé et bien brillant. Ils ont chacun les dehors de beaux bourgeois propres à figurer dans une salle dorée et sous un dais; enfin « leur prudence, dit Chaucer, les rendait dignes d'être faits *aldermen*, d'autant plus qu'ils avaient tous du bien et des rentes. » Ces gens-là, si cossus, si bien fourbis, ne sont pas de ceux, soyez-en sûrs, qui s'enivrent souvent et surtout s'enivrent gratis. Il leur faut, pour se mettre en train, quelque bonne ripaille gratuite où l'on n'a à débourser que soif bien aiguisée et bon appétit, comme celle par exemple dont parlent encore ces bons *Contes d'Eutrapel* que nous ne nous lassons pas de citer, et dont le roi Louis XI fut l'ordonnateur,

« quand il festoya les Anglais à Amiens à l'ayde de je ne scais combien de gros hommes choisis qui beuvoient sous la porte, festoyant les étrangers et leur tenant tables rondes et ouvertes à toute fin. » Vraiment quand on voit la belle contenance de ces braves gens, les mêmes qui, laborieux artisans pendant la paix, étaient de si bons archers en temps de guerre, et maniaient aussi bien l'arbalète et la longue *sagette empennée* que le rabot et le maillet, quand on se représente aussi la belle tenue du *Yeoman* mis en scène tout à l'heure, on ne s'étonne pas, qu'aux fatales journées de Crécy, de Poitiers et d'Azincourt, les troupes anglaises aient eu si facilement raison des bandes en guenille qui faisaient toute notre infanterie, et qui, au lieu de se recruter chez des gens de cette trempe, n'étaient formées que de ribauds et de mauvais garçons, bons au cabarets et mauvais aux batailles, « capitaines du *Pot d'étain*, de la *Corne de cerf*, de la *Pie qui boit*, de la *Croix-Verd*, dit ironiquement Eutrapel, qui leur donne ainsi pour drapeaux les enseignes des tavernes où ils faisaient leur service...; et autres enfants de la ville, ajoute-t-il, qui avec leurs braves accoustrements et piaffe, ne se trouvent qu'aux voleries et lieux où ils sont les plus forts, estant naturellement couards, et qui ne valent rien qu'en compagnie et sur leur advantage. » Il est vrai que l'Angleterre ne garda pas longtemps une aussi solide armée. Quand l'industrie commença à grandir chez elle, et mettant sans cesse ni relâche toutes les mains en besogne, donna à tous ses artisans l'argent nécessaire pour se racheter du service, il fallut bien que le roi anglais cherchât ses soldats autre part que dans ces boutiques de tisserands et de foulons, qui jusque-là lui en avaient fourni de si braves; force lui fut alors d'envoyer ses recruteurs aux cabarets, aux hôtelleries et autres vils repaires, afin que, pour quelques guinées ils y enrôlassent les vauriens qui y pullulaient. Faute d'autres gens meilleurs, il fallut, comme on avait fait en France au temps de nos défaites, enrégimenter la canaille, et mettre hallebardes et mousquets aux mains des truands. Ces grandes levées de vauriens qui purgeaient les villes et les campagnes pour infester les armées, s'appelaient des *presses*, et elles étaient bien nommées. Le Falstaff du *Henry IV* de Shakespeare, va vous dire, dans une incroyable tirade de l'acte IV, scène 2, comment s'opéraient ces grandes rafles de la milice anglaise, et quelles ordures elles écumaient au passage. Nous empruntons l'excellente traduction de M. Guizot :

FALSTAFF.

« Si mes soldats ne me font pas mourir de honte, je ne veux être qu'un hareng sec. J'ai diablement abusé de la *presse* du roi. J'ai pris, en échange de cent cinquante soldats, trois cents et quelques guinées; je ne *presse* que de bons bourgeois, des fils de propriétaires; je m'enquiers de tous les jeunes garçons fiancés, de ceux qui ont déjà eu deux bans de publiés; je me suis procuré toute une partie de poltrons aux pieds chauds qui aimeraient mieux entendre le diable qu'un coup de tambour, gens qui ont plus peur d'un coup de couleuvrine qu'un daim ou canard sauvage déjà blessés. Je ne presse que les mangeurs de rôties beurrées, qui n'ont de cœur au ventre que pas plus gros qu'une tête d'épingle......, et ils ont racheté leur congé. De sorte qu'à présent, toute ma troupe consiste en porte-étendards, caporaux, lieutenants, gens d'armes, misérables aussi déguenillés qu'on nous représente Lazarre sur la toile, quand les chiens gloutons lui léchaient ses plaies ; d'autres qui n'ont jamais servi, des cadets de cadets ; des garçons de cabaret qui se sont sauvés de chez leurs maîtres ; des aubergistes banqueroutiers ; tous ces cancres d'un monde tranquille et d'une longue paix, cent fois plus piteusement accoutrés qu'un vieux étendard délabré. Voilà les hommes que j'ai pour remplacer ceux qui ont acheté leur congé ; si bien qu'on s'imaginerait que j'ai là cent cinquante enfants prodigues en haillons arrivant de garder les pourceaux et de vivre de restes et de pelures. Un écervelé, que j'ai rencontré en chemin, m'a dit que je venais de rafler les potences et de presser tous les cimetières. On n'avait jamais vu de ses yeux de pareils épouvantails. Je ne traverserai pas Coventry avec eux, voilà ce qu'il y a de bien sûr. Par dessus le marché, ces gredins-là marchent les jambes écartées, comme s'ils avaient des entraves, et, en effet, j'ai tiré la plupart d'entre eux des prisons. Il n'y a qu'une chemise et demie pour toute ma compagnie, et la chemise encore est faite de deux serviettes bâties ensemble et jetées sur les épaules comme le pourpoint d'un héraut, sans manches, et la chemise entière, pour dire la vérité, a été volée à mon hôte de Saint-Alban, ou à l'aubergiste au nez rouge de Damtry. »

Avouons-le vite après cela, de telles bandes étaient bien dignes d'entrer en campagne avec les nôtres que les vieilles troupes anglaises battaient si fièrement toute à l'heure, que les *Contes d'Eutrapel* nous ont si bien fait voir dans toute leur couardise fanfaronne ; et que, si nous en voulons une description plus complète et plus chaudement colorée, Brantôme va nous *pourtraire au vif* d'une façon plus vive encore : « C'estoyent pour la plupart, dit-il, des hommes de sac et de corde ; méchants garniments échappés de la justice et surtout force marqués de la fleur de lys sur l'épaule, essorillés, et qui cachoient les oreilles par longs cheveux hérissés, barbes horribles, tant pour cette raison que pour se montrer plus effroyables à leurs ennemis. » Peu de pages auparavant, Brantôme avait dit encore, parlant de notre infanterie toute misérable de vêtements et hideuse de mine : « Elle n'étoit composée que de marauts, bélitres, mal armés, mal complexionnés, faicts-néans, pilleurs et mangeurs de peuple... Et aussy dans les vieilles peintures, tapisseries et vitres des maisons anciennes, et Dieu sçait comment représentés et habillés à la pendarde, vrayment comme l'on diroit de ce temps, portant des chemises à longues et grandes manches, comme Bohêmes de jadis ou Mores, qui leur duroient vestues plus de deux ou trois mois sans changer, ainsi que j'ay ouy dire à aucuns, monstrans leurs poitrines velues, pelues et toutes découvertes, les chausses plus bigarrées, découpées, déchiquetées et ballafrées, usans de ces mots, et la plupart montroient la chair de la cuisse, voire des fesses. D'autres, plus propres, avoient du taffetas si grande quantité qu'ils le doubloient et appeloient chausses bouffantes; mais il falloit que la plupart montrassent la jambe nue, une ou deux, et portoient leurs bas de chausse pendus à la ceinture. »

En Angleterre, je ne dis pas en France où l'on était alors plus tolérant et plus hospitalier pour toute la truandaille, cette ressource de s'enrôler et de vendre sa peau au recruteur pour quelques *pences*, était souvent la seule qui restât à tous ces mauvais garçons. Les lois rendues contre eux étaient des plus rigoureuses, surtout depuis le temps où, par la destruction des cloîtres, on avait enlevé aux mendiants leur dernier asile. On faisait si bonne chasse à leurs bandes errantes, que tous ces vauriens, encore une fois, n'avoient, pour éviter la prison et la marque, qu'un seul parti à prendre : celui de se faire soldat.

« Les mendiants, dit Lingard, qui recevaient autrefois des secours aux portes des monastères et des couvents, erraient alors par bandes et troublaient souvent la tranquillité publique. Pour arrêter ce désordre, on fit un statut qui rappelle les plus barbares coutumes des païens. Quiconque « vivait oisif et sans occupation pendant trois jours » était classé parmi les vagabonds, et passible du châtiment suivant : On faisait imprimer sur sa poitrine la lettre V, et on le livrait à son dénonciateur, qu'il était tenu de servir, comme esclave, pendant deux ans. Ce nouveau maître devait le nourrir au pain et à l'eau. Il pouvait lui fixer un anneau au cou et à la jambe, et le forcer à toute espèce de travail « en le frappant ou l'enchaînant. » Si l'esclave s'absentait quinze jours, on lui imprimait la lettre S sur la joue ou le front, et il devenait esclave pour la vie. S'il récidivait, il était passible du châtiment de sa félonie. Deux ans après, ce statut affreux fut révoqué. »

Nous ne savons, mais c'est chose probable, si la marine d'Angleterre se recrutait de matelots, de la même manière que sa milice de soldats, et ne se grossissait qu'avec le trop plein des cabarets et des mauvais lieux; nous serions bien tentés de le croire en lisant certaine complainte recueillie par M. Wright et Orchard Halliwell dans les *Reliquiæ antiquæ*, puis par M. A. Jal, dans son *Archéologie navale*, laquelle nous dit les plaintes et les regrets du matelot anglais au xive siècle. Vous allez voir, par la citation de quelques uns de ses curieux couplets, traduits ligne pour vers, quelles sont les plaintes, quels sont les regrets, quels sont surtout les désirs gourmands de ces échappés de la taverne, devenus matelots malgré leurs dents :

Il peut renoncer à tous les plaisirs, l'équipage
Qui va faire voile pour Saint-James;
Car c'est un chagrin pour bien des hommes
De commencer à faire voile.

En effet, qu'ils aient pris mer
A Sandwich ou à Winchelsea,
A Bristol ou ailleurs,
Leur courage commence à défaillir.

A l'instant le maître commande
Aux matelots en toute hâte
De se ranger à l'entour du mât
Pour prendre les cordages.

— Hola! hissa!... Alors ils crient :
— Eh! dis donc, compagnon, tu te tiens trop près;
Ton camarade ne peut haler si près de toi !
C'est ainsi qu'ils commencent leur tapage.

Combien est différent le sort des passagers qui peuvent descendre pour s'amuser dans le *boat* (chaloupe), et boire à pleins *bols* le malvoisie chaud. Écoutez à ce propos les autres couplets :

— Donnez vite le *boat*, gardien,
Que nos passagers puissent s'y amuser un peu.
Car quelques uns auront le hoquet et gémiront
Avant qu'il soit tout à fait minuit.

— Hale la bouline ! maintenant, hale l'écoute !
— Coq, faites vite et tôt notre repas,
Nos passagers n'ont aucun désir de se mettre à table,
Je prie Dieu qu'il leur donne du repos.

Alors un matelot vient et dit : — Soyez gais,
Vous aurez de l'orage et des périls.
— Retiens ta langue, tu ne sais ce que tu dis;
Tu te mêles de tout mal à propos.

Pendant ce temps, les passagers sont en bas,
Et tiennent leurs bols serrés dans leurs mains,
Et crient au malvoisie chaud :
Tu aides à nous reconforter!

.   .   .   .

Notre propriétaire arrive en ce moment fier comme un lord :
Il débite un grand nombre de royales paroles,
Et se place lui-même au haut de la table,
Pour voir si tout est bien en ordre.

A l'instant, il appelle le charpentier,
Et lui ordonne d'apprêter ses outils
Pour faire des cabines d'un côté ou de l'autre,
Et plusieurs petits cabanons.

Un sac de paille serait bien bon là,
Car plus d'un a besoin de reposer son chaperon :
J'aimerais autant être dans un bois,
Sans boire ni manger.

Car quand nous allons nous coucher,
Les pompes sont près de la tête de nos lits,
Et il vaudrait mieux être mort,
Que de sentir l'odeur puante de ce voisinage.

Ce *propriétaire*, qui se prélasse si bien sur son navire où il exerçait une autorité supérieure à celle du capitaine, nous le retrouvons fier et important à l'hôtellerie de Chaucer dont nous nous sommes tant écartés, et vers laquelle il nous ramène si à propos. D'après le portrait qu'en fait le vieux conteur, vous allez voir que si le matelot était un pauvre hère, le propriétaire, en revanche, était un heureux mortel, à terre comme sur son bord :

« Le marin était de Dermouth, à l'ouest de l'Angleterre, si je ne me trompe. Enveloppé d'un habit qui ne tombait que jusqu'à ses genoux, il chevauchait de son mieux sur un roussin. Sa dague, suspendue par un lacet pendu à son cou, retombait sur son bras. Le soleil lui avait bruni le visage. C'était vraiment un bon diable, prenant et donnant sans y attacher d'importance, et ne manquant jamais de bien boire du vin en revenant de Bordeaux, lorsque le marchand donnait à bord. Ce qu'il a ramené de gens dans leur pays est incalculable, et lorsqu'il fallait combattre pour les défendre sur mer, son bras était terrible. Quant à ses talents pour éviter les courants, connaître les côtes et les bons mouillages, pour interroger les astres et bien piloter son bâtiment, ils n'étaient égalés par ceux d'aucun marin, depuis Hull (Yorkshire) jusqu'à Carthage. Courageux et habile, souvent battu par les tempêtes, il connaissait bien les cieux depuis Gotland jusqu'au cap Finistère, et il n'est si petit golfe en Bretagne et en Espagne qu'il n'eût exploré. Son bâtiment portait le nom de la *Madelaine*. »

Ce brave homme est le dernier pèlerin que nous ayons à vous montrer chez l'hôte de *la Jacquette*, et son portrait étant ainsi tracé, nous pouvons hardiment laisser Chaucer vous dire en poursuivant son récit : « Maintenant que vous connaissez l'équipement, le nombre et la condition de tous ceux que le sort avait rassemblés à l'hôtellerie de *la Jacquette*, à Southwark, il nous reste à vous dire comment nous nous sommes tous comportés dans cette auberge pendant la nuit. »

« .....Vous saurez donc que l'hôte, après avoir préparé un copieux souper, nous fit faire à tous très-bonne chère. Le vin était bon, et il nous laissa bien boire. Un tel hôte eût certainement fort bien rempli l'office de maréchal dans un palais. C'était un grand homme au regard ferme, un bourgeois plus respectable qu'aucun de ceux de Cheapside ; prudent, expérimenté, hardi dans ses discours ; un homme, enfin, doué de toutes les qualités masculines. De plus, il était gai, et après le souper, aussitôt que nous eûmes fait les comptes, il commença à badiner et à dire des gaudrioles. « En vérité, messieurs, nous dit-il, je vous reçois avec la joie dans le cœur, par ma foi, et je ne mens pas, je n'ai pas encore vu dans mon auberge de compagnie comme la vôtre. Je me sens tout disposé à vous être agréable. Je me flatte même d'avoir trouvé le moyen de vous procurer du plaisir sans qu'il en coûte rien. Vous allez à Canterbury? Que Dieu vous aide, et que le bienheureux martyr vous récompense! Mais je fais réflexion que, pendant le chemin, vous ferez bien de vous disposer à jaser et à prendre de la distraction. Car, en conscience, il n'est ni commode ni amusant d'avancer sur son cheval en y restant muet comme une pierre. J'ai donc imaginé un moyen de vous rendre la route moins longue et moins ennuyeuse. Si vous voulez consentir à ce que je vais vous proposer de faire demain matin en montant à cheval, par l'âme de mon père qui est mort, vous aurez du plaisir. Consentez-vous? levez les mains sans dire un mot! » Nous ne tînmes pas longtemps conseil. On accorda la parole à l'hôte, et on lui demanda son *verdict*. « Seigneurs, écoutez bien, dit-il, et ne prenez pas ma proposition en dédain. Sachez donc que, pour abréger les longueurs et les ennuis du voyage, chacun de vous sera tenu de raconter deux contes, l'un en allant à Canterbury, et l'autre au retour à Londres; que celui d'entre vous qui aura raconté les plus belles aventures, les histoires les mieux fournies de traits agréables et de bonnes sentences, aura à souper, ici, dans cette auberge, en revenant de Canterbury, et que nous n'épargnerons rien pour ce repas. En outre, pour augmenter autant qu'il sera en notre pouvoir votre bonne humeur, je m'offre pour vous accompagner à cheval, et vous servir de guide sans rétribution. J'ajouterai que si quelqu'un de la compagnie ne se conforme pas à la loi que je propose, il sera condamné à payer la dépense pendant toute la route. Si vous consentez à exécuter ce que je dis, faites-le moi savoir à l'instant, et je me préparerai pour me mettre de bonne heure en marche avec vous. »

» Toutes ces conditions furent acceptées, et nous jurâmes de bon cœur de les observer ponctuellement. On loua même l'hôte de sa bonne idée, du projet qu'il avait de devenir notre guide, d'être le juge de nos récits, et de régler la dépense du voyage. Tous, grands et petits, nous le reconnûmes pour notre protecteur. On fit apporter du vin, on but bien, et sans tarder nous allâmes prendre du repos. »

Ajoutons en passant que boire rasade avant de s'en aller mettre au lit était un des usages les plus chéris de nos pères; on appelait cela *vin de coucher*, comme on le voit par la trente-sixième nouvelle des *Contes et joyeux devis* de Bonaventure Desperriers. Cela dit, laissons Chaucer nous achever son récit touchant la proposition du joyeux hôtelier.

« Le lendemain, dès que le jour commença à paraître, notre hôte, plus vigilant qu'un coq, nous éveilla, puis nous forma en troupe. On se mit en marche au petit pas pour se diriger vers la châsse Saint-Thomas. Cependant, avant de partir, notre hôte arrêta son cheval et nous tint ce langage : « Seigneurs, écoutez-moi, s'il vous plaît. Vous vous souvenez sans doute de la promesse que vous avez faite ; de mon côté, je n'ai pas oublié la mienne. Si la chanson d'hier soir s'accorde avec celle de ce matin, voyons maintenant quel est celui d'entre vous qui dira le premier un conte. Si jamais j'ai été un franc buveur de vin et d'ale, que celui qui ne se conformera pas à ce que j'ai décidé soit condamné à payer toute la dépense du voyage. Maintenant tirez la paille ou renoncez au voyage, et que celui qui prendra la plus courte commence à raconter. Sir chevalier, ajouta-t-il, mon maître et mon seigneur, venez tirer comme je l'ai dit. Approchez, madame la prieure, ainsi que vous, monsieur l'étudiant. Mettez toute honte de côté, livrez-vous au hasard, et que chacun avance la main. »

» Aussitôt chacun se prépara à tirer à courte paille, et soit hasard, ou que la chose dût être ainsi, la vérité est que la paille échut au chevalier, au grand contentement de tout le monde. Lié par la convention et son serment, il fut obligé de nous dire un conte. Que vous dirai-je de plus ? Lorsque le bon chevalier vit qu'il en allait ainsi, et comme il était tout disposé à tenir sa promesse, il dit : « Hé bien, allons, puisque je dois commencer ce divertissement, que Dieu soit loué de ce que la paille m'est échue ! Maintenant mettons-nous en route et écoutez ce que je vais vous dire. » Après avoir ainsi parlé, on monta à cheval, on partit, et montrant un visage joyeux et serein, le chevalier nous raconta l'histoire que vous allez entendre. »

Nous ne vous la dirons pas, non plus que celles qui suivent et que raconte chacun des pèlerins à son tour. Aucune n'est assez du ressort de notre sujet pour trouver ici sa place. Mais avant d'en finir avec cette hôtellerie de *la Jacquette* où nous sommes demeurés si longtemps, dites-nous que vous semble de ce brave homme d'hôte si amoureux des bonnes histoires bien contées, et qui même se plaît tant à en entendre, qu'il promet bonne chère et bon logis, le tout gratis, à celui qui racontera la meilleure. Cet aubergiste joyeux et libéral ne vous paraît-il pas digne de prendre place avec l'hôte des compagnons de du Guesclin, parmi ces hôteliers honnêtes gens, si rares partout, et d'une si difficile rencontre. Ce digne homme nous a de plus fait souvenir par opposition, et autant qu'un contraire peu rappeler son contraire, de certain cabaretier mis en scène dans le 259e conte du Pogge, puis dans la 122e nouvelle de Bonaventure Desperriers, et qui, bien différent de celui-ci, ne se crut pas suffisamment payé par une chanson, pour une simple repue faite dans sa taverne. L'hôte de Chaucer aurait donné le dîner pour la chanson, et le coucher pour le refrain.

« Un voyageant par pays, dit Desperriers, sentant la faim qui le pressoit, se mit en un cabaret, où il se rassasia si bien pour un dîner, qu'il en eût bien attendu le souper, pourvu qu'il eût été bientôt prêt. Or comme le tavernier son hôte, visitant ses tables, l'eût prié de payer ce qu'il avait dépendu, et faire place à d'autres, il lui fit entendre qu'il n'avoit point d'argent, mais que s'il lui plaisoit, il le paieroit si bien en chansons, qu'il se tiendroit content de lui. Le tavernier, bien étonné de cette réponse, lui dit qu'il n'avoit besoin d'aucune chanson, mais qu'il vouloit être payé en argent comptant, et qu'il avisât à le contenter et s'en aller. « Quoi ! dit le passant au tavernier, si je vous chante une chanson qui vous plaise vous ne serez pas content ? — Oui vraiment, » dit le tavernier. A l'instant le passant se prit à chanter toutes sortes de chansons, excepté une qu'il gardoit pour faire bonne bouche ; et reprenant son haleine, demanda à l'hôte s'il était content. « Non, dit-il, car le chant d'aucune de celles que vous avez chantées ne me peut contenter. — Or bien, dit le passant, je vous en vais dire une autre qui, je m'assure, vous plaira. » Et pour mieux le rendre attentif au son d'icelle, il tira de son aisselle un sac plein d'argent, et se prit à chanter une chanson assez bonne, et plus qu'usitée à l'endroit de ceux qui vont par pays : « *Metti la man à la borsa et paga l'hoste,* » qui est à dire : « Mets la main à la bourse, et paie l'hôte. » Et, ayant icelle finie, demanda à son hôte si elle lui plaisoit, et s'il étoit content : « Oui, dit-il, celle-là me plaît bien. — Or donc, dit le passant, puisque vous êtes content et que je me suis acquitté de ma promesse, je m'en vais. » Et à l'instant, se départit sans payer, et sans que l'hôte l'en requit. »

Après la description que nous a faite Chaucer de son hôtellerie de *la Jacquette,* rien ne nous manquerait de ce que nous voulons savoir sur les auberges anglaises au moyen âge, si dans quelque recoin de ce long prologue des contes de Canterbury, dont nous ne vous avons omis aucun détail intéressant, il se trouvait quelques mots sur les boissons qu'on y buvait, sur le prix que coûtait chaque chose, et sur la dépense qu'entraînait un des pèlerinages si communs alors. Nous allons tâcher de suppléer à l'absence de ces détails par des faits puisés à d'autres sources.

Pour les boissons, nous aurons bientôt tout dit. C'était le vin d'abord, celui que l'hôte fait servir avant le souper vous en est une preuve. Mais en eût-on servi de même dans toutes les auberges anglaises, même dans celles où venaient loger les pauvres gens ? Je ne le pense pas ; le vin alors, plus encore qu'aujourd'hui, étant boisson de choix, breuvage de haut prix. D'où faisait-on venir celui que l'on buvait le plus volontiers ? Quel était l'heureux pays qui suppléait par la richesse de ses terroirs à la froide stérilité du sol anglais ? Était-ce, comme aujourd'hui, l'Espagne, et surtout le Portugal, qui, en vertu du traité de lord Methuen, déverse, depuis tantôt deux siècles, dans les tavernes des trois royaumes, les flots de son chaleureux *porto*? ou bien la France voyait-elle préférer ses vignobles? A tout ceci, notre réponse sera facile, grâce à un seul passage de Froissart, où il est dit que, du temps d'Édouard III, les chevaliers anglais n'aimaient pas à faire la guerre en Espagne, parce qu'ils accusaient ses vins généreux de leur brûler le foie, d'aggraver la chaleur du climat et le poids de leurs armes. Le chroniqueur fait au contraire remarquer avec une joie secrète que les mêmes chevaliers faisaient le plus bel éloge des coteaux fertiles et des vins salutaires de la France, et qu'ils n'y allaient jamais guerroyer sans une vive satisfaction. C'est là ce qui les rendait si ardents à conserver la Guyenne. S'ils tenaient à cette belle province, c'était autant par goût d'ivrognes que par ambition de conquérants. De là, mieux encore que de la Bourgogne, venaient les vins qu'ils préféraient. Chaucer déjà vous l'a donné à entendre, quand il vous a montré son marin de Darmouth amenant des cargaisons de vin de Bordeaux, et profitant du sommeil du marchand pour les déguster par furtives lampées; et Froissart vous le prouve encore mieux, quand il rapporte que, sous Édouard III, trois cents vaisseaux marchands, partis des ports d'Angleterre, vinrent mouiller à Bordeaux, qui était alors le siège du gouvernement du prince Noir, et ne remirent à la voile qu'après avoir été chargés des prémices de la récolte. Enfin, pour qu'on ne doute pas de l'estime que tout gosier anglais avait pour les vins de France dès la première fois qu'il en avait tâté, on n'a qu'à lire, dans le fabliau célèbre de la *Bataille des vins*, comment certain chapelain d'outre-Manche, invité par son roi à juger de l'excellence des vins différents, fit dégénérer en une ivresse complète son admiration pour les nôtres :

« Le roi, dont toutes ces prétentions et ces querelles ne faisoient que redoubler encore l'irrésolution et l'embarras, déclara qu'il vouloit faire lui-même l'essai de tous les aspirants. C'étoit le moyen de décider ce grand procès d'une manière sûre, et sans que personne eût à se plaindre. Le chapelain l'imita et voulut goûter aussi; mais trouvant alors que le vin valoit un peu mieux que la cervoise de sa patrie, il jeta une chandelle à terre, et excommunia toute boisson faite en Flandre, en Angleterre et par delà l'Oise. A chaque lampée qu'il avaloit, car telle est sa manière de faire l'essai, il disoit : *ise goute* (is good, *c'est bon*). Bref, il goûta si bien, qu'on fut obligé de le porter sur un lit, où il dormit trois jours et trois nuits sans se réveiller. »

Les vins d'Espagne, si bien dédaignés alors que nous les voyons à peine nommés dans ce fabliau, et par conséquent à peine admis à lutter avec leurs rivaux les vins de France, devaient bientôt prendre la supériorité. Au XVIe siècle, ils étaient, avec tous les autres vins du Midi, ceux de Chypre et des Canaries, les plus recherchés en Angleterre. Ils comptaient pour beaucoup, selon Harrison, dans les cent tonneaux qui furent bus le jour de l'intronisation de Nevil, archevêque d'York, la sixième année du règne d'Édouard VI, et les quatre-vingts tonneaux que le prédécesseur de ce prélat consommait, année commune, pour le seul service de sa maison, venaient plutôt d'Espagne et des Canaries que des vignobles de France. C'est alors qu'Howel prétendait, dans ses lettres familières, qu'il n'y avait que le vin des Canaries pour faire constater la vérité de cet adage : « Le bon vin fait le bon sang ; le bon sang donne une bonne humeur ; la bonne humeur inspire les bonnes pensées ; les bonnes pensées mènent aux bonnes actions, et les bonnes actions au ciel. Donc le bon vin mène au ciel. » Puis il ajoutait, toujours en vertu de son hypothèse, qu'il y avait en Angleterre, beaucoup plus que partout ailleurs, des gens dignes d'aller au ciel, car c'est là qu'on buvait le plus de vin des Canaries.

Pour plus amples détails sur la consommation des vins en Angleterre au xvie siècle, on peut consulter le *Privy purse expenses of Henry VIII*, page 363, et encore le *Privy purse expenses of Elizabeth of York* (june 1502), page 23.

Après ces vins, si fort en faveur en Angleterre, il ne faut pas oublier le breuvage le plus populaire en ce temps-là, le breuvage national des Anglais du moyen âge, comme il est encore celui des Anglais du xixe siècle, la bonne *ale* ou *good ale*, pour lui donner son épithète en même temps que son nom britannique. La *godale* donc, à qui nous devons le verbe *godailler*, qui de prime abord semble pourtant d'acception trop franche et trop joyeuse pour être d'origine anglaise, la *godale* était une bière douce, liquoreuse, et, comme le dit le Duchat dans sa note 85 sur le chapitre xii du livre II de *Pantagruel*, « autant bonne qu'on la peut faire sans houblon. » Dans les Pays-Bas, cette boisson portait le même nom et obtenait la même faveur ; là, aussi bien qu'en Angleterre, on pouvait voir les chaudronniers de Dinant, les drapiers de Bruges, les tisserands de Liége, buvant

> Sans demander chambre ne sale,
> Parmi les rues, la *godale*,

comme il est dit dans une curieuse citation donnée à ce mot par le *Glossaire de du Cange*.

Froissart, au chapitre lvi du livre Ier de ses *Cronicques*, fait aussi allusion au goût des habitants de Valenciennes pour cette boisson indigène : « .....Et leur disoient les Bidaux, allez boire vostre *godale*. » Enfin, comme pour nous prouver qu'au xvie siècle cette bière nationale était encore en pleine faveur dans les villes brabançonnes, malgré la préférence qu'on y eût volontiers accordée aux vins français, Marot nous dit dans sa ballade sur l'arrivée de monsieur d'Alençon en Haynault :

> Princes rempliz de hault loz méritoire,
> Faisons-les tous, si vous me voulez croire,
> Allez humer leur cervoise et *godale* ;
> Car de nos vins ont grand désir de boire
> Sur les climats de France occidentale.

Cela dit sur les boissons, et ce premier détail omis par Chaucer étant ainsi développé à point, venons vite à cet autre qu'il a de même mis en oubli, et qui n'a pas moins de curiosité pour nous : le prix d'un repas et d'une nuit passée dans une hôtellerie anglaise. Nous ne savons ce qu'un particulier devait débourser pour pareil séjour, mais nous savons, grâce à la curieuse publication du *Privy purse expenses of Henry the eighth from november MDXXIX to december MDXXXII*, ce qu'il en coûta au roi Henri VIII. Or, comme en ce temps un roi ne payait pas plus libéralement qu'un bourgeois, nous n'aurons pas moins par là le tarif ordinaire des hôtelleries. C'est à Sittingbourne, dans le comté de Kent, à quarante milles de Londres, qu'en revenant de Calais, le roi Henri VIII s'était arrêté dans une auberge portant l'enseigne du Lion. Il y fit un repas, y passa une nuit, et en partant il donna quatre shillings huit sous à l'hôtelière, que le texte anglais appelle la femme du Lion (*wife of the Lyon*). Quatre shillings huit sous ! Ce n'est certainement pas un traitement trop royal.

Voulons-nous savoir maintenant par comparaison ce qu'on payait en France au xiv⁰ siècle pour quelques jours passés à l'auberge en faisant médiocre dépense ; nous trouverons de quoi nous édifier à ce propos dans un compte conservé précieusement aux archives de la ville de Reims : c'est celui des dépenses faites par le père de Jeanne la Pucelle, lorsqu'étant venu à Reims au mois de septembre 1429 pour assister au sacre dans la compagnie du roi, il prit gîte chez l'hôtesse de *l'Ane rayé*. Ce compte, reproduit au chapitre VI de la *Description historique de Rheims* par Geruzez, est ainsi conçu :

« A Alis veuve de feu Raulin-Mauriau, hôtesse de *l'Ane rayé*, rue des Tapissiers, pour dépense faite en son hôtel par le père de Jeanne la Pucelle, qui étoit en la compagnie du roi quand il fut sacré en la ville de Rheims, ordonné être payé, des deniers communs de la ville, la somme de vingt-quatre livres parisis, comme il appert à plein par le mandement dudit lieutenant. Donné le 18 septembre 1429, et par quittance de ladite Alis, écrite au dos d'icelui mandement. »

Pour ce qui est des sommes qu'on pouvait dépenser alors dans un pèlerinage d'après le prix courant de chaque chose, il nous sera difficile de vous satisfaire. Nous ne trouvons même de renseignements positifs et détaillés à ce sujet que dans la relation écrite par un noble pèlerin de la fin du xvi⁰ siècle : c'est-à-dire, par conséquent, l'un des derniers peut-être qui eût entrepris le voyage de la terre sainte, et qui, comme on l'a dit de tant de pèlerins, et notamment de sainte Paule au xiii⁰ siècle, « s'en ala en Bethleem, et en la balme dou Sauveour entra et vit le saint *diversoire* (hôtellerie) de la Vierge. »

Ce noble pèlerin s'appelle Nicolas de Hault, seigneur de Froment et Mortaix, chevalier du Saint-Sépulcre, et son livre a pour titre, VOYAGE DE HIERUSALEM

FAIT EN L'AN 1593... *Chaumont en Bassigny*, 1608, in-8. Notre gentillâtre champenois y relate fort au long comment, parti pour la terre sainte en avril 1593, il visita tous les saints lieux, et fut de retour chez lui au mois de mars de l'année suivante. Pour ne nous épargner aucun détail, il nous dit ce qu'il dépensa à un denier près; et ce fait d'un touriste trop minutieux, ce fait, dis-je, qui pouvait passer pour assez inutile de son temps, est fort curieux du nôtre. Il dépensa donc, dans toute son année de pérégrinations dévotes, 159 écus 20 sols 6 deniers. Total bien modeste et bien court pour un si long voyage, à calculer même cette somme d'après le taux de l'époque. Encore se hâte-t-il d'ajouter : « Je sçai bien que la pluspart de nostre compagnie en sortit à moindre frais, peult-être aussi avec moins d'incommodité que moi. » Au nombre des articles curieux consignés dans ce compte méticuleux, nous trouvons ceux-ci :

« A Marco Farguinetto, capitaine du vaisseau, pour un mois qu'il me nourrissait . . . . 8 écus.

» Pour rascoustrer ma chaussure . . . . 22 deniers.

» Pour 35 couronnes d'oliviers, prises au mont Olivet. . 5 livres 13 sols.

» Pour voir la sépulture de la Vierge. . . . . 22 deniers.

» Pour 38 croix acheptés à Betlehem . . . . 10 livres.

» Pour 6 mouchoirs. . . . . 30 sols. »

Souvent, ainsi que notre gentilhomme nous l'a dit tout à l'heure, ces lointains voyages se faisaient avec moins de dépense encore, tous les pèlerins ne voyageant point comme lui en grands seigneurs et en gens curieux de bagatelles dévotes achetées à grands frais. La plupart profitaient du droit de gîte qu'ils avaient dans les châteaux, comme nous l'indique un passage du *Lai de Gruelan*; dans les monastères, comme nous le ferons voir tout à l'heure; dans les presbytères, même dans les églises, et par conséquent ne se préoccupaient point davantage de la nourriture et du coucher. Mais ces pèlerins-là étaient de la pire espèce, et malheur à qui leur donnait asile. Dans les châteaux, s'ils étaient en nombre, ils mettaient tout au pillage; dans les églises, ils commettaient de monstrueuses impiétés. Nous le savons par un décret de Gautier, évêque de Poitiers, dont la citation n'est possible qu'en latin, tant sont énormes certains faits qu'il relate : « *Cum ex nocturnis vigiliis quæ a peregrinantibus in ecclesiis fieri consueverunt, plerumque contingat ecclesias ipsas sanguinis vel seminis pollutione fœdari, et alia enormia committi.* »

D'autres pèlerins, aussi pauvres mais plus honnêtes, et craignant même de compromettre leur piété consciencieuse en se mêlant aux vagabonds abrités par les gîtes gratuits des monastères, dédaignaient de se faire ainsi de leur habit et de leur bourdon un passeport d'hospitalité forcée. Mais, d'un autre côté, comme leur escarcelle mal garnie ne leur permettait pas d'aller heurter aux hôtelleries, ils se contentaient d'aller coucher chez ces misérables *logeurs* qui vous hébergeaient « de nuit pour un liard et au jour la journée. » Ces gîtes n'étaient même tolérés qu'en vue des honnêtes passants, défense expresse était faite d'y donner refuge aux fainéants et vagabonds. Nous lisons en effet dans un règlement du parlement du 12 décembre 1551 : « La cour a défendu aux personnes accoustumées de loger de nuit pour un liard et au jour la journée..... les gens oiseux, etc... » Pour ceux-là que l'épithète d'*oiseux* qualifie d'une façon par trop honnête, n'y avait-il pas la grande *cour des Miracles* avec toutes ses succursales, et quand dans ces infects repaires il y avait trop grande foison de misérables, ne leur restait-il pas pour lit le pavé de la rue, pour oreiller le montoir du coin ? Théophile, qui pour bon libertin qu'il était, valait bien ces gueux en guenilles, ne voulait pas d'autre couchette, surtout en temps de guerre :

> Grâce à ce comte libéral
> Et à la guerre de Mirande,
> Je suis poëte et caporal,
> O Dieux ! que ma fortune est grande !
> Oh ! combien je reçois d'honneur
> Des sentinelles que je pose !
> Le sentiment de ce bonheur
> Fait que jamais je ne repose.

> Si je couche sur le pavé,
> Je n'en suis que plus tôt levé ;
> Parmy les troubles de la guerre,
> Je n'ay point un repos en l'air,
> Car mon lit ne sauroit bransler
> Que par un tremblement de terre.

C'est surtout dans les ruelles sombres et fangeuses avoisinant la Seine, comme celle du *Cagnard*, qui descendait de la rue de la Huchette aux abords du pont Saint-Michel, et qui devait son nom à l'une des appellations argotiques du mendiant ; c'est aussi sous les voûtes des abreuvoirs, et mieux encore sous les arches des ponts, que venait se blottir la nuit toute cette population de réprouvés que la loi repoussait des gîtes ouverts pour les passants honnêtes, et que le trop-plein des cours des Miracles laissait sur le pavé. Ces repaires sombres ne leur servaient pas seulement d'abri pour se reposer, mais encore d'embuscades ténébreuses, du fond desquelles ils s'élançaient sur la proie comme des oiseaux de nuit. Il est parlé, dans la *Confession de Sancy*, d'une bande d'Irlandais réfugiés à Paris, que l'extrême misère avait poussés de la mendicité au vol, et qui s'embusquaient ainsi dans les niches du Pont-Neuf. C'est pour cause de religion, et afin de se soustraire à l'obéissance d'une reine hérétique qu'ils avaient quitté leur pays, et qu'en bons catholiques ils étaient venus infester le nôtre ; aussi trouvaient-ils des gens pour excuser les excès auxquels les portait leur misère. Sancy, ou sous son nom d'Aubigné, s'adresse à ces impudents défenseurs : « Et quant à ceux-là, dit-il, qui se logeoient dans les niches du

Pont-Neuf, lors non achevé, et qui au soir et la nuit prenoient par un pied ceux qui passoient sur le pont, et les ayant précipités et dépouillés, les jetoient dans l'eau, et ceux-là si l'on fait quelque difficulté de les sanctifier, il faut avoir égard, s'ils ne présupposoient ne faire mal qu'à des hérétiques. » Au livre V, chapitre XV de son *Histoire universelle,* d'Aubigné dit encore sous la date de 1602 : « D'autre côté, les Irlandais deschassez qui se voyoient avec leurs femmes et leurs enfants errans par toute la France, et qui surtout emplissoient et infectoient Paris, et même qui furent trouvés faisant des voleries, et de nuit avoir égorgez quelques passants sur le Pont-Neuf; ces gens-là faisoient sonner qu'ils étoient fugitifs pour la loi catholique. »

Ces pauvres diables d'Irlandais, dénués déjà comme ceux d'aujourd'hui, et pour la même cause, mais criminels dans leur misère, ce qui rompt fatalement le rapprochement, nous ramènent, sans trop de détours, à nos pèlerins, qui eux aussi, se cachant sous le couvert de la religion, et la prenant à tous propos pour excuse, se faisaient gracier en son nom de leur vagabondage et de leurs excès. Quels étaient les gîtes où nous avons laissé les plus honnêtes d'entre eux? quels étaient ces logements à un liard que l'édilité parisienne du XVIe siècle semblait leur avoir réservés? Aucun livre du temps ne nous les a décrits; pas une ligne des chroniques, pas un vers des romans ou des fabliaux qui nous ait transmis le moindre détail sur leur dénûment et sur leur inévitable saleté; mais par ceux qui existent encore, nous pouvons à peu près juger de ce qu'ils pouvaient être, d'autant mieux que ces bouges infects ne se sont point déplacés, et qu'ils se retrouvent hideux et purulents dans les mêmes quartiers, dans les mêmes rues, peut-être même dans les mêmes maisons qu'ils infectaient déjà de leurs ordures. Il en est des nichées de pauvres gens comme de celles des hirondelles, quelque longue qu'ait été leur absence, quelque lointain qu'ait été leur voyage, elles reviennent toujours se blottir au même trou. Nous pouvons donc hardiment, en sachant où sont encore ces quartiers voués aux gîtes misérables, dire où ils se trouvaient au moyen âge, et connaissant ce qu'ils sont, dire ce qu'ils étaient, abstraction faite, bien entendu, des rares améliorations que les idées d'hygiène les plus élémentaires ont pu y introduire. Voici ce que M. de Peyramont écrivait à ce sujet en 1840 :

« Visitez les maisons des rues de la Mortellerie, de la Coutellerie, et les rues qui avoisinent l'hôtel de ville, celles de la petite Pologne, près de l'abattoir de Miromenil, les aboutissants de la rue Saint-Honoré, depuis le Palais-Royal jusqu'à la rue Saint-Denis, les rues hors barrières depuis celle d'Austerlitz jusqu'à celle du Maine, et tant d'autres, et vous verrez comment les maçons, les cordonniers, les repasseurs de couteaux, les vitriers, les ramonneurs, les tailleurs, les terrassiers, les peintres en bâtiments sont entassés dans d'infâmes chambrées..... A peine l'air se renouvelle-t-il dans ces sombres réduits où le jour ne pénètre qu'en se glissant dans une cour étroite, espèce de puits infect où viennent se dégorger les eaux ménagères. »

M. Bayard, dans sa *Topographie médicale du 4ᵉ arrondissement de Paris*, ne donne pas sur ces hideuses agglomérations des détails moins explicites et moins curieux, surtout quand il raconte comment, dans une pièce du quatrième étage, qui n'avait pas cinq mètres carrés, il trouva « vingt-trois individus, hommes, femmes, enfants, couchés pêle-mêle sur cinq lits..... L'air de cette chambre, ajoute-t-il, était tellement infect, que je fus pris de nausées. Les souliers et les vêtements de ces individus répandaient une odeur aigre et insupportable qui dominait les autres exhalaisons. »

Au moyen âge, ce devait être pis encore. Aujourd'hui, en effet, si les demeures sont insalubres, les rues sont assainies, mais figurez-vous alors des logements infects dans des rues infectes; figurez-vous des réduits dont les exhalaisons morbides doublent leur intensité et leur action délétère par les miasmes putrides du dehors. En 1768, Voltaire pouvait encore écrire avec raison au médecin Paulet, dans une lettre datée du 22 avril : « Vous avez à Paris un Hôtel-Dieu où règne une contagion éternelle, où les malades entassés les uns sur les autres se donnent réciproquement la peste et la mort. Vous avez des boucheries dans de petites rues sans issues qui répandent en été une odeur cadavéreuse, capable d'empoisonner tout un quartier. Les exhalaisons des morts tuent les vivants dans vos églises, et les charniers des Innocents ou de Saint-Innocent sont encore un témoignage de barbarie qui nous met fort au-dessous des Hottentots et des Nègres... Nous serons longtemps fous et insensibles au bien public. On fait de temps en temps quelques efforts, et l'on s'en lasse le lendemain. La constance, le nombre d'hommes nécessaires et l'argent manquent pour tous les grands établissements; chacun vit pour soi : *sauve qui peut* est la devise de chaque particulier. » Aujourd'hui l'hygiène des rues et des logements a fait bien des progrès. Qu'on ouvre la fenêtre des chambres malsaines, bien que la rue soit encore étroite et humide, c'est un air sain, c'est la vie qui entre par cette fenêtre ouverte ; autrefois c'était la peste, c'était la mort qui y pénétrait. Aussi voyez avec quel empressement la ville était désertée sitôt que la contagion arrivait. Nous lisons dans la chronique de Frodoart, sous la date de 945, à propos du *mal des ardents* : « Quantité de monde, tant à Paris qu'en province, périt d'une maladie appelée le *feu sacré* ou les *ardents*. Ce mal brûlait petit à petit, et enfin les consumait sans qu'on y pût remédier. Pour éviter ce mal ou en guérir, ceux de Paris quittaient la ville pour prendre l'air des champs..... Hugues le Grand fit alors éclater sa charité en nourrissant tous les pauvres malades, quoique parfois il s'en trouvât plus de six cents. Comme tous les remèdes ne servaient de rien, on eut recours à la Vierge, dans l'église Notre-Dame, qui, dans cette occasion, servit longtemps d'hôpital. »

Ces épidémies sévissaient dans le Paris du moyen âge en raison directe de l'insalubrité de ses rues et de ses logements. Qu'on ne s'étonne donc pas de les avoir vues peu à peu disparaître. A mesure que l'hygiène et la propreté, son plus puissant mobile, ont fait un progrès, ces épidémies ont fait un pas en arrière. Il en est d'elles comme du scorbut, cette peste des mers, dont M. Littré disait dans son remarquable travail sur l'*Histoire des grandes épidémies*: « Que l'on enferme un équipage nombreux dans un bâtiment malpropre, humide, où toutes les précautions d'hygiène soient négligées, avec des vivres insuffisants et malsains ; qu'on lance un tel vaisseau et un tel équipage dans une lointaine expédition, et le scorbut ne tardera pas à s'y développer. » Ayez de même une ville sillonnée de rues fangeuses, une ville sans air et sans soleil, une ville de marécages au dehors et de boue au dedans, comme le fut Paris jusqu'au xviiᵉ siècle, et vous y trouverez une peste toujours en germe, une peste toujours prête à éclore, et de dix ans en dix ans, abattant son vol funèbre sur les quartiers les plus immondes de cette ville immonde, sur les rues d'une telle saleté qu'elles font tache sur cette cité de boue. Durant les mois d'octobre et de novembre 1418, une de ces épidémies s'était ruée sur Paris, et en deux mois il lui en avait coûté 50,000 habitants, pris, pour le plus grand nombre, dans les quartiers habités par les logeurs dont nous parlions tout à l'heure, et par les gens de métier. On portait jusqu'à six et huit chefs de famille à une seule messe de morts, « et, dit une chronique du temps, convenait marchander aux prêtres, combien ils les chanteraient, et bien souvent convenait payer 16 ou 18 sols parisis, et d'une messe basse 4 sols parisis..... Les cordonniers de Paris comptèrent le jour de leur confrérie de saint Crespin et saint Crespinien, les morts de leur métier, et comptèrent qu'ils étoient trespassés bien dix-huit cents, tant maîtres que valets, en les deux mois d'octobre et de novembre en ladite ville... En quatre ou cinq cents n'en mourait pas douze anciens, presque tous étoient enfants et jeunes gens... » Une fois qu'elle avait pris pied dans ces quartiers d'immondices et de contagion, la peste tenait bon, et il fallait longtemps avant qu'elle lâchât sa proie. Souvent on la croyait partie qu'elle y était encore ; elle n'était qu'assoupie, et il ne fallait qu'une crevasse ouverte, qu'une étoupe remuée pour la réveiller : « J'ai ouy dire à l'un de nos devanciers, dit le médecin Ellain qui écrivoit à Paris pendant la peste de 1606, que les massons qui batyssoient en une maison qu'il avoit près le Ponceau, moururent tous de la peste, pour avoir tiré, de quelques crevasses qui estoyent en une chambre, de la filace ou des estoupes qui estoyent infectées de *plus de sept ans*, parce qu'il y avoit autant que la peste avoit été à Paris. »

Les contagions, en éclatant, faisaient abandonner les villes, nous l'avons dit, et d'immenses migrations avaient lieu vers les campagnes, souvent même jusque chez les nations voisines, si l'épidémie était plus terrible et la peur plus forte. Il en résultait aussi de lointains pèlerinages, par bandes et en masse, comme celui de ces enfants qui, en 1458, s'acheminèrent des divers points de l'Allemagne vers le mont Saint-Michel, en France. M. Littré, dans le travail cité tout à l'heure, a considéré comme une sorte de maladie singulière, comme une espèce de contagion née de la grande épidémie des croisades, le zèle même qui les possédait, l'ardeur voyageuse qui les entraînait vers le saint rocher. Peut-être a-t-il raison, mais peut-être aussi ne faut-il voir dans leur migration que la peur d'une de ces maladies, qui de même que la peste de 1418, décimaient surtout l'enfance et la jeunesse, et considérer leur voyage comme l'accomplissement d'un vœu ayant pour but de conjurer le mal par des prières. Ces *enfants de Saint-Michel*, comme on les appela, furent bien accueillis partout; tant qu'ils furent sur la terre d'Allemagne, on leur procura même tous les moyens de faire leur route. Il en partit plusieurs centaines d'Elwangen, de Schwasich-Hall et autres lieux : « A Hall, dit M. Littré, on leur donna un pédagogue et un âne pour porter les malades. La bande alla jusqu'aux rivages de la mer, où elle attendit le temps du reflux pour arriver de pied sec au lieu désiré. Ces malheureux pèlerins ne trouvèrent pas en France des sentiments analogues à ceux qui les avaient conduits si loin, et ils essuyèrent toutes sortes de malheurs. Une vieille chronique allemande dit, dans son langage simple et naïf : « Plusieurs moururent de faim, plusieurs moururent de froid, quelques uns furent pris en France et vendus. Aucun n'est jamais revenu. »

Quand de pareilles bandes de pèlerins s'abattaient dans les campagnes, force leur était ou de coucher à la belle étoile, ou de gagner au plus vite une grande ville. Là du moins ils savaient bien, comme firent les pastoureaux à Orléans, forcer les bourgeois d'être hospitaliers. Mais dans les champs, sauf quelques mauvaises chaumières; sur les routes, à part quelques rares et misérables auberges, pas de ressources pour eux s'ils ne parvenaient par la prière ou la violence à faire baisser la herse et ouvrir devant leurs troupes dévotes les portes des châtellenies. A peine si deux voyageurs marchant de compagnie pouvaient trouver en dehors de ces gentilhommières, c'est-à-dire dans ces chaumines et dans ces pauvres hôtelleries, abri convenable et provende suffisante. En quelques unes, la disette de toutes choses était si grande que le vin même y manquait. Dans le fabliau du *Boucher d'Abbeville* par Eustache d'Amiens, Mile, le gras et riche boucher, revenant du marché d'Oisemont, est surpris par la nuit qui le force de s'arrêter à Bailleul. Il y rencontre une bonne femme, et son premier mot est pour lui demander une auberge où il puisse loger et boire. Voici ce que la vieille lui répond : « Nous en avons une, mais vous y ferez chère mauvaise. Je vous conseille d'aller plutôt chez sire Gautier, notre curé; lui seul a du vin, et dernièrement encore il lui en est arrivé deux tonneaux de Noventel. » En beaucoup d'autres villages, même réponse eût été faite à notre boucher. Partout chez l'aubergiste, maigre figure et cave vide, chez le curé ou chez les moines bonne chère et cave remplie. Les pèlerins au moins avaient la ressource et le droit de s'adresser à ces derniers, et d'exiger chez eux l'hospitalité ; mais tout voyageur n'en pouvait faire autant. Dans ce cas il fallait, je le répète, recourir aux moyens extrêmes, se contenter de la terre ferme pour couchette, de l'eau du ruisseau pour boisson, et pour nourriture du pain dur du bissac. C'est ce que font sans plus de cérémonie, au beau milieu de leur pèlerinage, *les deux bourgeois et le vilain*. A ce propos même, Legrand d'Aussy a écrit cette excellente note : « Les auberges ne se trouvant guère que dans les villes, et étant très rares dans les campagnes où il n'y avait presque que des châteaux isolés et des villages peuplés de serfs, les voyageurs, surtout ceux de la classe du peuple qui n'avaient pas la ressource de se présenter dans les gentilhommières, étaient obligés de porter en route leurs provisions. C'est ce défaut d'hôtelleries qui engagea les anciens fondateurs d'ordres à prescrire par leur règle l'hospitalité, et beaucoup de personnes à fonder des hôpitaux pour les voyageurs et pour les pèlerins. Charlemagne, dans ses Capitulaires, avait défendu de leur refuser le couvert, le feu et l'eau. »

Si d'aventure une auberge se trouvait enfin sur le chemin de ces bourgeois, vilains ou manants en voyage, c'était d'autres difficultés : encombrement de voyageurs, chambres envahies, provisions dévorées. Ne croyez pas que cette grande foule de gens fût profitable pour l'aubergiste. Le plus souvent il eût préféré à tout ce monde deux ou trois pèlerins tranquilles, mangeant peu et payant bien. Qu'était-ce en effet que cette cohue ? D'ordinaire, ce n'était autre chose que la valetaille de quelque grand seigneur ayant droit de loger gratuitement, avec toute sa suite, dans les hôtelleries publiques. En 1252, les seigneurs de Simiane jouissaient de ce privilége si onéreux aux hôteliers : « *Habent jus hospitandi in hospitiis publicis albergariorum,* » dit la Colombière à la page 592 de sa Généalogie de la maison de Simiane. Nous penserions volontiers que beaucoup de seigneurs, de prélats et d'abbés avaient alors un droit pareil, aussi bien en Italie qu'en France. Aussi l'évêque de Parme, que le *Chronicum parmense*, sous la date de 1295, nous fait voir dans sa chevauchée vers Reggio, s'arrêtant au bourg de Sainte-Catherine, et y demeurant environ trois jours dans la maison de l'aubergiste Jean China, nous semble avoir usé ici d'un semblable droit d'hébergement gratuit. D'autres fois, si ce n'étaient pas les seigneurs, c'étaient les valets tous seuls qui encombraient l'auberge, tenant toute la place et d'une façon plus insolente que s'ils eussent été maîtres. Par exemple, c'étaient les courriers qui, sous prétexte des dépêches qu'ils portaient, se faisaient servir les premiers, happaient les meilleurs morceaux, et, leur cheval bridé et bien repu, partaient sans dire un mot. Quand d'aventure ils restaient plus longtemps et payaient, c'est qu'ils avaient d'autres desseins que de courir pour leurs messages, c'est qu'ils étaient moins courriers qu'espions. Il fut un temps où les princes de la maison de Guise en entretinrent ainsi deux, qui vaguaient par les routes d'hôtellerie en hôtellerie, et qui, toujours l'oreille au guet et le pied levé, venaient au premier bruit, au premier mot, leur rapporter ce qu'ils avaient entendu. « Ceux de Guise, dit le sieur de la Planche dans son *Histoire de l'estat de la France*, considérant qu'ils avoyent été contraints pour se maintenir, d'offenser tant de sortes de gens, qu'à grand'peine pouvoyent-ils discerner qui leur estoyent amy ou ennemy, et encore que plusieurs s'offrissent à leur faire plaisir, estimant que cela procédoit plustost pour avoir expédition de leurs afaires en cour ou pour les surprendre, que pour aucune bonne affection, s'avisèrent d'entretenir ès cours des princes étrangers, et parmy la France, des serviteurs secrets, et aux despens du roy leur donner de grosses pensions, tant pour leur rapporter fidèlement ce qu'ils pourroyent entendre d'eux, que pour les entretenir en la bonne grace desdits seigneurs. Pour ce faire, on pratiquoit, s'il étoit possible, et gaignoit-on à force d'escus les serviteurs qui avoyent l'aureille de leurs maistres. Davantage, il y avoit deux coureurs qui alloyent par les champs, faisant grand'chère aux meilleures et plus fameuses hôtelleries des villes et bourgades qui espyoient les passants pour sentir quel vent les menoyt. Et afin de mieux descouvrir leurs conceptions, eux-mêmes commençoient à médire de la maison de Guise, en telle sorte que le plus souvent les plus rusez estoyent surpris, et tout soudain mis prisonniers sans savoir pourquoi ne comment, où ils demeuroyent jusqu'à ce que ceux de Guise en fussent advertis, et que l'on sceust leur vie, la cause de leur voyage, et qui les menoyt. Mais le pis estoit qu'au sortir de la prison, il se trouvoit des gens qui les transportoyent en tel lieu qu'on n'en avoyt jamais nouvelles, si ainsi estoit qu'on les soupçonnoit ou qu'on eust opinion tant fust petite qu'ils fussent gens de beaucoup nuire. Bref, l'article de dépense des serviteurs secrets de la France seulement, et qui ne se nommoyent point, montoit plus de vingt mille livres par mois, comme l'on disoit. »

De ce passage ressortent trois faits curieux : savoir, d'abord, que les *fonds secrets* étaient un moyen déjà connu et utilement employé; ensuite que les hôtelleries étaient déjà les endroits les plus commodes pour la police, cherchant à dresser ses piéges, et à tendre ses *souricières;* enfin, que pour bien connaitre les bruits du jour, et les estimer à leur juste valeur, c'est à l'auberge seulement qu'il fallait aller. Machiavel le savait bien. Retiré des affaires, d'homme politique devenu simple métayer, quand il voulait remettre un pied dans ce monde qu'il avait fui, et entendre encore dans son plus vrai retentissement l'écho de l'opinion populaire, c'est à l'hôtellerie, c'est au cabaret qu'il venait s'asseoir. Sombre et muet, blotti dans un coin, il saisissait au vol la vérité sur les choses du temps, vérité triviale sans doute, formulée en termes grossiers, mêlée à de gros éclats de rire, trempée de piquette affreuse, mais bien plus sincère pourtant que celles que lui apportait l'écho menteur du palais des Médicis et des Borgia. Beaucoup d'honnêtes gens faisaient comme Machiavel, en Italie. A Venise il y avait un certain Bernard Secchini tenant hôtellerie sous l'enseigne du *Navire d'or*, qui voyait ainsi affluer chez lui, comme plus tard dans les cafés, nombre de gens curieux de nouvelles, avides de causeries sur les affaires du jour. Fra Paolo Sarpi, l'illustre servite, ne craignait pas lui-même d'y venir. Son historien l'avoue sans lui faire en quoi que ce soit un crime d'avoir fréquenté cette maison de Secchini, « où, dit-il, se trouvaient fort souvent, pour y débiter des nouvelles, beaucoup de galants hommes vertueux et gens de bien..... Le père, ajoute-t-il un peu plus loin, qui prenait un grand plaisir à ces entretiens, s'y rendit pendant la plus grande partie de sa vie, et dès l'année 1586. »

Souvent les auberges des grandes routes, points de ralliement des courriers bavards et espions, étaient aussi des rendez-vous de chasse. Les veneurs et fauconniers venaient s'y reposer. Défense même leur avait été faite en 1395 d'aller s'abriter ailleurs, car en outre qu'ils marchaient toujours en compagnie assez nombreuse et surtout turbulente, les meutes qu'ils poussaient devant eux, les faucons qu'ils portaient sur le poing, ne manquaient jamais de faire de grands dégâts dans les domaines où ils pénétraient. L'ordonnance de 1395, mentionnée tout à l'heure, et que nous avons trouvée citée dans Ducange au mot *Hostelagium*, avait donc sagement statué quand elle leur avait interdit toute hospitalité gratuite : « Que tous veneurs et fauconniers à qui que ils soient, y est-il dit, ...ne se loge dores-en-avant en aucun lieux ou plats pays, ne ailleurs fort hebergeries, où l'en a accoustumé hébergier pour l'argent. »

Même dans ces auberges, tout homme menant une meute ou tenant un faucon sur son gant, était d'ordinaire assez mal reçu, car il arrivait presque toujours qu'un des chiens cherchant à mordre ou le faucon à déchirer, l'un happait quelque beau rôti à la broche, l'autre quelque poule domestique rôdant dans les recoins de l'âtre. De là des querelles, de là même des rixes entre le voyageur au faucon ou au chien, et l'hôtelier et l'hôtelière. Geffroy, qui était duc de Bretagne au commencement du xiᵉ siècle, fut tué dans une circonstance semblable, comme il revenait d'un pélerinage à Rome. Voilà comment, au livre III chapitre xlvii de son *Histoire de Bretagne*, dom Lobineau raconte ce fait d'après le chapitre xxvii de l'*Historia S. Florentii salmuriensis* :

« Ne croyant pas qu'il y eût d'œuvres plus méritoires que le voyage de Rome, il résolut, puisque toutes les autres bonnes œuvres n'avaient pas apaisé la colère divine, d'entreprendre ce long et pénible voyage. Il mit ordre, avant que de partir, aux affaires de la Bretagne, et laissa le gouvernement de l'État à la duchesse sa femme, à son frère Judicaël, évêque de Vannes, et au duc de Normandie son beau-frère, parce que ses enfants n'étaient pas en âge de gouverner, et se mit en chemin avec l'évêque de Nantes... » Toutes les chroniques mettent ce voyage de Geffroy en 1008. Cette année fut aussi la dernière de sa vie, et si l'on en veut croire un abbé de Saint-Florent, qui vivait deux cents ans après, voici de quelle manière il la termina à son retour de Rome :

« Les gens de qualité se distinguoient alors du peuple par les oiseaux de proie qu'ils portoient sur la main, comme ils se distinguent à présent en portant l'épée. Quelque part qu'ils allassent, ils avoient toujours leurs oiseaux avec eux. Celui de Geffroy ayant étranglé la poule d'une femme chez qui le duc étoit logé, cette femme, dans le premier mouvement de sa colère, prit une pierre qu'elle jeta à la tête du duc de Bretagne ; le coup se trouva mortel, et ne lui laissa pas le temps de mettre ordre aux affaires de l'État, et à celles de sa conscience, après quoi il mourut. »

Si notre duc, mieux avisé, ne s'était point adressé à une hôtelière colère et brutale comme tous les gens de cette espèce ; et, préférant à ce bouge l'asile gratuit que lui offraient les monastères, et qu'en sa qualité de prince et de pèlerin on lui eût ouvert partout et à toute heure ; s'il ne se fût pas laissé confondre avec ces vauriens qui couraient alors les grandes routes sous prétexte de pèlerinage, et qu'on flétrissait du nom injurieux de *romipètes* ; certes il n'eût pas encouru ce danger ; il n'eût pas ainsi péri de malemort. Il y avait toujours risque à se laisser prendre pour un de ces drôles. Quand d'aventure on ne trouvait point sur le grand chemin les gens du guet et de la police pour vous inquiéter et vous faire rendre gorge, les hôteliers pour vous rançonner, on trouvait sûrement au retour tous les gabeurs et les bons rieurs de la ville prêts à vous flageller d'épithètes mordantes et d'injurieuses plaisanteries. Qui disait un pèlerin venant de Rome, disait, pour ces plaisants, un vaurien, un éhonté mendiant. Les proverbes, qui sont l'esprit de ce vieux temps, ne tarissaient pas en formules satiriques contre ces vagabonds. Ici ce sont les *proverbes communs* du XVe siècle qui disent :

> Trout arrière, trout avant,
> Ceux qui viennent de Rome valent pis que devant.

Ailleurs, dans un livre du XVIe siècle, le *Jardin de récréation* de Gomès de Trier, c'est un autre proverbe, modifié ainsi pour la rime, non pour la raison, par un parémiographe plus moderne :   .

> Jamais cheval ni méchante homme
> N'amenda pour aller à Rome.

Ou bien c'est ce dicton mieux acéré encore, et qui nous montre le pèlerin, non plus comme un homme, mais comme une bête fauve :

« Le loup alla à Rome ; il y laissa de son poil et rien de ses coutumes. »

Ce qui ressort de tous ces adages trempés dans le fiel le plus amer de la raillerie populaire, et que deux vers du poëte ont si bien résumés :

> Rarement à courir le monde
> On devient plus homme de bien ;

c'est qu'alors, selon le bon sens du peuple, il ne fallait pas tenter de courses
lointaines, même dans un but dévot ; ou bien, c'est que de tels voyages
étant entrepris par suite d'une *emprise* chevaleresque, ou d'un vœu religieux,
il fallait bien s'y garder de mauvaise accointance avec les drôles qui couvraient les routes, ou se garer soigneusement des abris dangereux et des
gîtes funestes.

De tout temps l'Église, par la voix de ses prédicateurs, par les récits de ses
légendaires, avait cherché à prémunir l'esprit des chrétiens contre ces asiles de
perdition trop souvent préférés à ceux qui s'ouvraient humblement au seuil des
cloîtres. La légende de saint Polycarpe, par exemple, recueillie dans la collection des Bollandistes, nous a fait voir, par un récit assez semblable à la fable
païenne de *Simonide préservé par les dieux*, comment les auberges étaient
maudites du ciel, et quels dangers il y avait pour l'âme et le corps à s'y arrêter,
même une nuit. Le saint vient frapper à une hôtellerie dont un païen est le
maître, ce qui accroît encore les risques que court le saint homme dans une telle
maison. On l'accueille, et brisé de fatigue, il se hâte d'aller prendre du repos.
Pendant son sommeil, un ange lui apparaît, et à trois fois l'avertit que l'auberge
va s'écrouler, et le prie de se retirer. Le saint ne s'éveille et n'obéit qu'au troisième avertissement. Il s'éloigne de l'hôtellerie maudite. A peine a-t-il fait
quelques pas qu'il se souvient d'un oiseau dont une veuve chrétienne lui a fait
présent et qu'il a laissé dans l'auberge ; il revient le chercher et s'éloigne une
seconde fois. Il n'a pas franchi le seuil, que l'hôtellerie tombe en ruine derrière
lui.

Pour faire contraste avec ces récits, et pour engager à préférer toujours l'hospitalité des saintes demeures, l'Église avait d'autres pieuses légendes qui van-
taient le repos et la sécurité qu'on trouvait dans les retraites monastiques, dans
les cloîtres et dans les ermitages, aussi éloquemment que les autres avaient fait
voir le danger des hôtelleries. Ici c'était la légende de saint Euthymème qui,
ayant reçu dans sa retraite (*hospitio*) quatre cents étrangers, voit se renouveler
pour ses hôtes le miracle de la multiplication des pains ; ou bien c'était encore
le récit de la vie de saint Antoine passant les nuits à prier et les jours à cultiver
des légumes pour nourrir les étrangers qui peuvent lui venir et qu'il attend.
Ailleurs, c'était saint Longin le centurion, recevant dans sa demeure les assassins (*sicarios*) envoyés pour le tuer, et leur faisant accueil comme à des hôtes
ordinaires ; saint Apollonius, abbé, se faisant le guide de ses hôtes égarés ; ou

bien, pour opposer à ces exemples à suivre les récits d'actions contraires, c'était la légende de saint Fusé, qui voit subitement frappé par la main de Dieu, et possédé du démon, l'homme qui lui a refusé l'hospitalité.

Une foule d'autres légendes racontaient encore jusqu'aux moindres bienfaits des moines, des prêtres et des personnes pieuses envers les pèlerins et les passants. Celle-ci nous disait, par exemple, comment saint Abraham, par un effort de zèle dont nous avons déjà parlé, servait lui-même à boire aux voyageurs sous le porche de son église ; cette autre nous vantait les pieuses *eulogies*, offrandes de pain et de vin faites par les fidèles et déposées sur l'autel, afin que les pèlerins, imprévoyants par trop de zèle pieux, et partis pour les lieux saints sans argent et sans provisions (*sine nummis et sacculo*), comme la légende raconte que fit Cadocus, évêque de Bénévent, pussent trouver ainsi dans l'église de quoi satisfaire les premiers besoins de la faim et de la soif ; une coupe de vin dont ils pussent approcher leurs lèvres, un pain sacré dont il leur fût permis d'emporter une partie et que rappelle encore le pain bénit dont les menus morceaux sont distribués aux fidèles pour qu'ils les mangent dévotement chez eux.

On mêlait aux louanges méritées par ceux qui se montraient les plus ardents à faire ces offrandes des récits pieusement satiriques contre ceux, laïques ou prêtres, qui contrevenaient à ce saint usage, ou qui, par fraude, s'attribuaient, au détriment des pauvres et des voyageurs, le bénéfice des choses offertes. Nous lisons, dans le livre de Grégoire de Tours, *De la gloire des confesseurs*, une singulière anecdote sur l'un de ces prêtres, mauvais gardiens des *eulogies*, dépositaires infidèles du pain et de la boisson du pauvre.

« Il y avait à Lyon, dit le saint évêque, deux époux de race sénatoriale, qui, n'ayant pas d'enfants, instituèrent l'Église leur héritière. Le mari mourut le premier, et fut enterré dans la basilique de Sainte-Marie. Pendant une année entière, la veuve y vint prier assidûment. Elle y faisait dire tous les jours une messe commémorative, et apportait à l'offrande un setier de vin qu'elle faisait venir de Gaza en Syrie ; mais comme cette femme ne se présentait pas régulièrement à la communion, le sous-diacre en profitait pour substituer au vin précieux un vinaigre détestable. Il plut à Dieu de révéler cette fraude, et le mari apparut à sa femme : « Hélas ! très-douce épouse, lui dit-il, nous sommes donc bien déchus que nous offrons maintenant du vinaigre à l'autel ! — Comment, répondit la veuve, j'ai toujours donné, pour le repos de ton âme, du vin de Gaza de premier choix ! » A son réveil, elle courut entendre matines, assista au divin sacrifice, et, quand vint le moment de communier, elle saisit le calice et avala le vinaigre, qui faillit lui faire tomber les dents. Ainsi fut reconnue la supercherie du sous-diacre. »

Ces récits se faisaient aux veillées, dans les châteaux, chez les artisans, aussi bien que dans les cloîtres, et tout en égayant les longues heures, ils édifiaient, ils inspiraient le respect et la pratique des mœurs hospitalières, l'horreur pour les vices qui tendaient à en altérer la pureté.

« ...Ces vies de saints, recueillies par les Bollandistes, a dit M. de Châteaubriand, dans son *Analyse raisonnée de l'histoire de France*, n'étaient pas d'une imagination moins brillante que les relations profanes : incantations de sorciers, tours de lutins et de farfadets, courses de loups-garous, esclaves rachetés, attaques de brigands, voyageurs sauvés, et qui, à cause de leur beauté, épousent les filles de leurs hôtes (*saint Maxime*); lumières qui, pendant la nuit, révèlent au milieu des buissons le tombeau de quelque vierge; châteaux soudainement illuminés (*saint Viventius, Maure et Brista*).

» Saint Déicole s'était égaré; il rencontre un berger, et le prie de lui enseigner un gîte : « Je n'en connais pas, dit le berger, si ce n'est dans un lieu arrosé de fontaines, au domaine du puissant vassal Weissart. — Peux-tu m'y conduire? répondit le saint. — Je ne puis quitter mon troupeau, » répliqua le pâtre. Déicole fiche son bâton en terre, et quand le pâtre revient après avoir conduit le saint, il trouva son troupeau couché paisiblement autour du bâton miraculeux. Weissart, terrible châtelain, menace de faire mutiler Déicole; mais Berthilde, femme de Weissart, a une grande vénération pour le prêtre de Dieu. Déicole entre dans la forteresse; les serfs empressés le veulent débarrasser de son manteau; il les remercie et suspend son manteau à un rayon de soleil qui passait à travers la lucarne d'une tour. » Il nous suffirait de ce dernier trait pour faire voir jusqu'où les dévots légendaires poussaient la fantaisie du détail. La légende de saint Julien *l'hospitalier*, véritable patron sous l'invocation duquel eussent dû s'ouvrir les hôtelleries, n'est point empreinte de cette poésie un peu romanesque; elle est d'une forme plus sérieuse, et porte mieux avec soi la vérité qui touche et persuade.

« Et alors, dit la légende dorée de Jacques de Voragine, à propos du saint et de sa sœur, ils s'en allèrent ensemble vers un très-grand fleuve, où beaucoup de gens périssaient, et ils fondèrent un hôpital en ce désert pour faire pénitence et pour porter de l'autre côté de l'eau tous ceux qui voulaient passer, et tous les pauvres devaient être reçus en cet hôpital. Et longtemps après, comme Julien était à se reposer, très-fatigué, vers le milieu de la nuit, et qu'il gelait fortement, il entendit une voix qui pleurait piteusement, et qui appelait Julien, afin de passer le fleuve. Entendant cela, le saint se leva tout ému, et il trouva un homme qui mourait de froid; et il le porta en sa maison, et il alluma du feu, et il s'efforça de le réchauffer; et comme il ne pouvait y réussir, il craignit que ce malheureux ne vînt à expirer de froid, et il le porta en son lit, et il le couvrit avec grand soin. Et peu après celui qui lui était apparu ainsi malade et lépreux se montra très-resplendissant, et, s'élevant vers les cieux, il dit à son hôte : « Julien, Notre-Seigneur m'a envoyé vers toi, et il te fait savoir qu'il a

agréé ta pénitence, et vous deux vous reposerez en Notre-Seigneur dans un peu
de temps. » Et il disparut aussitôt. Et peu après, Julien et sa femme, pleins de
bonnes œuvres et d'aumônes, reposèrent en Notre-Seigneur. »

On garda bon souvenir de la vie si pieuse et si hospitalière de saint Julien. Il
fut pris pour patron par les gens amis des voyageurs et prompts à ouvrir leur
porte au passant fatigué. Les aubergistes mêmes, ne fût-ce que pour faire croire
qu'ils étaient hospitaliers, se firent gloire, nous l'avons dit déjà, d'ouvrir leur
gîte et d'arborer leur enseigne sous son invocation. Une locution curieuse :
Avoir l'hôtel Saint-Julien, traversa tout le moyen âge ; elle s'entendit d'abord
pour le bonheur si rare de trouver un bon gîte, puis, par extension, pour
toutes les félicités qu'on pouvait souhaiter en amour. Un poëte qui a obtenu un
rendez-vous de sa maîtresse, et qui vient de passer de douces heures avec elle,
ne remercie que saint Julien qui lui a donné si bon *ostel* :

> Saint Julien qui puet bien tant,
> Ne fist à nul home mortel
> Si doux, si bon, si noble ostel.

Avoir bonne femme, faire bon ménage, c'était encore *avoir l'ostel saint
Julien* ; aussi Eustache Deschamps a-t-il eu raison de dire :

> Qui prend bonne femme, je tien
> Que son ostel est saint Julien.

Mais encore une fois, c'était surtout à propos d'un bon gîte heureusement
trouvé qu'on employait la bienheureuse expression, car avant tout saint Julien
était hospitalier :

> Saint Julien bon herbet (*hébergeur*).

comme on lit dans le recueil manuscrit des *proverbes français* du xv⁰ siècle.

Pour être sûr de son intercession dans cette recherche d'une bonne auberge
ou d'un hôte bienveillant, il fallait chaque matin, avant de se mettre en route,
réciter une prière en son honneur. Nous lisons dans *Le dit des hereus* :

> Tu as dit la patenostre
> Saint Julien à cest matin,
> Soit en roumans, soit en latin,
> Or tu seras bien ostelé.

Cette prière au patron des voyageurs s'appelait l'*Oraison de saint Julien*.
Or vous savez si elle était en route d'un utile secours, si vous avez lu, comme
je pense, le conte que Boccace a fait sous ce titre, et que la Fontaine a imité
dans le cinquième de son deuxième livre. Renaud d'Ast, le héros du conte,
s'explique ainsi sur l'efficacité de l'oraison qu'il ne manque jamais de dire dévotement chaque fois qu'il se met en voyage :

Comme homme simple et qui vit à l'antique,
Bien vous dirai qu'en allant par chemin,
J'ai certain mot que je dis au matin,
Dessous le nom d'oraison ou d'antienne
De saint Julien, afin qu'il ne m'advienne
De mal giter; et j'ai même éprouvé
Qu'en y manquant cela m'est arrivé.
J'y manque peu : c'est un mal que j'évite
Par-dessous tout, et que je crains autant.

Et notre homme, si vous vous souvenez du conte, avait raison de parler
ainsi, autant que les trois drôles qui déjà s'apprêtaient à lui voler son cheval
avaient tort de se moquer du saint et de son oraison, car Renaud eut enfin un
bon gite, et les autres n'arrivèrent qu'à une potence. La prière, il est vrai, fit
son effet un peu tard. Le patron commença par laisser voler le pauvre Renaud
d'Ast, et par permettre qu'il se morfondît de longues heures, tout nu et jusqu'au
cou dans les boues et dans la neige. Mais la revanche qu'il lui ménageait était
si belle! Il y avait si bon feu, si bonne table, servante si accorte, et surtout
maîtresse si gracieuse et si avenante dans la maison qui s'ouvrit enfin pour
lui :

Renaud n'était si neuf qu'il ne vît bien
Que l'oraison de monsieur saint Julien
Ferait effet et qu'il aurait bon gite.

Le saint ne fit pas les choses à demi; il était un peu le patron de la bonne
chère et des amoureux, nous vous l'avons déjà dit, et nous vous le ferons mieux
voir encore tout à l'heure. Il fit donc à son protégé large part de bombance et
d'amour :

Conclusion que Renaud, sur la place,
Obtint le don d'amoureuse merci.

Pendant ce temps, nos trois voleurs, qui avaient ri de saint Julien et de son
oraison, étaient pris, jugés, pendus, ou pour mieux dire, en nous servant
de l'heureuse expression du poëte, n'étaient plus qu'un « trio branché. »

Après cela, doutez de la puissance
Des oraisons. Ces gens gais et joyeux
Sont sur le point de partir leur chevance,
Lorsqu'on les vient prier d'une autre danse.
En contre échange, un pauvre malheureux
S'en va périr selon toute apparence,
Quand sous la main lui tombe une beauté
Dont un prélat se serait contenté.
Il recouvra son argent, son bagage,
Et son cheval et tout son équipage;
Et grâce à Dieu et monsieur saint Julien,
Eut une nuit qui ne lui coûta rien.

Les voleurs, quoique se moquant volontiers de l'oraison du saint, savaient pourtant commenter à leur manière la fameuse locution *avoir l'hôtel saint Julien*. Ils lui donnaient un sens contraire à celui que lui donnaient les pèlerins. Pour ceux-ci, on entendait par là trouver un bon gîte et échapper aux voleurs ; pour nos drôles, par une interprétation tout opposée, c'était trouver une bonne proie, quelque niais sans défense et facile à détrousser. Les filles de mauvais lieux ne s'exprimaient pas non plus autrement quand il s'agissait pour elle d'un ribaud à qui accorder le *déduit*, ou surtout de quelque pauvre galant à plumer après l'avoir fait boire. Mabile, l'une de ces prostituées de Provins si fameuses au xiiie siècle, selon le proverbe, et qui logeait justement dans la rue des P......, dont le nom scandaleux s'est conservé jusqu'ici dans la ville des roses, Mabile, l'héroïne gaillarde d'un fabliau de Courtois d'Arras, s'était bien vantée d'avoir ainsi l'*hôtel Saint-Julien* aux dépens de Boivin Provins ; mais le drôle était plus fin qu'elle, et il avait juré de l'avoir aussi. Il se laissa bien héberger, dorloter à l'aise, ne donna pas un denier, sauva même sa bourse que guignaient Mabile et ses femmes, et bien mieux, échappé de leurs griffes, il s'en alla tout conter au prévôt, qui lui donna dix sous pour son conte et sa dénonciation. C'était avoir doublement l'hôtel saint Julien. Legrand d'Aussy a donné de ce fabliau une analyse assez ingénieuse, mais il a eu le tort de manquer d'audace et d'en dénaturer le caractère, sous prétexte d'en atténuer le scandale. De Mabile, qui est une prostituée dans le fabliau, il fait une couturière dans son analyse, ce qui n'est pas la même chose, bien que la différence entre les deux métiers ne fût pas déjà bien grande. Avant de vous faire lire ce curieux conte, nous vous devions cet avertissement, que Legrand, du reste, a lui-même donnée en note :

« Qui veut ouïr l'aventure de Boivin, qu'il approche et m'écoute. Il pourra se vanter de la savoir au vrai, à moins qu'il ne bouche ses oreilles pour ne pas m'entendre.

» C'étoit un maître ribaud et un coquin bien adroit que ce Boivin : Provins n'en avoit pas deux comme lui. Un jour il lui prit envie, pendant le temps de la foire, de jouer un tour de son métier. Depuis un mois, il avoit exprès laissé croître sa barbe. Il prit une cotte, un surcot et une chape de bure grise, une coiffe de burat, de gros souliers bien épais, avec une grande bourse de cuir dans laquelle il mit douze deniers qui composoient tout son avoir, et, pour mieux ressembler à un vilain, il s'arma d'un aiguillon.

» Ainsi équipé, le drôle alla dans une rue détournée, vis-à-vis de la maison d'une certaine Mabile, couturière fort renommée et qui avait chez elle plusieurs ouvrières. Le long du mur étoit une souche, Boivin s'y assit, mit son aiguillon par terre, et, le dos un peu tourné aux fenêtres de Mabile, sans paroître s'occuper d'elle, il commença, d'un air fort affairé, à se parler ainsi :

« Çà, puisque nous voilà hors de la foire et dans un endroit tranquille, fai-
» sons un peu notre compte. D'abord j'ai reçu, pour un de mes bœufs, trente-

» neuf sous, j'en ai reçu dix-neuf pour un autre ; sur quoi il faut défalquer
» douze deniers que j'a donnés à Giraut qui me les a fait vendre. Dix-neuf et
» trente-neuf, ça fait..., ça fait... Morbleu! si j'avois ici des fèves ou des pois
» pour compter, je le saurois bien vite. Dix-neuf et trente-neuf... Oh! je me
» rappelle que Sirou m'a dit que c'étoit cinquante. Item pour deux setiers de
» blé pour ma jument, mes cochons et la laine de mes agneaux, cinquante
» autres sous. Cinquante et puis cinquante, et puis dix-neuf et puis trente-neuf,
» ça fait bien tout justement cent, cent sous, c'est comme qui diroit cinq
» livres..... n'est-ce pas une, deux, trois..... »

» Et tout en parlant ainsi, Boivin faisoit sonner ses douze deniers ; il les prenoit à plein poing, les tiroit de sa bourse, les y remettoit : on eût dit qu'il
avoit à compter un trésor.

» Les filles, au bruit, étoient accourues à la fenêtre, et elles avoient appelé
Mabile. « Chut! leur dit celle-ci, ne l'interrompez pas, il faut nous amuser
» du vilain, et nous régaler aujourd'hui à ses dépens. Laissez-moi faire. »

» Mabile étoit l'une des commères les plus fines et les plus adroites dont vous
ayez jamais ouï parler ; mais elle ne savoit pas avoir affaire à un matois bien
autrement rusé qu'elle encore. Le pendard, feignant toujours de n'être occupé
que de son compte, qu'il embrouilloit exprès à chaque moment, répétoit sur
ses doigts, d'un air imbécile: « Dix-neuf, et puis trente-neuf, et puis cent, et
puis cinquante... » Enfin, au bout de quelque temps, comme s'il n'eût pu se
dépêtrer d'un compte aussi embarrassant, il s'écria avec un soupir :

« Ah! si j'avois ici ma douce nièce Mabile, la fille de Tiece, ma sœur! Elle
» avoit de l'esprit celle-là. Quelle consolation ce seroit pour moi, à présent que
» j'ai perdu ma femme et mes enfants. Elle m'aideroit dans mon ménage ; je
» lui aurois donné un bon mari, et après moi tout mon bien. Mais elle s'est en-
» fuie, la mauvaise, et m'a planté là. »

» En parlant ainsi, Boivin sanglotoit douloureusement, et il s'écrioit de nouveau : « Ah! Mabile, ma douce nièce Mabile! »

» Mabile, qui n'avoit pas perdu un mot de tout ce soliloque, crut qu'il étoit
temps de profiter de la confidence. Elle descendit dans la rue. « Prud'homme,
» dit-elle, excusez-moi si je vous interromps ; mais vous ressemblez si fort à
» un oncle que j'ai, qu'il ne m'a pas été possible d'y tenir. Dites-moi un peu
» votre nom et votre village, s'il vous plaît. » Boivin répondit qu'il s'appeloit
Foucher de la Brousse ; puis regardant la couturière avec un air d'étonnement,
il ajouta : « Mais vous-même, damoiselle, je suis bien trompé si vous n'êtes pas
» Mabile, ma nièce. »

» A ces mots, Mabile feint de se pâmer, et tombe assise sur la souche ; un moment après elle se relève et s'écrie : « Dieu m'a donc accordé enfin tout ce que
» je demandois. » Alors elle se jette au cou de Boivin, le serre dans ses bras,

lui baise les yeux et la bouche, et semble ne vouloir jamais se lasser de l'embrasser. « Douce amie, reprend le ribaud, c'est donc véritablement toi? — » Oui, sire, c'est la fille de votre sœur Tièce. — Ah! belle nièce, tu es cause » que j'ai eu pendant longtemps bien du chagrin; mais je te pardonne puisque » te voilà retrouvée. » Et mes deux hypocrites de s'embrasser de nouveau, en larmoyant chacun de leur côté.

» Les filles admiroient de la fenêtre l'adresse avec laquelle Mabile jouoit son personnage. Elles voulurent la seconder et descendirent dans la rue pour lui demander si l'honnête homme à qui elle témoignoit tant d'amitié étoit de sa connoissance. « De ma connoissance, damoiselles! Eh! c'est mon oncle Foucher, » le propre frère de ma mère Tièce.— Quoi, dame! votre oncle Foucher dont » vous nous avez tant de fois parlé? — Oui, vraiment, lui-même. — Certes, » vous devez être bien glorieuse; car si une nièce comme vous lui fait honneur, » entre nous, il est bien taillé pour vous en faire aussi. » Alors les donzelles » vinrent l'une après l'autre, avec une révérence, embrasser Boivin. « Mais ne » restez donc pas plus longtemps dans la rue, bel oncle, lui dirent-elles, entrez, » c'est ici pour vous *l'hôtel Saint-Julien*, et nous vous y recevrons comme vous » le méritez. » En même temps, elles le prirent par-dessous le bras pour le conduire dans la maison. Au milieu de tout ceci, il affectoit un air niais qui vous eût fait pâmer de rire. Les fillettes avoient beaucoup de peine à s'en empêcher; elles lui tiroient la langue par derrière en se moquant de lui, mais encore une fois, le plus sot dans cette aventure n'étoit en aucune façon celui qui le paroissoit.

» Aussitôt qu'il fut entré, Mabile appela Ysanne, l'une des ouvrières, pour lui commander un bon dîner. « Avez-vous de l'argent à me donner? répliqua celle-ci, » je ne possède pas une maille. — Va toujours, reprit Mabile, et mets en gage, » s'il le faut, nos surcots et nos couvertures. C'est aux dépens de ce vilain que » nous nous régalons, avant le soir il aura tout payé. » Ysanne courut donc chez l'usurier chercher de l'argent, et revint avec deux oies et deux chapons gras. Toute la maison aussitôt se met en œuvre pour les apprêter. L'une les plume, l'autre fait du feu, celle-ci tourne la broche, celle-là met la table, tandis qu'un autre va quérir du vin.

» Mabile, pendant ce temps, tâchoit d'amuser son hôte. « Bel oncle, comment » se porte ma tante? Et mes petits cousins, ils doivent être bien grandis depuis » que je ne les ai vus. — Ah! belle nièce, j'ai manqué de mourir de chagrin; » Dieu me les a tous pris. Je suis tout seul à présent, et ce n'est plus que de » toi que je peux attendre ma consolation. — Que m'avez-vous dit là bel oncle? » Hélas! je m'en doutois qu'il devoit m'arriver malheur; j'ai rêvé de morts cette » nuit. » Et alors elle se mit à pleurer. « Bon, bon, les morts sont morts, lui » dit Ysanne, il faut les laisser et rire avec les vivants. Allons, dame, lavez et

» mettez-vous à table, le dîner est prêt; quand vous aurez bu, vous aurez de
» quoi faire des larmes. »

» Boivin feint de s'extasier quand il voit le repas qu'on lui a servi. Il déclare
que ce n'est pas son intention de causer à sa nièce pareille dépense; et, comme
s'il vouloit s'en charger, il feint de porter sa main à sa bourse pour en tirer
douze deniers. La nièce l'arrête en protestant que c'est lui faire insulte. Elle
avoit pour projet de l'enivrer et de lui escamoter alors la bourse entière. Dans
ce dessein, elle le fait boire copieusement; mais le ribaud possédoit une tête à
l'épreuve; il avala gaiement toutes les rasades que lui versent les filles, sans
seulement en paroître moins altéré.

» Quand Mabile voit qu'elle ne peut, par cette voie, réussir à le voler, elle
en emploie une autre. En faveur de sa parenté, elle veut le régaler de *l'hôtel
Saint-Julien* qu'on lui a promis.

» Je n'ai pas besoin, ajoute Legrand d'Aussy, qui comme nous a préalable-
ment dit à ses lecteurs ce qui se cache sous ce mot de débauche clandestine, je
n'ai pas besoin d'expliquer ici le sens de cette expression, qu'on a déjà vue
employée ailleurs. Ysanne est chargée de la commission, qui chez l'auteur est
décrite avec toutes ses circonstances; mais il est recommandé tout bas à la dé-
putée de profiter du premier moment où le vilain s'oubliera, pour lui couper
les cordons de sa bourse. Celui-ci, plus fin qu'elle, les coupe lui-même, sans
qu'il y paroisse, par-dessous sa chape, et il cache la bourse dans son sein.

» Quand il rentre, Mabile, qui voit les deux cordons pendants, et qui croit
la bourse escamotée, va pour la redemander à Ysanne. Celle-ci proteste qu'elle
n'a rien vu; Mabile l'accuse de fripponnerie; elles se disent des injures et se
battent. Boivin, de son côté, se plaint de ce qu'on l'a volé. Tout ce qu'il y a de
gens dans la maison prend parti pour ou contre Mabile; le combat devient
général; on crie, on jure, on s'arrache les cheveux; les tisons, les meubles
volent à la tête, c'est un vacarme si effroyable que les voisins et les passants
accourent au bruit, et qu'ils sont obligés de frapper sur les combattants pour
les séparer. Quant à Boivin, après avoir joui de ce spectacle, il va conter son
aventure au prévôt, qui le soir en divertit à table ses amis, et lui donne dix
sous. »

Quelquefois au lieu de *l'hôtel Saint-Julien*, expression si singulièrement pa-
rodiée dans ce fabliau du ribaud et de Mabile, on disait *l'hôtel Saint-Martin*
pour désigner qu'on tenait bon gîte, bonne table, et... le reste; les ivrognes
surtout préféraient cette variante, saint Martin étant leur patron bien mieux
encore que saint Julien.

<blockquote>
Saint Martin boit le bon vin,
Et laisse l'eau courre au moulin,
</blockquote>

comme disait au XVIe siècle, d'après le dicton populaire, Gabriel Meurier dans son *Trésor des sentences*. Le roman de *Flores* et de *Blanchefleur* dit la chose franchement, et montre sans détour qu'avoir *l'hôtel Saint-Martin*, c'était se bien gorger au cabaret, avoir franche lippée, ample repue :

> Sovent dient par le bon vin
> Que ils ont l'ostel saint Martin.

Avait-on eu joyeuse aventure avec quelque joyeuse commère? avait-on bien trompé, bien rossé quelque mari jaloux qui s'en allait cocu et content, on ne se faisait pas faute de la bienheureuse locution ; c'est encore saint Martin qui endossait la bonne fortune sous son benoît patronage. Les deux clercs du conte de *l'Anneau*, si gaillardement écrit par Jean de Boves, n'ont, au dénoûment de l'aventure, de reconnaissance qu'au révérend patron. Leur seule pensée, c'est de dire merci à Dieu et à saint Martin. Leur action a bien été quelque peu libertine et profane. Pour se venger du meunier Gombert, qui a fait main basse sur le blé qu'apportait Martin, et sur la jument que montait Thibault, ils ont un peu trop gaillardement pris leur revanche en nature, Thibault sur la fille, Martin sur la femme du manant ; n'importe, la vengeance consommée à la grande confusion du meunier, qui, par-dessus le marché, reçoit de bons horions, le matin venu, aux félicitations qu'ils s'adressent se mêle le nom du saint dont l'intercession leur a donné cette vengeance et cette bonne nuit ; et le conteur Jean de Boves ne croit pas pouvoir mieux finir le conte qu'en disant sans pitié pour le pauvre meunier : « *C'est ainsi qu'ils eurent à ses dépens l'hôtel Saint-Martin.* »

Sous le patronage et sous l'invocation de saint Julien, — car c'est à lui que nous devons nous arrêter bien plus qu'à saint Martin dont nous avons déjà dit tout ce que nous devions dire, — s'ouvrirent par tout le monde chrétien des refuges hospitaliers, des asiles de charité. C'était le saint des pauvres par excellence, le patron des égarés. A Paris, dès le vie siècle, un asile s'était ouvert sous son nom, asile bien humble, pauvrement meublé, presque malsain, car les eaux de la Seine, alors mal contenues, en battaient les murailles et y infiltraient leur humidité. Les évêques y venaient loger pourtant, comme pour mieux donner l'exemple de l'humilité, et pour que le pauvre ne dédaignât pas ces gîtes où eux-mêmes ne craignaient pas de venir poser leur tête. En l'an 580, quand Grégoire, le saint évêque de Tours, vint à Paris pour les affaires de son église, c'est là qu'il descendit et qu'il prit gîte, s'y soumettant à toutes les austérités. « Il y logeait dans une cellule, il y dormait dans la cour et sur les dalles du parvis. » Après les pauvres y vinrent les étudiants qui sont des pauvres aussi et des pèlerins, pauvres demandant le pain de la science, pèlerins s'aventurant sur le chemin du savoir. Quand ils y affluèrent en plus grand nombre, l'hospice dut s'agrandir. C'est alors qu'on éleva son église, précieux joyau de l'art gothique, et que l'on construisit les bâtiments qui longeaient la rue Ga-

laude. C'était dans la dernière partie du XIIIᵉ siècle, époque où la foi et la charité furent une révélation pour l'art, ainsi que le prouvaient le style de l'édifice
et le caractère d'un petit bas-relief, dernier débris qui eût survécu dans ces
derniers temps à toutes les merveilles du charitable asile. Il représentait justement la scène que la *Légende dorée* vous a racontée tout à l'heure. On y voyait
le saint rayonnant de la plus naïve et de la plus suave bonhomie, sa femme,
au visage plus épanoui encore, puis, auprès de sa cellule, dont les murailles
trempent jusque dans l'eau, le mendiant auquel Julien porte secours et dont le
front nimbé prouve qu'il n'est autre que Jésus-Christ lui-même sous les haillons d'un mendiant. C'est ainsi en effet que procédaient ces pieux récits, comme
M. Maury l'a si bien fait remarquer. « Dans les légendes, dit-il, qui ont avec
celle-ci beaucoup d'analogie, la métaphore mal comprise se trahit encore. Nous
voulons parler de ces pauvres, de ces mendiants qui se présentent à des saints
qui les ont pieusement assistés, mendiants qui étaient Jésus-Christ en personne,
récits touchants destinés à traduire d'une manière plus sensible et plus frappante le précepte évangélique. »

M. Didron, qui a été l'un des premiers à défendre les restes du vieil hospice,
et à s'indigner contre l'édilité parisienne qui laissait le rare bas-relief dont nous
venons de parler servir d'appui à la fenêtre d'un mécanicien, M. Didron, le savant archéologue et l'habile écrivain, a précisé mieux que personne quel était
le caractère de l'hospice ouvert à Paris dès les premiers temps du moyen-âge
sous le nom de Saint-Julien-le-Pauvre, et qui, ne dérogeant jamais au but de sa
fondation, resta, jusqu'à ces derniers temps, sous la dépendance de l'Hôtel-
Dieu de Paris, dans le ressort de l'administration générale des hospices.

« A Paris, dit M. Didron, en face de la cathédrale, de l'autre côté du fleuve,
et hors de l'île occupée par la cité, furent élevés, aux époques primitives de
notre histoire, des bâtiments civils et une église dédiée à saint Julien le Pauvre ;
c'était un *hospitium* dans toute l'étendue étymologique du mot, une auberge,
un caravansérail comme on en voit en Orient, et où l'on recevait pour rien tous
les étrangers. Or, les étrangers de ce temps, comme encore ceux d'aujourd'hui,
pour la plupart du moins, c'étaient de jeunes voyageurs poussés hors de leur
patrie par les inquiétudes du cœur et les curiosités de l'esprit. Ils allaient à
Jérusalem, centre de la croyance ; à Paris, centre de la raison, pour s'échauffer
ou s'instruire, pour remplir les vides de l'âme ou de l'intelligence. A toutes les
époques de notre histoire, Paris a été une effluve de lumière où sont venues
s'éclairer les plus grands hommes du moyen-âge. Il fallait à tous ces pèlerins
de la science un pied-à-terre assuré et calme où ils pussent se délasser et vaquer à leurs sublimes affaires.

» Julien l'Hospitalier donna son nom à cet asile. Auberge pour les étrangers
qui venaient quêter de la science, auberge pour les étudiants qui venaient s'ins-

truire, c'était en même temps un hospice pour ces voyageurs qui étaient souvent malades de fatigue et toujours de pauvreté. Qui dit étudiant dit pauvre, comme M. Michelet le prouve excellemment l'histoire en main ; qui dit voyageur dit malade. Pour les nécessités du corps, le bâtiment de Saint-Julien se fit hospice, il se fit école pour les besoins de l'âme.

Cela dit, M. Didron ajoute un curieux paragraphe duquel il ressort clairement que nous avons bien fait d'admettre les écoliers parmi nos personnages, à titre de débauchés d'abord, d'hôtes effrénés des tavernes, en dépit des défenses du prévôt, déjà constatées, et de certaine charte du cardinal Pierre portant la date de l'an 1402, *pro fundatione collegii sanctæ Catharinæ Tolosanæ* « *ne scolaribus detur occasio tabernandi et se distrahendi ab exercitio studiali;* » ensuite à titre de pauvres, puisqu'en effet allant sur les brisées des mendiants, ils prennent pour patron le même saint, pour asile le même gîte, l'hospice Saint-Julien. Ce que nous savions sur la misère des pauvres *capettes* de Montaigu, réduits à l'ordinaire de la trentième partie d'une livre de beurre, de la moitié d'un hareng, et d'une pomme cuite par jour ; sur la mendicité des élèves du collége de Navarre, qui s'en allaient criant par les rues : « Du pain, du pain, pour les pauvres écoliers de madame de Navarre ; » enfin, sur la masse des étudiants de Paris, qui chaque matin faisait sa provende des miettes tombées de la table des Chartreux du *Diable Vauvert;* tout cela nous avait déjà donné beaucoup à penser sur le rapport de la vie de l'écolier avec celle du pauvre au moyen âge, et sur l'identité presque complète de ces deux existences misérables. Mais voyant le même patron, saint Julien, adopté par les uns et les autres, et la communauté de misère réellement consacrée par cette invocation commune, il n'y a plus eu de doute pour nous ; du pauvre à l'écolier, il n'y a plus eu que la différence du savoir. D'un côté, soif, faim, haillons dans l'étude, de l'autre, même pénurie dans le vagabondage. Mais pour les uns, les écoliers, espoir de puissance et de dignités magistrales achetées au prix de la maigreur et des veilles ; pour les autres au contraire, les mendiants, perpétuité de misère et d'ignominie, méritée par l'endurcissement dans la paresse et dans le vice. L'écolier partait comme le pauvre, de l'hospice de Saint-Julien, mais s'il était studieux, il s'en allait siéger enfin en Sorbonne ; le mendiant allait finir dans les fanges des *cours des Miracles :*

« Partout durant le cours du moyen âge, dit M. Didron dans le paragraphe annoncé tout à l'heure, partout à côté d'un hôpital s'élevait une école ; ainsi, dans la grande ville de Reims, l'école et l'hôpital étaient abrités sous les ailes de l'immense cathédrale. Dieu bénissant les affligés avec la main droite, tandis que de la gauche il tient un livre qu'il montre et qu'il ouvre à tous, est le type constant sous lequel est représenté Jésus-Christ, l'auteur et la personnification divine du christianisme. Mais Paris c'est une capitale, c'est une de ces villes où toutes choses abondent, fourmillent et se multiplient. Déjà la Cité avait son hospice et son évêché, il fallait aussi que cette partie de la ville qui s'étend de la montagne Sainte-Geneviève à la Seine, et où fut plus tard l'Université, eût son école et son hôpital. Ici les deux établissements furent réunis en un seul et concentrés dans Saint-Julien. L'école séculière ou de Saint-Julien avoisinait celle de la Cité, ou de l'évêché, qui était l'école ecclésiastique ; la première touchait la seconde, pour ainsi dire, et n'en était éloignée que du jet d'une pierre, par un petit bras de la Seine. A ce titre, elle devait être sa rivale ; ce maigre filet d'eau fut comme un abîme qui les sépara. « L'étude de la théologie demeura à l'évêché, dit Félibien dans son *Histoire de Paris*, mais les humanités et la philosophie, qui occupaient le plus grand nombre d'étudiants, se faisaient à Saint-Julien, d'où elles s'étendirent plus haut. Jusqu'en 1525 se firent à Saint-Julien l'élection du recteur de l'Université et l'élection des intrants qui choisissaient ce recteur. » Le roi de la science venait donc prendre à Saint-Julien possession de son domaine, comme les souverains sont sacrés sur le trône, avec la couronne et l'épée du plus grand et quelquefois du premier roi d'une monarchie. »

Cet hospice de Saint-Julien n'était pas le seul qui s'ouvrit à Paris aux pèlerins et aux pauvres ; il y avait encore celui de Saint-Jacques de l'Hôpital, ou aux Pèlerins, comme Dubreul l'appelle, et celui de la Trinité, vastes hôtelleries de charité où tout passant n'ayant pas d'ami qui pût le recevoir dans Paris trouvait à s'héberger gratuitement, aux frais des âmes dévotes qui avaient doté et renté ces maisons.

L'hôpital de Saint-Jacques, s'il fallait en croire Claude Fauchet, eût daté de Charlemagne, qui avait une grande piété pour cet apôtre, mais il est plus certain encore que si l'église remontait à cette époque, l'hospice datait tout au plus de la première moitié du xive siècle.

« En l'an de grâce 1317, plusieurs notables et dévotes personnes, dit Jacques Dubreul, qui avoient fait le voyage de Saint-Jacques, muez de dévotion, délibérèrent entre eulx d'édifier une église et un hospital, en la grand'rue Sainct-Denys, près la porte aux Paintres, à l'honneur de Dieu, de la vierge Marie, et du benoist apostre monsieur saint Jacques, pour loger et héberger les pèlerins passans, allans et retournans de leur voyage, et d'y fonder quatre chappellains et quatre clercs pour faire le service divin, tel qu'il seroit advisé et ordonné. Et en la fin de ladite année, lesdits confrères pèlerins acquirent de leurs propres deniers le pourpris depuis l'hostel d'Ardoise (*d'Artois*), dans la rue Saint-Denys, proche de la rue au Cigne, jusques au coin de la rue de Mauconseil, et partie d'icelle rue jusques au coin de la rue de Merderet, tant de longueur que de largeur, pour édifier ladite église et hospital, le cloistre, les salles, logis des bénéficiers et gens d'église. »

Le porche de l'église était décoré, entre autres statues, de celles qu'on a déterrées il y a quelques années, et qui servent aujourd'hui d'enseignes monumentales à un magasin de nouveautés. Entre toutes se distinguait l'image de saint Jacques, placée dans la partie du portail qui faisait justement face à la rue aux *Oües* ou aux *Oies*, rue aux succulents parfums, car les broches des plus fameuses et des plus infatigables rôtisseries y tournaient incessamment, renvoyant jusqu'à la rue Saint-Denis et jusqu'à la statue du saint, quelques chaudes bouffées de la flamme odorante qui dorait leurs rôtis. Aussi, ce carrefour de Saint-Jacques de l'Hôpital était-il célèbre pour les gourmets de ce temps-là; c'était à qui viendrait y humer le fumet des bons morceaux pour se préparer à les savourer, ou bien pour se dédommager de ne pouvoir y mordre. On disait d'un fin gourmet : « *Il est comme saint Jacques de l'Hôpital, il a le nez tourné à la friandise*, » plaisanterie des gabeurs du temps qui est restée proverbe. Mais en cela, voyez le malheur, et comme le hasard est parfois ironique; les gens qui étaient le plus à même de humer ces émanations culinaires et de se donner de l'appétit en les savourant, étaient ceux-là même qui ne pouvaient tâter des gras morceaux dont ils étaient les avant-coureurs pleins de promesses; c'étaient nos pauvres et nos pèlerins.

L'hôpital de la Trinité était de même situé dans la rue Saint-Denis, mais à une plus grande distance de cette rue aux Oües, *via ad aucas vel ocas*, qui devait donner à nos pèlerins de si vives tentations de gourmandise.

Comme celui de Saint-Julien, comme celui de Saint-Jacques, cet hôpital devait, selon l'intention de ses fondateurs, servir d'asile aux pèlerins et aux pauvres, mais seulement toutefois à ceux de ces gens-là qui étaient attardés et qui n'avaient pu entrer dans Paris avant que les portes en eussent été fermées, car en 1202, année de sa fondation, l'endroit où il fut bâti était encore hors des murs, tout près de la porte aux Paintres et d'une croix nommée *Croix de la royne*, qui lui fit donner à lui-même le premier nom qu'il porta :

« En l'an 1202, dit encore Jacques Dubreul, il y eut deux nobles hommes, l'un nommé Wilhem Escuacol, qui est un nom allemand et vaut autant Wilhem que Guillaume en notre langue, et Jean de la Passée, frères charnels de mère seulement, lesquels voyant que plusieurs pauvres pèlerins, pour être arrivez tard, ne pouvoient entrer en la ville et estoient contraints coucher sur la terre, achetèrent deux arpents d'une pièce tenant à la *Fontaine la royne*, hors Paris, pour estre lors la porte d'icelle ville au lieu que nous appelons maintenant **la porte aux Paintres**... Ils commencèrent à y bastir un hospital, et entre autres choses, une fort belle grande salle haute du rez-de-chaussée de trois ou quatre toises, afin de la rendre moins humide pour loger lesdits pauvres..... Belle grande salle de deux toises et demy de long et six toises de large, fondée sur grandes arcades, fermée à croix possiers, le tout de pierres de taille. »

Pour administrer saintement cette maison, on avait fait venir trois religieux de l'abbaye d'Hermières, de l'ordre de Prémontré; on les avait bien logés dans une maison « manable » bâtie exprès pour eux, on les avait richement rentés; mais, en dépit de ces avantages, ils n'avaient pas tardé à se départir du but pieux des fondateurs. « Plus enclins à leur particulier qu'à la charité, tant spirituelle que corporelle, dit Dubreul, ils auraient peu à peu délaissé ladite hospitalité. » L'hospice alors fut tout à fait désert; les pèlerins, qui n'avaient jamais dû y venir de bien bon cœur, les auberges, même les plus misérables, ayant toujours eu plus d'attraits pour eux, en oublièrent tout à fait le chemin. Que firent alors nos religieux? A quel usage destinèrent-ils la grande salle construite pour être le dortoir de tous ces passants sans abri? Ils en firent une salle de spectacle, ils la louèrent aux *confrères de la Passion*, « pour y faire jouer par personnages aux jours de festes quelques histoires, tant de ladite Passion qu'autres concernant le christianisme. » Quelque pieux que fussent les sujets de ces spectacles, les installer dans cette maison vouée à l'hospitalité, c'était au moins une profanation. François Ier la fit cesser en 1544. S'occupant alors de la police générale des pauvres de la ville et des faubourgs, « pour esviter l'inconvénient des maladies contagieuses, » il trouva que parmi ces gueux qu'il cherchait à classer et à loger, « il y avoit une grande multitude d'enfants en bas âge, lesquels, pour l'impuissance de leurs père et mère, n'estoient instruits en la religion catholique ny mis en mestier, de façon qu'estans parvenus à l'âge, ils devenoient *cagnardiers* et coupeurs de bourse. » Il fallait un asile pour toute cette marmaille dangereuse, on y avisa, et c'est l'hôpital de la Trinité qui fut choisi. On fit mieux que de les y loger, on les y instruisit, et chacun dut y apprendre un métier. De pauvres compagnons « de divers métiers » les prenaient en apprentissage. Ils venaient là gagner leur franchise « à demeurer quelques années en de petites maisons basties tout à l'entour d'une grande cour, pour sujet en l'enclos dudit hospital. »

L'hospice était ainsi à peu près ramené au but philanthropique de ses fondateurs; ce n'était plus une hôtellerie de vagabonds, c'était mieux : c'était une maison de secours et d'enseignement, c'était l'hôtel saint Julien des gens de métier; leurs enfants y trouvaient refuge et instruction. M. Charles Louandre, dans son article *Du travail et des classes laborieuses dans l'ancienne France*, publié par la *Revue des deux mondes* du 1er décembre 1850, nous a édifiés au mieux sur ce remarquable établissement. « L'hôpital de la Trinité, dit-il, fondé à Paris en 1545, pourrait être, même aujourd'hui, comme un véritable modèle de bonne administration. Les enfants pauvres admis dans cet hôpital étaient divisés en deux classes : les plus jeunes apprenaient à lire, à écrire, à chanter; les plus âgés apprenaient un métier, et le produit de leur travail était destiné en partie à l'entretien de l'hospice, en partie à un fonds de réserve qui leur était remis à l'âge de vingt-cinq ans, lorsqu'ils sortaient de l'hôpital. On leur apprenait de préférence quelques métiers inconnus en France, afin d'éviter le tort que la concurrence aurait pu faire aux classes ouvrières. Cette précaution avait de plus l'avantage d'introduire dans le royaume des industries nouvelles. » Bien qu'excellente en tout point, cette institution souleva mille clameurs. Les ouvriers de Paris prétendirent qu'elle créait un atelier privilégié qui nuisait aux leurs et leur enlevait leur gagne-pain. En 1556, ils allèrent jusqu'à s'insurger contre le pauvre hôpital, « de même, dit M. Louandre, qu'ils se sont révoltés de nos jours, sur plusieurs points de la France, contre le travail des maisons religieuses ou des prisons. » Mais nous n'avons pas à nous occuper de ces questions, si intéressantes pourtant, en ce qu'elles nous montrent l'ouvrier animé de tout temps du même esprit d'opposition, criant contre les institutions mauvaises et combattant les bonnes ; il nous faut vite revenir à nos hospices, et faire voir comment ils furent presque tous détournés promptement du but de leurs fondateurs, sans y être ramenés, comme celui de la Trinité, par une institution aussi hautement philanthropique.

L'hospice de Saint-Jacques s'était maintenu plus longtemps que celui de la Trinité ; les religieux qui le desservaient se montrèrent plus fidèles à tenir leurs vœux, et les pèlerins à y venir prendre gîte. Souvent ils n'y passaient qu'une nuit ; se couchaient de bonne heure, se levaient de même, et partaient après avoir adressé une oraison au patron Jacques ou au *potron Jaquet*, comme on disait par une altération de mots trop ordinaire au moyen âge ; de là, par souvenir de ce patron qui faisait lever et prier ses pèlerins de si bonne heure, l'expression encore en usage « *se lever dès potron Jaquet*, » pour dire « se lever de bon matin. » A la fin du XVIᵉ siècle cependant, l'hospice Saint-Jacques était tout à fait abandonné, il n'y restait que les religieux que cet abandon laissait fort à l'aise et pourvus d'une sinécure bien rentée. Louis XIV avisa à mieux employer les revenus sans emploi, il les attribua à son hôtel des Invalides.

L'hospitalité était aussi tombée bien vite en désuétude au Petit-Saint-Antoine. Dès le XIVᵉ siècle, les religieux qu'on y avait placés, et qui, en vertu de leurs vœux, auraient dû être les hôtes dévoués des pauvres et des passants, employaient à tout autre chose qu'à les bien héberger, leur temps, leurs revenus, la viande des porcs que par privilége ils avaient seuls le droit de laisser courir et s'engraisser dans les boues de la ville, et les dîmes qu'ils allaient quêter dans les campagnes, à la façon de ces prêtres de Cybèle que nous vous avons montrés dans les temps antiques. Aussi, dès ce même XIVᵉ siècle, Guiot, de Provins, avait-il fait justice de ces religieux de Saint-Antoine, si peu empressés à faire acte de bienfaisance et d'hospitalité, si ardents au contraire à se faire une richesse avec les dîmes qu'on leur donnait pour les pauvres. Aux yeux du satirique, ce sont des voleurs, des *truands;* et voici comment il en parle, dans un passage de sa *Bible,* que Legrand d'Aussi a mis dans un français plus accessible à tous les lecteurs : « Ce fut un matois bien adroit et bien fin que ce Durand Chapuis qui imagina les *Chaperons blancs* et qui donna des si-gnes pour attacher à la poitrine.

> Donna ! non fist les vendoit.

Il attrapa ainsi beaucoup de monde, fit bien deux cent mille dupes, et gagna considérablement d'or et d'argent.

» Eh bien ! nous avons aujourd'hui des *truands* qui emploient des moyens semblables : ce sont les moines des couvents de Saint-Antoine. Ils ont établi un hôpital qui n'a ni fonds ni revenus, mais qui, par les aumônes abondantes qu'ils ont le secret d'amasser, leur procure d'immenses richesses. Clochette en main, précédés de reliques et de croix, ils parcourent, en quêtant, non seule-ment la France entière, mais encore l'Allemagne et l'Espagne. Il n'y a ni foire, ni ville, ni four, ni moulin où ils n'aient une bourse pendue. Au temps des ven-danges, ils vont dans les campagnes quêter le vin. Les bonnes femmes leur donnent linge, anneaux, guimpes, fermaux, ceintures, fromages, jambons, en un mot, tout ce qu'elles ont; et tout leur convient. Cette année, leurs cochons leur rapporteront cinq mille marcs, car la France n'a pas de villes et de châ-teaux où ils n'en nourrissent.

» Dans leur hôpital, ils ont quinze convers gros et gras; là, ils achètent et vendent : ce sont des marchands. Aussi n'y en a-t-il pas parmi eux qui ne pos-sède cinq cents marcs; quelques-uns même en ont jusqu'à mille. Du reste, chacun a sa femme ou sa mie; ils marient avantageusement leurs filles, lais-sent du bien à leurs enfants, font grande chère; mais dans tout cela saint An-toine n'est pour rien. »

Combien, quand on considère ces mauvaises mœurs et ce peu de fidélité des moines à observer les vertus hospitalières, on se sent déjà loin des temps de charité chrétienne où saint Basile et saint Jérôme, faisant de l'hospitalité le premier devoir des religieux, instituaient, pour recevoir les voyageurs et les pauvres, des *xenodocheia,* pieux asiles ouverts à l'imitation de cette cabane des voyageurs dont parle Jérémie (chap. ix, v. 2), et rappelant ces autres refuges que le roi Hircan avait établis le premier à Jérusalem. Combien sont loin tous ces hospices qui, sous ce même nom de *xenodocheia,* couvrirent tout le monde chrétien et rendirent longtemps les auberges inutiles et désertes. On en trou-vait partout, et il était dit que dans chacun les frères recevraient le gîte et la nourriture, « *fratres in iis pascantur,* » comme il est écrit dans une pièce re-cueillie par Muratori. A Rome, il s'en était établi dès le temps des premiers papes et sous leur patronage; de même dans la Lombardie, où la venue des barbares ne les fait pas fermer. Ils ont des habitudes trop hospitalières pour interdire ces asiles d'hospitalité, ils les protégent même. Le roi Astolf, par exemple, permet d'ouvrir un *xenodocheion* dans les dépendances de son palais, *in defensione palatii;* il accorde aussi aux religieux qui le dirigent le droit de recevoir des pèlerins une certaine rétribution, mais il défend de la percevoir double. « *Xenodocheia quæ sub defensione palatii esse videntur compositionem exigere si debuerint, non exigeant duplum.* » Détail qui nous édifie mieux que tout autre sur la nature de ces hospices, qui, de cette manière, semblent avoir été peu différents des hôtelleries publiques; seulement, sans doute, on y était hébergé à meilleur marché, et les mauvaises mœurs n'y avaient point accès, comme dans les auberges. Ils restaient en effet toujours sous le patronage des rois, qui les donnaient en bénéfice; et les abbés avaient mission de les visiter sans cesse.

Les lois mérovingiennes et carlovingiennes n'avaient pas moins fait que les lois lombardes pour l'établissement de ces hospices. Plusieurs avaient été fondés sous la première race, pour les voyageurs, les malades et les infirmes; les conciles surtout avaient encouragé ces fondations, sans dispenser pour cela les particuliers de l'hospitalité qu'ils devaient aux passants, de l'aumône qu'ils devaient aux pauvres. « Les prêtres, dit le concile d'Auvergne, recommanderont aux chrétiens d'être hospitaliers, de ne refuser le gîte à aucun voyageur, d'écarter toute occasion de rapine, de ne rien vendre aux passants au-dessus du tarif du marché. Si l'on vend plus cher, les étrangers porteront leurs plaintes aux prêtres, qui ordonneront de vendre plus humainement. » Le premier concile d'Orléans recommande aux évêques de donner des aliments et des habits, autant qu'il leur sera possible, aux pauvres, aux infirmes, à ceux qui ne peuvent pas vivre du travail de leurs mains. « Que chaque cité nourrisse les pauvres habitants, dit aussi le deuxième concile de Tours; que les fermiers, les prêtres, les citoyens, nourrissent chacun leurs pauvres. » Charlemagne et Alcuin, l'un dans ses capitulaires, l'autre dans ses lettres, renouvellent sans cesse les ordres relatifs aux hospices, à l'hospitalité, et aux aumônes dus par chaque citoyen. L'article 16 d'un capitulaire de l'an 803 est aussi formel que la loi des Burgandes citée plus haut. Il y est dit que l'hospitalité ne doit jamais être refusée aux voyageurs. L'article 35 du capitulaire de l'an 809 dit aussi qu'on doit asile à tous les voyageurs « *tam nullis quam bonis hominibus.* » Enfin, le le 75e capitulaire du livre Ier crée des contributions régulières et canoniques, « *susceptiones regulares et canonicas,* » pour l'entretien des hôtes, des étrangers, des pauvres, dans les différentes localités, « *per loca diversa.* » Jamais on n'avait poussé plus loin la charité envers les étrangers et fait plus pieusement concurrence aux hôtelleries. Aussi pensons-nous qu'elles étaient fort rares à cette époque, et que celles qu'on trouvait à longues distances sur les routes étaient presque toutes désertes. Aussi Charlemagne se soucie-t-il peu d'en parler dans ses capitulaires, non plus que des tavernes. Il se préoccupe pourtant de celles-ci dans l'article 16 de son capitulaire de l'an 806; il déclare que le tavernier qui, ayant acheté du vin à bas prix, *medico pretio*, le vend plus cher, fait un gain honteux, mais il pousse l'indulgence jusqu'à ne point stipuler de punition contre cette fraude.

Alcuin, dans une de ses lettres, parle des *xenodocheia*, c'est-à-dire, des hospices, *id est hospitalia*, pour les pauvres et les voyageurs, et il les recommande au zèle et aux aumônes des évêques. Théodulphe fait de même dans l'article 25 de son *capitulare ad presbyteros*: « Il est recommandé aux prêtres d'aimer l'hospitalité, et de ne la refuser à personne. Que tous ceux qui la pratiquent sachent qu'ils reçoivent Jésus-Christ dans la personne de leurs hôtes. » Puis s'adressant à des gens qui ne doivent être autres que des hôteliers, ayant l'habitude assez peu confiante et charitable de faire payer l'hôte avant de lui laisser franchir leur seuil, Théodulphe ajoute : « Il y a de l'inhumanité et de la barbarie à ne pas accueillir un étranger avant qu'il ait payé le prix de son logement, et à faire, pour acquérir un bien terrestre, ce que le Seigneur nous a ordonné d'accomplir pour gagner le royaume des cieux. »

Dans la pétition adressée par les moines de Fulde à Charlemagne contre un abbé Ratgaire et contre ses continuelles violations de tous les principes monastiques, l'hospitalité et le soin des pauvres passent au premier rang des choses à rétablir dans le monastère dépossédé un instant des pieux usages. « Que l'hospitalité antique ne soit pas mise en oubli, est-il dit dans cette supplique conservée au chapitre XXXII du livre III des *Antiquités de Fulde*, par Christophe Bower, mais qu'on reçoive tous les étrangers honorablement, et avec toute l'humanité requise ; et lorsqu'il en viendra un grand nombre à la fois, comme le jour de la fête de notre patron saint Boniface, qu'on prenne des mesures pour le logement et la nourriture de tous. » Ce qui regarde les pauvres et les pèlerins impose des soins et une charité plus dévouée encore : « Qu'on ne néglige pas de recueillir les pèlerins et de leur laver les pieds ; mais qu'on reçoive miséricordieusement tous ceux qui se présenteront, et que tous les frères s'occupent de leur laver les pieds, suivant la règle et la coutume de nos prédécesseurs. » Cette coutume de laver les pieds aux pèlerins, que la tradition évangélique avait transmise comme un devoir, fut longtemps observée. Dans quelques monastères, on allait jusqu'à préparer un bain pour le pauvre qu'on y recevait. Ce fait de charité raffinée a sa preuve dans une fort curieuse anecdote racontée par Notker le Bègue, et qui est en même temps un précieux document pour l'histoire des divers idiomes parlés en Allemagne au IXe siècle. Le fragment de Notker est ainsi traduit à la page 89 du tome Ier de l'*Esprit des journalistes de Hollande* (1772) :

« Un Gallo-Franc qui passait sa vie à contrefaire l'estropié demanda asile au couvent de Saint-Gall, dont l'abbé ordonne qu'on lui prépare un bain et qu'on lui fasse présent d'un habit. Le mendiant entre au bain, et le trouvant trop chaud, s'écrie : « *Calt, calt est!* » Par malheur *calt*, qui, dérivé de *calidum*, signifiait *chaud* en langue romane, voulait dire *froid* en tudesque. « Si c'est trop froid, répondit l'hospitalier, il est facile d'y remédier. » Et il verse dans la cuve un seau d'eau chaude. « *Eya! mi calt est! mi calt est!* » s'écrie le Gallo-Romain. — «Quoi! c'est encore trop froid! » dit l'hospitalier. — «*Eya mi calt est, calt est!* » A ces mots, le moine jette un chaudron d'eau bouillante sur le malheureux Gallo-Franc, et celui-ci, oubliant son rôle, saute hors du bain et s'enfuit. »

Soit négligence, soit misère, et partant impossibilité de subvenir aux dépenses qu'ils imposaient, ces usages d'hospitalité se perdirent peu à peu. Les moines n'ont guère avoué que la misère qui les justifiait et qui les faisait plaindre. « Aujourd'hui, dit le Loup de Ferrières, qui, lui du moins, avait raison, car il écrivait après une des invasions des Normands, aujourd'hui presque tous nos biens sont dévastés, ou nous ont été ravis...... Nous éprouvons une incroyable pénurie;..... nous n'accordons plus aux pèlerins l'hospitalité publique tant recommandée par les constitutions des anciens rois. Nos serviteurs à demi nus souffrent de la faim et du froid. Les malheureux, les vieillards et les infirmes ont cessé d'être secourus. »

Une des charges d'hospitalité qui dut se maintenir plus longtemps, c'était celle qu'on appelait le droit d'*albergagium*, droit en vertu duquel les prêtres et les moines étaient tenus d'héberger les soldats. On conçoit pourquoi il dut survivre aux autres : celui à qui on l'eût refusé aurait eu la force pour l'exiger. En 1235, selon le *Gallia christiana*, il était encore en vigueur en Angleterre.

Ce même droit d'*albergagium*, d'*albergium* ou même d'*albergum*, le seigneur l'avait dans la maison de son vassal. On l'appelait encore droit de gîte, *jus gisti ac procurationis,* ou bien, comme on lit dans une charte de Louis le Gros de l'année 1111, *usualis et consuetudinaria hospitatio*, et c'est par lui que, comme l'a dit Eutrapel en son conte *Du temps passé et présent*, que « estoit en la puissance du gentilhomme chevaucher cent lieues sans qu'il lui en coustat pas la maille, et se tenoit bien heureux, celui qui le hébergeoit et logeoit. » Ce mot d'*albergium* venait de l'ancien allemand *hereberga*, ou, selon Grimm, *heri-pergâ* qui signifie *château*, et nos mots *hesberger*, *esberge*, puis *auberge*, en viennent. En Allemagne, comme vous voyez, sur la foi du vieux mot, don Quichotte aurait pu, sans faire de contre-sens de langage, prendre un château pour une auberge. Henry Estienne, dans son traité de la *Precellence du langage françois*, nouvellement remis au jour par M. E. Feugère, consacre ainsi cette étymologie : « Et pour montrer encore davantage, dit-il, comment en notre langage tout leur a esté bons (aux Italiens), et qu'ils n'ont rien trouvé trop chaud ni trop froid (comme nous disons en commun proverbe), j'adjouteray qu'ils nous ont pris aussy les mots qu'il est vraysemblable que nous ayons de nos Gaulois, comme *heberge* ou *hesberge*. Et quant à cestuy-cy, nous avons à nous plaindre pareillement des Espagnols, car ils en font leur proufict aussi bien que les Italiens, lesquels disent *albergo*, et eux *alvergueria*. Je dis qu'il est vraysemblable que nous l'ayons de nos ancestres Gaulois, veu qu'aujourd'hui encore les Allemans en usent : lesquels nous suivons de beaucoup plus près, et principalement quand nous escrivons *hesberge*; car il n'y a autre différence entre ces mots et le leur, sinon que nous adjoutons un *e* en la fin. Tant y a que, comme nous avons aussi le verbe *heberger* ou *hesberger*, ainsi les deux nations susdites ont, l'une *albergar*, l'autre (asçavoir l'espagnole) *alvergar*. »

Si les gentilshommes prenaient le droit d'auberge chez leurs vassaux, et même partout où ils passaient, il faut ajouter que sur leurs terres ils rendaient souvent la pareille aux voyageurs. Ils établissaient dans leurs domaines des hôtelleries qu'ils entretenaient à leurs frais. Une charte de 1243, relatée dans le tome Ier, page 68, du *Gallia christiana*, nous montre un certain Raimond qui, pour célébrer l'anniversaire de sa naissance, donne et assigne trois cents sous annuels, *trecentos solidos annuales*, pour l'entretien de l'auberge de la *villa*, « *in alberga nostræ villæ inferioris*. »

Les communes aussi s'étaient faites hospitalières, imitant les coutumes bienfaisantes des maisons religieuses et des maisons seigneuriales. On lit au chapitre LVI des coutumes de Beauvoisis : « Et autel, comme nous avons dit de le garde de Maladrerie, doit en faire de le garde des *osteleries*, qui sont fetes et establies pour hebergier les poures. »

Il fallait parfois se garder de l'hospitalité offerte sur les grandes routes, si nous en jugeons par une horrible histoire que raconte Raoul-Glaber, et qui nous reporte aux drames les plus sanglants du cannibalisme américain.

C'était aux approches de l'an 1000, l'année de malédiction et de mortalité. La famine sévissait partout, au point qu'on se jetait sur les voyageurs attardés pour les dépecer et les faire rôtir; qu'on se repaissait partout de la chair des enfants, et qu'on avait vu un boucher venir au marché de Tournus pour y vendre de la chair humaine cuite. Un misérable s'était construit une cabane aux environs de Mâcon, tout près de l'église de Saint-Martin de Chatenay. Il y attirait les voyageurs, et les assommait pour les dévorer. L'un d'eux put s'échapper, et courut avertir l'empereur Othon de ces crimes monstrueux. On s'empara de l'anthropophage, moins homme que bête fauve, on pénétra dans son repaire, et l'on y trouva quarante-huit crânes humains. Conduit à Mâcon, on l'attacha à une poutre, dans un cellier, et on l'y brûla à petit feu. « Nous avons nous-même, dit Raoul-Glaber, assisté à son exécution. »

Les vertus hospitalières, qui peu à peu avaient déchu, se renouvelèrent et se retrempèrent par les croisades. C'est l'exemple des Orientaux, si ardents à accueillir le pauvre et le passant, qui fut l'élément de cette rénovation. Il fallut en cela que la loi de Mahomet vint en aide à la loi du Christ. Celui qui avait dit « que l'hospitalité pour le pauvre soit de trois jours, » ramena au devoir, par l'exemple de ses préceptes mieux observés, les disciples de celui qui avait dit : « Aidez-vous les uns les autres. »

Les templiers et les hospitaliers, dont l'origine est tout européenne et les institutions toutes orientales, furent des premiers à mettre en pratique ces principes de l'antique hospitalité chrétienne, retrempés à leurs sources originelles, l'Orient. Partout où s'établirent leurs congrégations religieuses et guerrières, on vit s'élever, à l'exemple des *fundiks* ou auberges dont les Arabes avaient semé leurs déserts et même les côtes de la Sicile, on vit, disons-nous, s'élever et grandir les commanderies de l'ordre de Saint-Jean et de l'ordre du Temple. C'étaient des hôpitaux ou maisons de charité dans lesquelles on recueillait les pèlerins, les pauvres et les malades.

Ces hospices ou *hôtelleries* étaient si bien, par leur fondation et leur entretien, l'objet de tous les soins des deux ordres hospitaliers, et chacun de ces établissements était si bien attribué à la surveillance d'un certain nombre de chevaliers, qu'au lieu de partager en compagnie ces grandes congrégations, on les séparait en *auberges*, et que les palais qu'ils habitaient prenaient eux-mêmes ce nom. Dans l'ordre de Malte, ces appellations s'étaient conservées, alors même que les usages qu'elles rappelaient avaient disparu depuis longtemps. « On appelait *auberges*, dit un voyageur, des palais bâtis à Malte aux frais des chevaliers,... et dans lesquels logeaient et vivaient en communauté, sous l'inspection du bailli, les jeunes profès qui venaient à Malte pour y faire leurs caravanes ou apprentissage... Tous ces palais, qui existent encore et qui ont été affectés par le gouvernement anglais à des services publics, sont remarquables par leur architecture, dans laquelle on retrouve le style qui, à l'époque de leurs constructions, était particulier au pays de la langue à laquelle ils appartenaient. L'auberge de Bavière, et surtout les auberges de Provence et de Castille, pourraient soutenir la comparaison avec les hôtels, peut-être même avec les palais des capitales de l'Europe. »

Les chevaliers teutoniques, qui furent, comme on sait, les premiers souverains de la Prusse, avaient aussi établi sur leurs terres des commanderies-auberges. Ils y avaient même adjoint un *wything* (maître de poste) chargé de faire parvenir, à l'aide de facteur ou *brif ganger*, les lettres d'une commanderie à l'autre, sur toute l'étendue des domaines de l'ordre. Cet établissement, dont on trouve trace dès 1279, dans les archives de Kœnigsberg, comme l'indique le *Leipziger litteratur Blatt* de juillet 1835, prend le pas de trois siècles au moins sur la création des postes en France, attribuée à Louis XI.

A côté des grands ordres mi-partis religieux, mi-partis militaires, se trouvait une autre congrégation, religieuse aussi, mais plus pacifique et partageant ses soins entre la vie monastique et l'art des constructions : c'était la compagnie des *hospitaliers pontifes* ou *faiseurs de pont*. Comme leur nom l'indique, ils jetaient des ponts sur les rivières, bâtissaient, aux abords, des auberges où ils donnaient gratuitement asile aux voyageurs, et, de plus, ils entretenaient les routes et chaussées. Notre compagnie nationale des *ponts et chaussées* n'a fait que succéder à cette compagnie religieuse des frères pontifes, sur le modèle de laquelle elle paraît même avoir été constituée. M. de Chateaubriand, au livre IV, chapitre III de son *Génie du christianisme*, parle ainsi des frères pontifes : « Ils s'obligeaient par leur institut à prêter main-forte aux voyageurs, à réparer les chemins publics, à construire des ponts, et à loger les étrangers dans des hospices qu'ils élevèrent au bord des rivières. Ils le fixèrent d'abord sur la Durance, dans un endroit dangereux appelé *Maupas* ou *mauvais pas*, et qui, grâce à ces généreux moines, prit bientôt le nom de *Bon-pas*, qu'il porte encore aujourd'hui. C'est cet ordre qui a bâti le pont du Rhône, à Avignon. »

Les templiers s'occupaient aussi de la construction et de l'entretien des routes. Plusieurs chemins de l'Espagne et du midi de la France sont dus à leurs travaux, et portent encore leur nom. Ces sortes de constructions étaient du reste l'objet de la constante sollicitude des moines et des prêtres au moyen âge. « On peut voir dans les écrits de Pierre le Chantre, dit M. Magnin, et dans ceux de Robert de Flamesbourg, pénitencier à l'abbaye de Saint-Victor, à Paris, que les confesseurs étaient autorisés à imposer, comme surcroît de pénitence, une aumône pour l'établissement des ponts et bacs, et pour l'ouverture et l'entretien des routes. »

Les seigneurs, surtout les hauts justiciers, étaient chargés de la garde et de la police des chemins ainsi mis en bon état, et entretenus à l'aide des contributions ecclésiastiques et par les soins des templiers ou des pontifes. Quand un marchand passait sur leur terre pour se rendre à quelque foire, ils étaient tenus de l'escorter ; si le marchand se trouvait volé, il avait droit d'exiger un dédommagement du seigneur, et en cas de refus, de demander justice au suzerain. Souvent il fallait en venir à cette extrémité, car alors tout seigneur, étant volontiers voleur lui-même, n'inquiétait guère ses confrères du grand chemin. On en trouvait peu dont on pût dire, comme du baron mis en scène dans le fabliau du *Pauvre mercier* : « ... Possesseur de grandes terres, il y avoit établi une telle police, que les fripons et les voleurs n'osoient y paroître. Ce n'étoit pas un homme, comme beaucoup d'autres, à les faire contribuer ou à recevoir d'eux de rançon. Chez lui, point de miséricorde : autant de pris, autant de pendus. »

Le président Hénault a cité un arrêt rendu par saint Louis à la requête d'un marchand que le seigneur de Vernon, soit négligence, soit complicité avec les voleurs, avait laissé voler sur ses domaines ; et un autre arrêt de 1287, rendu pour la même cause, contre le comte d'Artois. Ces seigneurs négligents ne faisaient pas moins payer de nombreux péages sur les routes et sur les ponts, sous prétexte de la protection qu'ils auraient dû accorder aux voyageurs. Plus tard, ce fut encore pis, les seigneurs n'eurent plus la garde des chemins, mais ils n'en maintinrent pas moins tous les péages.

Il ne faudrait pourtant pas, sur ces quelques faits, juger mal de l'hospitalité seigneuriale au moyen âge. Nous avons déjà cité quelques exemples de seigneurs hospitaliers et bienfaisants, en voici un pour conclure, qui sera plus décisif encore. Nous l'empruntons au passage du *Génie du christianisme*, déjà cité tout à l'heure : « Sur une rude et haute montagne du Rouergue, couverte de neige et de brouillards pendant huit mois de l'année, on aperçoit un monastère bâti vers l'an 1120, par Alard, vicomte de Flandre. Ce seigneur, revenant d'un pèlerinage, fut attaqué dans ce lieu par des voleurs ; il fit vœu, s'il se sauvait de leurs mains, de fonder en ce désert un hôpital pour les voyageurs, et de chasser les brigands de la montagne. Étant échappé au péril, il fut fidèle à ses engagements, et l'hôpital d'Albrac ou d'Aubrac s'éleva *in loco horroris et vastæ solitudinis*, comme le porte l'acte de fondation. Alard y établit des prêtres pour le service de l'église, des chevaliers hospitaliers pour escorter les voyageurs, et des dames de qualité pour laver les pieds des pèlerins, faire leurs lits et prendre soin de leurs vêtements. »

Le temps arriva bientôt où ces fondations hospitalières cessèrent tout à fait, époque d'indifférence, âge d'airain du christianisme, où non seulement on ne vit plus s'ouvrir de nouveaux asiles, mais où se fermèrent ceux qui étaient restés ouverts. Les chevaliers de Saint-Jean, par qui aurait dû, même en ces temps de froideur chrétienne, s'éterniser l'exemple de ces vertus abandonnées, furent des premiers à ne pas les pratiquer : « J'ai vécu avec eux à Jérusalem, dit Guiot de Provins, traduit encore ici par Legrand d'Aussi, et je les ai vus orgueilleux et fiers. D'ailleurs, puisque de nom et de fondation ils doivent être hospitaliers, pourquoi ne le sont-ils pas réellement ? Un moine a beau mener une vie très-dure, jeûner, travailler, chanter et lire les Écritures saintes, s'il n'est pas charitable, ce n'est qu'une maison inhabitée où l'araignée file sa toile. » Les templiers ne s'étaient pas dépopularisés autrement. C'est en cessant d'être hospitaliers qu'ils avaient commencé à tomber dans le mépris du peuple. Les témoins d'Écosse interrogés sur eux au concile britannique ne leur reprochèrent pas autre chose : « *Item dixerunt quod pauperes ad hospitalitatem non libenter recipiebant.* »

L'abandon dans lequel tombaient ainsi les hospices monastiques fit la fortune des hôtelleries et des cabarets si longtemps désertés. Les moines non seulement y renvoyaient les voyageurs, mais ils y retournèrent eux-mêmes. Il fallut en 1301 que les constitutions de l'abbaye de Cluny fissent défense aux religieux, aux abbés et aux prieurs surtout, de s'arrêter dans les auberges et d'y manger, et cela « pour le salut de leur âme et l'honneur de l'ordre, *pro suarum animarum salute et pro honore ordinis.* » Ces défenses, renouvelées sans doute par tous les réformateurs d'ordres, n'empêchèrent pas les moines et les prêtres de multiplier leurs visites aux hôtelleries et aux cabarets. A Rouen, en 1425, nous trouvons deux chanoines du chapitre au cabaret du *Lion d'or.* Voici le fait raconté par M. B. de Xivrey dans l'analyse qu'il a faite de l'*Histoire du privilége de Saint-Romain,* par M. Floquet :

« Après un démêlé assez vif qui eut lieu en 1425 entre le chapitre et le lieutenant général Poolin, celui-ci et les deux chanoines députés sortirent ensemble de l'hôtel du président de l'échiquier, et l'on s'achemina vers les prisons. Mais dans une des rues qui y conduisaient était une taverne portant pour enseigne le *Lion d'or,* et soit que la chaleur fût grande ce jour-là, soit qu'on se fût altéré en exposant de part et d'autre ses raisons au président de l'échiquier, Poolin et les chanoines entrèrent de compagnie dans cette taverne, et burent ensemble, ce qui assurément montre peu de rancune de la part de ces bons prêtres qui venaient de perdre leur cause contre le lieutenant Poolin : ceci soit dit à leur louange. Il y avait bien dans les statuts capitulaires un article qui défendait expressément aux chanoines « d'aller boire à la taverne en habist d'église, sous peine de dix sols d'amende, » et c'était en costume que nos deux chanoines étaient entrés au *Lion d'or.* Mais si le chapitre n'en sut rien ou feignit de l'ignorer, qu'avons-nous à dire ? »

Les affaires ecclésiastiques, élections ou autres, se traitaient souvent au cabaret, surtout dans les pays où comme à Strasbourg, Cologne ou Liége, les évêques étaient souverains. En 1389, à Liége, après la mort de l'évêque Arnold de Horne, il y eut grand scandale par suite des manœuvres de corruption tentées par Gerlac de Montjardin, pour faire parvenir à l'épiscopat et au titre de *mamburn* son fils, seigneur de Baldewin. Il eut des amis qui se répandirent dans les tavernes fréquentées par le petit peuple ; on était en carême, il en profita pour faire acheter une grande quantité de poissons à grosse tête appelé *cabelhau,* qu'il fit porter dans ces tavernes et dont il régala gratis les buveurs. Mais son dessein fut découvert, selon la chronique de Corneille Pantfliet, et il fut banni pour dix ans.

Un demi-siècle après, un évêque de cette même ville de Liége se trouva fort mal aussi d'avoir laissé les gens d'hôtellerie et de taverne s'entremettre, même indirectement, dans ses affaires. C'est l'un d'entre eux, hôtelier du *Cygne,* qui

prêta sa maison au comte de la Marche, le fameux *Sanglier des Ardennes*, pour
qu'il y entraînât sournoisement l'évêque, et l'y forçât à résigner ses pouvoirs :
ce qui fut fait.

Il n'en faut pas plus pour prouver que moines, prêtres, chanoines et évêques,
non seulement n'avaient pas honte d'aller au cabaret, mais ne croyaient pas
déroger en les fréquentant : ce qui n'empêchait pas qu'à leurs yeux le tavernier
ne fût un être vil, digne des plus viles fonctions. A Strasbourg, par exemple, où
chaque homme de métier devait à l'évêque une redevance en travail, ne voyons-
nous pas que l'office réservé aux cabaretiers était de nettoyer chaque lundi
les latrines (*necessarium*) et les greniers de l'évêché.

Il arrivait en plus d'une circonstance que les évêques avaient à cœur de préférer le gîte que leur offraient les auberges à celui que les monastères leur
donnaient gratuitement; c'est lorsqu'ils étaient en querelle avec ces monastères.
Une nuit passée à l'hôtellerie, dans le voisinage d'une abbaye, était le meilleur
signe du peu d'estime qu'ils avaient pour l'abbé de ce monastère et pour ses
moines, dont ils semblaient ainsi dédaigner l'hospitalité. Du temps de saint Bernard, le nouvel élu au siége de Langres en agit ainsi : « Il descend dans une
hôtellerie, écrit au pape Innocent II saint Bernard encore scandalisé,... il arrive le jeudi soir, il repart le samedi matin... On aurait pu croire d'abord que
c'était par humilité monastique et par mépris pour les honneurs, si la suite
n'eût démenti ces présomptions favorables. Et, en effet, quels ne durent pas
être mes soupçons, quand l'archevêque, au retour d'une entrevue avec lui,
protesta publiquement qu'il ne consentait à rien, et résistait directement à toute
conciliation. »

Quelquefois c'étaient les moines eux-mêmes qui, craignant d'être surpris au
sein des plus honteux désordres, fermaient leurs portes aux évêques, visiteurs
trop clairvoyants, et les forçaient d'aller loger dans les hôtelleries. C'est ce qui
arriva pour l'archevêque de Rouen, Odon Rigault, qui, vers 1248, faisait la visite des couvents, prieurés et presbytères de son diocèse. Il faisait sérieusement
et sévèrement cette visite. Il n'épargnait ni les oisifs ni les débauchés. On le voit
par les *registres de ses visites* qui nous ont été conservés. Le 10 octobre, il écrivait au folio 9, à propos de certain prieur d'Ouville déjà visité, réprimandé une
fois, mais non pas corrigé : « Le prieur est presque toujours dehors, et sur cinq
jours, il n'en passe pas un en clôture; *item*, il n'assiste pas aux offices; *item*,
c'est un ivrogne, et de la plus honteuse espèce, au point qu'on le ramasse
parfois dans la campagne; *item*, il fréquente les fêtes, les tavernes (*potationes*),
les parties de plaisir avec les laïques; *item*, il est incontinent, et sa réputation
a souffert de ses rapports avec une femme de Grainville et avec la dame de Ro-
bertot; *item*, avec une femme de Rouen qu'on appelle Agnès. » Une autre fois,
il était arrivé chez un prêtre, Guillaume, curé de Notre-Dame de Gournay, et

l'avait trouvé en plein concubinage avec une femme, sa compagne depuis vingt ans. Vite, il l'avait fait suspendre de ses fonctions pastorales; mais notre curé, bien avisé, était parvenu à trouver sept témoins justifiant de sa chasteté, et sa peine avait été levée.

Il ne faut pas s'étonner, voyant la rigueur de l'austère archevêque, si certains monastères assez mal disciplinés faisaient des façons pour l'admettre et même lui refusaient formellement le *droit de visite*. Les religieux du prieuré de Saint-Germain-sur-Ay, près de Coutances, n'en agirent pas autrement avec lui.

C'était le 7 septembre 1266, Odon Rigault arrivait de l'abbaye de Lessay avec son train de cinquante chevaux, équipage un peu somptueux pour un prélat réformateur du luxe, et qui, par l'embarras qu'il entraînait, donnait déjà raison aux moines peu disposés à le recevoir. Odon avait envoyé en avant deux de ses domestiques, et l'on avait refusé de leur ouvrir; il espérait qu'on aurait pour lui plus de politesse, et il continua sa route. On l'accueillit comme on avait accueilli ses gens. La porte du prieuré resta fermée, et il fallut que notre archevêque allât coucher à l'auberge. Le lendemain il revint à la charge, et *quoiqu'il ne vît personne*, il se mit à sommer les moines, non plus de lui ouvrir les portes, mais de payer la dépense de la nuit passée à l'hôtellerie; même réponse que la veille, porte close et pas un mot. Odon prit alors le parti de se retirer, et quand il fut au Pont-d'Ouve, près de Carentan, il écrivit à l'évêque de Coutances, en le chargeant d'en donner connaissance à l'abbé du Mont-Saint-Michel, sous la dépendance duquel était l'abbé de Saint-Germain, une très curieuse lettre que M. de Caumont a traduite ainsi :

Lettre d'Odon Rigault, archevêque de Rouen, à l'évêque de Coutances.

« Frère Odon, par la permission divine, ministre indigne de Rouen, à son vénérable frère et ami spirituel Jean, évêque de Coutances par la grâce de Dieu, salut éternel en Notre-Seigneur Jésus-Christ.

» Dans le cours de la visite que nous faisions avec l'aide de Dieu du diocèse de Coutances, pour remplir les devoirs de nos fonctions, nous avons fait savoir au prieur de Saint-Germain, par lettres et messages, notre intention d'inspecter son prieuré, et l'obligation où il était de nous donner l'hospitalité dans cette occasion. Cependant, quand la veille de la Nativité de la sainte Vierge Marie, qui a été célébrée dernièrement, nous nous sommes transporté en personne, avec l'aide de Dieu, audit prieuré, le prieur était absent, et ceux qui étaient restés dans la maison ayant été sommés par nous, devant un grand nombre de témoins, de nous ouvrir les portes, pour que, Dieu aidant, nous pussions visiter le prieuré et y recevoir l'hospitalité, ils nous repoussèrent et se refusèrent net à nous laisser entrer. Nous nous vîmes obligé de nous retirer dans le village et d'y passer la nuit à nos frais. Mais le lendemain matin, nous nous rendîmes une seconde fois en personne audit prieuré ; le prieur était encore absent, et ceux qui le suppléaient avaient fermé les portes. Nous les sommâmes, comme la première fois, de les ouvrir devant nous et de nous recevoir, en protestant hautement, en présence d'un grand nombre de personnes, de notre intention de procéder sans retard, comme il était de notre devoir, à la visite du monastère. Nous les sommâmes aussi de nous défrayer des dépenses faites par nous et notre suite la veille. Nous ne voulons ni ne devons voir avec indulgence l'affront qui a été fait à nous et à l'église de Rouen dans cette circonstance ; nous le voulons d'autant moins, que déjà une autre fois, en présence de l'abbé du monastère du Mont-Saint-Michel, le prieur dudit lieu nous a laissé faire la visite, dont il nous conteste aujourd'hui le droit, et nous a acquitté notre procuration, comme beaucoup de monde le sait. C'est pourquoi nous vous mandons de notifier audit prieur qu'il ait à se justifier, d'ici à la Saint-Michel prochaine, des griefs que nous avons exposés plus haut, et à payer la dépense que nous avons faite à Saint-Germain ledit jour. Faites-lui savoir et annoncez publiquement que nous le menaçons de la suspension dans le cas où il n'obéirait pas à nos injonctions. Vous nous ferez part de ce que vous aurez fait en vertu de nos lettres patentes.

» Donné au Pont-d'Ouve, l'an du Seigneur mil deux cent soixante-six. »

La réponse de l'abbé de Saint-Michel, que nous ne reproduirons pas, fut ce qu'elle devait être, très-respectueuse pour l'archevêque, très-sévère pour le prieur ; et sans doute il s'ensuivit pour celui-ci une punition exemplaire, capable de donner une utile leçon à tout abbé ou prieur trop disposé à se dispenser d'une visite gênante en envoyant le prélat visiteur coucher à l'hôtellerie.

Il est vrai que c'était agir assez cavalièrement avec un archevêque chargé du droit de censure et de réforme. L'envoyer loger au cabaret, c'était justement l'envoyer dans l'un de ces lieux honnis où par devoir de prélat et de censeur des mœurs ecclésiastiques, il devait empêcher prêtres et religieux d'aller prendre gîte et même de s'attabler. Les fréquentations de taverne étaient, nous l'avons déjà vu par plus d'un exemple, notamment par celui du prieur d'Ouville, cité tout à l'heure, l'un des griefs les plus graves et les plus communs que les prélats eussent à formuler dans leurs ordonnances de police ecclésiastique. En 1486, l'évêque de Metz, Henry de Vaudemont, dans les ordonnances de réforme publiées à Joinville où il vivait retiré, ne stigmatise aucun vice avec plus d'amertume et de rigueur que le vice d'ivrognerie et les cyniques habitudes dont les tavernes sont le refuge. Il paraît par là que son clergé messin donnait volontiers dans les mœurs dissolues. Il reproche textuellement aux prêtres de son église de courir en armes par la ville, de fréquenter les tavernes, les maisons de jeu et de débauche : « *Presbyteros et clericos, nocturno tempore post horam congruam, variis armorum telis accinctos per plateas et vicos, canendo cantiones incedere, publicas tabernas frequentare, ac ludis publicis interesse, aliaque execrabilia perpetrare.* »

Toutes ces sévérités des évêques et des abbés n'avaient point de cesse tant qu'il s'agissait d'empêcher prêtres et moines d'aller au cabaret; mais elles s'amendaient bien vite, et le plus rigide se faisait aussitôt de composition facile dès qu'il s'agissait de lever contribution sur les tavernes, notamment d'y percevoir la dîme. Croiriez-vous même qu'il y avait tout avantage à un prieur ou à un abbé de multiplier les cabarets dans le ressort de son prieuré ou de son abbaye. Le plus petit bouchon lui devait impôt. Il payait d'abord pour avoir le droit d'être arboré, et à la fin de chaque année il payait encore pour avoir le droit de rester et de reverdir au bout de sa perche. Le premier impôt s'appelait *buffetagium*, et l'on peut lire utilement ce que du Cange entasse de curieuses citations à ce mot, dans son *Glossaire*. On l'appelait aussi *droit de popine*; Hontheim ne l'appelle même pas autrement dans un passage de son *Histoire de Trèves* sous la date de 1361. L'autre impôt, celui qu'on payait par chacun an, se nommait droit d'*affoirage* ou *tavernerie*. Il en est parlé ainsi dans une charte de 1471, recueillie au folio 97 du Cartulaire de Lagny : « Les religieux ont certain droit seigneurial en ladite ville de Laigny, appelé droit d'*affoirage* ou *tavernerie*, et à cause dudit droit d'*affoirage* ou *tavernerie*, avoient iceulx demandeurs droit de prendre et percevoir par chacun an sur les taverniers vendant vin à destail, taverne ou feuillée, en icelle ville de Laigny, cinq solz tournois. » Personne n'était plus âpre que les gens d'Église à toucher ces impôts sur les cabarets et sur les vins. La plus forte de ces contributions au moins profanes dont le clergé se faisait un si riche revenu était celle qu'on payait au pape dans cette bonne ville d'Avignon, où, de l'aveu de Pétrarque, la cour papale ne resta si longtemps que par gourmandise pour nos excellents vins du Midi. Selon une charte de 1367 sur la gabelle du vin d'Avignon, soit qu'on fût tavernier, soit qu'on fît vendre sa récolte à la taverne, il fallait toujours laisser prendre par les fermiers de l'impôt le huitième du prix de son vin. Pour tenir maison de jeu, *taberna tricharia*, dans cette même ville d'Avignon, il fallait payer d'autres droits spécifiés au chapitre LXIV des *Statuta avenionensia* de l'an 1243.

Sur la terre du roi, tout individu, pourvu qu'il eût *de quoi* et qu'il payât à son seigneur le *chantelage*, c'est-à-dire un denier par tonneau mis sur *chantier*, avait permission d'ouvrir taverne. La police prévôtale n'en demandait pas davantage.

Les taverniers, si peu soumis à l'inspection préalable de leur moralité, avaient donc tout loisir d'être des vauriens et des mauvais garçons. Ce qui semble plus étrange, c'est que la loi, qui laisse si libre carrière à tout homme sans aveu voulant tenir cabaret, est datée du règne de saint Louis. « Tuet cil puent estre tavernier à Paris qui veulent, se il a de quoi par paiant le chantelage au roy. » Il est vrai que le dévôt prince, pour être conséquent avec ses bonnes mœurs et remettre les taverniers sous la sévérité du droit et de la morale, rendit en 1256 une autre ordonnance par laquelle étaient déclarés infâmes tous ceux qui fréquentaient les cabarets. Ceux qui *sont passant* étant seuls exceptés, et mis à l'abri de cette excommunication civile. Mieux eût valu peut-être commencer par la rigueur et rendre plus difficile à obtenir le droit de tenir taverne. De cette façon, le second édit eût été inutile, et la moralité des cabarets, dont il était une sauvegarde insuffisante, eût été mieux assurée.

En quelques pays, le droit d'ouvrir cabaret, comme on le voit par une charte de 1202 de l'évêque Hugon, s'appelait *tavernage*, mot d'une acception multiple et fort répandue au moyen age. En Normandie, en effet, selon la vieille coutume citée par du Cange au mot TABERNAGIUM, il désignait l'impôt ou plutôt l'amende qu'on infligeait aux taverniers quand ils enfreignaient les lois sur le prix du vin : « L'amende de cette manière de action est appelée *tavernage*, et est pour refrener et pour oster la convoitise des taverniers. L'amende del *tavernage* fut établie par l'outrage de leur vente, afin que le commun peuple ne fust grevé. » Prescription excellente et que nous aimons à retrouver dans le code coutumier de cette bonne province de Normandie, où l'on comprenait si bien tout ce qui touchait au bien-être du petit peuple, et à l'hospitalité pour le passant. N'était-ce pas dans ce plantureux pays, cette grasse *cocagne* de la France, qu'on ne demandait rien qu'une chanson à celui qu'on hébergeait, comme le dit Jean le Chapelain au commencement de son fabliau *le dict du Soucretain :*

> Usaiges est en Normandie
> Que qui herbergiez est, qu'il die
> Fable ou chançon *lie* à l'hoste ;
> Cette coutume pas n'en oste
> Sire Jehan li chapelain
> Voura conter d'où soucretain
> Une aventure sans essoigne.

En ce temps-là, toute chose concernant les tavernes et les hôtelleries était réglée par la plus exacte police ; mais nous ne voulons pas dire par là que tous les règlements fussent exactement exécutés. D'abord, en août 1365, on avait rendu les statuts et règlements des marchands de vin de Paris, stipulant la confirmation des droits de la confrérie. Ensuite, le 8 novembre 1407, était venu le règlement pour les vendeurs de vin à étapes, et le 27 du même mois, le statut cité déjà, en vertu duquel les hôteliers devaient tenir registre des gens qu'ils logeaient ; en mars 1408, exemption d'impôts avait été accordée aux hôteliers pour le fourrage qu'ils pouvaient fournir aux voyageurs ; en décembre 1410, règlement plus sévère, car il réduisait à soixante seulement le nombre des cabaretiers : il est vrai que, pour ces soixante maintenus dans leur métier, le statut étendait les anciens priviléges. Il donnait à nos cabaretiers le droit au port d'armes. Ce fut certainement une permission dangereuse, surtout à cette époque de troubles et de guerres civiles ; ce qui nous le ferait croire volontiers, c'est que le 23 février 1429, Henri VI, le roi de funeste mémoire, le monarque anglo-français, rendit une ordonnance qui réduisait de soixante à trente-quatre le nombre des cabaretiers de Paris. Ces mauvais drôles avaient, sans aucun doute, abusé de leur nombre, et de leur droit de porter l'épée. Dans quelques uns de leurs statuts, ces ordonnances sur les tavernes allaient jusqu'à la minutie. Nous ne parlons pas de celles, fort justes dans leurs rigueurs, qui défendaient à tout cabaretier de donner refuge aux teneurs de brelan ; nous n'entendons pas parler non plus de ces ordonnances nécessaires qui, comme les ordonnances civiles de l'évêché de Metz, décrétaient des amendes contre les ivrognes : « *Item*, sera aussi défendu à tout bourgeois de fréquenter taverne, cabaret ou feuillée pour s'enyvrer, sur peine pour chascune fois qu'il sera yvre, de payer vi livres d'amendes ; et là où un tombera en pareil accident, l'hoste sera tenu advertir le procureur de Monsieur soubz pareille peine. » C'était là, nous le répétons, des rigueurs nécessaires, des ordonnances dont notre police perfectionnée devrait bien renouveler les sévérités. Mais à quoi bon tant d'autres décrets dont les prescriptions semblent aujourd'hui oiseuses et puériles ; celui par exemple du 24 juin 1467 qui détermine la forme que devront avoir les bancs de cabaret, et qui met à l'amende le menuisier coupable de n'avoir pas observé pour leur construction, pour l'épaisseur et la membrure, les mesures fixées par les réglements. Nous comprenons jusqu'à un certain point la sévérité de la municipalité marseillaise qui, selon Rutti au livre X, chapitre v de son *Histoire de Marseille*, commandait de fouler aux pieds les raisins étrangers débarqués dans le port, et même de brûler futailles et navires ayant servi au transport de ce nectar de contrebande ; le duc Philippe de Savoie, qui, en 1475, suivant Guichenon, renouvela pareille défense à tous ses sujets, hôtes, taverniers, aubergistes, « *sive sint hospites, tabernarii, albergatores*, » nous semble aussi avoir agi avec quelque discernement ; mais pourquoi pousser la minutie législative jusqu'à décréter, comme le font par les articles 15 et 97, les lettres du roi de février 1415, relatives aux échevins de Paris, que tout cabaret vendant vin parfumé de sauge ou de romarin portera, au lieu d'un bouchon de lierre, un cerceau pour enseigne.

Cette question de l'enseigne était du reste des plus capitales pour l'achalandage d'un cabaret ou d'une hôtellerie. C'était le signe du rendez-vous des habitués, leur mot de ralliement. Nous avons déjà trouvé l'enseigne dans l'antiquité, nous la trouvons bien mieux encore au moyen âge. Partout elle se balance et resplendit au pignon aigu des hôtelleries. Voyez, au manuscrit du

roman de Montauban, la miniature du chapitre *Comment les filz Aymont se par-
tirent des foretz des Ardennes* : c'est la représentation complète d'une hôtellerie,
et l'enseigne n'y est pas oubliée. Elle pend au haut du pignon, elle est peinte
d'un flacon d'or sur fond vert. De même pour la miniature du folio 36, v.
d'un manuscrit de Térence du xv⁰ siècle, conservé à la bibliothèque de l'Arsenal,
l'enseigne brillamment peinte flotte à la pointe du pignon.

Nous vous avons déjà montré bien des enseignes de tavernes et d'auberges
depuis l'antiquité jusqu'au temps qui nous occupe, depuis l'enseigne de l'*Ours
coiffé*, à Rome, et celle du *Coq*, arborée par certain hôtelier de Narbonne, jusqu'à
celle de la *Jacquette*, à Southwarth; nous allons tâcher de vous en nommer
d'autres, et en même temps de vous faire voir comment, survivant à mainte
génération de cabaretiers, il se trouve que quelques unes de ces enseignes
subsistent encore, ou du moins ont laissé dans le nom d'un établissement, dans
la désignation d'une rue, un souvenir de leur existence.

Vous connaissez tous cette ruelle étroite et infecte qui commence rue des
Lavandières-Sainte-Opportune, et finit rue des *Déchargeurs*? Elle s'appelle rue
du *Plat-d'étain*. C'est un cabaret dont vous pouvez apprécier la nature assez
immonde d'après le lieu fangeux où il se trouvait, qui l'a fait nommer ainsi.
Villon et ses dignes *compains*, c'est vous en dire assez, y allaient faire leurs
orgies. On lit au vers 996 de la deuxième partie des *Repues franches :*

> Ils se boutèrent tous à tas
> A l'enseigne du *Plat d'estaing*,
> Où ils repurent par compas,
> Car ils en avoyent grant besoing.

Ailleurs était une auberge, sans doute rivale, qui, pour faire mieux concurrence, avait pris l'enseigne à peu près semblable du *Pot d'étain*. Il en est parlé
dans un acte du 3 juillet 1446 : « Vente d'une maison qui fut feu George
Craèche aboutan par derrière aux postaux et maison du *Post d'étain*. »

Par une fort amusante farce ayant pour titre *Farce, nouvelle très-bonne et
fort joyeuse de Pernet qui va au vin, à trois personnaiges*, etc., et que nous
trouvons citée dans un livre souvent mentionné ici, nous apprenons le nom de
quelques enseignes des cabarets de Paris au xiv⁰ siècle. Il s'agit d'un certain
mari dont un sien cousin veut caresser la femme, et que le couple amoureux,
afin de s'ébattre à l'aise, envoie quérir du vin à la taverne. Le pauvre niais
obéit sans trop se faire tirer l'oreille, mais il revient vingt fois sur ses pas,
pour vingt oublis qu'il a faits. Par exemple, il ne se souvient pas du nom du
cabaret où il doit aller :

> PERNET.
> Faictes bouter la nappe,
> Je reviendray tantost du vin.
> *(Il sort.)*

LE COUSIN.

Que je manye ce tetin,
Et pensons de faire nostre entreprinse,
Maugré Pernet qui faict du fin.

PERNET, *revenant*.

Est-ce à *Pillon*, ou au *Coffin*,
Au *Sabot* ou à la *Lanterne?*
J'ay mis en oubli la taverne.

Ces deux dernières enseignes étaient devenues vite des noms de rues. En 1326, il y avait déjà la rue de la *Lanterne-en-la-Cité,* et c'est sans doute le cabaret mentionné ici qui lui avait valu ce nom. Le *Sabot* avait, lui aussi, servi de parrain à certaine rue du faubourg Saint-Germain qui joint la *Petite rue Taranne* à la rue *du Four*, et qu'on avait d'abord appelée la rue *Copieuse*, peut-être encore par allusion au cabaret du *Sabot* et aux gras repas qu'on y faisait. Comme toutes les enseignes des bonnes maisons, celle-ci avait été reproduite, — en ce temps-là la concurrence était permise jusqu'à là contrefaçon inclusivement. — Un second cabaret du *Sabot* s'était ouvert au faubourg Saint-Marcel. Au xvi⁰ siècle, il était on ne peut plus florissant. Ronsard, qui logeait près de là, rue des Fossés-Saint-Victor, y buvait à journée faite. Il paraîtrait même, à en croire ce médisant de Furetières, que sa Cassandre, si pompeusement chantée, n'était autre que la cabaretière du *Sabot*. « Oh! s'écrie notre indiscret dans son *Roman bourgeois*, que les pauvres lecteurs sont trompés quand ils lisent de bonne foi un poëte, et qu'ils prennent ses vers au pied de la lettre! ils se forment de belles idées de personnes qui sont chimériques ou qui ne ressemblent en aucune façon à l'original. Ainsi, quand on trouve dans certains vers :

Je ne suis point, ma guerrière Cassandre,
Ni Myrmidon, ni Dolope soudart....

il n'y a personne qui ne se figure qu'on parle d'une Pantasilée ou d'une Talestris. Cependant cette guerrière Cassandre n'étoit réellement qu'une grande hallebreda, qui tenoit le cabaret du *Sabot* dans le faubourg Saint-Marcel. »

Pour en finir avec ces enseignes d'hôtelleries et de cabarets qui ont donné leur nom aux rues de Paris, nous parlerons de celle de la *Levrette*, qui servit à faire désigner la ruelle assez malsaine qui menait de la rue de la Mortellerie à celle du Martroi ; et de là, nous serons amenés à vous raconter, d'après le récit que nous en trouvons dans le *Facétieux réveille-matin*, la curieuse aventure d'un Allemand qui avait pris gîte dans cette hôtellerie :

« Un Allemand, estant arrivé à Paris, s'en alla loger dans une hostellerie où pendoit pour enseigne la *Levrette*. Estant sorti pour aller par la ville faire ses affaires, il oublia le nom de son hostellerie, non pas qu'il ne sceust et bien que c'estoit l'enseigne de la *Levrette*, qu'il nommoit bien en sa langue : mais ayant oublié comment elle s'appeloit en françois, il ne sçavoit comment il la devoit demander. Passant par devant un pâtissier, il vid un lièvre sur l'estal, qu'on avoit donné à mettre en paste, et sachant que les levriers prennent les lièvres, il demanda au pâtissier : « Mon amy, comme pelez-vous cette-cy qui prit cette-là ? » voulant demander comme s'appeloit l'animal qui prenoit le lièvre. Il eut peine à se faire entendre du pâtissier ; mais à la fin, tant par gestes qu'autrement, ayant compris ce qu'il vouloit dire, il lui dit que l'animal qui prenoit les lièvres s'appeloit un chien. « Fort bien, un chien, dit-il, mais comme pelez-vous un chien grand, qui a le ventre fort menu, les oreilles droites, et les jambes menues et longues, qui court bien ? » Le pâtissier aussitôt entendit qu'il vouloit luy parler d'un levrier. « Bon, bon, un lévrier, dit l'Allemand. Comment, dit-il, pelez-vous son femme ? » Il comprit qu'il vouloit dire la femelle du lévrier ; il luy dit : « C'est une levrette. »—Fort bien, une levrette. Dites-moi donc, je vous prie, où est l'enseigne de la *Levrette*. » Par ce moyen, il trouva son hostellerie. Un François se trouveroit aussi empesché en Allemagne, et n'auroit pas peut-être l'adresse de se servir de cette invention. »

Vous voyez, d'après tout ce que nous avons dit, à quelles séries de choses diverses les taverniers empruntaient leurs enseignes. Tout leur était bon, animaux, instruments, ustensiles, etc. ; mais ce qui valait le mieux, c'étaient les armoiries, les écus des comtes, ducs et princes. Le dit du *Pèlerin passant* nous a suffisamment édifié à ce sujet, et nous n'aurons plus rien à en dire quand nous vous aurons cité la singulière dédicace de l'auteur du *Paysan françois*, petit livre fort curieux du XVIe siècle. Notre écrivain naïf, recherchant la protection de la *royne* Catherine de Médicis, la Florentine, imagine de dire qu'arrivant à Fontainebleau, il a tâté de toutes les auberges, de celles du *Dauphin*, de la *Fleur de lys*, etc. ; vous comprenez que par là il entend en effet le dauphin et le roi, dont il a recherché la protection, mais qu'enfin il n'a trouvé bon gîte à espérer qu'à l'*Ecu Médicis*.

> Lorsqu'à Fontainebleau, distant de mon village
> Six lieues j'allay (Madame), vous y pensant trouver,
> Pour ce discours rustic, mais bon vous présenter
> Tel que j'avois ouy ailleurs qu'au labourage ;
> Logeay au *Dauphin*, à petit hostelage,
> Ne pouvant à l'*Escu* pour y peu despenser,
> Ny à la *Fleur-de-Lys*, car il y fait trop cher,
> Hostelleries des grands, non des gens de village ;
> Fus bien toutes-fois : puisse-je dire alors,
> Trouver à me loger au *Dauphin* toujours, lors
> Ou qu'à la *Fleur-de-Lys*, ou à l'*Escu de France*,
> Ne pourray loger : or, encore, dit-on,
> Que l'on est bien traitté, et qu'en somme il fait bon
> A l'*Escu Médicis* ou celui de *Florence*.

. A la manière quelque peu satirique dont est conçu le livre qui suit cette bizarre dédicace, nous croyons bien que dame Catherine laissa le pauvre diable coucher à la *belle étoile*.

Le luxe des enseignes et l'étrangeté des images qu'elles représentaient n'étaient pas inutiles aux taverniers et aux aubergistes pour bien démarquer leurs maisons et pour les aider à se faire entre eux une rude concurrence, et surtout pour bien se faire distinguer des étaux en plein vent ou des misérables cuisines en échoppes qui détournaient et accaparaient les pratiques. Pour bien savoir ce qu'étaient ces petits fricoteurs de Paris au moyen âge, enfumant et empestant places, rues et ruelles, ces colporteurs de denrées avariées, ces vendeurs de piquette et de *godale*, qui, avec leurs tonneaux trébuchant sur de frêles charrettes, encombraient toutes les rues, barraient tous les passages, il faut lire un bien curieux passage de la *Branche des royaux lignages* recueillie au tome VIII des *Chroniques nationales françoises*. L'auteur nous les représente comme des vivandiers ayant suivi l'armée et s'épandant dans les rues du camp, mais ce n'est qu'un tableau déplacé de son cadre, et qui, par le tohu-bohu de gens qu'il représente, convient à Paris bien mieux qu'à ce campement dont il veut figurer le mouvement :

> En l'ost, çà et là, par les rues
> Resont les bonnes gens menues,
> Qui du travail de leur cor vivent,
> Et qui pour gaaingnier, l'ost sivent.
> Cil font petiz forniaus et fors
> Es fossez près des quarrefors ;
> Moult se sont du faire hastez,
> Là cuisent tartes et pastez.
> Taverniers, dont maints sont en detes,
> Ront tonniaus de vin en charretes,
> Qu'aus soudoiers qui en demandent
> Troubles, à tout la lie vendent.
> Li autre leur godale crient,
> Qui est d'Arraz, si comme ils dient.

Puisque cette citation nous appelle à parler des *vivandiers* et *cantiniers*, disons que, selon le *Valesiana*, le nom des premiers vient de *viventia*, viandes, d'où *viventiarii*; et que les autres doivent leur nom au mot italien *cantina*, signifiant cave à vin (*cella vinaria*), et déjà employé au chapitre xviii de la *Vie de sainte Françoise*, abbesse, par Bertram. Au moyen âge, on appelait aussi *cantine* le meuble à liqueurs que nous nommons cabaret. La planche 23ᵉ de la *Collection d'armes et meubles* d'Asselineau en offre un curieux spécimen, or et argent avec sculptures en demi-relief, style xviᵉ siècle.

Revenons à nos petits marchands des rues de Paris, à nos petites cuisines ambulantes et enfumées. Avec les cris de toute cette *truandaille* marchande, la *petite flambe* de ces temps-là, plus d'un rimeur a composé ce qu'on appelle un *dit*. Nous ne citerons rien de celui qui est reproduit partout ; mais comme il en est un tout aussi curieux et beaucoup moins connu, puisqu'il n'a été imprimé que deux fois, la première au tome III du *Voyage bibliographique* de Dibdin, la seconde à la suite des *Études sur Gilles Corrozet* par M. A Bonnardot, qui, ignorant même cette première transcription de Dibdin, croyait donner une primeur ; de ce *dict* en quatrain qui a pour titre les *Crys d'aulcunes marchandises que l'on crye dedans Paris*, nous extraierons quelques couplets :

. . . .

> Puis ung tas de frians museaulx
> Parmy Paris cryer orrez,
> Le jour pastez chaulx, pastez chaulx,
> Dont bien souvent n'en mangerez.

. . . .

> Et se cryer vous entendez
> Parmy Paris tretous les crys
> Cryer orrez les eschauldez
> Qui sont au beurre et œufs pétris.

> Aussy on crie les tartelettes
> A Paris, pour enfans gastez,
> Lesquels s'en vont en ces ruettes
> Pour les manger, ia n'en doubtez.

. . . .

> D'autres cris on fait plusieurs,
> Qui longs seroient à réciter.
> L'on crie vin nouveau et vieulx,
> Duquel l'on donne à taster.

Les crieurs pour le vin, dont ce dernier couplet entend parler, n'étaient pas de ceux que nous avons déjà mentionnés en maints passages et principalement à propos de *Courtois d'Arras*, dont le fabliau original, recueilli par Méon, nous montre l'un de ces braillards patentés, enseigne vivante, carte parlante, criant sur le seuil de l'hôtellerie-taverne qui l'a pris à son service :

> Cà est li bon vins de Soissons,
> Sor la verde herbe et sor les jons,
> Fet bon boivre privéement,
> Céenz croit l'en à toute gent,
> Céenz boivent et fol et sage,
> Céenz ne lesse mie son gage,
> Ne convient fors conter sa dete,
> Tesmoing Manche-Vaire et Porrete
> Qui céenz menjuent et boivent,
> Et accroient quan qu'eles doivent,
> N'onques n'en paient qu'un festu.

Le fabliau si ingénieux des *Trois aveugles de Compiengne* par Cortebarbe nous parle aussi de l'un de ces crieurs qui, du haut du seuil d'une taverne, détaille les délices de la maison qu'il sert, et pousse ainsi à la chalandise ;

Ci a bon vin frès et novel,
Çà d'Aucoire, çà de Soissons,
Pain et char, et vin et poissons ;
Céenz fet bon despendre argent,
Ostel i a à toute gent,
Céenz fèt moult bon hebergier.

Mais encore une fois, ce n'est pas de ces crieurs sur place que prétend parler le dernier couplet du *dit* cité tout à l'heure, mais bien de ces autres crieurs qui s'en allaient par bandes dans les rues, celui-ci pour une taverne, celui-là pour un autre, et qui, courtiers braillards, commis voyageurs en plein air, assourdissaient la pratique en pleine rue, et même au besoin la prenaient au collet. Ils portaient en main un grand hanap de bois contenant une certaine mesure du vin qu'ils avaient à vendre, et à chaque passant, altéré ou non, ils faisaient *taster* de leur échantillon. Mais ce qu'ils avaient surtout à faire, c'était de crier à pleins poumons le prix de ce vin dont ils tenaient tant à faire débarrasser leurs patrons. « *Præcones vini*, lit-on dans le *Glossaire* de Jean de Garlande, chapitre xxvii, *clamant, hiante gulâ, vinum venundandum in tabernis ad quatuor denarios.* » Et, comme bien vous pensez, ils accompagnaient le tout d'épithètes on ne peut plus élogieuses. Nous ne savons si l'usage de ces crieurs courant par la ville est aussi ancien que celui des autres crieurs hélant la pratique à la porte du cabaret, et que, si vous vous en souvenez, nous avons déjà trouvés sur le seuil des tavernes romaines; mais ce qui est certain, c'est que, dès le xiiie siècle, ils exerçaient déjà leur haletant métier, non seulement à Paris, mais dans toutes les villes françaises et flamandes. Le moine Albéric des Trois Fontaines nous en parle dans sa chronique, sous la date de 1235. Une vieille femme (*vetula*) nommée Adélaïde, possédée du désir de répandre la parole de Dieu, et ne se trouvant pas les poumons assez forts pour cette propagande bruyante, paya chèrement un crieur de vin, afin qu'il s'en allât par la ville en répétant, au lieu de son cri ordinaire, cette sainte formule : » Dieu pieux, Dieu miséricordieux, Dieu bon et excellent; » et à mesure qu'il marchait et criait, elle le suivait et répétait : « Il dit bien, il dit vrai. » L'intention était pieuse, pourtant on arrêta la pauvre femme, on lui fit son procès, et comme on crut reconnaître qu'elle n'avait agi ainsi que par vanité humaine (*causa laudis humanæ*), elle fut brûlée.

Comme les marchands, les crieurs formaient une corporation, et avaient leurs statuts. C'est Philippe-Auguste qui, en 1258, les leur avait accordés. Nous ne rapporterons de ces statuts que ceux qui ont trait aux crieurs du vin :

« Quiconque est crieur à Paris, il puet aler en la quele taverne que il voudra, et crier le vin, por tant qu'il y ait *vin à brosche*, se en la taverne n'a crieur, ne li tavernier ne li puet veer (*défendre*). »

Ainsi le crieur avait son *droit au travail;* il entre dans une taverne, on y vend du *vin à brosche*, c'est-à-dire *en broç*, en détail, le crieur manque pour annoncer ce vin, vite il prend sa place, et même malgré le tavernier qui croit pouvoir vendre son vin sans son aide, il s'en va crier cette marchandise par la ville, puis revient réclamer le salaire dû à son *cri*. C'est, je le répète, le *droit au travail* dans toute sa pureté primitive. De là devaient naître de fréquents débats, c'est ce qui arriva, comme on peut le voir au tome II du recueil de Laurière, dans diverses lettres royales de 1274, 1315, 1345, 1351.

« Se li crierres treuve beuveurs en une taverne, et il leur demande à quel feur (*prix*) ils boivent, le crieur criera à cel feur qu'il li diront, veuille ou ne veuille li tavernier, portant que il n'i ait crieur. »

Encore une preuve de l'indépendance que la corporation des crieurs savait garder envers celle des taverniers, indépendance qui, il faut le dire, était la sauvegarde du public. Le cabaretier, en effet, ne pouvait de cette façon faire crier pour son vin un prix autre que celui qu'il faisait payer dans sa taverne, puisque c'est aux buveurs même que les crieurs venaient s'enquérir de ce prix.

A propos de cet article, nouvelle rébellion de la part du crieur, et de la part du roi nouvel article pour maintenir quand même le droit du crieur :

« Le tavernier qui vent vin à Paris, qui n'a point de crieur, et il cloust son huis contre le crieur, le crieur peut crier vin au tavernier, au feur lor roi, se est à savoir à sept deniers, se il est bon tems de vin, et se il est chier tems de vin, il le puet crier à douze deniers. »

Ainsi, quoique fasse le tavernier, qu'il refuse sa porte « *cloust son huis contre le crieur* » ou non, son vin est crié, et alors c'est le prix courant, le prix du roi (*feur lor roi*), qui sert de tarif.

« Li crierres a touz les jours de sa taverne quatre deniers au moins, et plus il ne puet prendre, par son serrement.

» Li crierres doit crier chaque jour deux fois, fors mi le quaresme, les diemenges, les vendredis et les huit jours de Nouel et les Vigiles, qu'il ne crient qu'une fois. Le vendredi de croix aourée (adorée) ne crient pas crieurs.

» Le crieur ne crie pas le jour que le roi ou la reine ou ses enfants meurent... »

Ces règlements pour les jours et les heures ouvrables existaient dans toutes les villes, et partout devaient être fidèlement exécutés, sous peine de fortes amendes, non seulement par les cabaretiers, mais aussi par les *poulletiers* (marchands de poulets), les boulangers, etc. Nous lisons dans une pièce du XIVᵉ siècle, *ordonnance sur le fait de l'Esward du Venel :* « Qu'il ne soit aulcuns poulletiers, boulenguiers, *cabareteur* hostelain, cocheriaux, revendeurs qui acattent et ne facent aquater en le rue de Bellaie, à la Croix as Poullés ne ailleurs, aucun pigeon ne volille quelque elle soit, que le heure de prime ne soit sonnée à Saint-Amé ou Saint-Pierre, sous 10 livres..... » Ces *poulletiers* ou poulaillers, dont ce règlement nous amène à parler, étaient régis par une sévère police, plus rigoureuse encore que celle qui régissait les cabaretiers. Leur corporation avait ses jurés qui visitaient chaque jour les maisons des maîtres poulaillers et même celles des rôtisseurs, pour certifier la bonté des viandes; on brûlait incontinent, ou l'on jetait à la rivière la viande cuite qui avait plus d'un jour. » Les *oyers*, dont la rue aux Oües mentionnée plus haut était le grand centre, entraient dans cette corporation des poulaillers et des rôtisseurs, c'est même sous leur nom que les statuts avaient été dressés en 1258; il y était dit entre autres choses : « Que nul des rôtisseurs ne cuise chair de bœuf, de mouton ni de porc, si elle n'est bonne, loyale et suffisante à bonne moelle. » Il n'y avait pas jusqu'aux assaisonnements de mets qui n'eussent aussi leurs statuts. Le plus curieux, relaté au livre V, titre 45, chapitre Ier du *Traité de la police de Lamarre*, s'exprime ainsi : « Et d'autant que la vie des hommes dépend d'une fidélité inviolable en la confection des sauces, moutardes et autres denrées dépendant dudit art, nul ne s'en pourra mêler dorénavant qu'il ne soit expert, habile et reconnu par une approbation générale. » Les assaisonnements mis sous la sauvegarde de la police, l'excellence des sauces garantie par le gouvernement, nous semblent une chose assez curieuse. Il est bien entendu que les cabaretiers et les hôteliers chez qui on venait manger et boire devaient aussi observer ces statuts dressés pour les *oyers* et les assaisonneurs, aussi bien que ceux qui avaient été faits pour eux-mêmes, et que ces autres règlements qui les mettaient sous la dépendance des crieurs. C'est à ceux-ci que nous devons revenir pour un dernier article qui va nous ouvrir toute une série de faits nouveaux :

« Se li roi met vin à taverne, tout li autre tavernier cessent, et li crieur tout ensemble, doivent crier le vin le roi au matin et au soir par les carrefours de Paris. »

L'article est clair; en accordant à tout le monde, comme nous l'avons vu, le droit de se faire tavernier, le roi se l'était réservé pour lui-même. En bon propriétaire, sa récolte faite, il la vendait, et pour que la vente se fît mieux, il la faisait crier. Alors, tous les crieurs étaient à ses ordres, personne n'avait le droit de les mettre en besogne tant que la récolte royale n'était pas achevée de crier, et bien plus, ce qui est le comble du monopole, personne ne pouvait plus vendre, toutes les boutiques à vin devaient se fermer jusqu'à l'épuisement de la royale vendange. C'était ce qu'on appelait le *ban le roy* dont il est ainsi parlé dans les *Crieries de Paris* :

Aucune fois, ce m'est avis,
Crie-t-on le ban le roy Loys,
Si crie-l'on en plusors leus,
Le bon vin fort à trente-deux,
A seize, à douze, à six, à huit.

La vente de ce vin privilégié se faisait en gros et en détail, dans une rue particulièrement affectée à ce négoce : elle s'appelait la rue *Vin-le-Roi*, et c'est la même qui, depuis le xviie siècle, porte le nom de rue des *Trois-Maures* qu'elle doit à quelque enseigne de cabaret. Elle avait été bien choisie; elle donnait en effet dans le plein quartier des marchands de vin, dans cette rue des Lombards, qu'on appelait alors rue de la *Buffeterie, vicus buffeteriæ*, comme dit un acte cité par Sauval, à cause du grand nombre de marchands de vin qui s'y trouvaient. Ainsi, c'était dans leur voisinage, à leur porte même, qu'en vertu du privilège le plus effronté, se faisait cette vente du vin du roi à laquelle il leur était impérieusement défendu de faire concurrence. Ce n'est pas tout, quand la vente du vin des celliers royaux était achevée, le tour des taverniers ne venait pas encore. S'il prenait envie à quelque seigneur ou à quelque abbé de vendre aussi sa récolte et de la faire crier par la ville, il fallait lui céder le pas, et malheur à quiconque, enfreignant ce droit féodal, voulait faire argent de son vin tant que celui du seigneur n'était pas vendu. C'était pour les gentilshommes un monopole de seconde main, et toutefois très-fructueux encore; la plupart en profitaient donc. Dans une *lettre de rémission* de 1427, il est parlé par exemple d'un Bertran de Saint-Venant « qui souventes fois se meloit d'estre cabareteur et vin vendre. » Rouillard raconte aussi, dans son *Histoire de Melun*, l'aventure d'un vicomte de cette ville, qui, ayant voulu abuser de son droit et châtier un vassal qui s'était trop hâté de mettre sa récolte en vente, fut puni lui-même par la perte de tout le vin qu'il voulait. A la voix de saint Liesne, protecteur du faible et punisseur du puissant, les tonneaux du pauvre homme résistèrent aux coups que les gens du vicomte leur portaient pour les défoncer, et ceux du seigneur au contraire s'ouvrirent et laissèrent échapper tout ce qu'ils contenaient. Le droit des moines ne venait qu'après celui des gentilshommes. Pour que le vin des monastères fût vendu concurremment avec celui des seigneurs, il fallait de ceux-ci une permission particulière. En 1054, le duc de Bourgogne, Robert Ier, octroya ainsi aux religieux de Sainte-Benigne de Dijon le droit de débiter leur vin dans la taverne ouverte au milieu même de leur cloitre, et cela, soit qu'il voulût ou non vendre lui-même sa récolte dans le même temps, et publier son ban. Anselme d'Amiens ne se racheta de l'excommunication dont il avait été frappé en 1054, à cause de ses rapines, qu'en accordant à l'église, avec la moitié d'une pêche annuelle au feu, la moitié de son ban de vin pendant dix-huit jours de chaque année, à l'époque de la Saint-Jean.

Dans quelques pays, les nobles ne se contentèrent pas d'être ainsi marchands de vin par hasard, et une fois l'année; ils ouvrirent franchement taverne et firent le commerce. C'est ainsi, par exemple, qu'il en fut à Liège. Mais là ce fut affaire d'influence politique et d'élection. On était en 1380 environ : « Liège, écrit M. Michelet, avait cru d'abord exterminer ses nobles ; le chapitre avait lancé sur eux le peuple, et ce qui en restait s'était achevé dans la folie d'un combat à outrance. Il avait été dit que l'on ne prendrait plus les magistrats que dans les métiers, que pour être consul il faudrait être charron, forgeron, etc. Mais voilà que des métiers même pullulent des nobles innombrables, de nobles drapiers et tailleurs, d'illustres marchands de vin, d'honorables houillers. » Et à l'appui de ce qu'il avance ainsi, M. Michelet cite en note quelques uns de ces nobles qui s'étaient faits taverniers. Ainsi : « M. Colar Bakenheme, chevalier..... qui demoroit en la maison qu'on dit le Crexan, à Liége, en laquelle ilh avoit longtemps vendut vins (car il est *viniers*), anchois qu'il presist l'ordenne de chevalerie ; » puis « le très-noble et très-vaillant Thomas de Henricourt, » lequel « de plusieurs gens estoit accoincteis par tant qu'il estoit *vinier*. » Mais si en réalité ces nobles faisaient le commerce, c'était moins pour le commerce lui-même que pour les charges communales auxquelles il donnait seul le droit d'aspirer. C'était alors à Liége comme ce fut à Paris après la révolution de février 1848 ; pour arriver à quelque emploi du gouvernement, pour avoir quelques chances dans les élections, vous vous le rappelez, il fallait se dire ouvrier ou prouver qu'on sortait d'une famille d'ouvriers : c'était là le titre suprême, la meilleure noblesse. A Liége, il fallait se dire commerçant, il fallait prouver qu'on avait fait le commerce des vins ou de la houille. On en était tout à fait revenu à ces temps d'oligarchie démocratique qui avaient fait d'Athènes la proie de Cléon le corroyeur et de cette tourbe d'artisans braillards si bien mis en scène par Aristophane. Dans toutes les villes de la Belgique, il en était de même, et nous voyons qu'à Gand, pour arriver aux emplois, il fallait aussi se dire homme de métier, fût-on pourtant de la classe des *pooters* ou riches bourgeois. C'était le seul moyen de participer à tous les priviléges de la commune. Alors que faisait-on ? Pour éluder la loi en ayant l'air de s'y conformer, on s'enrôlait dans quelque corporation qui vous donnait le titre d'ouvrier ou de marchand sans vous obliger à en exercer le métier. Jacques d'Artevelde ne fit pas autrement. Quoiqu'il fût le chef des *poorters* gantois, l'entrée des charges lui était interdite. Il prit donc rang dans une corporation, et c'est celle des brasseurs qu'il choisit. Voilà pourquoi Froissart, qui n'avait pas étudié tout le mécanisme de la commune gantoise, dit de lui sans commentaire : « Et avoit adonc à Gand un homme qui avoit été brasseur de miel. » Phrase qui a fait commettre, à propos d'Artevelde le *brasseur-roi*, tant d'erreurs historiques, et ce qui est pis, tant de mauvais romans.

N'eût-on été en Flandre que simple marchand de vin ou simple brasseur, sans y ajouter, comme le fit Henricourt, le titre de noble, ou comme Artevelde la qualité de *poorter*, on eût encore eu son influence. Tout dans les vieilles Flandres, aussi bien que dans la Belgique moderne et dans nos départements du Nord, tout se traitait à la taverne. A Dinant, par exemple, pas de transactions, pas d'affaires entre « potiers d'arain, » chaudronniers, qui n'eût son « vin du marchié, » son pourboire, son accord le verre en main. Rien de fait si le vin n'avait été bu et payé, rien de conclu. En France, c'était bien à peu près de même ; le pour-boire intervenait partout et pour tout. Vous savez ce que nous vous avons déjà dit, en commençant, du *ratafiat* et de son étymologie, nous pourrions facilement le compléter en quelques mots.

Non seulement il fallait une visite au cabaret, non seulement il fallait le vin, comme on disait, pour mener à bonne fin une affaire ; mais il le fallait encore à tout moment pour entretenir le bon accord entre ouvriers. C'était le lien, c'était le ciment de la confraternité. Les statuts du compagnonnage l'exigeaient, aussi bien pour les enfants du père Soubise que pour ceux de maître Jacques ; mais ce qui semblera plus étrange, c'est que les édits royaux s'en préoccupèrent aussi, et firent à ce sujet des règlements. Qu'on lise les lettres du roi du mois de janvier 1466, relatives aux drapiers de Bourges, celles encore du 24 juin 1467, relatives aux foulons de drap, on y verra que tout ouvrier faisant son tour de France est tenu, en arrivant dans une ville, de payer le vin de la bienvenue aux ouvriers de sa profession : « Et vous le savez, dit Monteil à ce propos, pour être bien venu, il faut bien faire boire tous ses camarades, non comme si le marchand vendait, mais comme si le marchand donnait le vin. » D'après les lettres du roi, de janvier 1404, relatives aux tanneurs d'Évreux, quand un corroyeur se mariait, il pouvait bien se dispenser de faire danser ses confrères, mais en quelque nombre qu'ils fussent, il fallait quand même qu'il leur donnât à boire à tous.

A ce propos, nous voudrions bien vous donner quelques détails sur ces noces d'artisans, mais ces détails nous manquent ; nous ne les trouvons nulle part bien précisés et assez abondants. Un seul conte pourrait nous en donner, c'est celui de ces deux cordeliers dont le *Facétieux réveille-matin* raconte la grivoise aventure, et qui, après avoir bien mangé et bien bu, trouvent moyen, la nuit venue, de prendre pour eux la mariée ; mais par malheur, ce conte est trop gaillard pour que nous le donnions ici. Nous le regrettons toutefois, car il s'y trouve, nous le répétons, force bons détails sur les repas d'épousailles de ce temps, et sur les danses qui les suivaient. Ces noces, quand c'étaient surtout celles d'artisans cossus, se faisaient quelquefois dans les grandes salles des hôtels des grands seigneurs, quand l'absence des maîtres les laissait vacants. L'intendant, comme le prouve un passage du *Ménagier*, publié dernièrement par M. Pichon, avait alors le droit de les louer pour ces noces bourgeoises, et de laisser ces joies populaires s'ébattre avec tout leur fracas, leurs chants et leurs danses, sous ces lambris féodaux. Ainsi, le grand seigneur du moyen âge faisait de toute manière concurrence au tavernier. D'abord, nous l'avons vu déjà, il vendait son vin à la criée et même au détail, — une anecdote, que nous pourrions citer d'après le sermon de Barletti du quatrième dimanche de l'Avent, nous prouverait que cette vente du vin par les seigneurs se faisait non seulement en France, mais en Italie, où l'usage en venait des Romains, et où il est encore conservé ; — ensuite, nous le voyons maintenant, notre gentilhomme, hébergeant ces noces du peuple sous les voûtes armoiriées de sa grande salle, se faisait encore une fois tavernier. Le bourgeois et l'artisan s'en trouvaient bien, car pour peu que leurs conviés fussent nombreux, je ne sais trop comment ils eussent pu les placer tous dans les salles assez étroites des tavernes, et, à moins de les forcer de manger à la même écuelle, ce qui d'ailleurs était assez d'usage alors, comment ils eussent pu trouver pour chacun une assiette et un gobelet sur le *dressoir* assez dégarni des tavernes ordinaires. Nous savons en effet, à un hanap près, de quoi se composait le ménage d'un tavernier ordinaire : Des pots et des gobelets d'étain ou de fer battu plus ou moins bien fourbis, quelques plats de terre et quelques assiettes, plus souvent encore, au lieu d'assiettes et de plats, de simples *tranchoirs* (tranchoueres), planchettes rondes et plates ou petites nattes de jonc grossièrement tressées, sur lesquels on mettait le fromage sec ou ruisselant; le tout pêle-mêle sur une table grasse et boiteuse. Autour, des bancs massifs, mentionnés déjà, dont l'ordonnance réglait la forme et la longueur. Ces tables étaient assez étroites, ces bancs étaient assez courts; n'y prenait pas place qui voulait. Il est parlé, dans les *Contes d'Eutrapel*, de l'usage où l'on était d'enrouler sa serviette autour du banc quand on voulait garder sa place à cette table enviée. Cette serviette, vous le pensez bien, était à l'avenant du reste, un lambeau de toile à gros fils dont nos marins ne voudraient pas pour leurs voiles. Encore était-ce un grand luxe que d'en avoir, et en plus d'une taverne, les bords de la nappe en tenaient lieu, et devaient suffire à tout le monde. Nous verrons bientôt comment Villon entendait le grand art de duper le tavernier « en torchant son nez à la nappe. » Pour en finir avec cet inventaire des choses, meubles, ustensiles des tavernes, nous allons reproduire le fragment d'une pièce on ne peut plus intéressante. C'est le contrat de louage pour quatre ans d'une taverne et de ses meubles par une belle-mère à son gendre et à sa fille. On le trouve dans le *Chirographe* du 27 février 1390 : « Comme au traicté de mariage entre Thomas Hongnars et demisselle Jehenc du Clerc, défuncte demisselle Marie de Fives, mère de ladicte demisselle, eust donné à ycelle la moitié de le maison …où elle demeure, où lesdits conjoints pourront demeurer pendant quatre ans, pour y *travener*, marcander et faire tout leur boin proufict, avec ce tous les hostieux servans au fait de taverne, est assavoir, nappes, pots, mesures, hanaps, bans, taules et autres coses que leur preste par le terme de quatre ans. » Comment, avec un tel matériel, les taverniers eussent-ils pu convenablement dresser de grands festins, et héberger comme il convenait ces noces des artisans si nombreuses au moyen âge, et qui duraient si longtemps. C'est à peine s'ils étaient en état de recevoir des hôtes ordinaires, et avec ceux-ci encore, quels gains vouliez-vous qu'ils fissent? Ils étaient soumis au plus rigoureux des tarifs. Une ordonnance, citée par Monteil dans son *Histoire des Français des divers états au* XVe *siècle*, les obligeait de remettre aux échevins le revenu de leurs comptes, tous les jours, excepté quand venait le temps du carnaval ou de *la belle chière*, comme on disait alors. D'un autre côté, pour la vente du vin, les grands seigneurs leur faisaient terrible concurrence, et quand la vendange était bonne, gâtaient imprudemment la vente par l'abaissement des prix le plus inouï. En Anjou même, selon les *Contes d'Eutrapel*, une année que la vendange avait foisonné à souhait, ne vit-on pas les seigneurs donner à boire à tout le monde ce qu'il voudrait, pour un *Ave Maria*.

Nous sommes bien sûrs que dans ces pays du Nord dont nous parlions tout à l'heure, pays de la soif bien mieux que le Midi, sans doute parce que la boisson y manque, et y gagne, entre autres attraits, celui du fruit défendu, nous sommes certains, disons-nous, que dans les Flandres, en Allemagne, en Suisse, le métier de cabaretier ne fut jamais aussi complétement gâté. Vous savez la réputation proverbiale des Suisses et des Allemands à l'endroit de l'ivresse et de la bombance; au moyen âge, ils l'avaient et ils la méritaient déjà. C'est, nous en jurerions, par raison d'ivrognerie bien plutôt que pour tout autre motif, que les Suisses se sont faits mercenaires. On a dit, depuis François Ier, « point d'argent, point de Suisses, » et depuis plus longtemps, on pourrait dire : « point de vin, point de Suisses. » Quand on allait à Bâle ou à Berne enrôler des bandes, on stipulait d'abord la solde, puis souvent le *par-paye* ou supplément de solde, mais plus souvent encore l'argent du vin ou le *trinkgeld*. Si l'on ne se mettait pas d'accord pour ce *trinkgeld*, tout le marché manquait. Quand René de Vaudemont alla chercher à Bâle le secours des cantons, qui pourtant auraient bien dû le recevoir à bras ouverts et lui prêter gratuitement leur aide, à lui, qui venait associer sa cause et sa vengeance à la leur contre le Téméraire, leur ennemi commun, il fallut marchander, il fallut liarder comme dans un marché de bétail; mais avant tout il fallut payer le terrible *trinkgeld*. On lit dans une pièce bien rare et bien intéressante, le *Dialogue de Joannes et de De Ludre*, comment ce pauvre prétendant, après avoir épuisé ses ressources pour payer la solde d'avance, pour un *par-paye* de 1500 florins, dût donner encore pour un *trinkgeld* une pièce d'or par enseigne.

Les Allemands, en ivrognes passés maîtres, n'entendaient pas moins que les Suisses le grand art du pourboire et les prouesses de l'ivrognerie. En commençant ce chapitre, nous avons vu par un passage de Tacite que commentait un contemporain de Luther, de quelle manière cette passion dégoûtante s'était perpétuée à titre héréditaire des Germains aux Allemands ; voici un passage de la *Cosmographie de Munster* traduite par Belleforest, qui ne le démentira pas : « Le vice d'yvrognerie dure encore à présent qui est une grande pauvreté, et celuy, chez les Allemands, qui vuide plus souvent les plus grands vaisseaux à un traict, celui-là sera estimé plus fort et robuste, et plus gentil compaignon. » Ce que, dans nos vieux anas, on trouve de contes et d'anecdotes sur le goût des Allemands pour les cabarets, et sur leur ardeur à vivre dans les hôtelleries, est vraiment inouï ; à chaque page, on les y trouve en scène en pleine taverne. Voici deux de ces contes pris au hasard : « Un Allemand entra en une hostellerie où ayant beu tout son saoul, il s'endormit ; et après avoir dormy tout le jour, il se resveilla, et s'en vouloit aller sans payer. L'hoste luy dist qu'il payast les six pintes de vin qu'il avoit beües. Il refusa de les payer, disant qu'il n'y en pouvoit avoir que cinq, et que son ventre n'en pouvoit tenir davantage. A ces paroles l'hoste repliqua : Il peut bien estre que tu n'en as mis que cinq pintes dans ta panse, mais parce que le vin est bon, il en est entré une autre dans la teste, qui font six. A ces paroles l'Allemand lui respondit : Vous avez raison, et par ainsy paya les six pintes de vin. » L'autre conte, par exception, ne prouve rien contre l'ivrognerie des Allemands, et peut donner au contraire un exemple de leur zèle à observer le maigre et le jeûne, même lorsqu'ils étaient à l'hôtellerie et en pays étrangers. Il n'en sera pas moins curieux ; aussi bien nous n'avions jamais eu occasion de parler de cette observance du carême, des quatre-temps, etc., dans les cabarets : « Un Allemand se trouvant en France en une hostellerie, en un jour maigre, demanda un œuf pour son desjeuner ; on lui en bailla un qu'il fit cuire à la coque : l'ayant ouvert, trouva que c'estoit un vieil œuf couvé qui avoit un poulet tout formé : le voyant, il crut que l'hoste s'estoit trompé : ce qui l'obligea à le cacher, de crainte qu'on ne luy fist payer un poulet pour un œuf. Comme il eut desjeuné, il vid qu'on ne luy compta que deux liards pour cet œuf qu'il paya fort volontiers : et en sortant, disoit en luy-mesme : Pardi, par ma foy, bon pays France, un œuf et un poulet pour deux liards ! Il en eust sans doute faist autant d'une fille qu'on luy eust fait espouser en la trouvant pleine : il ne faudroit pas aller bien loin pour cela ; car de présent, le plus souvent, les filles se donnent comme les œufs, que l'on vend toujours pour frais, et le plus souvent il y a des poulets dedans. »

Cette pauvreté de nos auberges, où l'on servait de si piètre mangeaille à si bas prix, un œuf pour deux liards ! devait donner aux Allemands une bien triste idée de notre façon de vivre. Combien ils entendaient mieux, je ne dis pas le luxe, mais la bonne chère toujours abondante, le bien-être toujours plantureux des hôtelleries. Pour eux, le cabaret et l'auberge c'était le fond de la vie. Partout on les retrouve dans leurs mœurs, et comme les grands mobiles de leurs habitudes. Dans quelques villes et bourgs, on ne consentait à aller à l'église qu'à la condition qu'elles se transformeraient en tavernes : « Et ceci rappelle, lisons-nous dans les *Propos de table* de Martin Luther, ce que les paroissiens d'un certain curé lui répondirent. Il se nommait Ambroise R..., et comme il exhortait ses paroissiens à venir écouter la parole de Dieu, ils lui dirent : « Oui, notre digne curé, si vous faites apporter et défoncer dans l'église » une barrique de bière, et si vous nous engagez à venir en prendre, nous irons » volontiers vous écouter. » L'Évangile est à Wittemberg comme la pluie qui tombe sur une terre aride et desséchée du soleil, elle la rend fertile. » Les Allemands, par un effort d'imagination digne d'eux et bien d'accord avec leur vice favori, avaient trouvé moyen de faire de la taverne le grand recours des créanciers; voici comment. Chez eux pas de prisons pour dettes, on n'y connaissait pas même l'usage de ces garnisaires ou *mangeurs*, les *comesores* de la basse latinité, que les créanciers plaçaient en pension chez leurs débiteurs réfractaires pour les dévorer et s'engraisser de leur maigreur jusqu'à ce qu'ils eussent payé. En Allemagne, c'est le créancier lui-même qui se faisait garnisaire et *mangeur;* mais trop bon gourmet pour courir les risques de la mauvaise chère qu'il aurait infailliblement trouvée chez son débiteur, il allait de préférence prendre garnison à l'hôtellerie, où il se gorgeait et s'enivrait aux dépens de son homme jusqu'à complète satisfaction de sa dette. Ce fait curieux des mœurs allemandes au moyen âge nous est attesté par ce passage des *Contes d'Eutrapel :*

« ...Pour le regard du sien (son intérêt), il protestoit demeurer sur les bras et despense de son hoste, comme est la coutume d'Allemagne, où le créancier à faute d'être payé au jour dit, se va loger en la meilleure hôtellerie, y boit, mange et fait grande chère aux dépens de son débiteur jusqu'à l'entier paiement. »

Ce qui pourtant ne laissait pas que de détourner les Allemands des hôtelleries en dépit de leur amour du vin et de la goinfrerie, c'est que, comme chez nous, c'étaient des bouges dangereux, infestés de voleurs, ou hantés par les mauvais esprits. Nous ne vous conterons qu'une seule histoire de ces voleurs des auberges d'outre-Rhin, nous la choisirons entre mille. Elle est racontée dans les *Propos de table* de Luther.

« Conrad de Ross, secrétaire de Maximilien, homme d'un courage héroïque, étant en voyage, s'arrêta chez un hôte qui était un voleur; il y reçut bon accueil, et il vit une jeune fille qui pleurait; il la questionna en secret, et elle lui dit qu'elle était forcée de résider parmi les brigands, et que l'hôte, dans la nuit, donnerait un signal qui ferait venir des paysans des environs, instruits qu'en pareil cas il y avait des voyageurs à égorger et à dépouiller. Conrad se tint sur ses gardes, et passa la nuit tout armé; quand les paysans vinrent, il les attaqua avec l'aide de ses serviteurs, il en tua plusieurs, et il emmena l'hôte bien garrotté. »

Les histoires de sorcières et de diables au cabaret et dans les auberges fourmillent encore bien mieux que les contes de voleurs à chaque page des vieux recueils de traditions allemandes. L'antique croyance aux sortilèges des hôtellières s'y retrouve vivace et terrible, au point que l'on croirait que c'est un dernier reste de ces superstitions païennes mentionnées dans notre troisième chapitre d'après Apulée, saint Augustin, etc. Nous lisons ceci dans un livret fort rare ayant pour titre le *Docteur Gelaon* ou les *Ridiculités anciennes et modernes* :

« Pierre d'Amiens assure que de son temps certaines hôtesses d'Allemagne, grandes sorcières, changèrent quelques uns de leurs hôtes en mulet. » C'est tout à fait ce que nous avons lu dans saint Augustin sur les hôtesses de son temps, et sur les effets du fromage magique de ces Circées de cabaret.

Qu'un homme d'apparence grave et couvert d'habits sombres entrât par hasard dans un cabaret d'Allemagne en ces temps-là, la joie cessait aussitôt, les rires s'arrêtaient, les verres restaient pleins, et les signes de croix commençaient ; puis la salle était peu à peu désertée ; l'homme noir restait seul. Pour ces francs buveurs, qui avaient si vite sacrifié leur soif à leur panique, c'était un sorcier. Quand on arrivait harassé dans quelque bruyante hôtellerie, voulait-on qu'autour de soi se fît aussitôt le silence et la solitude, il suffisait de prendre des airs réfléchis et sombres, ou bien, comme par mégarde, de tracer quelques figures sur la table. Tout à coup, comme par miracle, la salle tapageuse devenait silencieuse. L'auteur du *de Arte cabalistica* ne s'y prit pas autrement dans une circonstance ainsi racontée par Frédéric Ruthenshoen :

« Le célèbre Reuchlin, l'un de ceux qui contribuèrent au rétablissement des lettres en Allemagne, arriva un jour d'hiver à midi dans un village, où il lui fallait attendre sa voiture dans une auberge remplie de paysans ivres qui faisaient grand bruit. Pour ne pas perdre son temps, il résolut de lire son Térence dans la salle de débauche même ; mais comment faire taire des paysans ? En vain eût-il voulu leur parler raison, les prier de vouloir bien lui céder un coin de la table et l'y laisser tranquille ; l'auteur du fameux traité de *Verbo mirifico* trouvant peut-être ici, pour la première fois, que sa parole n'est pas toujours toute-puissante, s'avisa d'un moyen qui lui réussit parfaitement. Il se fit apporter un grand verre d'eau et un morceau de craie avec laquelle il traça sur la table un vaste cercle surmonté d'une croix. Il plaça ensuite le gobelet vers la droite et son couteau à la gauche de cette figure, et mettant son Térence dans le cercle même, il commença à lire. Les paysans, le prenant pour un sorcier, se taisent sur-le-champ, le regardent avec frayeur, n'osent ouvrir la bouche ni se remuer, et Reuchlin continue ainsi tranquillement sa lecture, jusqu'à l'arrivée de la voiture qu'il attendait. »

Partout, dans la tradition allemande, les histoires de taverne se mêlent et se confondent avec les histoires de sorciers ; nous l'avons dit et nous allons le prouver. C'est le recueil des frères Grimm que nous mettrons pour cela le plus utilement à contribution. Ici ils nous racontent, d'après les vieilles légendes, le *Festin des esprits* dont Frédéric III fut le héros. Ailleurs, ils nous parlent de cette fameuse hôtellerie de l'*Eau bruissante* située dans la Hesse, tout près du château de Plesse, et non loin du puits d'où sortent les bons lutins du *peuple paisible*, bienfaiteurs des hommes, tourmenteurs des animaux. Ils nous disent encore la légende de cette malheureuse récolte de 1450, dont le vin fut si mauvais en Allemagne qu'on s'en servit pour noyer la chaux dont fut bâtie l'indestructible tour de Glatz.

Mais nous voulons vous donner au long quelques uns de leurs récits, nous choisirons le plus merveilleux. Voici par exemple la légende des *Fers du diable* telle qu'ils la content, d'après Prætorius et les *Zungensünde* :

« A Schwarzenstein, à une demi-lieue de Rastenburg, en Prusse, on voit deux grands fers pendus aux murs de l'église ; voici ce que la tradition raconte à ce sujet : Il y avait en cet endroit une cabaretière qui, en vendant de la bière aux gens, ne leur donnait pas la mesure. Le diable l'entraîna une nuit devant la forge, réveilla brusquement le forgeron et lui dit : « Maître, ferrez-moi mon cheval ! » Le forgeron se trouvait être justement le compère de la vendeuse de bière ; en conséquence, dès qu'il s'approcha d'elle, elle lui dit tout bas à l'oreille : « Compère, ne vous pressez pas, faites lentement. » Le forgeron, qui l'avait prise pour un cheval, eut grand'peur lorsqu'il entendit cette voix dont le son lui était connu, et la frayeur le fit trembler de tous ses membres ; la ferrure fut par là retardée, et dans l'intervalle, le coq chanta ; le diable fut alors obligé de prendre la fuite ; mais la cabaretière en fut malade, et ne se rétablit que longtemps après. Si le diable devait ferrer toutes les cabaretières qui font courte mesure, le fer serait bientôt hors de prix. »

Contons encore, d'après le même recueil des frères Grimm, une autre tradition qui prouve comment les sorcières, en Allemagne aussi bien que dans l'antiquité, passaient pour commensales assidues des auberges, dont elles faisaient la scène de leurs maléfices nocturnes :

« Deux sorcières arrivèrent ensemble un jour dans une auberge ; elles avaient placé dans un certain endroit deux brocs ou baquets pleins d'eau, et elles délibérèrent sur la question de savoir si ce serait le grain ou le vin qui ressentirait les effets du sort qu'elles préparaient. L'aubergiste, qui était caché dans un coin, entendit leur conversation, et le soir, lorsque les deux femmes furent au lit, il prit les baquets et les versa sur elles ; l'eau se changea aussitôt en glace, et toutes deux moururent sur l'heure. »

Enfin, nous terminerons par la légende des nains de l'Osenberg, que les frères Grimm avaient empruntée à Winkelmann :

« En 1653, Winkelmann se rendait de la Hesse à Oldenbourg, en passant par l'Osenberg. Il fut surpris par la nuit dans le village de Bümmerstet. Un cabaretier, âgé de cent ans, lui raconta que, du vivant de son père, sa maison était bien achalandée, mais que maintenant, elle l'était fort mal; que du temps où son grand-père brassait de la bière, des gnômes vinrent de l'Osenberg chercher de la bière toute chaude et encore dans la cuve, et qu'ils la payèrent avec une monnaie inconnue, mais de bon argent. Il ajouta encore qu'un jour d'été, un petit vieillard vint chercher de la bière, mais qu'en ayant trop bu, il s'endormit. S'étant réveillé, et voyant qu'il s'était arrêté trop longtemps, le bon petit vieux se mit à pleurer amèrement, disant : « Ah! mon père va me battre pour mon retard. » Il se leva donc précipitamment et partit, mais il oublia d'emporter sa cruche à bière, et on ne le revit pas depuis. Enfin il termina en disant que son père avait donné cette cruche en dot à sa fille, et que tant que la cruche était restée dans la maison, les chalands y avaient abondé, mais que depuis quelque temps qu'elle était cassée, tout allait de travers et semblait s'être brisé avec elle.

Ces démons de cabaret étaient du moins assez bons diables, comme vous voyez; ils faisaient peur d'abord, mais ils en dédommageaient bien ensuite. Dame Hollé, la grande sorcière chasseresse des traditions thuringiennes, fut plus généreuse encore que ne l'avait été le vieux nain de l'Oldenberg. Il est vrai qu'elle devait davantage aux paysans, que la vue de son cortége avait failli faire mourir de peur :

« Il y a dans la Thuringe un village nommé Schwarza. Dame Hollé, un jour de Noël, chassait devant ce village. Elle était précédée de son fidèle Eckart, qui, mêlé au cortége, avertissait ceux qu'il rencontrait de se retirer du chemin, disant qu'il ne leur arriverait aucun mal. Ce jour-là précisément, deux jeunes villageois étaient allés au cabaret chercher de la bière, et ils la portaient à la maison quand parut le cortége de dame Hollé, qu'ils se mirent à regarder. Comme la troupe fantastique tenait toute la largeur de la route, ils se retirèrent dans un coin avec leurs cannettes remplies de bière; mais plusieurs femmes se séparèrent de la bande, s'approchèrent, prirent les cannettes et les burent. Les pauvres garçons étaient trop effrayés pour faire aucune observation; mais leur embarras était grand. Comment faire, en effet, quand ils allaient arriver au logis avec leurs cannettes vides. Enfin, le fidèle Eckart vint à eux et leur dit : « Remerciez Dieu, qui vous a inspiré de ne pas souffler le plus petit mot, car vous alliez avoir le cou tordu; à présent, allez-vous-en de suite à la maison, et surtout ne dites rien de cette histoire à personne; vos cannettes seront toujours pleines de bière, jamais elles ne tariront. » Les deux paysans obéirent; et, en effet, leurs cannettes ne se vidèrent pas; pendant trois jours, ils prirent bien garde à leurs paroles, mais ils ne purent garder plus longtemps la chose, et ils racontèrent à leurs parents ce qui s'était passé; et dès lors tout fut perdu;

les camnettes aussitôt tarirent. D'autres disent que cela n'arriva pas le jour de Noël, mais bien à une autre époque. »

Nous terminerons ici ce chapitre, si long et si plein, nous osons le dire. Comment en effet terminer mieux que par des légendes cette suite de récits traitant des choses du moyen âge. Nous vous aurions bien ramené une dernière fois vers les auberges italiennes que nous n'avons fait qu'apercevoir ; pour transition, nous vous aurions conté, d'après Boccace, l'histoire mi-partie allemande, mi-partie italienne, de ce bâtard de l'empereur Frédéric Barberousse, Urbain le méconnu, qui, né d'une fille d'auberge, fut aubergiste lui-même. L'analyse qu'a donnée de ce roman M. de Paulmy, au tome V de ses *Mélanges d'une grande bibliothèque*, nous aurait suffi pour vous le faire bien connaître ; nous vous aurions dit aussi quelques mots de cette *confrérie de la Calza*, assemblée de buveurs et de savants dont les membres se réunissaient pour s'amuser, boire et s'instruire, faisant pique-nique de bonne chère, de science et de poésie ; mais ces matières exquises conviennent mieux au chapitre que nous allons commencer, et qui comprendra la première partie des temps modernes. L'ère de l'Italie et de l'Espagne, c'est la renaissance, l'ère de la France, ce sont les XVII° et XVIII° siècles. Nous verrons successivement tous ces pays et tous ces temps dans leur joie et dans leurs débauches.

FIN DU PREMIER VOLUME.

TABLE DES MATIÈRES.

DU TOME PREMIER.

———◦◦———

CHAPITRE III.

Les hôtelleries et les cabarets à Rome et dans l'empire romain.

SOMMAIRE. Les *mansions* ou hôtelleries impériales. — Système d'espionnage qu'on y met en usage. — Pourquoi. — Mort de Titus empoisonné dans une *mansion*. — Assassinat d'Aurélien dans un lieu pareil. — Ce que sont les *lettres d'évection*. — Comment Pertinax est puni pour ne s'en être pas muni. — Droits qu'elles procurent. — Une de ces lettres d'après Marculphe. — Les ambassadeurs à l'auberge. — Ce qu'étaient les auberges des grandes routes d'Italie au temps de Polybe. — Si l'on y paie à la carte ou à la journée. — Prix des aubergistes. — Comment ils regardent à la consommation de leurs hôtes. — *Ceditiæ* ou petites auberges de la voie Appienne. — Comment les patriciens en voyage se dispensent d'aller à l'auberge. — Cicéron à l'hôtellerie. — Son aubergiste Macula. — Auberges trop étroites. — Mal closes. — Voyageurs dans les étables. — Danger qu'y court Sévère. — Différence entre le *stabularius* et le *caupo*. — Ce que dit Horace de l'un et de l'autre. — Soin qu'il prend pour éviter leurs bouges. — L'auberge de Bénévent. — Cuisines enfumées et lits durs des hôtelleries. — Horace et la servante d'auberge. — Pénurie des hôteliers. — Disette de vin et d'eau. — Leurs querelles avec les porteurs d'eau. — Le cabaretier de Ravenne et ses citernes. — Voyageurs sybarites. — Cuisines portatives. — Dangers que l'on court dans les auberges de l'ancienne Italie. — Leur comparaison avec celles de l'Italie moderne. — Meurtres qu'on y commet. — Les aubergistes assassins. — Une *cause célèbre* racontée par Cicéron. — Aubergistes recéleurs. — Comment ils s'approvisionnent. — Débauches infâmes dont les hôtelleries sont le repaire. — Pétrone, Asclyte et Giton dans un *diversorium*. — Emplois infâmes du *catamitus* ou garçon de cabaret. — Antoine à l'auberge des *Pierres rouges*. — Cabaretières courtisanes. — Ce que c'est qu'un *ganeum*. — Ceux de Baïes. — Matrones se faisant cabaretières. — Les *helluones*. — Une nuit au *ganeum*. — *Lustra*, bouges les plus clandestins. — Les prostituées établissent un cabaret pour échapper à l'édile. — L'adultère que peuvent commettre les femmes de cabaret toléré par la loi. — Les cabaretiers déclarés infâmes. — Ce que sont d'ordinaire ces cabaretiers. — Syriens et Juifs valets du Cirque. — Tavernières syriennes. — Ce que sont les *ambubaiæ*. — Ce que leur nom signifie en langue syriaque, et comment elles le justifient. — Cabaretières et danseuses portant la mitre. — Leurs pratiques de sorcellerie. — Craintes qu'elles inspirent au peuple. — Leur fromage magique. — Quels sont les hôtes ordinaires de leurs tavernes. — Halte de Lucilius chez une de ces Syriennes. — Ce que devait être ce cabaret. — Si le satyrique y fut bien reçu. — La *Copa*, hôtesse de Virgile. — Fragment de poëme où son cabaret est décrit. — Jardin de la taverne. — Buffets sous la treille. — *Triclinium* champêtre. — Menu d'un repas rustique chez la *Copa*. — L'enseigne de son cabaret. — Les prêtres de Cybèle à la guinguette. — Comment ils vendent pour boire leurs cymbales et leurs tambours. — La danse de l'*ambubaia*. — Si elle rappelle la *romalis* des Gypsies. — Les joueurs de dés. — Les empereurs au tripot. — Supplice burlesque infligé à Claude aux enfers. — Les joueurs au cabaret. — La partie de Curcullion et du soldat. — Voleurs au jeu. — Défenses de l'édile. — Comment il n'est permis de jouer qu'à l'époque des Saturnales. — Descentes de justice dans les cabarets et maisons de jeu clandestines. — Dés pipés. — Tricheries des cabaretiers au jeu. — Nouvelles scènes et nouveaux crimes dans les auberges voisines de Rome. — Piége tendu par Tarquin le Superbe à Turnus d'Aricie dans une hôtellerie de Férente. — Meurtre de Clodius. — L'auberge de Bovilles assiégée. — L'aubergiste assassiné. — Cicéron et Licinius le cabaretier du *Grand cirque*. — Le village des

CHAPITRE IV.

Les hôtelleries et les cabarets au moyen âge.

SOMMAIRE. Pourquoi il n'y avait ni hôtelleries ni cabarets chez les Germains. — Vertus hospitalières des barbares. — Leur ivrognerie, selon Tacite, Procope et Julien. — Comment les Allemands du temps de Luther s'en autorisaient encore comme d'un louable exemple. — Hospitalité chez les Burgundes. — Aubergistes et cabaretiers italiens du temps de Théodoric. — Leur friponnerie. — Lois de Cassiodore contre eux. — Auberges, repaires de voleurs et d'assassins dès le vɪᵉ siècle. — Hôtelier recéleur des vases d'or volés à Saint-Martin de Tours. — Police mérovingienne pour retrouver les auteurs des meurtres commis sur les grandes routes et dans les hôtelleries. — Gourmandise et ivrognerie des vainqueurs. — Revanche des vaincus. — Banquet gallo-romain chez Petrus Magister, décrit par Sidoine Apollinaire. — Cabaretier *frelateur* de Nanni excommunié par un saint. — Mets ordinaires des tavernes. — Rareté et cherté de la volaille au vɪᵉ siècle. — La taverne des bords de la Moselle dans le poëme d'Ausone. — Ivrognerie casanière. — Ce qu'en dit saint Césaire dans ses sermons. — Orgies effroyables chez les Francs. — Comment il faut se griser pour valider un testament. — Origine probable du *poisson* des cabarets. — Moines buveurs. — Leur ivresse dégoûtante. — Défenses des conciles et des *pénitentiels*. — Cabarets sous le porche des églises. Miracle de saint Remi pour les interdire. — Histoire de deux moines gourmands. — Prix du vin du vɪᵉ au ɪxᵉ siècle. — Variété des boissons. — Le cidre dédaigné. — Raoul Tortaire dans un cabaret normand. — Cervoise et cervoisiers. — Histoire de Gomer, de sa femme et de ses esclaves. — Femmes adonnées au vin. — Ivrognerie de sainte Liutbirge. — Cabarets-lupanars. — Une scène du drame d'*Abraham*, par l'abbesse allemande Hrosvita. — Détails curieux sur les mauvais lieux et les hôtelleries de l'Allemagne au xɪᵉ siècle. — La parabole de l'Enfant prodigue au moyen âge. — Comment elle a pour scène unique les cabarets et les hôtelleries. — Courtois d'Arras, l'hôtelier et les deux filles de joie. — Encore les taverniers tenant *bordeaulx*. — Garin le Loherain au cabaret. — Étymologie de *galopin*. — Histoire de ce mot du xɪɪɪᵉ au xvɪɪᵉ siècle. — Truands, ribauds et ménestrels au cabaret. — Les *klers* dans les tavernes de la Bretagne au vɪᵉ siècle. — Comment les troubadours ne célébrèrent pas le vin. — Ivrognerie des trouvères. — Excommunication du ribaud. — Ménestrels se louant pour jouer et chanter dans les cabarets. — Charlatans (*triacleurs*) et marchands de reliques (*pardonneurs*) à la taverne. — Scène de deux d'entre eux avec une tavernière. — Les joueurs de dés. — Ménétriers et ribauds joueurs effrénés dans les cabarets. — Le *Credo* du ribaud. — Oublieurs à la taverne. — Cabarets ouverts la nuit en dépit de l'ordonnance. — Éducation qu'on fait dans les tavernes. — Langage qu'on y parle vanté par Montaigne. — Vin qu'on y boit. — Scène d'un tavernier avec un chaudronnier et un savetier. — Écoliers au cabaret. — Leur amour pour le vin, le jeu des dés et le jeu de boules. — Mauvaise cuisine des collèges. — Rixe sanglante entre les écoliers et les gens du prévôt, ayant pour